Günter Weier

‚Vater Freud' und die frühe psychoanalytische Bewegung

Beiträge zur psychologischen Forschung

Band 38

Günter Weier

‚Vater Freud' und die frühe psychoanalytische Bewegung

Westdeutscher Verlag

Der Westdeutsche Verlag ist ein Unternehmen der Bertelsmann Fachinformation.

Umschlaggestaltung: Christine Huth, Wiesbaden

Gedruckt auf säurefreiem Papier

ISSN 0932-5263
ISBN-13: 978-3-531-12910-5 e-ISBN-13: 978-3-322-89102-0
DOI: 10.1007/978-3-322-89102-0

Inhalt

Vorwort

Nach Lichtenberg erweckt das Schreiben etwas, was man vorher nicht deutlich erkannte. Damit ist der intellektuelle und persönliche Entwicklungsprozeß, der mit der Ausarbeitung der vorliegenden Studie verbunden war, treffend angedeutet. Meine Themenstellung hat sich stufenweise entwickelt und verdeutlichte sich beim Schreiben. Ausgehend von der Beschäftigung mit persönlichen Vater-Sohn-Beziehungen und den daraus entstehenden Lebenseinstellungen der Söhne, versuchte ich, diese psychischen und interpersonalen Vorgänge mit der psychoanalytischen Theorie zu erfassen. Durch die Kenntnis von Freuds Lebensgeschichte ergaben sich für mich augenfällige Wechselbeziehungen zu seiner Theorie. Fast unmerklich formte sich mein Thema um. Die Lektüre von Freuds zahlreichen Korrespondenzen verstärkte diese Veränderung und zeigte mir den Gründer der Psychoanalyse als Vaterfigur, der von seinen Schülern ebenso angesprochen wurde. Damit hatte ich meinen Arbeitsschwerpunkt gefunden. Die Rekonstruktion der Geschichte der psychoanalytischen Bewegung bis 1914 ähnelte dem Nach-Schreiben eines spannenden Romans. Der Eigenart der Beziehungsgestaltung zwischen "Vater Freud" und seinen "Söhnen" muß ein maßgeblicher Anteil an den Krisen der psychoanalytischen Bewegung eingeräumt werden. In der Zeit zwischen 1900 und 1914 spielte sich eine noch nicht in Worte gefaßte, untergründige Dramatik ab, deren Folgeerscheinungen erst langsam verstanden und aufgearbeitet werden.

Diesen intellektuellen Entwicklungsprozeß hat Frau Prof. Dr. Irmingard Staeuble vom Institut für Kritische Psychologie der FU Berlin vor allem in der Schlußphase der Arbeit wohlwollend gesteuert und geduldig begleitet. In zahlreichen Gesprächen hat sie meinen Blick für die grundlegenden Aspekte des Themas geschult. Dafür danke ich ihr herzlich.

Mein persönlicher Entwicklungsprozeß, der mit dieser Arbeit verbunden ist, hat zu tun mit der eigenen Vaterbeziehung, dem beglückenden Erlebnis der Annäherung an Vater und Vaterfiguren, dem Streben, selbst Vaterfigur zu werden, der "eigenständigen Hingabe" an geistige Vaterfiguren (Frauen und Männer), dem Erkennen und der Ächtung von "falschen" Führern, die das Leben der Menschen an sich binden und egoistische Machtziele verfolgen und dem Ziel, mutig in die Kultur der Mutter- und Vaterfiguren hineinzuwachsen.

Ich habe das Glück, Herrn Prof. Dr. Josef Rattner meinen Mentor nennen zu können. Alle wesentlichen Bereiche des Lebens konnte ich mit ihm in einer wohltuenden und fördernden Atmosphäre erörtern. Darüber hinaus hat er mich in viele Disziplinen des kulturwissenschaftlichen Denkens eingeführt und unterrichtet. Ihm habe ich mehr zu verdanken, als ich hier ausdrücken kann.

Goethe war der Meinung, daß das Gespräch erst zum wirklichen "Bedenken" einer Fragestellung führt. Deshalb möchte ich mich bei meinen Freunden bedanken, daß ich mit ihnen inhaltlich diskutieren konnte und sie mir durch ihren Zuspruch hilfreich zur Seite standen.

Einen großen Anteil am Gelingen dieser Studie hatte meine Frau Bärbel Smikalla-Weier. Sie wurde mir zur Geburtshelferin für unzählige Gedanken und korrigierte auch die letzte Fassung dieser Arbeit. Ihr danke ich besonders herzlich und freue mich schon auf unser nächstes Lern- und Studienprojekt.

Berlin, im Februar 1996 Günter Weier

Nur zwei Tugenden gibt's, o wären sie immer vereinigt, immer die Güte auch groß, immer die Größe auch gut![1]

I. Einleitung

1. Problemstellung

In seiner Autobiographie "Die Wörter" von 1964 bringt Jean-Paul Sartre das "Vater-Problem" zur Sprache:

> Es gibt keine guten Väter, das ist die Regel; die Schuld daran soll man nicht den Menschen geben, sondern dem Band der Vaterschaft, das faul ist.[2]

Weiter führt er aus, daß sein Vater kurz nach seiner Geburt gestorben ist. Deshalb habe er kein Über-Ich, aber eine "unglaubliche Leichtfertigkeit"[3]. Er sei kein Chef und wolle auch keiner werden: "weil ich nicht von der Machtkrätze befallen bin: man hat mir den Gehorsam nicht beigebracht."[4]

> Befehlen, gehorchen, das macht für mich keinen Unterschied. Der Autoritärste befiehlt im Namen eines anderen, eines geheiligten Parasiten - seines Vaters -, er überträgt die abstrakten Gewalttaten weiter, die er erlitten hat.[5]

Damit skizziert Sartre seine persönliche Situation und seine "Philosophie" in bezug auf den Vater schlaglichtartig. Indem er die einzelnen Väter entlastet, macht er das "Band der Vaterschaft" verantwortlich für Machtausübung, Ge-

1 Friedrich Schiller: Sämtliche Gedichte, Frankfurt am Main und Leipzig 1991, S. 402

2 Sartre 1964, S. 12

3 ebenda, S. 13

4 ebenda, S. 14

5 ebenda, S. 13

walttaten, Befehlen und Gehorchen in der Beziehung zu Kindern und Abhängigen. An seiner eigenen Entwicklung verdeutlicht er aber auch, daß der einzelne "Sohn" nicht unbedingt von der "Machtkrätze" befallen sein muß.

Aus diesen Ausführungen haben sich für mich zahllose Fragen ergeben: Wie kann das Verhältnis von individueller Vaterschaft und Vaterschaftsband näher bestimmt werden? Haben nicht viele einzelne Väter und Vaterfiguren das destruktive "Band der Vaterschaft" geschaffen? Wie kann eine einzelne Vaterfigur über das kranke Niveau der Kultur hinauswachsen? Aus diesen Fragen entstand bei mir der Entschluß, diesem Thema nachzugehen.

Nachdem ich mich in meiner Diplom-Arbeit mit der Theorie von Harald Schultz-Hencke, in anderen Ausarbeitungen mit der von Alfred Adler und Karen Horney beschäftigt hatte, stand für mich das vertiefte Studium von Sigmund Freuds Lehre noch aus. Die Beschäftigung mit diesem bewundernswerten Menschen, Wissenschaftler und Psychoanalytiker und seiner Bewegung hat dazu geführt, daß ich den Schwerpunkt meiner Arbeit auf seine Person zentriert habe. Es zeigte sich, daß Freud in "Vater-Kategorien" gefühlt, gedacht und gewertet hat, so daß ich ein reichhaltiges Material zu meinem Thema vorfand. Die wichtigsten Fragen lauteten: Welche Einflußgrößen lassen sich für Freuds Vaterausrichtung in seiner Kindheit, in der Beziehung zu seinem Vater und zu seinen Lehrern namhaft machen? Wie stark war Freuds patriarchalische Prägung? Welchen Einfluß hatte diese weltanschauliche und psychische Ausrichtung auf seine Theorien und auf den Umgang mit seinen "Söhnen"? Wie hat das Beziehungsgeschehen wiederum sein Denken und seine Theorien verändert? Wie hat Freud seine "Söhne" erzogen? Welche Krisen zwischen "Vater" und "Söhnen" gab es in der psychoanalytischen Bewegung, wie verliefen sie und wie wurden sie bewältigt? Können aufgrund einer veränderten Theorie der Vater-Sohn-Beziehung und neuen Umgangsformen zwischen "Vater" und "Söhnen" verschiedene Phasen der psychoanalytischen Bewegung benannt werden? Eine Einschränkung ergab sich im Laufe der Ausführungen: Die Vorgänge in der psychoanalytischen Bewegung und die Theorie der Vater-Sohn-Beziehung stelle ich bis zum Jahre 1914 dar.

Die vorliegende Studie enthält drei Forschungsschwerpunkte:

1. Sigmund Freud als Vaterfigur steht im Mittelpunkt der gesamten Untersuchung. Seine kulturellen und familiären Prägungen werden ebenso dargestellt wie die Einwirkungen der Ersatzväter. Weiterhin wird Freuds Entwicklung zur Vaterfigur beschrieben, wobei wegweisende Konflikte, Freuds Einflußnahme auf seine "Söhne", die Gründung der Internationalen Vereinigung sowie die Auseinandersetzungen mit Adler und Jung hervorgehoben werden.

2. Im zweiten Forschungsschwerpunkt untersuche ich die "Kindheit" und "Jugendzeit"[6] der psychoanalytischen Bewegung. Auf dem Hintergrund von Freuds Stellung als Vaterfigur betrachte ich die Beziehungen des "Gruppen-Vaters" zu einzelnen "Söhnen" und weise auf gruppendynamische Vorgänge hin. Darüber hinaus werden Veränderungen der inneren Struktur der Bewegung dargestellt. Es wird gezeigt, welche Weichenstellungen dafür verantwortlich waren, daß die Psychoanalyse "Züge einer Glaubensbewegung" annahm.
3. Den dritten Schwerpunkt bildet Freuds Theorie der Vater-Sohn-Beziehung. Es wird untersucht, welche Bedeutung der Person des Vaters in Freuds Phase der Theoriebildung bis zum Jahr 1897 zukommt. Daraufhin stelle ich seine Theorie der Vater-Sohn-Beziehung bis 1913 dar. Die theoretischen Schriften und biographischen Erforschungen, aber auch die Gedanken seiner "Söhne" in der Mittwoch-Gesellschaft ziehe ich dabei heran.

Diese drei Schwerpunkte werden immer wieder im Zusammenhang betrachtet und aufeinander bezogen.

Die vorliegende Arbeit verfolgt das Ziel, durch eine differenzierte Analyse von Freuds vaterorientierter Ausrichtung zu einem fundierten Verstehen seiner Person, der psychoanalytischen Bewegung und bestimmten Abschnitten der Theorie zu kommen. Noch mehr: Die genaue Bestimmung von Freuds Vaterausrichtung und die Antworten der "Söhne" darauf sollen ein neues Licht auf die Entwicklung der Psychoanalyse werfen.

Der Autor dieser Untersuchung hat eine tiefenpsychologische Ausbildung absolviert. Daraus ergibt sich eine gewisse Distanz zur psychoanalytischen Disziplin. Diese hat sich jedoch als Vorteil herausgestellt. Mögliche Loyalitätskonflikte zum "Über-Vater" Freud und zur psychoanalytischen Bewegung konnten dadurch gering gehalten werden. Die Bewunderung für Freud und sein Werk blieb jedoch immer bestehen.

Bevor ich inhaltlich mit Freuds Sozialisation beginne, schicke ich einige Fragen und Vorbemerkungen sowie methodische Überlegungen voraus, in denen die theoretischen Grundpositionen für diese Untersuchung deutlich werden.

6 Freud/Ferenczi 1993, S. 235

2. Fragen und Vorüberlegungen

2.1. Väter und Vaterfiguren: Ewige Tyrannen?

Die Geschichte der Väter und Vaterfiguren ist im großen und ganzen eine Geschichte der Tyrannei. Die wahnhafte Annahme der Männer, das bevorzugte und bessere Geschlecht zu sein, führte zu gewalttätigem Herrschaftsgebaren gegenüber der Frau und zu ihrer Herabwürdigung als "anderes Geschlecht"[7]. In der Kindererziehung erzeugte dieses Machtprinzip in der Regel unnachgiebige, harte und mitunter grausame Dressurmaßnahmen. Sowohl die leiblichen Väter in den Familien als auch die Vaterfiguren im Verhältnis zu ihren Untertanen sind vom Glauben ihrer Prävalenz infiziert. Die Liste der tyrannischen Vaterfiguren ist lang, wie ein Blick in ein Geschichtsbuch zeigt. Politische Diktatoren und Führer, Päpste, Ordenspriester und Missionare, militärische Befehlshaber, Begründer von industriellen Imperien usw. beanspruchten den "Vatertitel", weil damit eine keinen Widerspruch duldende Machtstellung verbunden war. Seit die römischen Kaiser in Analogie zur Familiensituation den Titel des "pater patriae" für sich erfunden hatten, ist die Flut der Nachahmer unüberschaubar geworden. Karl der Große, Heinrich I., Otto der Große u.v.m. schmückten sich mit dieser Bezeichnung. Wilhelm I. wurde in den Schulen so besungen:

> Wie meinen Vater lieb' ich ihn bis zu dem letzten Hauch; was gilt's, wenn er mein Kaiser ist, mein Vater ist er auch.[8]

"Väterchen" Stalin ließ in seinem Machtwahn viele Millionen Menschen ermorden. Hitler baute sich als charismatischen Führer auf und beanspruchte, dem "Heiligen Vater" ähnlich, die politische Unfehlbarkeit.[9] Millionen Menschen fielen seinem Wahn und dem seiner Schergen zum Opfer. Auch die religiösen "Väter" haben eine blutige Spur hinterlassen. Man denke an die Kreuzzüge, die Inquisition und die unzähligen Religionskriege, die sogenannte "Väter" im Namen von Gottvater angezettelt haben. Ungezählt sind die Menschen, die aufgrund einer fragwürdigen Gottesidee ihr Leben lassen mußten.

Diese Beispiele zeigen, daß mit den traditionellen Vater-Vorstellungen ein unauflösbarer Circulus vitiosus von Herrschaft und Knechtschaft verbunden ist. Die patriarchalische Führerschaft impliziert auf der einen Seite einen abso-

---

7 siehe: de Beauvoir 1949

8 in: Munch 1989, S. 87

9 siehe: Eschenburg 1976, S. 198

lutistischen Herrscher, der nach egoistischen Motiven handelt, und auf der anderen Seite unmündige Kinder, die sich nur passiv verhalten können und nicht wissen, was ihnen nützt. Auf diesen Zusammenhang hat schon Kant im Jahre 1793 hingewiesen und betont, daß aus dieser Konstellation nur "der größte denkbare *Despotismus*"[10] erwachsen könne. Nach Max Webers Analyse wird das Vater-Kind-Verhältnis von den Machthabern bewußt in den Vordergrund gerückt, um den Anschein vom "guten" Herrscher zu erwecken.

> Der patriarchale Patrimonialismus hat sich daher als Pfleger der "Wohlfahrt" der Untertanen vor sich selbst und vor diesen zu legitimieren. Der "Wohlfahrtsstaat" ist die Legende des Patrimonialismus, erwachsen nicht auf der freien Kameradschaft angelobter Treue, sondern auf der autoritären Beziehung von Vater und Kindern: der "Landesvater" ist das Ideal der Patrimonialstaaten.[11]

Haben sich diese Verhältnisse heute geändert? Zwei gegenläufige Prozesse können beobachtet werden. In den vergangenen Jahrzehnten haben die öffentlichen Institutionen aufgrund des Bedeutungsverfalls des Familienvaters viele seiner Funktionen übernommen. Andererseits können sich die traditionell autoritären Vaterinstanzen wie "Vater Staat", Landes- und Kirchenväter, Gottvater usw. infolge der allgemeinen Vaterkritik nicht mehr so offensichtlich mit ihrer Macht brüsten. Gleichwohl ist ihre Machtfülle ungebrochen, aber subtiler und damit unangreifbar.[12] Das heißt, daß der einzelne mit dem Wort "Vater" nach wie vor Gehorsam, Pflicht, Ehrerbietung, Unterordnung usw. assoziiert. Die Macht der tyrannischen "Väter" und die Angst vor einer Unterjochung lebt in den Menschen weiter. Das hat dazu geführt, daß die "Kinder" nur drei grobe Einstellungen zu Vaterfiguren finden: Kampf, Unterwerfung und Resignation. Diese Haltungen sind Ergebnisse umfangreicher psychischer Abwehrprozesse. Die Psychoanalyse lehrt uns, daß jede undifferenzierte Abwehr tiefe Gefühlsregungen, sachliche Denktätigkeiten und vorurteilsfreies Wertempfinden verhindert. Meines Erachtens wäre es für den heutigen Menschen von großer Bedeutung, wenn er seine ängstliche und grobe Einstellung zu Vaterfiguren veränderte. Er müßte dann überprüfen, ob die Beziehung zu einem Mentor bzw. einer Mentorin psychische oder geistige Entwicklungschancen bietet. Nur so könnte eine Auffassung von demokratischer und fördernder Väterlichkeit entstehen. In dieser Utopie wendet sich der desorientierte und einsame Mensch an humanistische und gebildete Vater- bzw. Mutterfiguren, um sich von ihnen erziehen, unterstützen, fördern, korrigieren, beleh-

---

10 Kant 1793, S. 80

11 Weber 1921, S. 652

12 siehe: Mitscherlich 1963, Kap. VII und Munch 1989

ren und bilden zu lassen. Natürlich muß der wirklich wertvolle "Vater" erkannt und der despotische demaskiert werden. In unserer Kultur müssen Väter und Vaterfiguren keine ewigen Unterdrücker und "Kinder" nicht ewig orientierungslose Opfer bleiben.

Jede Vaterfigur steht in der Tradition dieser unheilvollen "Vater-Geschichte". In der vorliegenden Arbeit wird untersucht, wie Sigmund Freud als Vaterfigur sein Verhältnis zu den "Söhnen" der frühen psychoanalytischen Bewegung gestaltet hat. Die zentrale Frage lautet: Hat Freud die autoritäre "Vater-Tradition" fortgeführt oder konnte er über diese Tradition hinausgelangen und sie überwinden?

2.2. Sigmund Freud: Eine "neue" Vaterfigur?

Vaterfiguren entwickeln sich aus komplizierten Zusammenhängen. Für Freud ist dieser "Titel" aus dem Zusammenspiel von Zeitgeschichte, persönlichem Werdegang, Werkentstehung, Leiterfunktion der Bewegung und dazugehörigen Theorieschwerpunkten, hauptsächlich aber aus einer entsprechenden psychischen und weltanschaulichen Wertausrichtung erwachsen. Die Geschichte zeigt, daß nur wenige Menschen die Kraft und den Mut haben, auf Machtstreben zu verzichten und humanistisch und freiheitlich orientierte "Väter" zu werden. Ob Freud in diesem Sinne eine "neue" Vaterfigur geworden ist, die den Menschen zu Emanzipation und Entwicklung verholfen hat, wird in der vorliegenden Arbeit diskutiert.

Daß Freud sich als Vaterfigur ansah und von seinen Schülern so betrachtet wurde, kann an vielen Beispielen gezeigt werden. An Max Eitingon schrieb er:

> Demnach schlage ich Ihnen vor, unser bisheriges von der Freundschaft zur Sohnschaft gestrecktes Verhältnis noch über jenen Zeitraum, der bis zu meinem Lebensende verlaufen mag, aufrecht zu erhalten.[13]

Arnold Zweig sprach Freud in seinen Briefen schon bald nach dem Kennenlernen mit "Vater Freud"[14] an. Lou Andreas-Salomé, über ein eigenes Paßphoto unzufrieden, vertraute Freud an:

> Wenn ich statt dessen auch nur auf zehn Minuten Ihnen in's Gesicht sehen dürfte - - in das Vatergesicht über meinem Leben.[15]

---

13 Freud 1960a, S. 355

14 zum ersten Mal siehe: Freud/Zweig 1968a, S. 41

15 Freud/Andreas-Salomé 1966a, S. 227

Freud und seine Schüler haben in "Vater-Kategorien" gedacht, gefühlt und gewertet. Natürlich kannte Freud auch die Probleme, die in einem solchen Verhältnis liegen können. Er schrieb:

> Die wenigsten Kulturmenschen sind fähig, ohne Anlehnung an andere zu existieren oder auch nur ein selbständiges Urteil zu fällen. Die Autoritätssucht und innere Haltlosigkeit der Menschen können Sie sich nicht arg genug vorstellen.[16]

In der vorliegenden Arbeit wird das Beziehungsgeschehen zwischen "Vater Freud" und seinen "Söhnen" von der Jahrhundertwende bis zum Jahre 1914 nachgezeichnet. Sowohl der Aufbau der Bewegung als auch das Fundament der psychoanalytischen Theorie war ganz von Freud als Vaterfigur bestimmt, so daß ich die These aufstelle: Der "soziale und theoretische Ort" der Psychoanalyse ist durch die Vaterfigur definiert.

Um das Besondere der Vaterfigur Freud erfassen zu können, muß untersucht werden, welchen Führungsstil er in der psychoanalytischen Vereinigung ausgeübt hat. Es hat sich eingebürgert, diese Vereinigung als "Bewegung" zu bezeichnen. Drei Typen von Bewegungen, unterschieden nach der Art des Führungsstils, werden in Anlehnung an Rasckke[17] im folgenden kurz referiert.

a) Die "sachliche" Führung: In diesen Bewegungen ist jede Funktion und Aufgabe genau festgelegt. Führer und Teilnehmer achten gegenseitig auf die Erfüllung und ahnden den Verstoß. Es wird eine funktionale Arbeitsweise angestrebt und eine unkomplizierte Erledigung der Aufgaben erwartet. Der Führer ist solange anerkannt, wie er die ihm bestimmten Beiträge für die Bewegung erfüllt. Ein erkennbares Versagen führt zu seiner Absetzung. Die Beziehung zwischen Führer und Teilnehmer leitet sich aus den Sachbezügen ab, so daß sie ein rationales Gepräge erhält. Persönliche Kontakte werden als störend für den Arbeitsablauf empfunden und gemieden.

   Viele Führer und Mitglieder haben den Anspruch, eine solche Beziehungsstruktur zu verwirklichen. Sie unterschätzen jedoch den emotionalen und gruppendynamischen Anteil, der zum Tragen kommt, sobald Menschen miteinander interagieren. Dem liegt Unkenntnis und mangelndes Können zugrunde, woraufhin sich viele Bewegungen aufreiben und zerbrechen.

---

16 Freud 1910d, S. 127/128

17 siehe: Raschke 1988, S. 218-220

b) Die "charismatische" Führung: In dieser Beziehungsform konzentriert sich die Aufmerksamkeit der Teilnehmer auf den Führer, dem sie bewundernswerte Eigenschaften und beträchtliche Fähigkeiten zusprechen und ein hohes Maß an Entscheidungsvollmacht zubilligen. Er nimmt die Teilnehmer in Anspruch, indem er sie zum Nutzen seiner eigenen Ideen und Zielvorstellungen gebraucht. Die Beziehungsstruktur zwischen Führer und Teilnehmer ist mit dem divergierenden Wissens- und Persönlichkeitsniveau begründet - ob objektiv oder subjektiv sei dahingestellt. Im Gegensatz zu den anderen Führungsstilen befindet sich der Teilnehmer hier eindeutig in der aufnehmenden und abhängigen Position. Er bleibt darin solange, wie er die überlegene Position des Führers anerkennen kann.

Seit dem Nationalsozialismus existiert eine erhebliche Scheu vor diesem Führungsstil. Raschke meint:

> Die sozialen Bewegungen seit dem charismatisch fundierten Nationalsozialismus sind in hohem Maße nicht nur un-, sondern anticharismatisch.[18]

Die Anziehungskraft der Sektenführer zeigt auf der anderen Seite das starke Bedürfnis des einzelnen, einer solchen Gruppierung anzugehören, sich geborgen zu fühlen und "grenzenloses" Vertrauen empfinden zu können. Im totalitären Machtanspruch des Führers glaubt das Mitglied eine Form von "Ausgewähltheit" zu erkennen. Schnell ist es psychisch abhängig und ein willenloser "Anhänger" in den Händen eines Herrschers.

Es besteht jedoch die Gefahr, daß aus Angst vor autoritärer Führung eindeutige Sachkompetenz und faktischer Wissensvorsprung des Führers vorschnell als "totalitär" abgetan werden. Einer ideologischen "Gleichheit" zuliebe bleibt dann die Entwicklung der Bewegung auf der Strecke.

c) Die "demokratische" Führung: Die Führer in diesen Bewegungen sind durch Wahlen legitimiert, bestimmte Funktionen zu übernehmen. Sie stehen im Spannungsfeld von "Basis" und "Außenwelt" und sind Kritik sowie Kontrollen ausgesetzt. Ihr Engagement, die erbrachten Leistungen, aber auch ihr persönliches Format bestimmen die Richtung der Bewegung. Die praktische Durchführung der Mitbestimmung ist jedoch je nach Demokratieverständnis sehr variationsreich und kann heftige Diskussionen auslösen. Die Beziehung zwischen Führer und Teilnehmer ist von diesem Verständnis weitgehend abhängig. In radikal-demokratischen Bewegungen ist der Führer lediglich "ausführendes Organ", während er in repräsentativ-demokratischen Gruppierungen mehr Entscheidungsbefugnisse hat und als Autorität angesehen wird.

---

18 ebenda, S. 218

Viele "demokratische" Bewegungen haben den Anspruch, daß möglichst alle Teilnehmer an der Entscheidungsfindung mitwirken. Praktisch scheitert diese Idee zum Beispiel an der Passivität vieler Teilnehmer und an komplizierten Organisationsabläufen. Mehr als in anderen Bewegungsformen kommen hier Intrigen, Rivalitäten und Machenschaften aller Art vor, die einem solchen Bewegungstypus Grenzen setzen. Als "Ausweg" wird nicht selten eine oligarchische Führungsstruktur angestrebt.

Wie kann die psychoanalytische Bewegung charakterisiert werden? Den Begriff "Bewegung" empfand Jones als einen nicht sehr glücklichen Ausdruck[19], weil damit religiöse Gruppierungen bezeichnet würden, die den brennenden Wunsch hätten, Überzeugungen zu verbreiten. Die Hauptaktivität der Mitglieder der psychoanalytischen Gesellschaft sei jedoch die wissenschaftliche Tätigkeit.[20] Leupold-Löwenthal hingegen betont, daß die ausschließliche Hervorhebung der Wissenschaftlichkeit einem "reduktionistischen Standpunkt"[21] gleichkomme. Diese reduzierte Sichtweise habe jedoch besonders in Amerika in enger Verbindung mit Medizin und Universität zu einer professionellen Institutionalisierung geführt. Besonders förderlich sei diese Entwicklung für die Psychoanalyse nicht gewesen.

Tömmel[22] verwendet den Terminus der "wissenschaftlichen Gemeinschaft", um den Ort der Entwicklung von Theorien zu kennzeichnen. Sie hebt damit das Erkenntnisinteresse und die dazu erforderliche Verbundenheit der Psychoanalytiker untereinander hervor. Definiert wird eine solche Gemeinschaft als Personenverband, der an einem wissenschaftlichen Projekt arbeitet und dessen Mitglieder regelmäßig miteinander in Austausch treten.[23]

Kann in diesen Ausführungen die besondere Eigenart der psychoanalytischen Gruppe wiedergefunden werden? Hat Freud "sachlich", "charismatisch" oder "demokratisch" geführt? Ist sein Führungsstil immer konstant geblieben, oder hat er sich durch Krisen verändert? War es Freuds Absicht, eine "wissenschaftliche Gemeinschaft" zu gründen?

---

19 siehe: Jones 1962, Bd. 2, S. 88

20 siehe: Gay 1989, S. 201 Fußnote

21 Leupold-Löwenthal 1981, S. 336

22 Tömmel 1985

23 siehe: ebenda, S. 86

2.3. Einheit von Zeitgeschichte, Biographie und Werk?

Eine hermeneutische Untersuchung muß die Wechselbeziehungen von Zeitgeschichte, Biographie und Theoriegebäude des Protagonisten berücksichtigen. Begünstigt wird ein solches Unternehmen, wenn diese Verbindungen im "Forschungsobjekt" bereits angelegt wurden. Heenen-Wolff geht davon aus, daß eine solche enge "Verflechtung von Zeitgeschichte, Biographie und Theorie"[24] bei Freud vorhanden war. Vor allem aus den Briefen an Fließ[25] wissen wir, daß er die Regungen seines eigenen Seelenlebens bei der Entwicklung seiner Theorien zugrunde gelegt hat. Besonders eindrücklich benannte er diesen Zusammenhang in einem Brief an Stefan Zweig, in dem er auf dessen Biographie über ihn reagierte:

> Darum eile ich, meiner Befriedigung Ausdruck zu geben, daß Sie das Wichtigste an meinem Fall richtig erkannt haben. Nämlich, daß soweit Leistung in Betracht kommt, diese nicht so sehr Sache des Intellekts als des Charakters war. Das ist der Kern Ihrer Auffassung, und das glaube ich auch selbst.[26]

Einige Jahre zuvor bekannte er Fließ, daß sich "irgend etwas aus den tiefsten Tiefen meiner eigenen Neurose () einem Fortschritt im Verständnis der Neurosen"[27] entgegenstellen würde. Freuds Erkenntnisse "tragen die Spuren seines Lebens. Sie sind auf eine bedeutsame, aber oft ganz unauffällige Weise mit seinen persönlichen Konflikten und seinen pädagogischen Strategien verstrickt."[28] Aus seinem persönlichen Erleben leitete er theoretische Gedanken ab und seine Lehrsätze bezog er wiederum auf seine eigene Person. Erst dieser gesamte Prozeß verdient, als Selbstanalyse bezeichnet zu werden. Schon Bernfeld hat die enge Verbindung zwischen Freuds wissenschaftlicher Arbeit und seinem vergangenen sowie aktuellen Leben betont. Eine Verbindung zwischen Werk und Leben stelle man gewöhnlich nur beim Dichter her. Doch solange der Leser nicht Einblick in die historischen und biographischen Fakten gewinne, sei ein tieferes Verständnis der Schriften Freuds erschwert.[29]

Im Vorwort zur zweiten Auflage der "Traumdeutung"[30] stellt Freud ein Faktum seiner Biographie in den Vordergrund und bezieht es auf die Entste-

---

24 Heenen-Wolff 1987, S. 133

25 Freud 1985c

26 Freud 1960a, S. 420

27 siehe: Freud 1985c, S. 272

28 Gay 1989, S. 304

29 in: Grubrich-Simitis 1988, S. 24

30 Freud 1900a, S. 24

hung dieser Schrift. Auf den Tod seines Vaters habe er mit Selbstanalyse reagiert, die in wesentlichen Teilen in Form von Träumen in der Schrift enthalten seien. Meines Erachtens sind eine ganze Reihe seiner Ausarbeitungen "vatermotiviert". Da Freud nicht nur auf seinen leiblichen Vater "fixiert" war, können noch andere Vaterfiguren und -instanzen genannt werden, die ihn dazu bewegt haben, seine Gedanken niederzulegen: Vaterfiguren aus Schule und Studium, Väter der Kultur, Pseudoväter der Kirche und des Staates, die eigene Vaterrolle in der psychoanalytischen Bewegung sowie konflikthafte Beziehungen zu seinen "Söhnen", theoretische Probleme der Vater-Kind-Beziehung.

Aber nicht nur Wechselbeziehungen im persönlichen Bereich sind bei Freud von Bedeutung. Die kulturellen und gesellschaftlichen Bedingungen bilden sich nachhaltig in Biographie und theoretischen Gedanken ab. Einschränkend meint Kimmerle, daß

> er sich der gesellschaftlichen Präformation seiner Lebenserfahrungen sicherlich nicht zureichend bewußt war, die sich so in seinem Werk niedergeschlagen haben.[31]

Federn bemerkt, die Persönlichkeit Freuds sei "einerseits völlig mit der Psychoanalyse verschmolzen, andererseits aber auch das Produkt einer historischen Entwicklung, die für sich selbst die größten Anforderungen an den Historiker stellt"[32]. Als hochgebildeter Kulturmensch hat Freud natürlich, wie Glaser betont, "mit seiner Existenz die Zeit in sich"[33] aufgenommen und verarbeitet. Dabei hat er sowohl auf die "Verhältnisse" eingewirkt und "die erstarrte Gesellschaft zum Tanzen gebracht"[34] als auch "das kulturelle Selbstverständnis des Menschen im 20. Jahrhundert"[35] mit seinen Lehren fachübergreifend beeinflußt.

Die Einheit von Zeitgeschichte, Freuds Biographie und Werk ist bis heute zuwenig auf ihre Folgeerscheinungen für die psychoanalytische Theorie und Bewegung untersucht worden. Eine realistische Einschätzung von Freud kann ohne diesen Zusammenhang nicht vorgenommen werden. Das gilt vor allem für die heutigen Ausbildungskandidaten der Psychoanalyse. Nach Kohut sind sie mit Freud als "große(r) Vaterfigur"[36] konfrontiert, dessen unbewußte libidinöse Strebungen sie intensiv studieren. Dadurch entstehe eine "fest veran-

---

31 Kimmerle 1989, S. 6

32 Federn 1989, S. 91/92

33 Glaser 1979, S. 9

34 ebenda, S. 11

35 Kimmerle 1989, S. 7

36 Kohut 1975, S. 95

kerte Identifizierung mit einer idealen Vaterfigur (oder als Reaktionsbildung: Rebellion gegen diese Identifikation)"[37], die für das psychische Gleichgewicht der Kandidaten bedeutsam ist, aber einem möglichst "objektiven" Bild von Freud nicht gerecht wird. Somit "übersehen", verleugnen oder ignorieren die psychoanalytischen "Töchter" und "Söhne" gravierende Einseitigkeiten ihres "Vaters".

Ich gehe davon aus, daß Freuds gesamte Biographie, auf dem Hintergrund der Zeitgeschichte gesehen, wegweisend für Entstehung und Weiterentwicklung seiner Theorien war und die Dynamik in der psychoanalytischen Gruppe prägte. Die aus diesen krisenhaften Prozessen erwachsenen Erkenntnisse haben sich wiederum verändernd auf seine Persönlichkeit, seine Gedanken und seinen Führungsstil der Bewegung gegenüber ausgewirkt. Letztlich hat Freud mit seinen Einsichten, in Theorien niedergelegt, Einfluß auf die Kultur ausgeübt. Die vorliegende Untersuchung versucht, diese interpersonalen und psychischen Prozesse bis 1914 zu verdeutlichen.

2.4. Ödipuskomplex oder Vater-Sohn-Beziehung?

In einem Zusatz aus dem Jahre 1920 für seine Schrift "Drei Abhandlungen zur Sexualtheorie" betonte Freud, daß der Ödipuskomplex der Kernkomplex der Neurosen sei. Jeder Mensch müsse diesen Komplex bewältigen, sonst sei er der Neurose verfallen. Und weiter:

> Der Fortschritt der psychoanalytischen Arbeit hat diese Bedeutung des Ödipuskomplexes immer schärfer gezeichnet; seine Anerkennung ist das Schibboleth geworden, welches die Anhänger der Psychoanalyse von ihren Gegnern scheidet.[38]

Im hohen Alter hob er den Ödipuskomplex als seine bedeutsamste Entdekkung hervor. Er schrieb:

> Ich getraue mich zu sagen, wenn die Psychoanalyse sich keiner andern Leistung rühmen könnte als die Aufdeckung des verdrängten Ödipuskomplexes, dies allein würde ihr den Anspruch geben, unter die wertvollen Neuerwerbungen der Menschheit eingereiht zu werden.[39]

Zu diesem Zeitpunkt war die Theorie vom Ödipuskomplex bereits über 40 Jahre alt. Der Beginn dieser Konzeption kann auf das Jahr 1897 festgelegt

37 ebenda, S. 95

38 Freud 1905d, S. 129 Fußnote

39 Freud 1940a, S. 49

werden. Freud teilte seinem Freund Fließ mit, daß er "die Verliebheit in die Mutter und die Eifersucht gegen den Vater"[40] bei sich gefunden habe. Er fügte hinzu, daß er diese Regungen für "ein allgemeines Ereignis früher Kindheit"[41] halte. Damit verabsolutierte er schon hier seine persönliche Erfahrung zum allgemeingültigen Gesetz.

Inzwischen sind fast 100 Jahre vergangen: Der Ödipuskomplex ist "in die Jahre" gekommen. Viele Veränderungen haben seitdem stattgefunden, die die Kultur bzw. Gesellschaft, den einzelnen Menschen und die psychoanalytischen Theorien betreffen. Dadurch hat "der Ödipus-Komplex seine zentrale Stellung in der psychoanalytischen Theorie eingebüßt"[42]. Einige dieser Faktoren sollen genannt werden:

a) Die theoretischen Erweiterungen der "Dissidenten" der Psychoanalyse haben meines Erachtens einen großen Einfluß auf die Entwicklung der psychoanalytischen Lehre gehabt. Vor allem die Theorie des Ödipuskomplexes stand seit jeher im Kreuzfeuer der Kritik. Die Modifikationen von Adler und Jung, deren Kontroverse mit Freud in der vorliegenden Arbeit behandelt wird, aber auch von Horney, Sullivan und Schultz-Hencke haben sich im nachhinein als bedeutend herausgestellt. Letzterer zum Beispiel hat die "Libidotheorie und die sogenannte Metapsychologie fallen lassen"[43] und damit der Theorie des Ödipuskomplexes den Boden entzogen.[44]

b) In den 50er Jahren veränderte sich das Forschungsinteresse vieler Psychoanalytiker. Sie richteten ihre Aufmerksamkeit nicht mehr auf die ödipalen Vorgänge, sondern beschäftigten sich mit der "frühesten, präödipalen Entwicklung; mit Problemen der sogenannten symbiotischen Phase (Mahler) und der 'Selbstobjekt'-Stufe (Kohut) und deren Abkömmlingen, sowie mit ihren direkten () Fortsetzungen und Umsetzungen im Erwachsenenleben von Patienten mit psychotischer Pathologie, Borderline-Zuständen und narzißtischen Persönlichkeitsstörungen"[45].

c) Ebenfalls in diesem Jahrzehnt meinten viele analytische Therapeuten, Veränderungen in den Krankheitsbildern der Patienten zu erkennen. Vor allem bezüglich der Ätiologie diagnostizierten sie bei den Erkrankten überwiegend Störungen der frühen Mutter-Kind-Beziehung. Das daraus entstan-

---

40 Freud 1985c, S. 293

41 ebenda, S. 293

42 Calogeras et al 1976, S. 209

43 Schultz-Hencke 1951, S. VI

44 siehe auch: Schultz-Hencke 1947, S. 43-48

45 Loewald 1981, S. 54

dene Krankheitsbild nannten sie Borderline-Syndrom. Der Ödipuskonflikt, so die Erfahrung der Therapeuten, könne häufig erst nach langer Analyse erreicht und bearbeitet werden.[46]

d) Ferner begann man in den 50er Jahren, beziehungstheoretische Konzepte zu entwickeln. Hartmann, Jacobsen, Spitz, Mahler, Kernberg usw. haben sich dabei hervorgetan. Ihnen wurde deutlich, daß das physikalische Energiekonzept, in dem eine Beziehung lediglich als "Besetzung eines Objekts" beschrieben wird, überwunden werden mußte. Nun erkannten die Autoren, daß eine Beziehung von Gefühlen, Wünschen, Gedanken, Phantasien über Erwartungen des Gegenübers, Bedürfnissen, realen Verhaltensweisen, unterschiedlichen Erfahrungen, Lebenssituationen, Zukunftsperspektiven und Gewohnheiten der Beteiligten geprägt ist.[47] Es wurde nun versucht, Beziehungsvorgänge zu erfassen, die nicht dem ödipalen Schema unterliegen.

e) In den vergangenen Jahrzehnten hat sich durch gesellschaftliche Veränderungen das familiäre Gefüge radikal verändert. Die sogenannte "vollständige" Familie, bestehend aus Vater, Mutter, Sohn und Tochter, gehört wohl mehr und mehr der Vergangenheit an. Zahlenmäßig erhöht hat sich der Anteil 1) der geschiedenen Väter, die entweder von ihren Familien getrennt leben oder mit ihren Kindern zusammenleben, sie erziehen und versorgen, seit die Gerichte nicht mehr automatisch der Mutter das Sorgerecht zusprechen, 2) der Stiefväter, die versuchen, sich in eine bestehende Familie zu integrieren, 3) der unverheirateten Väter, die rechtlich mit der Mutter nicht gleichgestellt sind. Die "kollektive Erziehung" spielt heute wohl nicht mehr eine so große Rolle wie in den 70er Jahren.[48] Diese Verschiebungen des Familiengefüges ziehen veränderte psychische Komplexe und Konflikte beim einzelnen nach sich.

f) Mittlerweile hat sich bei einigen Psychoanalytikern der Wunsch herausgebildet, die traditionell intrapsychisch ausgerichtete Psychoanalyse zu erweitern und "zu einer allgemeineren Psychologie mitmenschlicher Beziehungen beizutragen"[49]. In diesem Sinne stellt Muck[50] Überlegungen zur Struktur menschlicher Beziehungen an. Obwohl in der psychoanalytischen Praxis der zwischenmenschliche Kontakt von zentraler Bedeutung

46 Calogeras et al 1976, S. 205

47 siehe: Mertens 1983, S. 11-18

48 siehe: Schwägler 1978, S. 156-165

49 Sandler 1982, S. 74

50 Muck 1978

sei, scheint es in der Theorie "kein Modell menschlicher Beziehungen"[51] zu geben. Er wendet das analytische Übertragungskonzept auf außeranalytische Situationen an und unterscheidet die bewußte und die unbewußte Beziehungsebene. Auf der ersteren sei die kommunikative "Kompetenz in Abhängigkeit von den Ichfähigkeiten (Wahrnehmungsfunktion usw.) der Beteiligten"[52] gefragt. Die unbewußte Beziehungsebene sei von den bekannten Übertragungs-Gegenübertragungs-Prozessen geprägt. Nach Muck stellen beide Ebenen in ihrer Verschränkung und gegenseitigen Bezogenheit die "Beziehungsstruktur"[53] dar. Ein anderer Autor, Joseph Sandler[54], ist der Meinung, daß sich der einzelne durch Interaktion mit anderen Menschen Befriedigung verschafft. Bleiben diese "guten Gefühle"[55] aus, so werden Wünsche wachgerufen, die die Anbahnung neuer Beziehungen in die Wege leiten. Im Gegensatz zur Auffassung vieler Kollegen glaubt Sandler, daß "das Individuum nicht unbedingt eine getreue Neuauflage des in der Kindheit Erlebten sucht"[56]. Das Gewissen und der Realitätssinn würden dazu führen, veränderte Rollenbeziehungen einzugehen, bzw. neuartig auf Bedürfnisse des Gegenübers zu reagieren. Ein dauerhafter innerer Kern, nach dem Rollenbeziehungen "ausgewählt" werden, bleibe jedoch erhalten. Bräutigam[57] beanstandet, daß der Terminus "Beziehung" im Gesamtregister von Freuds Werken nicht auftaucht. Eine natürliche, sachliche und kreative therapeutische Beziehung sieht er als Grundlage jeder Psychotherapie an. Diese lebendige Begegnung lediglich mit "Übertragung", "Gegenübertragung" und "Arbeitsbündnis" zu charakterisieren und sie entsprechend mechanisch zu handhaben sei ein Irrtum. Die therapeutische Beziehung müsse sich vielmehr an Freuds persönlichem "Vorbild und seinem tatsächlichen therapeutischen Verhalten"[58] orientieren. Cremerius, der Freuds Behandlungstechnik untersucht hat, plädiert für eine spontane, offene und aktive Arbeitsweise und hält die "Spiegel-Chirurgen-Passivitäts-Abstinenz-Neutralitäts-Haltung"[59] für wirklichkeitsfremd.

Diese kurzen Anmerkungen sollen zeigen, daß innerhalb der Psychoanalyse Anstrengungen unternommen werden, die Konstruktion des Ödipuskomplexes

---

51 ebenda, S. 211

52 ebenda, S. 224

53 ebenda, S. 224

54 Sandler 1982

55 ebenda, S. 72

56 ebenda, S. 73

57 Bräutigam 1983, S. 127

58 ebenda, S. 126

59 Cremerius 1990, S. 359

zu erweitern oder gar aufzulösen. Meines Erachtens wird die Theorie des Ödipuskomplexes sukzessiv in eine Beziehungstheorie umgewandelt.

Parallel zu diesem Auflösungsprozeß des Ödipuskomplexes hat sich ein Forschungsschwerpunkt entwickelt mit dem Ziel, die Beziehung zwischen Vater und Tochter, Vater und Sohn, Mutter und Tochter usw. gesondert zu untersuchen. Einige Stationen dieser Entwicklung bezogen auf die Vater-Sohn-Beziehung sollen dargestellt werden:

a) In den 50er Jahren begannen einige Forscher, sich von der individuellen Betrachtungsweise des Menschen zu lösen. Sie wandten sich dem familiären Milieu zu und suchten nach ätiologischen Merkmalen für psychische, vor allem schizophrene Störungen. Nachdem über Jahrzehnte die Mutter als "krankheitsauslösender Faktor" im Mittelpunkt stand, "entdeckte" man nun wieder den Vater. Lidz[60] und seine Mitarbeiter beschäftigten sich mit den Vätern von schizophrenen Patienten. Sie stellten fest, daß diese in ihrer Männlichkeit große Unsicherheiten aufweisen und auf Bewunderung sowie übermäßige Aufmerksamkeit aus sind. Viele von ihnen zeigen ein paranoides und irrationales Verhalten, mit dem sie alle Familienmitglieder nachhaltig beeinflussen. Schon in den ersten Lebensmonaten des Kindes stören und beeinträchtigen sie die Bemühungen der Mutter. Als männliche Identifikationsfigur kommen sie für ihren Sohn nicht in Frage. Das Fazit der Autoren lautet:

> Ebenso wie viele Mütter sind auch die Väter in einer Weise mit ihren eigenen Problemen beschäftigt, daß sie den Notwendigkeiten, die sich aus ihrer väterlichen Rolle ergeben, kaum angemessen nachkommen können.[61]

b) Im Jahre 1963 hat Mitscherlich[62] die Aufmerksamkeit auf den Vater gelenkt und die zunehmende "Entväterlichung"[63] thematisiert. Als Vaterlosigkeit ersten Grades bezeichnet er das "Unsichtbarwerden des leiblichen Vaters"[64] durch eine fortschreitende Spezialisierung im Arbeitsbereich. In der Vaterlosigkeit zweiten Grades ist die "personale Relation der Machtverhältnisse"[65] aufgelöst. Der einzelne kann sich von den Herrschaftsinstanzen "kein Bild machen". Er wächst zum orientierungslosen Erwachse-

60 Lidz 1955
61 ebenda, S. 115
62 Mitscherlich 1963
63 ebenda, S. 202
64 ebenda, S. 338
65 ebenda, S. 338

nen heran, übt anonyme Funktionen aus und wird von nicht greifbaren Instanzen gesteuert.

c) Kurz darauf verfaßte Rattner die Schrift "Kafka und das Vater-Problem"[66]. Anhand der Beziehung von Kafka und seinem Vater werden darin auch Betrachtungen über die Struktur aller Vater-Kind-Beziehungen angestellt. Für den sensiblen Franz verkörperte sein Vater, der "ein Vater wie alle anderen Väter"[67] war, die "abschreckende Wirklichkeit"[68]. Dieses subjektive Erleben, gespeist von entsprechenden Erfahrungen, bewirkte, daß der Schriftsteller sämtliche Lebensbezüge nach diesem Vorbild formte. In der emotionalen Einstellung zum Beruf, zu Autoritäten, zu Frauen, zu Freunden usw. sind ähnliche Strukturen und Verhaltensweisen zu erkennen, die in der Vaterbeziehung eine Rolle spielten. Am Beispiel Kafkas macht Rattner deutlich, wie aus dem "Vaterkomplex" ein "Weltkomplex" werden kann. Mit seinem künstlerischen Schaffen konnte Kafka jedoch Abstand einlegen und sich partiell von seiner Angst und Ohnmacht befreien.

d) In den 70er Jahren wurden die "Fragen nach dem Vater"[69] unüberhörbar. Ein Buch mit diesem Titel vereinigte Aufsätze aus dem französischen Sprachraum. In der Einleitung geht Stork von Freuds These aus, daß die Vater-Identifizierung einerseits den Beginn von Religion, Sittlichkeit, Gesellschaft und Kunst darstelle und andererseits zu psychischer Gesundheit beim einzelnen führe. Heutzutage werde jedoch ein "Postulat der Vaterlosigkeit"[70] vertreten, in dem jede Form von Väterlichkeit verpönt sei oder a priori als despotisch hingestellt werde. Die Auswirkungen seien jedoch fatal, denn die teilweise oder vollständige Vaterlosigkeit scheine "ein hauptsächlicher Ursachefaktor von psychischen Krankheiten zu sein"[71]. Theoretisch verfolgte man den Ansatz von Melanie Klein weiter, die die ödipalen Vorgänge auf das zweite bis dritte Lebensjahr verlagert. Der "präödipale Vater" wurde formuliert und damit Freuds Ödipuskomplex weiter geschwächt. In einem weiteren Sammelband fragt Stork: "Der Vater - Störenfried oder Befreier?"[72] Diese beiden Eigenschaften des Vaters setzt der Autor in Beziehung zur Mutter. Der Vater sei einerseits "Störenfried der narzißtischen Verbundenheit mit der Mutter" und anderer-

---

66 Rattner 1964
67 ebenda, S. 41
68 ebenda, S. 49
69 Stork 1974
70 ebenda, S. 7
71 Stork 1974a, S. 261
72 Stork 1986

seits "Befreier aus dem Umschlungensein mit den Mutterbildern"[73]. Obwohl Stork den Vater gesondert betrachtet, bleibt er theoretisch im ödipalen Dreieck verhaftet.

e) Kutter stellt in seinem Artikel "Vater und Sohn, eine konfliktreiche Beziehung"[74] fest, daß die Psychoanalyse vorwiegend eine "Tiefenpsychologie des Sohnes"[75] ist. Er plädiert dafür, auch die Psychodynamik des Vaters miteinzubeziehen. Eine stabile Väterlichkeit setzt folgende Entwicklungsschritte in der Kindheit voraus: Identifizierung mit einer größtenteils geliebten Mutter; Loslösung von ihr und eine überwiegend libidinös besetzte Beziehung zum Vater; Ent-Identifizierung von der Mutter; Identifizierung mit dem Vater, um die männliche Geschlechtsidentität zu sichern. In der Kindheit entstandene Defizite können in der Beziehung zu Vaterfiguren ausgeglichen werden. Nach Kutter könnten vor allem Lehrer und Hochschullehrer, aber auch politische, künstlerische und wissenschaftliche Väter dazu befähigt sein.

> Denn nur *stabile*, in ihrer Persönlichkeit *klar konturierte* und *profilierte* Väter sind in der Lage, auf die altersspezifischen Bedürfnisse des heranwachsenden Sohnes angemessen zu reagieren.[76]

Noch wachsen jedoch unsere Kinder, so Kutters Fazit, vaterlos heran und entwickeln neurotische Persönlichkeitsstrukturen. Als Erwachsene sind sie ihrerseits nicht imstande, Kinder sachgerecht zu erziehen.

f) In seinem Buch "Sohn und Vater"[77] will Blos das klassische Ödipuskonzept erweitern. Er stellt die These auf, daß die "dyadische emotionale Bindung des männlichen Kindes an seinen Vater"[78] ebenso prägend sei, wie die triadischen bzw. ödipalen Vorgänge. Aufgrund zahlreicher Erfahrungen leitet er ab, daß "frühe gleichgeschlechtliche Erfahrungen die Sohn-Vater-Beziehungen nicht nur in der Kindheit beherrschen und formen, sondern die Entfaltung der Selbst- und Objektwelt des Jungen sein Leben lang entscheidend beeinflussen"[79]. Ferner sehe er im dyadischen Vaterkomplex einen "ätiologischen Faktor in bezug auf spezifische Formen von Psychopathologie im ganzen Lebenszyklus des Mannes"[80]. An den Bei-

---

73 ebenda, S. 18

74 Kutter 1986

75 ebenda, S. 33

76 ebenda, S. 42

77 Blos 1990

78 ebenda, S. 11/12

79 ebenda, S. 22

80 ebenda, S. 93

spielen von Kafka und seinem "Brief an den Vater" sowie Shakespeares "Hamlet" exemplifiziert er seine Ansichten.

Die vorliegende Arbeit schließt einerseits an der aufgezeigten Entwicklung an, andererseits geht sie über diese hinaus. Die Vater-Sohn-Beziehung wird als Teilaspekt des ödipalen Dreiecks angesehen. Ihr wird jedoch ein "Eigenleben" zugesprochen, das auch in den Verhältnissen jenseits des familiären Beziehungsgeschehens zum Ausdruck kommt. Damit wird die gesamte "Vaterwelt" mit allen Folgeerscheinungen für den Mann anvisiert. Meines Erachtens ist in Freuds Werk eine Theorie der Vater-Sohn-Beziehung "neben" der Theorie vom Ödipuskomplex enthalten. Freud hat in seinen Schriften häufig die "ödipalen" Regungen des Sohnes in der Beziehung zum Vater separat hervorgehoben. Diese Textstellen ergeben die Grundlage einer Theorie der Vater-Sohn-Beziehung. Ein Ziel der vorliegenden Untersuchung besteht darin, die primären Beziehungsstrukturen zwischen Vätern und Söhnen aus den Freudschen Schriften bis 1914 herauszuarbeiten und ihre Tragweite auf übergeordnete Vater-Sohn-Beziehungen zu untersuchen. Das "Anschauungsmaterial" für dieses Unternehmen stellt die Beziehung von "Vater Freud" zu seinen "Söhnen" dar.

Die intrapsychischen Phänomene des Ödipuskomplexes werden zugunsten interpersonaler Vorgänge zurückgestellt und als bekannt vorausgesetzt. Diese Arbeit will den Blick auf das Beziehungsgeschehen lenken, das in der Psychoanalyse noch immer zu kurz kommt. Dabei läßt sich leicht zeigen, daß Freud die Tragweite dieser Ebene gekannt und berücksichtigt hat. Bereits im Krankenbericht über "Dora" schrieb er:

> Aus der Natur der Dinge, welche das Material der Psychoanalyse bilden, folgt, daß wir in unseren Krankengeschichten den rein menschlichen und sozialen Verhältnissen der Kranken ebensoviel Aufmerksamkeit schuldig sind wie den somatischen Daten und den Krankheitssymptomen. Vor allem anderen wird sich unser Interesse den Familienverhältnissen der Kranken zuwenden, und zwar, wie sich ergeben wird, auch anderer Beziehungen wegen als nur mit Rücksicht auf die zu erforschende Heredität.[81]

Noch deutlicher wird er in der Einleitung zu "Massenpsychologie und Ich-Analyse":

> Die Individualpsychologie ist zwar auf den einzelnen Menschen eingestellt und verfolgt, auf welchen Wegen derselbe die Befriedigung seiner Triebregungen zu erreichen sucht, allein sie kommt dabei nur

81 Freud 1905e, S. 97

selten, unter bestimmten Ausnahmebedingungen, in die Lage, von den Beziehungen dieses Einzelnen zu anderen Individuen abzusehen. Im Seelenleben des Einzelnen kommt ganz regelmäßig der andere als Vorbild, als Objekt, als Helfer und als Gegner in Betracht ().[82]

Freud verweist darauf, daß die verschiedenen Beziehungen des einzelnen, die die Psychoanalyse vorzugsweise untersucht, "als soziale Phänomene gewürdigt"[83] werden. Dafür nennt er ausdrücklich die Beziehung zu den Eltern, den Geschwistern, der Geliebten, dem Freund, Lehrer und Arzt.

Verschiedene Dimensionen und Qualitäten von Vater-Sohn-Beziehungen werden in dieser Untersuchung behandelt:

a) Das Verhältnis von Jakob Freud und seinem Sohn Sigmund,
b) Sigmund Freud als "Sohn" bzw. Schüler in verschiedenen Beziehungen zu seinen Lehrern,
c) Freuds Theorie der Vater-Sohn-Beziehung auf dem Hintergrund seiner paternitären Erfahrungen,
d) "Vater Freud" und die Beziehung zu seinen "Söhnen" bzw. Schülern,
e) Freud als Vaterfigur in der Funktion des Leiters der psychoanalytischen Bewegung,
f) Freuds Modifizierungen der Theorie und des veränderten Umgangs mit seinen "Söhnen" aufgrund von Erfahrungen und Krisen als Vaterfigur.

Es ist häufig beklagt worden, daß Freud die Väter mehr beachtet und "die Mütter an den Rand seiner Krankengeschichten"[84] verbannt hat. Für mein Vater-Sohn-Thema ist Freuds Betonung der "Vaterwelt" jedoch nicht von Nachteil. Er hat diese Thematik wie kein Wissenschaftler vor ihm tiefgründig untersucht. Natürlich ist diese Einseitigkeit mit einer bestimmten Wertausrichtung verbunden. Somit profitiert diese Untersuchung einerseits von Freuds "Vaterausrichtung", während sie andererseits dieses Vorurteilsdenken zum Objekt der Forschung erhebt, um die Auswirkungen auf Beziehungsstruktur und Theorie zu bestimmen.

---

82 Freud 1921c, S. 65

83 ebenda, S. 65

84 Gay 1989, S. 567

3. Methodik

Nach Rohde-Dachser hat sich "die Psychoanalyse mit ihrem patriarchalischen Ursprung bis heute nicht ausdrücklich auseinandergesetzt"[85]. Gefordert sei eine differenzierte "Auseinandersetzung mit dem patriarchalischen Fundament der Psychoanalyse und seiner Fortschreibung in der psychoanalytischen Theoriebildung"[86]. Darüber hinaus, so muß hinzugefügt werden, sollen auch die Einwirkungen des paternitären Denkens auf die Gruppenprozesse der Bewegung untersucht werden. Die vorliegende Arbeit stellt sich diese Aufgabe.

Im folgenden werden zu den einzelnen Kapiteln Aussagen über Art und Funktion der Quellen getroffen:

1. Das I. Kapitel leitet in das Thema ein und verdeutlicht den theoretischen Rahmen dieser Arbeit. Mit vier Fragen und entsprechenden Vorüberlegungen greife ich grundsätzliche Probleme meiner Themenstellung auf und berücksichtige dazu auch die Diskussionen der vergangenen Jahre. Die ausgewählte Sekundärliteratur besteht unter anderem aus Mitscherlich (1963), Eschenburg (1976), Sandler (1982), Raschke (1988), Kimmerle (1989), Blos (1990) usw.
2. Im II. Kapitel werden kulturelle, familiäre und soziale Einflußgrößen paternitärer Art hervorgehoben und die möglichen Prägungen auf Sigmund Freud sowie seine Antworten darauf dargelegt. Zu den geschichtlichen Darstellungen (1.1. bis 1.3.) ziehe ich Sekundärliteratur unter anderem von Tellenbach (1976), Assmann (1976), Gadamer (1976), Wlosok (1978), Berlin (1978), Schorske (1982), Borchardt (1986), Münch (1989), Voolen (1990), Lenzen (1991) und zu der biographischen Darstellung Freuds (1.4., 2. und 3.) folgende Literatur heran: Freuds autobiographische Schrift "Selbstdarstellung" (1925d), Schriften mit autobiographischen Bezügen wie "Die Traumdeutung" (1900a), die Briefe an seinen Jugendfreund Silberstein (1989a) und an seine Braut Martha Bernays (1988), Erinnerungen von seiner Schwester Anna Freud Bernays (1940) und seiner Nichte Judith Bernays Heller (1956), Gesamt-Biographien von Jones (1962), Schur (1973), Clark (1985), Gay (1989) sowie biographische Studien von Roazen (1976), Robert (1977), Krüll (1979), Sulloway (1982), Ellenberger (1985), Masson (1986), Siegfried und Suzanne Bernfeld (1988) u.a. Sämtliche biographische Daten werden nach ihrem Aussagewert im Hinblick auf das "Vater-Thema" abgefragt. Freud hat eine solche Fülle von Aussagen über seinen Vater und über vaterbezogene Themen und Probleme ge-

85 Rohde-Dachser 1992, S. 4

86 ebenda, S. 4

troffen, daß eine Auswahl vorgenommen werden mußte. Das 4. Kapitel faßt die Ergebnisse dieses themenzentrierten biographischen Kapitels stichpunktartig zusammen.

3. Das III. Kapitel will die Bedeutung des Vaters in Freuds Theoriebildung von 1883 bis ca. 1900 nachzeichnen. Als hauptsächliche Quellen dienen mir die Briefe von Freud an Wilhelm Fließ und einige Briefe von ihm an seine Braut Martha Bernays. Freuds grundsätzliche Vaterorientierung, seine persönlichen Erlebnisse und beruflichen Erfahrungen werden in den Zusammenhang mit seinen theoretischen Gedanken gestellt, und seine veränderte Betrachtungsweise der Neurosenätiologie wird mit seinen "Vater-Erfahrungen" in Verbindung gebracht.

4. Die Quintessenz von Freuds psychischen Prozessen und theoretischen Gedanken vor der Jahrhundertwende kommt in der "Traumdeutung" (1900a) zum Ausdruck. Für den Zeitraum von 1900 bis 1913 stelle ich im IV. Kapitel Freuds Theorie der Vater-Sohn-Beziehung dar. Alle Schriften aus dieser Periode werden auf das "Vater-Thema" untersucht, die Gedanken zu Schwerpunkten geordnet und chronologisch dargestellt. Besonders fruchtbar für mein Thema sind Freuds biographische Erforschungen. Auch diese Berichte werden im Hinblick auf das Vater-Sohn-Thema ausgewertet. Da ich ausschließlich Freuds Theorie zu diesem Thema untersuche, um es später mit den Gruppenprozessen der Bewegung und Freuds psychischer Selbstgestaltung in Verbindung zu bringen, berücksichtige ich die Sekundärliteratur nur sparsam. Als dritten Untersuchungsschwerpunkt zur Theorie der Vater-Sohn-Beziehung habe ich die Protokolle der Mittwoch-Gesellschaft herangezogen. Auch die Verbindungen von inhaltlichen Diskussionen und gruppendynamischen Besonderheiten zwischen "Vater Freud" und seinen "Söhnen" werden in diesen Mitschriften sichtbar und hier bereits angedeutet.

   Mit der Gliederung dieses Kapitels werde ich Freuds Erkenntniswegen gerecht: eigenständige Begriffsbildung, empirische Beweisführung und gedanklicher Austausch mit Kollegen.

5. Im V. Kapitel komme ich zu folgenden Problemstellungen, die ich an nachstehende Quellen herantrage:
   - Konflikte einer werdenden Vaterfigur und die Entstehung der psychoanalytischen Bewegung: Für die psychische Aufarbeitung von Freuds Vaterbeziehung ziehe ich seine Schriften mit autobiographischen Bezügen heran: "Die Traumdeutung" (1900a), "Eine Erinnerungsstörung auf der Akropolis" (1936a) und "Zur Geschichte der psychoanalytischen Bewegung" (1914d), ferner die Briefe von Freud an Fließ (1985c), die Briefwechsel zwischen Freud und Abraham (1965a), Freud und Jung (1974a), Freud

und Binswanger (1992), Freud und Ferenczi (1993), weiterhin die Protokolle der Mittwoch-Gesellschaft (1976, 1977). Folgende Sekundärliteratur wird benutzt: Erikson (1954), Jones (1962), Robert (1977), Schorske (1982), Clark (1985), Kratz (1987), Gay (1989), Anzieu (1990), Hermanns/Schröter (1990), Stroeken (1992) usw.
- Die Beziehungsstrukturen zwischen "Vater Freud" und seinen "Söhnen": Die Hauptquellen zu diesem Abschnitt sind die Protokolle der Mittwoch-Gesellschaft (1976, 1977, 1979, 1981). Zur Erhellung der jeweils untersuchten Beziehung ziehe ich Aufzeichnungen von Sachs (1944) und Sterba (1985) heran sowie die oben erwähnten Briefwechsel. Als Sekundärliteratur habe ich unter anderem ausgewählt: Rattner (1981), Ohlmeier (in: Leber 1984), Federn (1986, 1988), Mühlleitner (1992), Nitzschke (1992), May-Tolzmann (1992). Außerdem werden drei behandlungstechnische Schriften von Freud berücksichtigt (1905a, 1910d, 1912e), um seine Einstellung zur "Erziehung" zu verdeutlichen.
- Die drei Krisen der psychoanalytischen Bewegung: Die bereits genannte Literatur wird in diesen Abschnitten ergänzt durch die Biographie von Wittels über Freud (1924), einen Aufsatz von Ferenczi (1910), den Briefwechsel zwischen Freud und Pfister (1963a) und die Texte von Sulloway (1982) und Ellenberger (1985). Von Adler ziehe ich seinen Aufsatz "Zur Kritik der Freudschen Sexualtheorie des Seelenlebens" (1914) und über Adler die Schriften von Sperber (1970) und Handlbauer (1990) hinzu. Von Jung wähle ich seine autobiographischen Aufzeichnungen (1971), über Jung die Biographien von Stern (1977), Wehr (1985) und über den Konflikt zwischen Freud und Jung die Schriften von Andreas-Salomé (1958), Eissler (1982), Hall/Domhoff (1987), Dittrich (1988). Zur allgemeinen Einschätzung dieses Kapitels ziehe ich darüber hinaus die Ausarbeitungen von Fromm (1959), Anna Freud (1968), Tömmel (1985), Cremerius (1986), Nitzschke (1986) usw. heran. Bei der Bewertung der Traumata der psychoanalytischen Bewegung orientiere ich mich an Freuds Schriften über das Trauma im individuellen Leben (1896c, 1916-17a).

6. Im VI. Kapitel wird die Konstituierung der "Vatermacht" in drei Perspektiven beschrieben und aufeinander bezogen. Diese Gesichtspunkte ergeben sich aus den objektiven geschichtlichen Ereignissen ab Oktober 1912 bis 1914 in der psychoanalytischen Bewegung. Die soziale Konstituierung zeigt sich in der Gründung des "geheimen Komitees", die theoretische in Freuds Schrift "Totem und Tabu" (1912-13a) und den nachfolgenden Beweisführungen seiner Thesen (1914c, 1914f, 1918b, 1985a), die psychische in Freuds Identifizierung mit Michelangelos Moses (1914b) und seiner "Abrechnung" mit Adler und Jung in der Schrift "Zur Geschichte der

psychoanalytischen Bewegung" (1914d). Neben der bereits erwähnten Literatur wird für die einzelnen Abschnitte folgende ausgewählt:

- die soziale Konstituierung: Wittenberger (1990, 1992), Cremerius (1990), Rohde-Dachser (1992) und zur Analyse der Situation in der Mittwoch-Gesellschaft die Protokolle (1981) ab Oktober 1912.
- die theoretische Konstituierung: Der zweite Band des Briefwechsels zwischen Freud und Ferenczi (1993a) sowie die Sekundärliteratur von Lorenzer (1979) und Grubrich-Simitis (1987).
- die psychische Konstituierung: Die Erinnerungen von Binswanger (1956), der Briefwechsel zwischen Freud und Andreas-Salomé und die Studie von Roazen (1976).

Für den zusammenfassenden Abschnitt werden Balint (1947), Fromm (1959a), Kohut (1975), Erdheim (1986), Mitscherlich-Nielsen (1986, 1987) u.a. herangezogen.

7. Im Abschlußkapitel werden folgende Schriften verwendet: Freuds Schrift "Zeitgemäßes über Krieg und Tod" (1915b), Fromm (1958), Johnston (1974), Schorske (1982), Sennett (1985), Cooper (1988) u.a.

Da es bis heute nur wenige Ausarbeitungen zur Vater-Sohn-Beziehung bezogen auf Freud und die psychoanalytische Bewegung gibt (Krüll 1979 und teilweise Bittner 1989), habe ich für das III. bis VII. Kapitel den primären Quellen (Freuds Schriften, seine Briefe und die Protokolle der Mittwoch-Gesellschaft) die oberste Priorität eingeräumt. Die hinzugenommene Literatur hat im wahrsten Sinn des Wortes nur einen sekundären Stellenwert, weil dort keine zusammenhängenden Ausführungen zu meinem Thema zu finden sind. Deshalb werden die sporadischen Anmerkungen zu "Vater Freud" und seinen "Söhnen" in der Sekundärliteratur dazu eingesetzt, entweder meine Gedanken zu stützen oder ihnen zu widersprechen.

Die primären Quellen erfordern einen bestimmten Umgang, der nun beschrieben werden soll. Die Lebensäußerungen von Freud und seinen Mitarbeitern sind nur noch in ihren Schriften, Briefen, in Gesprächsprotokollen und Erinnerungen der Zeitgenossen dokumentiert. In diesen "Nachlässen" werden Gedanken, Gefühle, Phantasien, Wünsche usw. geäußert, und es ist von Zusammenkünften, Zielen, Konflikten, Anschauungen, Gesprächen, Handlungen, Krisen usw. die Rede. Wie kann der Forscher bei diesen komplizierten Vorgängen zu gesicherten Aussagen kommen? Wilhelm Dilthey hat vor der Jahrhundertwende einen wissenschaftlichen Erkenntnisweg vorgeschlagen, bei dem versucht wird, den historischen Quellen gerecht zu werden. Auf der Basis der Theorien von Friedrich Schleiermacher entwickelte er eine allgemeine Hermeneutik und bestimmte sie als "Lehre des Verstehens". Anfangs nahm Dilthey an, daß ein Verstehensprozeß lediglich das bewußt Intendierte zur Kenntnis nehmen muß. In seinem Aufsatz "Zur Entstehung der Hermeneutik" ging er jedoch einen Schritt weiter:

> Das letzte Ziel des hermeneutischen Verfahrens ist, den Autor besser zu verstehen, als er sich selbst verstanden hat. Ein Satz, welcher die notwendige Konsequenz der Lehre von dem unbewußten Schaffen ist.[87]

Habermas schließt in seiner Schrift "Erkenntnis und Interesse"[88] an diese Gedanken an. In dem Bemühen, Freuds therapeutische Vorgehensweise von den szientistischen und positivistischen Fesseln seiner Metapsychologie zu lösen, bezeichnet er sie als "Tiefenhermeneutik"[89]. Das Kennzeichnende von Freuds therapeutischer Methode liege in der Analyse der Selbsttäuschungen des handelnden Subjekts. Diese Selbsttäuschungen würden von der Person nicht bemerkt bzw. nicht verstanden. Ihr fehle der Abstand zu allen sprachlichen Ausdrucksformen, Interaktionen und Expressionen. Der Mensch bringe sich in seinem ganzen Tun selbst zum Ausdruck und mißverstehe sich gleichzeitig darin.

Auch in den Aufzeichnungen und Briefen von Freud und seinen Schülern sind immer wieder Selbsttäuschungen festzustellen. Der Forscher von heute ist aufgefordert, diese zu durchschauen und auf den Protagonisten zurückzuführen, ohne diesen zu pathologisieren. Gadamer macht noch auf ein anderes Problem aufmerksam. Nach seiner Auffassung darf der Verstehensprozeß nicht nur auf die Erforschung des Unbewußten beschränkt sein:

> Allerdings heißt das nicht, daß Verstehen in der Aufklärung unbewußter Motive gipfelt, sondern vielmehr, daß Verstehen, über die beschränkten Horizonte des einzelnen hinaus, die Sinnlinien überallhin auszuziehen hat, damit die geschichtliche Überlieferung sprechend wird.[90]

In diesem Sinn kann die vorliegende Studie als eine tiefenhermeneutische Untersuchung bezeichnet werden, in der das Verstehen von psychisch-geistigen Einstellungen und Beziehungsstrukturen im Vordergrund steht. Mit welcher Sprache soll nun dieses Vorhaben gestaltet werden? Innerhalb der psychoanalytischen Schule hat Schultz-Hencke erkannt, daß die sprachliche Darstellung von Theorien problematisiert werden kann. In seinem "Lehrbuch

---

87 Dilthey 1900, S. 331

88 Habermas 1968

89 ebenda, S. 267

90 Gadamer 1971, S. 272

der analytischen Psychotherapie"[91] stellte er fest, daß viele Autoren bemüht seien, Theorie und Kasuistik "möglichst ohne 'Jargon' darzustellen"[92]. Für sich entschied er jedoch, einen erheblichen Teil der "empirischen Terminologie"[93] Freuds beizubehalten. Seine Neuerung bestand indessen darin, Freuds Positionen mit denen von Adler und Jung zu amalgamieren. Mit diesem Schritt hat er eine "erweiterte Terminologie" in die psychoanalytische Literatur eingeführt.

In den 70er Jahren unternahm der amerikanische Psychoanalytiker Roy Schafer den Versuch, eine "neue Sprache für die Psychoanalyse"[94] zu entwikkeln. Auf der Grundlage der analytischen Sprachphilosophie und des amerikanischen Pragmatismus (Ludwig Wittgenstein und Gilbert Ryle) wollte er die Psychoanalyse auf ein neues Fundament stellen, das phänomenorientiert und erfahrungsnah ausgerichtet ist. Die naturwissenschaftliche Begrifflichkeit der orthodoxen Psychoanalyse habe zu einer Vergegenständlichung des Seelenlebens geführt. Es sei eine Mechanik des Seelenlebens entstanden, die nur durch eine Handlungssprache korrigiert werden könne. Er fordert, daß alle menschlichen Vollzüge als Handlungen aufgefaßt und mit Verben und Adverbien beschrieben werden müssen. Für die sprachliche Darstellung von Beobachtungen und Theorien gibt er folgende Hinweise. Nach Schafer[95] sind Handlungen oder Handlungsmodi

-- Tätigkeiten: Jemand unterwirft sich verführerisch oder argumentiert hitzig.

-- psychische Vorgänge: Jemand erinnert sich sehnsüchtig an etwas oder erwartet ängstlich etwas. Auch Abwehrmaßnahmen sind hier gemeint: Jemand verleugnet etwas heftig.

-- Emotionen: Jemand liebt leidenschaftlich oder verurteilt etwas haßerfüllt.

-- Wünsche und Glaubensinhalte: Jemand wünscht, bestimmte Handlungen durchzuführen oder er glaubt unbewußt, er befinde sich in einer infantilen Situation.

-- konflikthaft, wenn eine Person meint, ihre Tätigkeiten seien widersprüchlich oder miteinander unvereinbar. Auch kann sich ein Mensch widersprüchliche Situationen herbeiwünschen. Daraus folgt, daß die Person konflikthaft handelt und nicht der psychische Prozeß.

---

91 Schultz-Hencke 1951, Vorwort

92 ebenda, Vorwort S. V

93 ebenda, Vorwort S. V

94 Schafer 1976

95 siehe: Schafer 1978

-- bewußt, vorbewußt oder unbewußt. Die dazugehörigen Wünsche müssen immer mit betrachtet werden: Jemand begreift sein Handeln als unbewußt, wenn er vermeiden möchte, sich selbst hart zu tadeln.

-- Abwehrmaßnahmen: Dabei sind sowohl die Handlungen zu beachten, die im Zusammenhang mit der Abwehr phantasiert werden als auch die damit verbundenen Verzerrungen in der Beurteilung des Selbst, der Mitmenschen und der Lebenssituation.

-- sowohl multikausal als auch mehrdeutig.

Auch die Strukturtheorie übersetzt Schafer in die Handlungssprache. Handlungen vom Es-Typus werden "auf kompromißlos gierige, verschlingende oder drängend exhibitionistische Art und Weise durchgeführt"[96]. Handlungen vom Über-Ich-Typus sind "schulderfüllt, wiedergutmachend oder selbstbestrafend"[97] und die vom Ich-Typus "verantwortungsbewußt und vernünftig"[98]. Das Erleben einer Person faßt Schafer als Konstruktion auf. Die innere Erlebniswelt sei eine "Erzählung"[99], die mit einer Art von Theorie einhergehe. Jemand sagt, seine Seele habe ein Außen und ein Innen; diese Teile würden sich bekämpfen; etwas in ihm dränge, hemme oder werde abgeführt usw. Schafer verweist darauf, daß Menschen, die so sprechen, gelernt haben, "ihr Erleben auf diese Art und Weise zu konstruieren und anzunehmen, daß sie so funktionieren"[100].

Freuds soziale, psychische und geistige Entwicklung, seine Theoriebildungen, die Beziehungen zu seinen Schülern und die Krisen der psychoanalytischen Bewegung werden unter dem Blickwinkel der familiären Kategorien "Vater" und "Sohn" bis zum Jahr 1914 betrachtet. Nun stellt sich die Frage, warum diese Forschungsperspektive ausgewählt wurde und welche Aussagekraft den gewonnenen Erkenntnissen bei einer derart eingeschränkten "Vater-Sohn-Optik" noch zukommt. In meiner Studie wird deutlich, daß es sich bei den Untersuchungs-Kategorien "Vater" und "Sohn" um Merkmale handelt, die Freud und seine Schüler sich gegenseitig zugewiesen haben: Zu bestimmten Gelegenheiten dachten, fühlten und werteten die Beteiligten in "Vater-Sohn-Kategorien". Meine Perspektive wurde mir aufgrund dieses faktischen Sachverhaltes zwingend. Bei der Beantwortung des zweiten Teils der Frage liegt es auf der Hand, daß ein reduzierter Forschungsaspekt nur entsprechend begrenzte Resultate hervorbringen kann. Die Aussagekraft der Ergebnisse meiner

96 ebenda, S. 974/975
97 ebenda, S. 975
98 ebenda, S. 975
99 ebenda, S. 978
100 ebenda, S. 978

Studie stellt sich jedoch angesichts der von Rohde-Dachser formulierten Misere der Psychoanalyse als folgenschwer heraus: Die "Macht des Vaters" wird in der Identifizierung mit Freud, in theoretischen Dogmen und in der Organisation der psychoanalytischen Bewegung offenbar bis heute tradiert.

Die Vaterschaft beruht überhaupt nur auf der Überzeugung; ich bin überzeugt, und also bin ich Vater.[1]

II. Der paternitäre Erfahrungshintergrund Freuds

1. Der kulturell-paternitäre Hintergrund

In diesem Kapitel soll die Wirkungsgeschichte des Patriarchats in groben Zügen skizziert werden. Spekulationen über das Matriarchat sowie über die Entstehungsbedingungen des Patriarchats werden an dieser Stelle nicht angestellt. Ich nehme als gegeben an, daß das Patriarchat seit vielen Jahrtausenden wirksam ist. Bedeutungsvoller für meine Belange sind die Fragen, wie sich die Menschen von diesem allumfassenden "System" beeinflussen lassen und wie sie darauf reagieren. Daran schließen sich Betrachtungen über den Vater im Judentum und die Rolle des Vaters im 19. Jahrhundert am Beispiel der Literatur an. Schließlich wird versucht, die patriarchalischen Prägungen für Sigmund Freuds Leben und seine Antworten darauf sichtbar zu machen.

1.1. Die Bedeutung des Vaters im Wandel der Zeit

In einem orientierenden Abriß wird nun die "Vater-Geschichte" im Hinblick auf "Herrschaft" und "Autorität" mit Hilfe von Sekundärliteratur dargestellt.

Die Familienstruktur vor zehn- bis fünfzehntausend Jahren wies wahrscheinlich die heute als traditionell bezeichnete Arbeitsteilung zwischen Mutter und Vater auf. Kulturvergleichende Untersuchungen belegen, daß die Aufgaben der Männer im Jagen, Fischen, Kämpfen, Beschützen des Stammes und im Ausüben religiöser Funktionen bestanden. Die Frauen erzogen die Kinder,

1 Johann Wolfgang von Goethe: Wilhelm Meisters Lehrjahre, Insel Taschenbuch, S. 575

kümmerten sich um das Heim und bereiteten die Nahrung zu.[2] Mit der Kultivierung des Ackerbaus entstand die Klassengesellschaft, und es kam zu einer unterschiedlichen Bewertung der Tätigkeiten. Der Mann nahm fortan durch seine Arbeitsleistung eine priviligierte Stellung ein. Die Industrialisierung der westlichen Kulturen im 18. Jahrhundert verstärkte die unterschiedliche Rollenzuschreibung der Geschlechter. "Der Vater wurde zum Hauptverdiener, und die Mutter übernahm fast die ganze Verantwortung für die Erziehung der Kinder, und zwar für die Mädchen wie für die Jungen."[3]

Bei der Untersuchung der hohen Kulturen fällt auf, daß mit großer Anstrengung versucht wurde, die Erkenntnisse aus Vergangenheit und Gegenwart an die nächste Generation weiterzugeben. Diese Aufgabe kam in den vergangenen Epochen ausschließlich den Vätern zu, die den Nachwuchs entsprechend ihrer Tradition formten und anleiteten. So war der Vater im Alten Ägypten in einer autoritären Hierarchie eingebunden, die von ihm ein bestimmtes Erziehungsverhalten abverlangte. Man kann ihn als "Erfüllungsorgan" der Obrigkeit bezeichnen. Seine Söhne akzeptierte er nur dann, wenn er sich in ihnen wiedererkannte. Sie sollten so werden wie er: ein Duplikat des Vaters. Die Erziehung kann als strenge Unterweisung bezeichnet werden. Die "jungen Barbaren" hörten durch den "vertrauten Mund der Väter"[4] von den Erfahrungen und Einsichten der Kultur. Der Sohn wurde angeleitet, ein Vater zu werden, während der Vater beabsichtigte, sich von der Gesellschaft und den Aufgaben zurückzuziehen. Durch das Medium der Sprache erreichte der Vater den Geist und - in der ägyptischen Sprache eine Wortbedeutung - das Herz des Kindes. Angestrebt wurde die Umwandlung von Eigen-Sinn in Gemein-Sinn. Wer diese Lehren jedoch ablehnte, war ein "Sucher, der nicht hört" und "lebendig tot"[5]. Er wurde aus der Gemeinschaft ausgestoßen.

Auch bei den Griechen sollten Ruhm, Auszeichnung und hervorragende Eigenschaften von einer Generation zur nächsten gesichert werden. Das Vorbild des Vaters war dabei von besonderer Bedeutung. Sein Wissen und seine Lebenserfahrungen verpflichteten ihn zur Weitergabe seiner Kenntnisse. Der Sohn wurde zur Nachfolge aufgerufen und sollte sowohl die Familientradition fortführen als auch aus seiner Vereinzelung heraustreten und Verantwortung für ein größeres Ganzes übernehmen. Nietzsches legere Charakterisierung "Ein griechischer Koch ist mehr Koch als ein anderer"[6] kann auch auf den Vater übertragen werden. Aus ihren Mythen kannten die Grie-

---

2 siehe: Fthenakis 1985, Bd. 1, S. 76 ff

3 ebenda, S. 79

4 Assmann 1976, S. 22

5 ebenda, S. 27

6 in: Friedell 1938, S. 57

chen den Kampf zwischen Vater und Sohn sehr gut. Die mythische Schilderung der "Göttergeburt", so wie sie von Hesiod überliefert wurde, ist gekennzeichnet durch Rivalitätskämpfe zwischen Vater und Sohn. Uranos wird von seinem Sohn Kronos unter Anstiftung seiner Mutter Gaia entmannt. Kronos, der dann die Herrschaft übernimmt, verschlingt seine eigenen Kinder und potentiellen Nebenbuhler um die Macht. Nur durch eine List entgeht sein Sohn Zeus diesem Schicksal. Er bezwingt seinerseits den Vater und befreit die Geschwister. Deshalb kann man sagen: Gerade weil die Griechen aus ihren Mythen die Gefahren kannten, die in der Generationenabfolge liegen, entwickelten sie ein hohes Maß an Vernunft und differenzierter Gedankenwelt. Eine Eigenart ihres Denkens wird z.B. in der Hervorhebung der Einheit von Vater und Sohn sichtbar. Der Philosoph Gadamer leitet aus der Gedankenwelt Heraklits den Satz ab: "Das 'Werden' eines Sohnes und das Vater-Werden sind ein und derselbe Vorgang."[7] Das bedeutet, daß sich jede Eigenschaft des Vaters im Sohn festsetzt, während alle Entwicklungsschritte des Sohnes Resonanz beim Vater finden. Eine harte Gesinnung und ein entsprechendes Menschenbild hingegen verhindern eine derart einfühlsame Beziehungsaufnahme.

Um den israelitischen Vater, wie er im Alten Testament beschrieben wird, gruppierten sich alle Verwandtschaftsverhältnisse. Er war die zentrale Instanz des nach ihm benannten Vaterhauses, so daß das Leben in Israel von Grund auf streng patriarchalisch geordnet war. Der Sohn hatte demütig und gehorsam zu sein, ebenso wie der Mensch im Verhältnis zu Gott. Diese "Pädagogik" kommt in folgenden Sätzen zum Ausdruck: "Wen Jahwe lieb hat, den züchtigt er; wie ein Vater den Sohn, dem er Gutes tun will." (Sprüche 3,12) Oder: "Wer seinen Stock schont, haßt seinen Sohn, aber wer ihn liebt, ist auf seine Zucht bedacht." (Sprüche 13,24) Eine der grausamsten Geschichten in der Bibel ist die "Schein-Opferung" von Isaak durch seinen Vater Abraham (1. Moses 22). Seit zweitausend Jahren betonen die Theologen, Abrahams Verhalten sei für alle Menschen vorbildlich. Der daraus entstandene Gehorsam hat jedoch mit dazu geführt, daß im 20. Jahrhundert Millionen Menschen nach der Art Abrahams bereit waren, einem selbsternannten Gott hinterherzulaufen und andere Menschen umzubringen. Das Neue Testament mutet uns zwar "moderner" an als das Alte, es bleibt jedoch in streng patriarchalischen Bahnen.[8] Diese sind geprägt durch die Themen von Macht und Ohnmacht, Recht und Unrecht, Schuld und Strafe, Sadismus und Masochismus.

Als ein römischer Volkstribun in einer öffentlichen Versammlung für ein volksfreundliches Gesetz votierte, wurde er von seinem Vater, der das Gesetz ablehnte, herrisch zum Schweigen gebracht. Sohn und Anwesende fügten sich

7 Gadamer 1976, S. 105

8 siehe: Eschenburg 1976, S. 110

der väterlichen Anordnung. Der römische Vater hatte eine "monarchische Herrscherstellung"[9] in der Familie inne und machte davon auch im öffentlichen Bereich Gebrauch, wie diese Episode zeigt. Solange er lebte, blieb der Sohn privatrechtlich unselbständig, auch wenn er hohe Ämter im Staat bekleidete. Die Gewalt des Vaters schloß das Straf- und sogar das Tötungsrecht mit ein. Damit wurde ihm eine außerordentliche Machtfülle zugestanden, die alle Familienmitglieder oftmals zu Untertanen degradierte. Dem Hausvater wurde aber auch aufgetragen, gegenüber seinen Schutzbefohlenen Fürsorge walten zu lassen. Als sich die römische Herrschaft bis zum östlichen Mittelmeer ausbreitete, kam es zu einer "Kulturkrise". Die Verschmelzung mit der hochzivilisierten griechischen Kultur stieß auf heftigen Protest der konservativen Römer. Schließlich erzwangen die feineren Lebensgewohnheiten doch eine Neuorientierung, die auch die strenge Erziehung milderte. Diesen Konflikt hat Terenz im Jahre 160 v. Chr. in seiner Komödie "Die Brüder" als pädagogische Kontroverse dargestellt.

Nachdem Konstantin I. im Jahre 325 dem Christentum beinahe die Stellung einer Staatsreligion verschafft hatte, breitete sich diese Religion allmählich aus und bestimmte das Denken und Fühlen des mittelalterlichen Menschen.[10] Damals wie heute wurde versucht, den Vätern das "Abraham-Ideal" einzureden, um zu gewährleisten, daß das Kind dem Vater gegenüber demütig und gehorsam ist. Weiterhin wurde angenommen, daß schon das Kind die Erbsünde in sich trage, und man unternahm alles, um ihm das "Böse" auszutreiben. Unendliches Leid wurde damit verursacht. Mit der Rückbesinnung auf das Griechentum in der Renaissance wurde der einzelne Mensch wieder wertgeschätzt und eine Erziehung zum Individualismus hin betont. In den gebildeten Schichten wollten die Väter die Verantwortung für ihr Handeln nicht mehr "Gott" überlassen, sondern ihr Tun selbst bestimmen. Die folgenden Sätze stammen von Alberti (1404-1472), einem universal gebildeten Mann aus Italien:

> Wer hat die Pflicht, sie (die Kinder) zu Gesittung zu erziehen? Der Vater. Wer hat die Aufgabe, sie Kenntnisse und Fähigkeiten erwerben zu lassen? Der Vater. Wer muß die übergroße Last auf sich nehmen, sie eine oder die andere Gelehrsamkeit, eine Kunst, eine Wissenschaft lernen zu lassen? Du weißt, doch auch der Vater.[11]

Weiterhin weist er darauf hin, daß tüchtige Söhne den Vätern viel Freude und Hilfe bedeuten. Die Tüchtigkeit des Sohnes jedoch beruhe auf der Sorge des

---

9 Wlosok 1978, S. 19

10 siehe: Eschenburg 1976, S. 41 f

11 Alberti 1441, S. 50

Vaters.[12] Ein anderer Humanist, Michel de Montaigne (1533-1592), dessen Vater ihn im Geiste der Renaissance erzogen hatte, wandte sich strikt gegen das Prügeln.

> Ich würde versuchen, durch freundlichen Umgang mit meinen Kindern in ihnen eine wirkliche, nicht eine zur Schau getragene freundschaftliche Gesinnung mir gegenüber wachsen zu lassen; das können gute Väter leicht erreichen: denn wenn die Väter Bestien sind, wie unsere Zeit sie zu Tausenden erzeugt, ist es nur recht, daß sie als solche gehaßt und gemieden werden.[13]

Man kann die Pädagogik der vergangenen Jahrhunderte mit den Stichworten "Führen oder Wachsenlassen"[14] beschreiben. Die Aufklärungspädagogen des 18. Jahrhunderts (Salzmann, Pestalozzi, Herbart u.a.) traten für eine vernunftgesteuerte Erziehung ein. Schon damals stand die Vorstellung von einem "erzogenen Erzieher" im Raum, der die Kinder zum Sozialen und Mitmenschlichen hinlenkt. Angestrebt wurde ein Führen im guten Sinn, bei dem der Vater belehren, Orientierung geben und Werte vermitteln sollte. Wir sehen heute jedoch, daß mit den Vorstellungen von "Vernunft" auch eine strenge und autoritäre Führung betont und praktiziert wurde. Der Wunsch, einen Menschen "nach seinem Bild" zu formen, spielt dabei eine große Rolle. Diese kaum verhüllte Mißachtung der menschlichen Einzigartigkeit bringt immer die Beugung des kindlichen Willens mit sich. Die genauen Erforschungen ergeben regelmäßig, daß hier eine Pseudo-Vernunft dominiert.

Die pädagogische Haltung des "Wachsenlassens" geht auf Rousseau (1712-1778) zurück, der davon ausging, daß der Mensch von Natur ein gutartiges Wesen sei. Aufgabe des Vaters sei es, die kranken Einflüsse der Gesellschaft fernzuhalten und so wenig wie möglich in die "natürliche" Reifung des Kindes einzugreifen. In den vergangenen Jahrzehnten machten die Autoren der "antiautoritären Erziehung"[15] von sich reden, die sich auf Rousseau berufen. Sie kritisierten die rücksichtslose Gewalt in der "Geschichte der Kindheit"[16] radikal. Doch ebenso wie das "Führen" wird auch das "Wachsenlassen" falsch verstanden. Die Haltung des Erziehers, das Kind wisse "alles von allein", überfordert es maßlos. Die junge Generation erhält somit zuwenig Hilfestellung, Orientierung, Belehrung und Vermittlung von Werten. Enttäuscht über den nicht greifbaren, schwachen Vater begaben sich - nicht nur in

---

12 ebenda, S. 22

13 Montaigne 1580, S. 192

14 Litt 1927

15 siehe u.a.: Neill 1969 oder Braunmühl 1975

16 siehe: Ariès 1978 oder de Mause 1979

den vergangenen Jahrzehnten - viele Menschen auf "Vatersuche", wobei manch merkwürdiger "Pseudovater" idealisiert wurde.

Welche Rolle nimmt nun der Vater im Judentum ein? Die Klärung dieser Frage ist für mein Thema deshalb von Belang, weil Freuds Vater noch teilweise im Judentum verankert war.

1.2. Vaterschaft und Judentum

Die Wurzeln des Judentums sind vor allem im Alten Testament zu suchen. Diese Schriften entstanden im Zeitraum des 1. Jahrtausends vor der Zeitrechnung. Teilweise waren die Menschen des vorderorientalischen Kulturkreises zu dieser Zeit noch nicht seßhaft. Als "Halbnomaden im Übergangsstadium zwischen Steppe und Acker begegnen uns die 'Väter' Israels"[17]. Sie haben das ganze Leben um sich herum nach patriarchalischen Prinzipien strukturiert: Diese nach dem Vater ausgerichtete Grundordnung bestimmte alle zwischenmenschlichen Beziehungen. Die Ehefrau war "eine, die ihrem Besitzer gehört"[18] - ihrem Mann. Der Sohn hatte demütig und gehorsam zu sein, ebenso wie die Menschen im Verhältnis zu Gott. Wer gegen Gebote verstieß, wurde streng bestraft oder getötet. Bis heute führen ausschießlich die Männer und damit die Väter die zentralen Rituale des Judentums aus. Das Lesen in der Synagoge aus der Thora und die Auslegung und Interpretation der hebräischen Texte ist nur ihnen gestattet. Schon im Israel des Alten Testaments wird das kultische Zentrum, der Tempel, ausnahmslos von Priestern und Leviten in Anspruch genommen. Auch heute noch haben die Männer Vortritt in der Synagoge. Nur sie können Rabbiner werden und die Lehre interpretieren und weitergeben. Die Gelehrtenschulen nehmen dementsprechend nur Männer auf.

Vor dem 19. Jahrhundert verfügte die jüdische Gemeinde über eine große Autonomie. Sie übte die "Verfügungsgewalt über alle Sparten des täglichen religiösen und gesellschaftlichen Lebens"[19] aus. Die jüdische Religion bzw. die Väter der Gemeinde beanspruchten das ganze Leben des einzelnen Menschen. Jeder Augenblick und jede Situation wurde von außen bestimmt und kontrolliert. Ein individuelles Leben fand nicht mehr statt, weil jede Lebensregung auf eine imaginäre Gemeinsamkeit ausgerichtet war. Hatte ein frommer Jude eine "Sünde" begangen, so wurde dies als "Verbrechen gegen die

---

17 Perlitt 1976, S. 52

18 ebenda, S. 62

19 Voolen 1990, S. 192

Familie, gegen die Gemeinde, gegen das Volk Israel und seinen Gott"[20] aufgefaßt. Da 613 Gebote zu befolgen waren, bewegte sich ein gläubiger Jude immer "am Rande" der Sünde.

Wie im Patriarchat üblich, wünscht sich jeder jüdische Vater sehnsuchtsvoll einen Sohn. Eine solche Geburt wird besonders festlich gefeiert. Nur ein männlicher Jude werde, so die Sage, in den Bund aufgenommen, den Gott mit den Juden geschlossen hat. Für die Versorgung und Erziehung des kleinen Sohnes war die Mutter zuständig. Der Vater nahm zu ihm erst eine intensivere Beziehung auf, wenn der Junge in das "Lernalter" kam. Er hörte die gelernten Lektionen ab und prüfte ihn. "Von da ab war der Vater eine Autoritätsperson, die das traditionelle Gesetz verkörperte und der man sich nur mit Respekt zu nähern wagte."[21] Viele Söhne empfanden Ehrfurcht, wenn der Vater das Haus betrat. Er war die letzte Autorität, der man höchste Pietät schuldete.

> Die Erziehung der Kinder bestand in erster Linie darin, daß man ihnen beibrachte, den eigenen Willen dem des Vaters unterzuordnen.[22]

Vor allem der Sohn sollte das Werkzeug des Vaters sein. So verspürte er ihm gegenüber kaum emotionale Regungen - er hatte lediglich Respekt vor ihm. Durch das fünfte Gebot war der Sohn den Eltern zu absolutem Gehorsam verpflichtet. Er mußte Vater und Mutter auch dann ehren, wenn diese sich nicht um die Kinder gekümmert hatten. Diese Vorstellung von Ehrfurcht leitete man aus der Beziehung Israels zu Gott ab.

In den Familien, in denen auf Bildung geachtet wurde, gingen die Kinder schon mit drei oder vier Jahren in die Kleinkinderschule. Dort lernten sie bis zu zwölf Stunden täglich die Thora, die fünf Bücher Moses, zuerst in hebräischer Sprache buchstabieren und dann lesen. Für einen Jungen, der orthodox jüdisch erzogen wurde, gab es kein Spiel und keine Freizeit. Nach der Kleinkinderschule kam auf ihn die Aufgabe zu, die unzähligen Kommentare zur Thora, vor allem den Talmud, kennenzulernen. War er fleißig und lernwillig, so konnte er eine Talmudhochschule besuchen, um Talmudgelehrter zu werden.

Wie stellten sich die "Vater-Verhältnisse", abgesehen von den speziell jüdischen, nun in der Zeit dar, in der Sigmund Freud aufgewachsen ist?

---

20 Krüll 1979, S. 102

21 ebenda, S. 107

22 ebenda, S. 108

1.3. Der Vater im 19. Jahrhundert

Nach den Jahrhunderten der absoluten "Vaterherrschaft" haben die Führer der Französischen Revolution alle "Vaterinstanzen" radikal vom Sockel gestürzt. Seitdem hat sich das Vaterbild mehr und mehr gewandelt. Das 19. Jahrhundert kann in bezug auf die Vaterrolle als Jahrhundert des Übergangs bezeichnet werden. Neben der traditionell patriarchalischen Haltung mit Dominanz und Strenge entstand ganz allmählich eine antiautoritäre Geisteshaltung, die die Freiheit und Menschenwürde des einzelnen Menschen betonte, gleichzeitig aber erste Anzeichen einer "vaterlosen Gesellschaft"[23] erkennen ließ.

Nimmt man einige Autobiographien aus dem 18. und frühen 19. Jahrhundert zur Hand, so fällt auf, daß Beschreibungen von Prügelszenen selten fehlen. Genannt werden sollen unter vielen anderen Schriften nur die von Ulrich Bräker (1735-1798), Johann Gottfried Seume (1763-1810), Ernst Moritz Arndt (1769-1860) und Werner von Siemens (1816-1892). Die Autoren beschreiben die allumfassende Autorität des Vaters, der keine eigenständige Regung des Kindes duldet.[24]

Daneben, und teilweise als Reaktion auf die Tyrannei der Väter, entstand im 19. Jahrhundert eine antiautoritäre Bewegung, die sich im gesellschaftlichen Leben zunächst nur vereinzelt zeigte. Sie keimte vorerst in den Phantasien der Dichter und Philosophen und dokumentierte sich in deren Schriften. Diese Bewegung weitete sich immer mehr aus und führte um die Wende zum 20. Jahrhundert zu massiven emotionalen Konflikten hauptsächlich zwischen alten und jungen Menschen.[25]

Doch betrachten wir die Wurzeln des Antiautoritären im 19. Jahrhundert etwas genauer. Der englische Romantiker Wordsworth schrieb im Jahre 1802 den paradoxen Satz: "Das Kind ist der Vater des Mannes." Diese Zeile war programmatisch für die damalige Zeit. Die Dichter und Denker stellten sich die Frage, wie ein organisch gesundes Wachstum des Menschen möglich sei. Das höchste Ziel müsse sein, so meinten sie, daß sich der Mensch seine "Natur" bewahre. Dies gelinge jedoch nur durch Kontemplation in die eigene Kinderzeit. Die Schätze des Menschseins und des Paradieses würden hier verborgen liegen. Erst wenn wir uns "das Kind zum Vater wählen, können wir an einer geistigen Kindheit teilnehmen"[26]. An die Rückkehr in die Kindheit knüpften sie die Hoffnungen, "die verlorene Solidarität mit allem Lebendigen

23 Mitscherlich 1963

24 siehe: Middelhoff 1963

25 siehe: Koebner et al 1985

26 Assmann 1978, S. 52

wiederherzustellen"[27]. Der Kindheit wurde eine säkulare Erlöserfunktion zugesprochen und das Kind zum Inbegriff von "Reinheit" und "Natürlichkeit" stilisiert. Mit diesem "Programm" wurde dem vormals autoritären Familienvater und seiner Erziehungsaufgabe eine Absage erteilt.

Radikaler ging Percy Bysshe Shelley (1792-1822) zu Werke. Er kämpfte gegen jede Unterdrückung und Bevormundung und scheute sich nicht, die herrschenden Landes-Väter als Mörder- und Gaunerbande bloßzustellen. Bekannt ist sein Essay "Die Notwendigkeit des Atheismus" geworden. Shelley erkannte in "Gott" eine metaphysische Projektion der Monarchie und nannte diese Instanz "ein Urbild menschlicher Tyrannenherrschaft"[28]. Muß man erwähnen, daß er gejagt und vertrieben wurde?

Die Evolutionstheorie von Charles Darwin (1809-1882) kann als Meilenstein in der Erkenntnis über die Entwicklung des Lebendigen bezeichnet werden. Da die Kirchenväter ahnten, daß mit dieser Lehre letztlich die luftige Existenz Gottes in Frage gestellt wurde, führten und führen sie noch heute einen heftigen Kampf gegen die Evolutionstheorie. In seiner Autobiographie, die nach seinem Tod von seiner Frau und seinem Sohn verfälscht wurde, bekannte sich Darwin zum Agnostiker. Für den Gottesglauben fand er folgende Erklärung:

> Wir dürfen auch die Möglichkeit nicht außer acht lassen, daß das kindliche, noch nicht voll entwickelte Gehirn stark geprägt wird, vielleicht schließlich eine ererbte Prägung davonträgt, indem Kindern ständig der Glaube an Gott eingeimpft wird, so daß es für sie ebenso schwer wäre, diesen Glauben an Gott abzuschütteln, wie für einen Affen, seine instinktive Angst vor Schlangen und seinen Haß auf sie abzuschütteln.[29]

Ein weiterer Verfechter der Menschenrechte war der Dichter Multatuli (1820-1887), den Anatol France als holländischen Voltaire bezeichnete. Dieser trat ein für Ideenkühnheit, Geistesfreiheit, Lebhaftigkeit des Ausdrucks und den Kampf gegen die Pfaffen. Multatuli, der eigentlich Douwes Dekker hieß, verfocht vehement eine autoritätsfreie Haltung.[30] Schon im Jahre 1906 zitierte Freud in seinem Aufsatz "Zur sexuellen Aufklärung der Kinder"[31] diesen Autor, der die Geheimnistuerei der Erwachsenen gegenüber den Kindern bezüglich der Sexualität anprangert.

---

27 ebenda, S. 60

28 in: Borchardt 1986, S. 185

29 Darwin 1876, S. 98

30 Brückner 1975, S. 21

31 Freud 1907c

Auch Heinrich Heine (1797-1856) muß in die Riege der Freiheitskämpfer eingereiht werden. Er gestand, daß er nie großen Wert auf Dichterruhm gelegt habe.

> Aber ein Schwert sollt Ihr mir auf den Sarg legen, denn ich war ein braver Soldat im Befreiungskriege der Menschheit.[32]

In der Tat wurde er nicht müde, auf Unterdrückung, Ungerechtigkeit und Verdummung hinzuweisen.

Das antiautoritäre Denken erreichte in Rußland als Reaktion auf die Diktatur des Zarismus seinen Höhepunkt. Genannt werden sollen hier nur Alexander Herzen (1812-1870) und Michail Bakunin (1814-1876). Beide widmeten ihr Leben dem Kampf "gegen jede Form von Unterdrückung, sei sie nun gesellschaftlich oder politisch, öffentlich oder privat, offen oder verborgen"[33]. Für das Ideal der Freiheit des Einzelnen nahmen sie Kerker und Verbannung in Kauf. Nach ihrer Flucht aus dem "Gefängnis Rußland" lebten sie in London und gaben die Zeitschrift "Die Glocke" heraus. Sowohl dem Staat als auch Gott erteilten sie eine Absage. Bakunin, der radikalere von beiden, schrieb die bekannten Worte:

> Wenn Gott existiert, ist der Mensch ein Sklave; der Mensch kann und soll aber frei sein: folglich existiert Gott nicht.[34]

Die Auflösung des autoritären Vaterbildes zeigte sich ebenfalls in der populären Literatur. Bei Dickens (1812-1870) fallen neben der Häufung von Waisenkindern die kleinbürgerlichen Väter als "vom Leben mitgenommene, frustrierte Gestalten"[35] auf. Durch ihre wirtschaftliche Erfolglosigkeit ist ihre Autorität in Mitleidenschaft gezogen. In den Romanen und Erzählungen von Balzac (1799-1850) ist ein bestimmter Vater-Typus mehrfach vertreten. Er wird zum Beispiel in der Figur des alten Grandet ("Eugenie Grandet") beschrieben, der aufgrund seiner Geldbesessenheit zum Tyrannen wird. Auch der Baron Hulot ("Tante Lisbeth") opfert seine Autorität, um sich seinen sexuellen Ausschweifungen hinzugeben. Die bekannteste Vaterfigur von Balzac ist "Vater Goriot", der durch seine "Liebe" zu seinen beiden Töchtern zugrunde geht. In blinder Aufopferung verliert er seine Würde und damit seine Vater-Autorität.[36] Mit den Vatergestalten bei Dostojewski erreichen wir den Gipfel des Vaterniedergangs im 19. Jahrhundert. Der große russische Dichter

---

32 Heine 1828, S. 314

33 Berlin 1978, S. 125

34 Bakunin 1871, S. 71

35 Sühnel 1978, S. 87

36 siehe: Heitmann 1978

rechnet in seinen fünf großen Romanen ("Schuld und Sühne", "Der Idiot", "Die Dämonen", "Der Jüngling" und "Die Brüder Karamasow") mit den Prinzipien der Väter ab. Fjodor Karamasow ist wohl die verwerflichste Vatergestalt in der Weltliteratur. Er wird als nichtsnutziger und lasterhafter Mensch dargestellt, der sich nicht um seine Söhne kümmert und von ihnen fanatisch gehaßt wird. Der Vatermord kann deshalb auch als gemeinschaftliche Tat der drei Brüder gedeutet werden, obwohl der Diener Smerdjakow den Mord gegangen hat und Dmitrij dafür verurteilt wird.

Die Grundstimmung vom Niedergang des Vaters im europäischen Geistesleben hat Nietzsche aufgegriffen, umgewandelt und auf noch nie dagewesene Weise neu gedacht. In der Tradition des Westens kann der autoritäre Vater mit dem repressiven Herrn gleichgesetzt werden. Nietzsche hat mit Zarathustra einen antiautoritären Herrn geschaffen, dem eine Vorbildfunktion für den zukünftigen Vater zukommt. Nach Lagadec[37] lehrt Zarathustra eine neue Moral, in der nicht mehr der belohnt wird, der sich unterwirft und erniedrigt, sondern der, der die Unterwerfung und Demütigung verachtet und von sich weist. Jede Art von Herrschaft, sei es durch ein Gesetz, einen Menschen, einen Gott oder andere Instanzen, wird somit geächtet. Dies ist vor allem auch eine Absage an alle Religionen, die auf den Prinzipien von Gewalt, Aggression, Schuld und Sühne gegründet sind. Was liegt also näher als den Tod Gottes festzustellen? Da er ein Produkt des sich selbst verstümmelnden Menschen ist, hat er in einer herrschaftsfreien Welt keinen Platz mehr. Folgende Schlußfolgerung kann für die Vater-Sohn-Beziehung bzw. den Ödipuskomplex abgeleitet werden:

> Die Welt, die Zarathustra uns zeigt, ist eine Welt, in der es keinen Mord am Vater durch den Sohn und keinen Mord am Sohn durch den Vater gibt, weil diese Welt die Grundvoraussetzungen abgeschafft hat, die den Mord notwendig und den Inzest begehrenswert machte.[38]

Das Vaterbild im 19. Jahrhundert, so soll abschließend hervorgehoben werden, stellt sich uns als heterogen dar. Die alten autoritären Strukturen wurden zunehmend unterhöhlt, während noch kein neues Weltbild etabliert war. Es entstand ein geistiges Vakuum, das neben vielen anderen Faktoren immer wieder dafür sorgte, daß der Autoritarismus marschierte.

---

37 siehe: Lagadec 1974, S. 121-133

38 ebenda, S. 123

1.4. Freuds kulturell-paternitäre Prägungen

Betrachtet man überblicksartig die Vaterrolle durch alle Jahrhunderte, so setzt sich der Eindruck fest, daß sie tyrannisch, hart, autoritär, starr und dogmatisch ausgerichtet war. Die Vaterfiguren, egal ob Staats- oder Kirchenväter, Justiz- oder Unternehmerväter, Lehrer, Pfarrer oder Familienväter, haben mit den Mitteln der Dressur, der Bevormundung und der Nichtachtung der Individualität auf Menschen eingewirkt. Die Folge waren seelische Krüppel, einseitig entwickelte Charaktere und vor allem Söhne, die wiederum zu dogmatischen Vatertypen heranwuchsen. Auch die Vaterschaft der Juden ging mit autoritären Vorstellungen einher. Ein orthodox jüdischer Vater verhinderte jede Emanzipation seiner Söhne. Das enge Netz des Gemeindelebens stellte eine strenge Kontrolle für die Heranwachsenden dar.

Im 19. Jahrhundert wurde der Vater als ehemals unumschränkte Herrschergestalt heftig in Frage gestellt. Aufgrund dieser Entwicklungen haftete dem Vaterbild eine starke Ambivalenz an. Diese bewirkte, wie bei allen ambivalenten Themen, eine übermäßige Beschäftigung mit der Person des Vaters. Sigmund Freud wurde in eine Zeit hineingeboren, in der diese Ambivalenz vorherrschte. Einerseits war der abhängige Mensch daran gewöhnt, eine vorgegebene Ordnung einzuhalten, andererseits verlangte er danach, die einengenden Fesseln der Autorität abzuwerfen und sein Leben weitgehend selbst zu bestimmen. Dieses Aufbegehren zeigte sich unter anderem in der Literatur des 19. Jahrhunderts. Eine auffällige Häufung problematischer Vaterdarstellungen[39] war die Folge und veranschaulichte die Krise des traditionellen Wertgefüges. Tellenbach faßt zusammen:

> Wohin man den Blick wendet, tritt einem der Vater entgegen als der absurde, der tragische, der scheiternde, als der Narr, der Geizhals, in den Fängen seiner Eifersucht, als Opfer des Sohnes oder den Sohn opfernd, hassend und gehaßt, von trauriger Gestalt, doch kein Ritter.[40]

Der Niedergang des tyrannischen Vaters muß als ein ganzheitlicher Prozeß verstanden werden. Er wurde ausgelöst und begleitet durch politische, soziale und kulturelle Umwälzungen bzw. bewirkte diese Erneuerungen. Es waren meistens unterdrückte Menschen, darunter vor allem Söhne, die nun den Mut hatten, alle Vaterinstanzen wie Staat, Kirche, Institutionen, sonstige Autoritäten und eben auch den Familienvater einer kritischen Überprüfung zu unterziehen. Man kann jedoch beobachten, daß der Niedergang des Vaters Angst

---

39 siehe: Lenzen 1991, S. 212 ff

40 Tellenbach 1976, S. 9

erzeugte, die bei vielen Menschen nicht selten dazu führte, doch wieder den autoritären Weg zu wählen.

Obwohl Glaser[41] von Freuds zwanzigstem Jahrhundert spricht, muß man doch davon ausgehen, daß Freuds "geistige Geburt" im 19. Jahrhundert erfolgte. Vor allem die paternitären Prägungen fanden in dieser Zeit statt. Es stellt sich nun die Frage, wie Freud auf die Vatersituation des vergangenen Jahrhunderts reagiert und geantwortet hat. Wenn neue Werte entdeckt, gedacht und ausprobiert werden, so sind sie "atmosphärisch" in der Gesellschaft vorhanden. Sie wirken indirekt auf die Menschen ein und setzen sich in ihrem Empfinden fest. Man kann sich vorstellen, daß die aufkeimende Stimmung des "Vaterniedergangs" beim heranwachsenden Sigmund Freud Wurzeln geschlagen hat. Da er ein Liebhaber der großen Literatur war, hatte er an diesem kulturellen Prozeß aktiv Anteil. Die Jugendbriefe an Silberstein legen ein beredtes Zeugnis davon ab. So hat er sich zum Beispiel das Drama "Die Räuber" von Schiller, das ebenfalls in die Kategorie des "verlorenen Vaters" gehört, mit Begeisterung auf der Bühne angesehen.[42] Erwähnt werden in den Briefen neben vielen anderen Dichtern auch Dickens[43], Balzac[44], Nietzsche[45] und Hebbel, von dem er meinte, sein Wesen sei "herb revolutionär"[46]. Freud war demnach in seinem Fühlen und Denken von der Krise aller Vaterfiguren erfaßt. An seinen Jugendfreund Emil Fluß schrieb er die bemerkenswerten Zeilen:

> Ich muß manches von griechischen und lateinischen Klassikern für mich lesen, darunter König Ödipus von Sophokles. Sie verlieren viel Erhebendes, wenn Sie all das nicht lesen können, freilich erhalten Sie sich jene Heiterkeit, die mir an Ihren Briefen wohltut.[47]

Wie war nun Freuds psychisch-geistige Ausrichtung beschaffen? Zunächst muß man feststellen, daß Freud in diese Kultur als Mann hineingeboren wurde und die mit diesem Geschlecht verbundenen Wertungen übernommen hat. Trotz dieser "bürgerlichen Denkschemen" entwickelte er aufgrund der kulturell-paternitären Prägungen eine kritische Haltung bezüglich der gegebenen gesellschaftlichen Verhältnisse. Der junge Freud muß als "aufbegehrender Charakter" bezeichnet werden. Er war "das Muster eines jugendlichen Bilder-

41 Glaser 1979

42 siehe: Freud 1989, S. 36

43 ebenda, S. 68

44 ebenda, S. 104

45 ebenda, S. 116

46 ebenda, S. 121

47 Freud 1925d, S. 114

stürmers, ein Lästerer, was den Kaiser und seinen herausgeputzten Hofstaat betraf, ein Verächter der etablierten Religion"[48]. Es war für ihn undenkbar, daß bestimmte Menschen Macht über andere Menschen ausüben dürfen. In einem Brief zählte er launig die nutzlosesten Dinge von der Welt auf: "Hemdkrägen, Philosophen und Monarchen."[49] Weiterhin machte er sich mit einem zornigen Unterton über den Monarchen und den Kronprinzen lustig.[50] Sich selbst bezeichnete er als "Republikaner"[51]. Wenn er auch kein Sozialdemokrat war, so beschäftigte er sich doch mit diesen Gedanken und Ideen. Zu seinen Jugendfreunden gehörten immerhin der spätere Sozialpolitiker Heinrich Braun[52] und Eduard Silberstein, der sich mit den Sozialdemokraten verbunden fühlte.[53] Als der letztgenannte eine enge Anbindung an die Sozialdemokraten suchte, warnte er ihn. Es scheine ihm keine Empfehlung für diese Partei zu sein, daß "sie aus ihren Anschauungen ein Dogma machen und keine Diskussion darüber zulassen"[54]. Der Russisch-Türkische Krieg im Jahre 1877/78 entlockte ihm radikal-pazifistische Gedanken. Er schrieb an Silberstein, daß er die Romanoffs und die "Affen des sieggekrönten Korporals in Berlin"[55], (Wilhelm I.) hasse. "Es sind Zeiten, um Petroleur zu werden"[56], d.h. Bombenwerfer der Pariser Kommune. Seine gesellschaftskritischen Gedanken drückte Freud so aus:

> Es ist wirklich sehr viel faul in diesem "Kerker", Erde genannt, was durch menschliche Einrichtungen zu bessern wäre in Erziehung, Güterverteilung, Form des Struggle for existence u.s.f.[57]

Der Religion gegenüber war Freud sehr kritisch eingestellt. Er las Feuerbach, den er "unter allen Philosophen am höchsten"[58] verehrte und bemängelte die Einstellung seines Philosophielehrers Brentano, der es "für nötig hält, dieses luftige Dasein Gottes mit seinen Gründen zu stützen"[59]. Als "gottloser Mediziner und Empiriker"[60] konnte er Brentanos Argumentation nicht gelten las-

---

48 Clark 1985, S. 46
49 Freud 1989, S. 63
50 Freud 1969a, S. 115
51 Freud 1989, S. 111
52 siehe: Eissler 1989, S. 12
53 siehe: Freud 1989, Nachwort des Herausgebers, S. 230
54 Freud 1989, S. 124
55 ebenda, S. 188
56 ebenda, S. 188
57 ebenda, S. 111
58 ebenda, S. 111
59 ebenda, S. 82
60 ebenda, S. 82

sen. Daraus kann man ersehen, daß Freuds Antworten im Konflikt zwischen den traditionell paternitären Strukturen einerseits und der antiautoritären Bewegung andererseits eindeutig zur letztgenannten tendierte. Freuds geistige Welt war freiheitlich ausgerichtet und "revolutionär in der Klarheit seines Denkens"[61].

Man kann sich nun fragen, ob Freuds naturwissenschaftliche Ausrichtung mit der "Vaterfrage" im Zusammenhang steht. Warum hat er ein naturwissenschaftliches Studium gewählt und ist nicht seinen philosophischen Neigungen[62] gefolgt? Immerhin wollte er in einer Phase der Begeisterung das "Doktorat der Philosophie"[63] erwerben, verlor dann jedoch das Interesse an dieser Fachrichtung und entschied sich endgültig für das Studium der Medizin. Der Hintergrund für diesen Schritt ist meines Erachtens in Freuds Anlehnungsbereitschaft an starke Vaterfiguren im beruflichen Bereich zu suchen. Vor allem in den medizinischen Fächern waren die autoritären "Väter" zahlreich vertreten. Freud fühlte sich zu dieser Ordnung und Struktur verheißenden Disziplin hingezogen.

Sieht man Freuds Hinwendung zur Naturwissenschaft in diesem übergeordneten Zusammenhang, so wird deutlich, daß es sich bei diesem Schritt nicht nur um eine innerpsychische "Abwehr"[64] gegen eine innere Neigung zur spekulativen Philosophie handelte. Obwohl auch Rosenkötter von dieser Annahme ausgeht, sieht er doch einen "Vaterhintergrund". Er meint, Freud bedurfte "eines Gegengewichts in Form nüchterner, exakter Wissenschaft, die das väterliche Realitätsprinzip verkörpern konnte"[65]. Auch ich schließe mich dieser Ansicht an und meine, daß die Studienwahl von Freuds "Vatersuche" geprägt, wenn nicht sogar entscheidend bestimmt wurde. Die paternitäre Linie seiner kulturellen und, wie gleich gezeigt wird, familiären Erziehung wurde damit bekräftigt.

Zusammenfassend kann festgehalten werden, daß Freuds Antworten auf die patriarchalischen Strukturen, neben dem zur damaligen Zeit üblichen Autoritätsdenken, in einer Anlehnungsbereitschaft an autoritäre Strukturen bestanden, die sich vor allem im beruflichen Bereich zeigte. Andererseits ist bei ihm ein deutlich freiheitliches Denken festzustellen, in dem er das Autoritäre hinterfragte und ad absurdum führte.

---

61 Robert 1977, S. 49

62 siehe: Freud 1985c, S. 190

63 Freud 1989, S. 109

64 siehe: Eissler 1974

65 Rosenkötter 1987, S. 175

2. Der familiär-paternitäre Hintergrund

Überblickt man die geschichtliche Entwicklung, so zeigt sich, daß nur ganz wenige Väter und ihre Söhne die Kraft hatten, die in der Kultur bestehende Gewaltspirale, die zwischen den Generationen herrscht, zu überwinden. Die solidarisch ausgerichteten Vater-Sohn-Beziehungen können als Mosaiksteine auf dem Weg zu mehr Freiheit, Emanzipation, Selbstbestimmung usw. angesehen werden. Da ein Sohn relativ stark auf die Charakterstruktur und Wandlungsfähigkeit seines Vaters angewiesen ist, kann ein aufgeklärter, humaner und liberaler Vater unendlich wohltuend auf seinen Nachwuchs einwirken.

Um die Verhältnisse bei Familie Freud zu untersuchen, muß zuerst der Vater Jakob Freud charakterisiert werden. Daran anschließend sollen sowohl die Vater- als auch die Mutter-Sohn-Beziehung beschrieben werden. Das Kapitel schließt damit ab, Freuds familiär-paternitäre Prägungen und seine Antworten darauf zur Kenntnis zu nehmen.

2.1. Der Vater Jakob Freud

Der Vater von Sigmund Freud, Kallamon Jakob Freud, wurde 1815 in Tysmenitz geboren. Dieses in Galizien liegende Städtchen gehörte zu jener Zeit zur österreichischen Monarchie, heute liegt es in der Ukraine. Tysmenitz war damals eine kulturell bedeutende Stadt, in der sich die jüdische Aufklärungsbewegung, die Haskala, ausbreiten konnte. So kam Jakob Freud wahrscheinlich mit den Ideen der Aufklärung in Berührung, die später das Leben seines Sohnes tiefgreifend bestimmen sollten. Krüll nimmt an, daß Vater Jakob als junger Mann mit der jüdischen Tradition gebrochen und die Assimilation angestrebt hat.[66] Mit seinem Großvater Siskind Hofmann verließ er seine Geburtsstadt, um in Mähren Handelsgeschäften nachzugehen. Seine erste Frau, Sally Kanner, gebar ihm zwei Söhne. Im Jahre 1855 heiratete er als Vierzigjähriger zum zweiten[67] Mal. Amalia Nathansohn war zwanzig Jahre jünger als er und brachte am 6.5.1856 einen Sohn zur Welt - Sigmund.

Die Persönlichkeitsstruktur von Jakob Freud soll nun in einigen Punkten bestimmt werden. Freud schrieb über seinen Vater:

---

66 siehe: Krüll 1979, S. 112/113

67 zur Diskussion über Jakob Freuds angeblicher Ehe mit Rebekka siehe: ebenda, S. 122/123

> Wenn er nicht gerade griesgrämig ist, was leider oft vorkommt, ist er der größte Optimist unter uns jungen Leuten.[68]

Ein andermal charakterisierte er ihn als Mann von "tiefer Weisheit und phantastisch leichtem Sinn"[69]. Clark meint, daß Jakobs Hoffen auf günstigere Lebensumstände aus ihm einen unentwegten Optimisten machte.[70] Immer wieder wird sein Humor hervorgehoben. Freuds Sohn Martin[71] berichtet, daß er seine Geschichten meist mit einem Augenzwinkern erzählte, als ob er sagen wollte: "Ist nicht alles, was wir hier tun und sagen, ein großer Witz?" Auch würzte er seine Erzählungen mit jüdischen Anekdoten.[72] Judith Bernays Heller, ebenfalls ein Enkelkind von Jakob, hebt seine freundliche und sanfte Art hervor.[73] Schur meint, er habe "Anstand und Würde"[74] besessen. Jones berichtet von einer Begebenheit, die den Charakter von Jakob Freud treffend verdeutlicht:

> Der Pianist Moritz Rosenthal erzählt, wie er einmal auf der Straße mit seinem Vater einen Wortwechsel hatte, als sie Jakob Freud trafen, der ihn lachend folgendermaßen zurechtwies: "Was, Du widersprichst Deinem Vater? Mein Sigmund ist in der kleinen Zehe gescheiter als ich in meinem Kopf, aber es würde ihm nie einfallen, mir zu widersprechen."[75]

Später im Alter lebte er von der Familie etwas abgesondert und nahm an den Gesprächen am Tisch nicht wirklich teil.[76]

Nach diesen Ausführungen kann eine übergeordnete Beschreibung gewagt werden. Fest steht, daß das Patriarchalische in Jakob Freud zeitlebens verankert blieb. Gleichwohl war es überlagert von Liberalität und Humanität, so daß man sagen kann: Er war ein liberaler und freundlicher Patriarch.

---

68 Freud 1960a, S. 32

69 Freud 1985c, S. 212/213

70 Clark 1985, S. 27

71 Martin Freud 1957, S. 10

72 Jones 1962, Bd. 1, S. 20

73 Bernays Heller 1956, S. 147

74 Schur 1973, S. 634

75 ebenda, Bd. 1, S. 38

76 Ellenberger 1985, S. 583

2.2. *Die Vater-Sohn-Beziehung*

Wenn eine Beziehung beschrieben werden soll, so muß das komplizierte Geflecht von Gefühlen, Affekten, Handlungsmotiven und Erwartungen, das von beiden Protagonisten ausgeht, transparent gemacht werden. Am besten gelingt dieses Unternehmen, wenn folgende Frage beantwortet werden kann: Wie stellte sich Jakob auf seinen Sohn und wie Sigmund auf seinen Vater ein? Es sollen hier nur die für meine Arbeit wichtigsten Merkmale angeführt werden.

Über Jakob Freuds Einstellung zu seinem Erstgeborenen aus zweiter Ehe können teilweise nur Vermutungen angestellt werden. Krüll[77] hat angenommen, daß Jakob Freud durch die erneute Heirat einen Neuanfang beabsichtigte. Vielleicht war damit, so kann man spekulieren, eine veränderte innere Orientierung verbunden, die der geistig-kulturellen Sphäre mehr Platz einräumte. Hinzu kommt, daß sich jeder jüdische Vater einen Sohn wünscht, der den Weg eines Talmud-Gelehrten einschlägt. Damit war die Hoffnung nach Einfluß, Ansehen und sozialem Aufstieg verbunden. Warum sollte Jakob Freud in diesem Punkt eine Ausnahme gewesen sein, zumal seine Söhne aus erster Ehe schon Kaufleute geworden waren? Daraus kann abgeleitet werden, daß Jakob seinem Erstgeborenen eine gehörige Erwartungshaltung entgegengebracht hat. Sigmund war somit ein "Hoffnungsträger" des Vaters in bezug auf Geistigkeit und Erfolg. Die oben erwähnten Charakterisierungen von Jakob legen jedoch die Vermutung nahe, daß dieser Erwartungsdruck durch seine heitere Gelassenheit gemildert wurde. Daher war es Sigmund offenbar möglich, die Erwartungen seines Vaters zu erfüllen. Eine Begebenheit, die wahrscheinlich als "Familiengeschichte" oft erzählt wurde, belegt, daß Jakob stolz auf seinen Sohn war. Der zweijährige Sigmund wurde von seinem älteren und ihm körperlich überlegenen Neffen verprügelt. Er schlug jedoch zurück und wurde daraufhin vom Vater zur Rede gestellt. Der Zweijährige antwortete: "Ich habe ihn ge(sch)lagt, weil er mich ge(sch)lagt hat."[78] Kann der Stolz eines Vaters besser veranschaulicht werden, als mit einer Familien-Anekdote?

Ein weiteres Beziehungsmerkmal bestand darin, daß Jakob seinen Sohn sehr ernst genommen hat. Freuds Schwester, Anna Freud Bernays, berichtet:

> Er diskutierte mit uns Kindern, besonders mit Sigmund, über alle möglichen Fragen und Probleme. Wir nannten diese Sitzungen den 'Familienrat'. Als der jüngste Sohn geboren wurde, nahm mein Vater Sigmund

77 Krüll 1979, S. 125

78 Freud 1900a, S. 412

> beiseite, um ihn zu fragen, welchen Namen er dem Jungen geben sollte.[79]

Sigmund entschied sich für den Namen Alexander, weil er die Tapferkeit dieses Generals sehr bewunderte. Der Vater akzeptierte den Namen.

Die Biographen sind sich einig, daß Jakobs liberale und aufgeklärte Haltung, verbunden mit tiefer Weisheit[80], ihn dazu veranlaßte, seinem Sohn viel Freiheit und wenig Anweisung zu geben.[81] Freuds Selbstachtung kann auf diese Haltung des Vaters zurückgeführt werden.

Wie hat sich Sigmund auf seinen Vater eingestellt? Krüll meint, daß er "offenbar ein völlig angstfreies Verhältnis zum Vater"[82] gehabt hat, was sie mit einer Episode aus den Freiberger Jahren belegt. Sigmund soll mit zwei Jahren noch gelegentlich eingenäßt haben. Auf Vorwürfe vom Vater hin tröstete Sigmund ihn mit dem Versprechen, ihm ein neues, schönes Bett zu kaufen. Neben dieser Angstfreiheit läßt sich noch eine andere Seelenregung finden. Auf einem Foto ist das stattliche Äußere von Jakob zu erkennen, das eine Enkelin als "patriarchalische Gestalt"[83] bezeichnete. Nimmt man noch hinzu, daß er der "Vorstand" einer recht großen Familie war, so liegt die Vermutung nahe, daß Sigmund ihn bewundert und idealisiert haben muß. Auf diesem Hintergrund muß die folgende Begebenheit gedeutet werden. Als Sigmund zehn oder zwölf Jahre alt war, erzählte ihm der Vater, daß ihm selbst in jungen Jahren ein Christ die Pelzmütze in den Kot geworfen und gerufen habe: "Jud, herunter vom Trottoir!" Auf Sigmunds Frage, was er daraufhin getan habe, antwortete der Vater, daß er nur die Mütze wieder aufgehoben habe. Der Junge war maßlos enttäuscht:

> Das schien mir nicht heldenhaft von dem großen starken Mann, der mich Kleinen an der Hand führte.[84]

Wie deuten Freuds Biographen diese Begebenheit? Clark[85] betont, daß in diesem Erlebnis die Kluft zwischen zwei Generationen sichtbar wird, einerseits der älteren, die in Mißachtung ihrer Person aufgewachsen ist, diese aber teilweise überwinden konnte, andererseits der jüngeren, die von den Früchten der älteren profitiert und schon die Luft von mehr Freiheit geatmet hat. Der Konflikt zwischen dem Bild vom mächtigen Vater und dem Vater, der sich derart

---

79 Anna Freud Bernays 1940, S. 141

80 Schur 1973, S. 36 und 37

81 Roazen 1976, S. 57

82 Krüll 1979, S. 133

83 Bernays Heller 1956, S. 147

84 Freud 1900a, S. 208

85 Clark 1985, S. 24

erniedrigen läßt, habe sicherlich dazu beigetragen, den Keim für Freuds spätere Beschäftigung mit dem Vater-Sohn-Problem zu legen. Ellenberger meint, daß diese Erfahrung "vielleicht zur Erklärung der Genese des Konzepts vom Ödipus-Komplex beitragen"[86] kann. Roazen ist der Ansicht, daß Freud sich einen starken Vater gewünscht hat und daß dieser Wunsch bei seiner "Konzipierung des Ödipuskomplexes eine Rolle gespielt"[87] hat. Nach Schorske ließ die Enttäuschung über den schwachen Vater den Wunsch entstehen, "den Vater durch Verwirklichung des liberalen Glaubens, zu dem jener sich bekannt, bei dessen Verteidigung er aber versagt hatte, zu überwinden"[88]. Meines Erachtens wäre es jedoch weit verfehlt, nur dieses eine Erlebnis für Freuds Beschäftigung mit dem Vaterproblem bzw. Ödipuskomplex verantwortlich zu machen. Ausschlaggebend für die psychisch-geistige Ausrichtung auf ein Thema sind die Antworten eines Menschen auf reale Gegebenheiten. Aus den kulturell-paternitären Prägungen und den familiär-paternitären Bedingungen hat Freud "sein Thema" hervorgebracht.

Wie jede andere Vater-Sohn-Beziehung ist auch die zwischen Jakob und Sigmund mehrdeutig und kompliziert. Für meine Themenstellung erwähne ich deshalb nur Sigmunds Angstfreiheit, seine Bewunderung und anschließende Enttäuschung bezüglich des Vaters. Diese kausalen Faktoren sollen aber nicht überbewertet werden. Meiner Ansicht nach war für Freuds Leben der Lernbereich von weit gewichtigerer Bedeutung. Er war der tragfähigste Pfeiler der Vater-Sohn-Beziehung. Jones schreibt:

> Nachdem die Mutter ihm die elementarsten Kenntnisse beigebracht hatte, unterrichtete ihn der Vater, bis er ihn in eine Privatschule schickte. Obschon Autodidakt, scheint Jakob Freud ein begabter Mann von überdurchschnittlicher Intelligenz und weitem Horizont gewesen zu sein.[89]

Als Sigmund 12 Jahre alt war, unternahm der Vater mit ihm lange Spaziergänge und teilte dabei seine Lebensansichten mit. Schur zitiert die Widmung in einer Bibel, die der Vater seinem Sohn erst zum 35. Geburtstag zum Geschenk machte. Nicht ohne Stolz wird darin in religiösen Wendungen vermerkt, daß sich Sigmund ab dem 7. Lebensjahr dem Lernen hingegeben hat und er dadurch an Erkenntnissen und Verstehensprozessen Anteil nehmen

---

86 Ellenberger 1985, S. 573

87 Roazen 1976, S. 59

88 Schorske 1982, S. 178

89 Jones 1962, Bd. 1, S. 37

konnte. Der Vater teilte dem Sohn mit, daß "die Juden das Volk des Buches waren"[90].

> Der Mann, der diese Widmung schrieb, muß den Wunsch so vieler jüdischer Väter geteilt haben, daß ihre Söhne zu den Gelehrten gehören möchten, auch wenn sie selbst nicht zu ihnen gehörten. Dieser väterliche Wunsch fand in Freud seine Erfüllung, der wirklich ein Mann des *Buches* wurde, ein Wahrheitssucher.[91]

Zu Recht bemerkt Schur, daß hinsichtlich des Lernbereichs "Freud in seinem Vater ein Objekt der Identifikation und der Ichideal-Bildung finden"[92] konnte. Damit habe ich neben der Charaktereigenschaft der Angstfreiheit, der Fähigkeit zur Bewunderung und des Mutes, eine Desillusionierung verarbeiten zu können, den vierten Bestandteil für Freuds "Vaterprägung" namhaft gemacht. Die Leistungserwartungen von Jakob korrespondierten mit dem großen Lerneifer von Sigmund. Dadurch erwarb sich Freud die Möglichkeit für psychisches und geistiges Wachstum, das bei ihm zu einer großen Eigenständigkeit führte. Die Eroberung des Lernbereichs ist meines Erachtens die wichtigste Antwort von Sigmund Freud auf die Herausforderungen seiner Kindheitssituation.

2.3. Die Mutter-Sohn-Beziehung

Welchen Einfluß hatte die Mutter auf Sigmunds Persönlichkeitsentwicklung? Die jüdischen Sitten sahen vor, daß sich die Mutter in den ersten Lebensjahren intensiv um das Wohlergehen des Kindes kümmerte, wobei ein Sohn mit besonderer Aufmerksamkeit bedacht wurde. Jones hebt die "lebhafte Persönlichkeit"[93] von Freuds Mutter Amalie hervor, während Bernays Heller, die Tochter von Freuds Schwester Anna, die ihre Großmutter nicht sonderlich mochte, sie "hektisch" und "herrschsüchtig"[94] nennt. Ellenberger hebt drei Eigenschaften hervor: "() ihre Schönheit, ihre autoritäre Persönlichkeit und ihre grenzenlose Bewunderung für ihren Erstgeborenen Sigmund."[95] Diese Vorzugsstellung bei der Mutter verschaffte ihm eine exponierte Position innerhalb

---

90 Schur 1973, S. 37
91 ebenda, S. 37
92 ebenda, S. 38
93 Jones 1962, Bd. 1, S. 19
94 Bernays Heller 1956, S. 148
95 Ellenberger 1985, S. 578

der Familie und führte zu einem relativ stabilen Selbstwertgefühl. Der folgende Satz, den Freud Goethe zugedacht hatte, trifft auf ihn selbst zu:

> Wenn man der unbestrittene Liebling der Mutter gewesen ist, so behält man fürs Leben jenes Eroberungsgefühl, jene Zuversicht des Erfolges, welche nicht selten wirklich den Erfolg nach sich zieht.[96]

Peter Gay meint, daß die Beziehung zur Mutter auch problematisch gewesen sein muß. Freud habe in seiner Selbsterforschung diese wichtige Bindung weder behandelt noch die mächtigen Beeinflussungen seiner Mutter analysiert und zu verändern gesucht.[97] Auf jeden Fall muß man hervorheben, daß Freud aus der Beziehung zu seiner Mutter eine emotionale Kraft gewann, die innere Lebendigkeit, Tatkraft und abgrenzende Impulse in ihm hervorgerufen hat. Die Werte und Ideale des Vaters gaben ihm aber erst die Richtung seines Strebens an. Er identifizierte sich eindeutig mit ihm, so daß grundlegende Prägungen wie Persönlichkeitsentwicklung, schulischer und beruflicher Werdegang, Einstellung zu Autoritäten und Weltanschauung weitgehend von seinem Vater bestimmt wurden. Diese "Fixierung" hatte jedoch zur Folge, daß Freud sein Leben lang eine "patriarchalische Ideologie"[98] beibehielt, die vor allem in seinen Schriften zur Psychologie der Frau zum Ausdruck kommt.

2.4. Freuds familiär-paternitäre Prägungen

Will man aus den komplizierten Zusammenhängen zwischenmenschlicher Beziehungen signifikante Auswirkungen ableiten, so steht man, wie jeder zugeben wird, vor einer fast unlösbaren Aufgabe. Der Versuch soll aber in dem für meine Arbeit begrenzten Rahmen unternommen werden. Die allgemeine Frage lautet: Welchen Einfluß hatte Jakob Freud auf die Persönlichkeitsentwicklung seines Sohnes? Die spezielle Frage heißt: Wie haben sich Jakob Freuds patriarchalische Gestalt, seine Erwartungshaltung und sein Stolz auf seinen Sohn auf Sigmunds Seelenleben ausgewirkt? Welche Charaktermerkmale konnte er dadurch entwickeln?

Diese Überlegungen sollen mit Freuds frühester Kindheitserinnerung eingeleitet werden. In dem Aufsatz "Über Deckerinnerungen" berichtet er von seinem Heimatort Freiberg. Der Vater ist mit ihm in die schönen Wälder gegangen, "in denen ich schon, kaum daß ich gehen konnte, dem Vater zu ent-

---

96 Freud 1917b, S. 266

97 siehe: Gay 1989, S. 567

98 Ellenberger 1985, S. 578

laufen pflegte"[99]. Aus den Kindheitserinnerungen, die Gedächtnisfragmente sind, kann man die Lebenseinstellung des Erinnernden herauslesen. In ihnen sind Verhaltens-, Gefühls- und Denkanweisungen "eingeschrieben". Sie betreffen deshalb weniger die Vergangenheit, sondern eher Gegenwart und Zukunft. Was bedeutet nun auf diesem Hintergrund Freuds Erinnerung? Kennzeichnend ist zunächst, daß der Vater darin auftaucht. Diese Tatsache deutet auf die bevorzugte Stellung dieser Person in Freuds Seelenleben hin. Das wichtigste "Bewegungs"-Merkmal in dieser Erinnerung ist der Drang, dem Vater zu entlaufen. Im erweiterten Sinn kann man sagen, daß er ihm voraus sein oder über ihn hinauswachsen will. Diese Strebensrichtung hat sich tief in Freuds Gemüt eingeprägt und sein Leben weitgehend bestimmt. Die Stelle des persönlichen Vaters haben später Ersatzväter und Kulturrepräsentanten eingenommen.

Auf folgende Charaktereigenschaften von Sigmund, die in der Beziehung zu Jakob entstanden sind, wurde schon hingewiesen: Angstfreiheit, Bewunderung, Enttäuschungen verarbeiten können und Lernbereitschaft. Jakobs Erwartungshaltung, gemildert durch Humor, trug zu diesen Befähigungen bei. Besonders günstig hat sich dabei ausgewirkt, daß das Verlangen nach Leistung im Gemüt von Vater und Sohn fest verankert war und Sigmund sich diese Forderungen zu eigen machen konnte. Das folgende Ereignis des sieben- oder achtjährigen Jungen belegt diese Behauptung: Obwohl es ihm verboten war, im Beisein der Eltern seine Bedürfnisse im Schlafzimmer zu verrichten, setzte er sich über dieses Verbot hinweg. Der Vater bemerkte verärgert: "Aus dem Buben wird nichts werden."[100]

> Es muß eine furchtbare Kränkung für meinen Ehrgeiz gewesen sein, denn Anspielungen an diese Szene kehren immer in meinen Träumen wieder und sind regelmäßig mit Aufzählung meiner Leistungen und Erfolge verknüpft, als wollte ich sagen: Siehst du, ich bin doch etwas geworden.[101]

Diese Sätze zeigen, daß ihn die väterlichen Ansprüche, hier in einer Mißfallensäußerung "verborgen", stimuliert und sicher auch überfordert haben. In der Bemerkung des Vaters kommt dem Sinne nach die Forderung zum Ausdruck: Werde etwas Gescheites! Erst die Selbstanalyse, die Aufarbeitung seiner Vaterbeziehung, die Entdeckung der ödipalen Vorgänge, die Arbeit an der

99 Freud 1899a, S. 542

100 Freud 1900a, S. 225

101 ebenda, S. 225

"Traumdeutung" und der Aufbau der psychoanalytischen Bewegung bewirkten eine Lösung von seiner engen Vaterbindung.[102]

Ein weiteres Kennzeichen von Sigmunds Charakter, das im Zusammenhang mit seiner Vaterbeziehung betrachtet werden muß, ist seine "Affinität zu Männern von Mut und Kühnheit"[103]. Dem ging in der Kindheit die Identifizierung mit soldatischen Helden voraus, zum Beispiel mit Hannibal, Cromwell und Napoleon.[104] Aus diesen Phantasieprodukten entwickelte sich später bei ihm das unbedingte Verlangen, selbst ein "Held" zu werden. Hier mag die in der Kindheit entwickelte Angstfreiheit verbunden mit dem Stolz des Vaters auf ihn, den er sich zueigen gemacht hat, eine Rolle spielen. Ein anderer Gesichtspunkt kommt noch hinzu. In einem Brief an seine damalige Braut Martha schrieb Freud:

> Mir war oft so, als hätte ich den ganzen Trotz und die ganze Leidenschaft unserer Ahnen, als sie ihre Tempel verteidigten, geerbt, als könnte ich für einen großen Moment mit Freude mein Leben hinwerfen. Und dabei war ich immer so ohnmächtig und konnte die glühenden Leidenschaften nicht einmal durch ein Wort oder ein Gedicht zum Ausdruck bringen. So habe ich mich immer unterdrückt, und das, glaube ich, muß man mir ansehen.[105]

Diese Sätze drücken einen inneren Konflikt aus, der tief in seinem Wesen verankert war. Freud spürte in sich eine Kraft zu großen Taten, aber gleichzeitig die Unfähigkeit, diese adäquat auszudrücken. Aus den Briefen an Fließ wissen wir, daß diese Ohnmachtsgefühle auch mit psychosomatischen Beschwerden einhergingen und sich vor allem in Krisenzeiten bemerkbar machten. Später kam es mehrmals zu realen Ohnmachtsanfällen.[106] Auch hier läßt sich ein Bezug zu seinem Vater herstellen. Dieser war beruflich nicht sehr erfolgreich. Er wollte oftmals völlig unrealistische Projekte verwirklichen und befand sich deshalb häufig in Geldnöten.[107] Man kann annehmen, daß Freud im Beruflichen auf keinen Fall so werden wollte wie sein Vater. Sein Engagement und seine Leistungen während der Schulzeit, im Studium, beim Aufbau seiner Praxis und in der Anfertigung von wissenschaftlichen Arbeiten waren enorm. Krüll vermutet, daß der Vater seinem Sohn unbewußt den "Auftrag" gab, die religiöse Tradition hinter sich zu lassen und gesellschaftlichen Erfolg zu er-

---

102 siehe: Bernfeld/Bernfeld 1988, S. 259

103 Sulloway 1982, S. 648

104 siehe: Freud 1900a, S. 207 und S. 432

105 Freud 1988, S. 136/137

106 siehe: Freud/Binswanger 1992, S. 123-124

107 Freud 1985c, S. 73

ringen. Sigmund Freud habe darauf mit dem unbedingten Verlangen reagiert, Erfolg haben und ein berühmter Mann werden zu müssen.[108] Ob diese Vermutung zutrifft, sei dahingestellt. Richtig ist jedoch, daß das Streben, mit hervorragenden Leistungen an die Öffentlichkeit zu treten, bei ihm vorhanden war. Wurde dieser Eifer durch Widersacher, Kritiker und Andersdenkende gehemmt, so muß bei ihm ein Ohnmachtsgefühl entstanden sein, das in einer gewissen "Unzugänglichkeit und Schroffheit"[109] seines Wesens zum Ausdruck kam. Wir werden später sehen, daß Freud in den Krisenzeiten von 1910 bis 1913 sehr gut "schimpfen und wüten"[110] konnte. Man kann diesen Unmut ohne weiteres mit seinen Ohnmachtsanfällen in Zusammenhang bringen. Ein Mensch wie Freud, der die himmlischen Mächte bezwingen und die Unterwelt in Bewegung setzen[111] wollte, war nicht gern machtlos und ohne Einfluß. Doch gerade die bedeutenden Menschen sind solchen Erlebnissen vermehrt ausgesetzt. Wenn dieser Zustand aufgrund des Ehrgeizes aber nicht eingestanden werden kann, dann wird das Befinden unter Umständen somatisiert - es treten Schwindelgefühle oder gar Ohnmachtsanfälle auf, wie es bei Freud der Fall war.

Weiterhin fällt auf, daß Freud in der elterlichen Wohnung vom Kindesalter an ein eigenständiges Leben führte. Er brachte in seinem "Kabinett" viele Stunden des Tages mit Studieren und Lernen zu und wuchs schnell über den geistigen Horizont seines Vaters hinaus.[112] Diese äußeren Bedingungen begünstigten seine geistige Entwicklung und führten zu Autonomie und Unabhängigkeit des Denkens. Auch dachte er nicht daran, seine Kraft im Aufbegehren gegen den Vater zu verschwenden. Mit dazu beigetragen hat sicherlich, daß Jakob seinem Sohn keine unumstößlichen Dogmen wie zum Beispiel religiöse Doktrin lehrte. Freud sagte über seinen Vater: "Er ließ mich in voller Unwissenheit alles dessen, was das Judentum betraf, aufwachsen."[113]

Jakobs Schilderung seiner Demütigung und die Stellung der Juden in der Gesellschaft sind Quellen für eine Eigenschaft Freuds, die "heiliger Zorn" genannt werden kann. Hier fließen die Auswirkungen der kulturellen und der familiären Prägungen zusammen. Freud schrieb über seine Universitätszeit folgende Sätze:

108 siehe: Krüll 1979, S. 208

109 Freud 1988, S. 136

110 Freud 1914d, S. 174

111 Freud 1900a, Motto, aus Vergils Aneis: Flectere si nequeo superos, Acheronta movebo

112 siehe: Anna Freud Bernays 1940, S. 140

113 in: Gay 1988, S. 131

> Vor allem traf mich die Zumutung, daß ich mich als minderwertig und nicht volkszugehörig fühlen sollte, weil ich Jude war. Das erstere lehnte ich mit aller Entschiedenheit ab. Ich habe nie begriffen, warum ich mich meiner Abkunft, oder wie man zu sagen begann: Rasse, schämen sollte. Auf die mir verweigerte Volksgemeinschaft verzichtete ich ohne viel Bedauern. () Aber eine für später wichtige Folge dieser ersten Eindrücke von der Universität war, daß ich so frühzeitig mit dem Lose vertraut wurde, in der Opposition zu stehen und von der "kompakten Majorität" in Bann getan zu werden. Eine gewisse Unabhängigkeit des Urteils wurde so vorbereitet.[114]

Der verbreitete Antisemitismus und Freuds kämpferische Bereitschaft, gegen diese Ungerechtigkeit anzugehen, wird von ihm selbst in einem Brief an seine Braut dargestellt: In einem Eisenbahnabteil entstand zwischen ihm und einigen Mitreisenden ein Streit um ein geöffnetes Fenster. Ein Fremder beschimpfte Freud als elenden Juden und drohte sogar mit Handgreiflichkeiten. Furchtlos bot Freud diesen Leuten Kontra: Die respektloseste Person sollte sich zu ihm begeben, um sich die entsprechende Antwort abzuholen. "Ich war ganz gefaßt, ihn zu erschlagen, aber er kam nicht".[115] Doch die Hetzereien und Schimpfreden hörten nicht auf,

> bis ich mich umkehrte, den Hauptkerl anschrie und ihm erklärte, er solle sich noch rühren, um mich kennenzulernen. Ich war des Erfolges recht ungewiß. Die Antwort war auch, von mir sei gar nicht die Rede gewesen, sie würden sich in ihrer Unterhaltung nicht stören lassen, aber - es wurde von nun an ganz still.[116]

Zu dieser Furchtlosigkeit hat ihn die Empörung über die offensichtliche Diskriminierung angestachelt. Gay hebt Freuds mutige Haltung im Gegensatz zur "passiven Unterwerfung seines Vaters"[117] hervor, die ihm wohl zeitlebens ein Stachel gewesen ist. Als Kind wollte Freud, wie alle Kinder, einen starken Vater haben,[118] was ihm sein Vater in früher Kindheit zweifellos war. Bernfeld und Cassirer-Bernfeld vermuten,

---

114 Freud 1925d, S. 41

115 Freud 1988, S. 66

116 ebenda, S. 67

117 Gay 1989, S. 38

118 siehe: Eissler 1966, S. 163

daß er in der Kindheit in Freiberg seine ganze Liebe, Bewunderung und Zuversicht auf den Vater richtete, alle Zweifel, rebellischen und feindseligen Strebungen aber auf den Halbbruder verschob ().[119]

Wahrscheinlich hat Freud seinen Vater nach dem Enttäuschungserlebnis verachtet. Bedeutsam für mein Thema ist nun, daß er diese Ressentiments glänzend überwunden hat. Vielleicht kannte Freud schon den tiefgründigen Satz von Nietzsche zu diesem Thema. Unter der Überschrift "Die Natur korrigieren" schrieb der Philosoph: "Wenn man keinen guten Vater hat, so soll man sich einen anschaffen."[120] Freud hat sich schon früh Ersatzväter gesucht. Das waren in der Regel Lehrer, von denen er das bekommen hat, was ihm der leibliche Vater nicht geben konnte. Dieser Aspekt wird in den Freud-Biographien nicht als das beschrieben, was es ist: Der wichtigste Schritt zur Ablösung vom Vater. Die innere Orientierung an Ersatzvätern und die Erfüllung ihrer Forderungen hat schließlich dazu geführt, daß er selbst "Vater" werden konnte: Der "Vater" der psychoanalytischen Bewegung.

3. Der sozial-paternitäre Hintergrund: Ersatzväter

Auf dem Hintergrund der kulturell- und familiär-paternitären Prägungen sollen nun Freuds vaterorientierte Erfahrungen weiter verfolgt werden. Welche Beziehungsmuster konnte er als junger Erwachsener aufgrund seiner eigenen Vaterbeziehung zu Autoritäten aufbauen? Freud selbst hat diesen Zusammenhang in einer Schrift hervorgehoben.

> Diese Männer () wurden uns zum Vaterersatz. () Wir übertrugen auf sie den Respekt und die Erwartungen von dem allwissenden Vater unserer Kinderjahre, und dann begannen wir, sie zu behandeln wie unsere Väter zu Hause.[121]

Verfolgt man Freuds Verhältnisse zu Ersatzvätern bis zur Jahrhundertwende, so fallen zwei primäre Beziehungsmuster auf, die ihn in bestimmten Relationen zu Autoritäten zeigen:

1. Bewunderung (Brücke und Charcot) und
2. Rivalität, mit dem Ziel, "eine bevorzugte Stellung"[122] zu erlangen (Wiener Ärzteschaft, Meynert, Breuer).

119 Bernfeld/Bernfeld 1988, S. 119

120 Nietzsche 1886, Aphorismus 381

121 Freud 1914f, S. 240

122 Freud 1988, S. 136

Diese Beziehungsmuster sollen nun "makroskopisch" dargestellt werden. Sie sind deshalb von Relevanz, weil in ihnen folgendes deutlich wird: Freuds Ablösung vom leiblichen Vater; seine "Vatersuche"; zwei wesentliche Arten von Beziehungsdynamik, die sich später wiederholen und erste Hinweise für die Übernahme einer Vaterposition.

3.1. Beziehungsmuster der Bewunderung

Die auffälligste Haltung Freuds in bezug auf Autoritäten bestand in seiner Fähigkeit zur radikalen Bewunderung. Schon auf der idealen Ebene identifizierte er sich intensiv mit Darwin und Goethe als Naturforscher.[123] In der konkreten Beziehungsaufnahme schloß er sich dem Physiologen Ernst Brücke von ganzem Herzen an und sprach von ihm später als "der größten Autorität, die je auf mich gewirkt hat"[124]. Bei seinem Lehrer Brücke habe er Ruhe und Befriedigung gefunden und sei auf Personen getroffen, die er respektieren und zu Vorbildern nehmen konnte.[125] Doch das passive Idealisieren war nicht Freuds Sache. Er hat vielmehr seine Vorbilder zum Ideal erhoben, um ihnen aktiv nachzustreben. An Arnold Zweig schrieb er anläßlich einer Ehrung:

> Als mein großer Meister Ernst Brücke seinerzeit diese Auszeichnung erhielt, verspürte ich im Ehrfurchtsschauer den Wunsch in mir auftauchen, einmal dasselbe zu erreichen.[126]

Nachdem ich den Lernbereich als den tragfähigsten Pfeiler in der Beziehung von Jakob und Sigmund Freud beschrieben habe, liegt die Vermutung nahe, daß Freud in der Beziehung zu Brücke gefühlsmäßig seine frühe Beziehung zum Vater wiederholte, in diesem Lehrer einen Ersatzvater gefunden und sich zu ihm als "Sohn" eingestellt hat.[127] Brücke, der der gleichen Generation wie Jakob angehörte, war von relativ kleinem Wuchs. Er hatte aber ein imposantes Haupt, und wegen seiner emotionalen Kargheit und unerbittlichen Strenge schrieb Freud ihm fürchterliche blaue Augen[128] zu. Im Umgang mit den Studenten verhielt er sich distanziert und verschlossen und gehörte zu den gefürchtesten Prüfern.[129] Als Mitbegründer einer neuen wissenschaftlichen

---

123 siehe Kratz 1987, S. 313

124 Freud 1927a, S. 344

125 Freud 1925d, S. 41

126 Freud/Zweig 1968, S. 141

127 Gay 1989, S. 44

128 Freud 1900a, S. 410

129 siehe: Freud 1989, S. 198 f

Richtung, die später Helmholtz-Schule genannt wurde, lehnte er jede Art von Vitalismus und Finalismus ab. Er strebte danach, "psychische Prozesse auf physiologische Gesetze zurückzuführen, und physiologische Prozesse auf physikalische und chemische Gesetze"[130]. Den lernbegierigsten Studenten war dieser Mann jedoch ein

> wohlwollender Vater, der auch weit über wissenschaftliche Belange hinaus seinem Schützling Rat und Förderung angedeihen ließ.[131]

Nachdem Freud bei Brücke fünf Jahre lang eifrig gelernt hatte, ermahnte ihn sein Lehrer, die theoretische Laufbahn aufgrund der ungünstigen Zukunftsaussichten und seiner schlechten materiellen Lage aufzugeben.[132] Warum ist der ehrgeizige Freud wohl so lange in Brückes physiologischem Laboratorium geblieben? In allen Biographien werden zwei Gründe genannt:

1. Freud wollte an der Universität die wissenschaftliche Laufbahn einschlagen.
2. Er stellte sich zu "Vater Brücke" wie ein "Sohn" ein und entwickelte in der Beziehung Gefühle der "Abhängigkeit" zu seinem Lehrer.

Zwei weitere Gründe sollen noch hinzugefügt werden.

3. Er stellte zu Brücke eine positive Vaterübertragung her, in der die Basis der emotionalen Beziehung das Lernen und die Wißbegierde war. Alles andere erlebte Freud als zweitrangig.
4. Durch seine psychische Bereitschaft der Anlehnung an autoritäre Vaterfiguren verlor Freud seine eigenen Belange (materielle Lage und Zukunftsplanung) aus dem Auge.

Einen anderen Ersatzvater fand Freud in Charcot, mit dem er allerdings nur für kurze Zeit im Kontakt stand. Durch die Vergabe eines Reisestipendiums, dessen Befürwortung er vor allem Brückes Votum zu verdanken hatte, konnte Freud ein halbes Jahr in der Salpêtrière in Paris bei Charcot studieren. Obwohl Freud dort anfangs mit Fremdheitsgefühlen zu kämpfen hatte, zeigte sich, daß dieser große Arzt unkompliziert war, so daß er sich bald "sehr behaglich" und "ganz heimisch"[133] fühlte. Charcot begeisterte ihn vollständig. Er schrieb:

> Charcot, der einer der größten Ärzte, ein genial nüchterner Mensch ist, reißt meine Ansichten und Absichten einfach um. Nach manchen Vor-

130 Ellenberger 1985, S. 586

131 Bernfeld/Bernfeld 1988, S. 66

132 siehe: Freud 1925d, S. 41

133 Freud 1988, S. 117

> lesungen gehe ich fort wie aus Notre-Dame, mit neuen Empfindungen vom Vollkommenen.[134]

Freud versicherte seiner Braut, daß noch kein Mensch ähnlich auf ihn gewirkt habe. Um näher mit diesem Lehrer in Austausch zu treten, bot er ihm an, seine Vorlesungen ins Deutsche zu übersetzen. Charcot akzeptierte und Freud wurde in seinen "Privatverkehr"[135] mit einbezogen. Dieser bedeutende Neurologe war von seinem Wesen ein vollkommen anderer Mensch als Brücke. Er wird als autoritär und charismatisch beschrieben. Seine Stimme war "herrisch, etwas leise, oft ironisch und eindringlich, sein Ausdruck außerordentlich feurig"[136]. Äußerlich sah er Napoleon ähnlich und kultivierte offensichtlich diese Übereinstimmung. Charcot beschäftigte sich hauptsächlich mit Epilepsie, Hysterie und Hypnose. Vor allem von den Demonstrationen der Hypnose an Hysterikerinnen war Freud beeindruckt. Damit hatte er ein Vorbild für den furchtlosen Umgang mit diesem Krankheitsbild gefunden. Jones resümiert:

> Es war zweifellos die Arbeit unter Charcot in Paris, die sein Interesse an der Hysterie und dann an der Psychopathologie im allgemeinen weckte und so den Weg ebnete für die Neubelebung von Breuers Beobachtungen und für die Entstehung der Psychoanalyse.[137]

Freuds schon erwähnte Fähigkeit der aktiven Bewunderung, die über das Niveau der bloßen Idealisierung weit hinausging, zeigte sich auch in der Beziehung zu Charcot. Sein Bestreben, für den Lehrer etwas zu tun und sich in seinen Dienst zu stellen, führte zur Reifung seiner Persönlichkeit. Er gestand seiner Braut: "() ich verwandle mich sehr."[138] Dadurch wuchs sein Mut, und seine Hoffnung auf beruflichen Erfolg fand neue Nahrung. So traute er sich noch unter dem Einfluß des bedeutenden Arztes zu, "daß ich vielleicht Charcot erreichen könnte"[139]. Freud stand bei seiner "Vatersuche" ganz im Bann Charcots. Nicht nur seine kühnen wissenschaftlichen Ansichten, sondern auch dessen luxuriöses Leben beeindruckten ihn. Auch erkannte er offenbar nicht, "daß Charcot von grimmigen Feinden umgeben war"[140]. Daran sehen wir, daß Freud sich ein großes Werk eines bedeutenden Menschen bedingungslos aneignen wollte. Halbherzig wollte und konnte er nicht vorgehen. Später war es sein sehnlichster Wunsch, mit Kollegen zusammenzuarbeiten, die sich eben-

---

134 ebenda, S. 122

135 Freud 1925d, S. 44

136 in: Ellenberger 1985, S. 147

137 Jones 1962, Bd. 1, S. 99

138 Freud 1988, S. 122

139 ebenda, S. 136

140 Ellenberger 1985, S. 593

falls einer "Sache", nämlich der Psychoanalyse, ganz "verschreiben" wollten. Daß solche Menschen aber eher selten sind, sollte er einige Jahre später feststellen.

3.2. Beziehungsmuster der Rivalität

Wenn man sich die Personen vor Augen führt, mit denen Freud in Berührung gekommen ist, so kann ohne Übertreibung gesagt werden, daß seine Beziehungsfähigkeit stark entwickelt war. Er bemühte sich, mit Menschen in Kontakt zu kommen und von beruflich erfahrenen Personen zu lernen. Wenn Freud jedoch begann, selbständige Vorstellungen und Gedanken zu entwikkeln, dann geriet er mit bestimmten Kollegen in Konkurrenz, so daß ein Rivalitätsverhältnis entstand. In einem Brief an seine Braut beschrieb er dieses Beziehungsmuster an der eigenen Person.

> Ich tröste mich immer damit, daß mir untergebene oder gleichgestellte Personen mich nie unangenehm empfunden haben, nur Vorgesetzte oder sonstwie Überlegene. Man würde es mir kaum ansehen, und doch war ich schon in der Schule immer ein kühner Oppositionsmann, war immer dort, wo es ein Extrem zu bekennen und in der Regel dafür zu büßen galt. Als ich dann eine bevorzugte Stellung als langjähriger Primus bekam, als man mir allgemein Vertrauen schenkte, hatte man sich auch nicht mehr über mich zu beklagen.[141]

Dieses Beziehungsmuster der Rivalität entstand aus Freuds Vorsatz, ein bahnbrechender Neuerer zu werden. Mit seinen väterlichen Förderern kam es deshalb aufgrund seiner neuen Erkenntnisse zu Kontroversen. Gewohnt, immer an der Spitze zu stehen, wollte Freud aus jeder Rivalitätssituation als Sieger hervorgehen. Dieser Impuls kann als ein zentrales Motiv seines gesamten Lebens gelten. Wir wissen, daß er in Familie und Schule unangefochten die Führungsposition inne hatte. Er konnte sich auf Mutter, Vater und Lehrer einstellen und die von ihm erwarteten Leistungen erbringen. Auch im Studium in Beziehung zu seinen bewunderten Lehrern setzte sich diese Gangart fort. Erst das Berufsleben und der Versuch, sich schnell in der Wiener Ärzteschaft einen Namen zu machen, führte zu einem Bruch dieser aufsteigenden Linie. Als er von Charcot zurück nach Wien kam, glaubte er, die Lösung des Hysterieproblems in den Händen zu halten. In Wien trug er der "Gesellschaft der Ärzte" seine Einsichten vor. Die gestandenen Kollegen versuchten ihm begreiflich zu machen, daß sein Vortrag nichts Neues enthielt. Freud war enttäuscht und

141 Freud 1988, S. 136

meinte später, "eine üble Aufnahme"[142] gefunden zu haben. Ellenberger[143] hat nachgewiesen, daß das nicht den Tatsachen entsprach. Diese Einschätzung, die Freud nach fast 40 Jahren niedergeschrieben hat, gehört in die Rubrik "Mythos des Helden"[144]. Wenn meine These richtig ist, daß Freud unbewußt Konkurrenzbeziehungen gesucht und dabei "eine bevorzugte Stellung"[145] bzw. Überlegenheit angestrebt hat, dann wird verständlich, warum er die Skepsis seiner Kollegen als Abweisung empfinden "mußte". Auf Seiten der Ärzte kam sicherlich noch hinzu, daß sie sich über Freuds Parteinahme für Charcot gekränkt fühlten, da sie das Zentrum der ärztlichen Wissenschaft in Wien angesiedelt sahen.

In diesem Zusammenhang spielte der Hirnanatom und Psychiater Theodor Meynert (1833 - 1892) eine besondere Rolle. Freud lernte ihn gegen Ende des Studiums kennen und wurde nach der Promotion Sekundararzt an seiner psychiatrischen Klinik. Meynert gehörte in Wien zur "Prominenz", und seine auffallende Haarpracht tat ein Übriges dazu. Von seinem Wesen her war er eher eine "problematische Natur"[146]. Obwohl ein guter Kliniker, gelang es ihm nicht, die Studenten in seinen Vorlesungen zu begeistern. Aufgrund seiner schwierigen Persönlichkeit kam es zu heftigen Feindschaften mit seinen Bekannten. Auch Freud bekam diese Eigenarten bald zu spüren. An Martha schrieb er:

> Mit Meynert ist nicht auszukommen, er hört einen nicht und versteht einen nicht.[147]

Im Laufe der Jahre entwickelte sich eine regelrechte Feindschaft zwischen den beiden Männern. Jones vermutet, daß der Grund dafür in einer wachsenden Rivalität zu suchen ist.[148] Sowohl bezüglich der Hirnanatomie als auch in psychiatrischen Fragen bahnte sich eine Überlegenheit Freuds an. Meynert sah seine wissenschaftlichen Annahmen von seinem ehemaligen Schüler in Frage gestellt und reagierte darauf sehr heftig. So nannte er Freud "einen Hypnotiseur"[149] und bezeichnete seine Ansichten als "eher dogmatisch als wissenschaftlich"[150]. Aber auch Freud teilte in seinen Aufsätzen immer wieder Sei-

---

142 Freud 1925d, S. 46

143 siehe: Ellenberger 1985, S. 595-603

144 siehe: Sulloway 1982, ab S. 605

145 Freud 1988, S. 136

146 Ellenberger 1985, S. 590

147 Freud 1988, S. 95

148 Jones 1962, Bd. 1, S. 282

149 ebenda, Bd. 1, S. 281

150 in: Ellenberger 1985, S. 604

tenhiebe gegen Meynert aus. Als er seinem Freund Fließ einen Aufsatz über Aphasie ankündigte, schrieb er, daß er damit "selbst den hochthronenden Götzen *Meynert*"[151] kratze. Kurz vor Meynerts Tod scheint es noch zu einer Versöhnung gekommen zu sein. In der "Traumdeutung" berichtet Freud, daß er den Todkranken besucht habe. Dieser habe seine Zustände beschrieben und sich selbst als einen Fall von männlicher Hysterie genannt. Dieses überraschende Eingeständnis verschaffte Freud deshalb eine Genugtuung, weil Meynert jahrelang bestritten hatte, daß es männliche Hysterie gebe.[152]

Betrachten wir noch eine andere Freundschaft im Beziehungsmuster der Rivalität - die zu Josef Breuer (1842-1925). Freud lernte ihn im Brückeschen Laboratorium kennen, und es entstand schnell eine innige Freundschaft. Neben seiner privaten ärztlichen Praxis war Breuer an der Universität als Privatdozent tätig. Freud bewunderte seinen "väterlichen Freund" und bezeichnete sich als den gewinnenden Teil dieser Beziehung.[153] Bevor Freud nach Paris ging, hatte Breuer ihm von einer an Hysterie erkrankten Patientin berichtet, die er auf eine besondere Art behandeln würde. Er ließ sie alle bedrängenden Erlebnisse frei erzählen, so daß allabendlich eine Linderung der Symptome zu beobachten war. Die Patientin Bertha Pappenheim, die als Anna O. in die Literatur eingegangen ist, nannte diese Sitzungen "talking cure". Somit wurde die kathartische Methode entwickelt und von Freud zum ersten Mal bei seiner Patientin Emmy von N. im Jahre 1889 angewandt.

Anfang der 90er Jahre kam es jedoch zur Entfremdung zwischen den beiden Männern, die sowohl persönliche als auch wissenschaftliche Gründe hatte. Freud befand sich, so Jones, in diesen Jahren

> geistig und gefühlsmaßig in seinem revolutionärsten Stadium. Die Opposition, auf die er stieß, trieb ihn zu trotziger Auflehnung, und er bedurfte mehr als je eines Gefährten, der ihm zur Seite stand. Aber der Mann, der die nötigen intellektuellen Vorausetzungen besaß und der ihn auf seine jetzige Bahn gewiesen hatte, entmutigte ihn bei jeder Gelegenheit und zog sich ängstlich aus dem Kampf zurück.[154]

Der emotionale Hintergrund für das Zerwürfnis ist meines Erachtens, daß zwischen Freud und Breuer eine Konkurrenzsituation entstand, die auch die wissenschaftliche Sphäre überschattete. Die Abfassung einer "Vorläufigen Mitteilung" über hysterische Phänomene habe, so Freud, "Kämpfe mit dem

---

151 Freud 1985c, S. 14

152 siehe: Freud 1900a, S. 423

153 siehe: Freud 1925d, S. 50

154 Jones 1962, Bd. 1, S. 302

Herrn Kompagnon"[155] gekostet. Der Hauptpunkt der Meinungsverschiedenheiten betraf die Sexualität. Breuer konnte Freuds ausschließliche These, jede Hysterie sei auf sexuellen Mißbrauch in der Kindheit zurückzuführen, nicht teilen.[156] Daneben aber gab es eine Rivalität ganz anderer Art, die Freud seinem Freund Fließ gestand:

> Ich bin noch sehr ungenügend beschäftigt und dementsprechend grantig. Meinem Vorwärtskommen in Wien steht die Persönlichkeit Breuers im Weg, der dieselben Kreise beherrscht, auf welche ich rechnen könnte, und dessen unzweifelhaft bewiesene Freundschaft sich in "Bahnung" in der Praxis weit seltener ausdrückt, als man erwarten sollte.[157]

Diese Sätze zeigen Freuds Konkurrenzempfinden sehr deutlich. Es kam durch sein Bestreben zustande, eine Überlegenheitsposition einzunehmen. Wie leidenschaftlich Freuds Begeisterung für den wissenschaftlichen Fortschritt, aber auch für sein persönliches Fortkommen gewesen sein muß, zeigt seine Bemerkung über Breuer:

> Ich glaube, er verzeiht mir nie, daß ich in den "Studien" ihn mitgerissen und für etwas engagiert habe ().[158]

Man konnte sich ihm wohl kaum entziehen, wenn man mit ihm oder in seiner Nähe gearbeitet hat. Doch wehe, man kam auf die Idee, sich ihm in den Weg zu stellen oder seine Entdeckungen anzuzweifeln.

Ebenso wie bei Meynert gab Freud eine "äußerst negative Beurteilung der Persönlichkeit Breuers"[159]. Freuds Ärger schlug gelegentlich in Wüten um und konnte bisweilen in Haß abgleiten. Interessant ist, daß eine Rivalitätshaltung im Seelenleben lebendig bleibt, auch wenn die Überlegenheitsposition längst erreicht ist. Hier zeigt sich ein Charakterzug, den Freud selbst als "Neigung zur Tyrannei"[160] beschrieben hat. Auf diese Eigenschaft werden wir später zurückkommen.

---

155 Freud 1985c, S. 24

156 siehe: Sulloway 1982, S. 152

157 Freud 1985c, S. 49

158 ebenda, S. 185

159 Sulloway 1982, S. 153

160 Freud 1960a, S. 50

3.3. Entwicklungsansporn durch Ersatzväter

Die Frage, ob sich in Freuds Beziehungen zu Ersatzvätern eine paternitäre Affinität zeigt, kann eindeutig bejaht werden. Den Ersatzvätern kam für sein Leben eine außergewöhnlich wichtige Funktion zu. Sie dienten ihm zur Orientierung seines beruflichen Werdeganges und seiner persönlichen Entwicklung. Aber diese Beziehungen hatten für ihn auch einen "Selbsterfahrungswert" in bezug auf die Ausarbeitung seiner zukünftigen Theorie. Zum Beispiel werden diese psychischen und zwischenmenschlichen Vorgänge der "Bewunderung" in der Theorie vom Ödipuskomplex mit den Begriffen Identifizierung und Idealisierung umschrieben. Auch die Rivalität spielt in der ödipalen Phase bekanntlich eine große Rolle.

Sind nun Freuds Beziehungsmuster der Bewunderung und Rivalität typische Erscheinungen einer patriarchalischen Kultur? Diese Frage muß sehr differenziert beantwortet werden. Bei Freud haben wir gesehen, daß er seine Beziehungen überwiegend so gestalten konnte, daß sie ihm Entwicklung ermöglichten. Die Bewunderung dieser Vaterfiguren hat seine Motivation zur Leistung gesteigert. Dabei entstehende Reibungen überwand er durch vermehrtes Forschen und Lernen. In Brücke und Charcot hatte er demnach "geistige Väter"[161] gefunden. Bemerkenswert ist seine Hinwendung zu Ersatzvätern, die nicht den Zuspruch der großen Masse genossen haben. Sowohl Brücke als auch Charcot waren eher Außenseiter, die durch neue Ideen ihre Disziplin revolutionierten. Die Assimilierung dieser Gedanken hat Freud enorm beflügelt und maßgeblich dazu beigetragen, sein eigenes Konzept auszuarbeiten. Will man nach lebensgeschichtlichen Wurzeln suchen, so kann der emotional würdevolle Vater genannt werden, der das "Oberhaupt" einer großen Familie war und den Freud grenzenlos bewundert haben muß.

Mit Meynert und Breuer hat Freud das Beziehungsmuster der Rivalität durchlebt. Wir haben gesehen, daß dieser expansive Charakterzug dazu geführt hat, mit Kollegen zu rivalisieren, um über sie hinauszuwachsen. Es war für ihn undenkbar, in der zweiten Reihe zu stehen und die Führung anderen Menschen zu überlassen. Die lebensgeschichtlichen Wurzeln dafür sind darin zu suchen, daß Freud seinen beruflich erfolglosen Vater auf jeden Fall überflügeln wollte. Glücklicherweise verfügte Jakob Freud über die innere Stärke, seinen Sohn wachsen zu lassen, und Sigmund wuchs rasch über den geistigen Horizont seines Vaters hinaus. Auf die Frage, ob diese beiden Seelenregungen der Bewunderung und der Rivalität aus Freuds eigenem Ödipuskomplex ent-

---

161 siehe: Gay 1989, S. 66

standen sind und sich in seinem späteren Leben nur unreflektiert wiederholt haben, gehe ich im nächsten Kapitel ein.

Nach den vorangegangenen Betrachtungen kann man sagen, daß sich Freud zu Menschen, die ihm paternitäre Beziehungsstrukturen anboten, hingezogen fühlte. Insofern wies seine Persönlichkeit eine paternitäre Orientierung auf. Seine auf Freiheit und Eigenständigkeit hinstrebende Persönlichkeit war jedoch nie in Gefahr, streng patriarchalische Verhaltensweisen einzuüben wie zum Beispiel den destruktiven und ohnmächtigen Kampf gegen eine Vaterfigur. Wie ich gezeigt habe, sind solche patriarchalischen Beziehungen durch Macht, Tyrannei, Kampf, Unterwerfung, erzwungenen Gehorsam, Vergeltung usw. gekennzeichnet. Freud ist somit über das menschenverachtende Niveau des Patriarchats hinausgewachsen. In welchen Situationen sich bei ihm jedoch autoritäre Züge beigemischt haben, soll später genau untersucht werden.

4. Freuds Vaterorientierung

Der paternitäre Erfahrungshintergrund Freuds wird nun an einigen Fragen diskutiert. Dabei nehme ich teilweise die neunziger Jahre vorweg, in denen Freud seine Selbstanalyse durchgeführt hat. Ausführlich wird dieser Zeitraum im nächsten Kapitel behandelt unter der Überschrift "Die Bedeutung des Vaters in Freuds Theoriebildung".

Nach den vorangegangenen Überlegungen drängt sich die Frage auf: Hatte Freud einen Ödipuskomplex? In seiner intensiven Selbstanalyse stellte er bei sich entsprechende Ödipusphantasien fest und vermutete sie bei allen Menschen.

> Ich habe die Verliebtheit in die Mutter und die Eifersucht gegen den Vater auch bei mir gefunden und halte sie jetzt für ein allgemeines Ereignis früher Kindheit (). () die griechische Sage greift einen Zwang auf, den jeder anerkennt, weil er dessen Existenz in sich verspürt hat. Jeder der Hörer war einmal im Keime und in der Phantasie ein solcher Ödipus, und vor der hier in die Realität gezogenen Traumerfüllung schaudert jeder zurück mit dem ganzen Betrag der Verdrängung, der seinen infantilen Zustand von seinem heutigen trennt.[162]

Später meinte Freud, daß die aktive Wirkkraft der ödipalen Phantasien die Grundbedingung für seelische Erkrankungen darstelle. Viele Biographen sind

162 Freud 1985c, S. 293

nun der Auffassung, daß bei Freud in den neunziger Jahren "ödipale Turbulenzen" vorhanden waren. Wie das obige Zitat jedoch beweist, war sich Freud dieser inneren Tendenzen bewußt. Dadurch ist in der Regel ein unbewußtes Agieren mittels Symptom oder Neurose ausgeschlossen. Trotzdem fragen die Biographen, ob bei Freud eine Neurose vorlag oder nicht. Einige glauben, diese Frage bejahen zu müssen, da seine "Krankengeschichte" im Briefwechsel mit Fließ mehrere Seiten füllt. Zwei Ansichten sollen diskutiert werden. Jones meint, daß Freud in den neunziger Jahren an einer "ausgesprochenen Psychoneurose"[163] gelitten habe. Diese sei für ihn jedoch notwendig gewesen, um in die Tiefe des Unbewußten einzudringen. Schur hingegen benennt die Beschwerden von Freud: Kopfschmerzen, Störungen im Magen-Darm-Bereich und vor allem Herzbeschwerden. Auf das letztere Symptom bezogen kommt er zu dem Schluß, daß Freud wahrscheinlich eine leichte Koronarthrombose, "mit anderen Worten, daß er eine organische Krankheit hatte, keine psychogene oder psychosomatische"[164]. Für Jones' Behauptung spricht die These von dem unbewußten Zusammenspiel von Ödipuskomplex und Symptombildung, dagegen, daß ein "wirklicher" Ödipuskomplex zu einer gravierenden Einschränkung der Lebensvitalität führt. Mit diesem Komplex hätte Freud weder seine Selbstanalyse realisieren noch seine tägliche Praxis bewältigen und die sich daraus ergebenen Erkenntnisse ableiten können. Gegen die Auffassung von Schur spricht, daß Freuds Symptome typischerweise solche sind, bei denen neurotische Anteile, und damit ödipale Phantasien, eine große Rolle spielen.

Ellenberger läßt das komplizierte Zusammenspiel von Ödipuskomplex, Neurose und körperlichen Symptomen beiseite. Dadurch kommt er zu einer anderen Erklärung für Freuds Zustände: Er spricht von der "schöpferischen Krankheit Freuds"[165]. Diese trete allgemein dann auf, wenn ein Forscher, auf der Suche nach Wahrheit, intensiv mit einer Idee ringt. Depressionen, neurotische Episoden und körperliche Symptome seien die Folgen dieses leidenschaftlichen Zustandes. Im Unterschied zum ichschwachen Neurotiker könne der psychisch gesunde Mensch seine Leidensmomente reflektieren und gestärkt aus der Krise hervorgehen. Alles dies sei bei Freud der Fall gewesen.[166]

Doch reicht diese Erklärung aus? Wir wissen, daß sich Freud lange Zeit mit seinem Vater beschäftigte, so daß dieser in seinem Inneren "die dominierende und vielleicht einzige Quelle von Störungen"[167] gewesen war. Hat

163 Jones 1962, Bd. 1, S. 356

164 Schur 1973, S. 165

165 Ellenberger 1985, S. 1179

166 siehe: ebenda, S. 611-614

167 Robert 1977, S. 117

Freud die diesbezüglichen inneren Konflikte wie zum Beispiel die Spaltung zwischen realem Vater und Vaterfiktion wirklich gelöst? Robert meint:

> In Wirklichkeit ist die okkulte Anwesenheit dieses so exemplarischen Vaters von bemerkenswerter Zähigkeit.[168]

Ergo: Erkrankte Freud an seinem Vater? Nach den Erörterungen in Kapitel II. 2. muß diese Frage verneint werden. Jakob Freud war kein traumatisierender Vater, durch dessen Einfluß eine Neurose bei seinem Sohn hätte entstehen können. Lediglich seine Mißerfolge im Berufsleben haben bei Sigmund eine seelische "Gegenbewegung" ausgelöst, die Ehrgeiz und ein fast zwanghaftes Streben nach sich zogen.

Meine Darlegungen lassen die Schlußfolgerung zu, daß Freud primär an den autoritären Vatermächten erkrankt ist. In seiner Jugend hat er die patriarchalischen Strukturen der Gesellschaft zur Kenntnis genommen. Dadurch kamen bei ihm Denkprozesse zustande, die nicht zur Anpassung, sondern zur freiheitlichen Kommentierung dieser Verhältnisse geführt haben. Gerade dadurch waren und blieben die patriarchalischen Strukturen für ihn konflikthaft. Diese Konflikte und die entsprechenden Lösungsversuche haben, so meine These, Freuds Vaterorientierung hervorgebracht, später bestärkt und immer wieder neu belebt. Diese Ausrichtung auf das Väterliche hat sein gesamtes Leben, sein Denken, Fühlen, Wollen und Handeln, entscheidend geprägt. Unter Vaterorientierung verstehe ich eine psychische und weltanschauliche Wertausrichtung auf die Väterlichkeit hin, auf Vaterwelt, Vaterfiguren, Ersatzväter usw. Sie kommt in Freuds Lebensführung, seinen Theorien und Falldarstellungen sowie seinem Führungsstil bezüglich der psychoanalytischen Bewegung zum Ausdruck. Ein Ziel dieser Arbeit ist es, Freuds Vaterorientierung zu untersuchen und über die Folgen dieser Ausrichtung nachzudenken.

Wie können aber Freuds Ödipusphantasien auf diesem Hintergrund gedeutet werden? Meines Erachtens weisen sie auf ein Konfliktpotential hin, das aus der Vaterorientierung zu verstehen ist. Da sich Freud mit den kausalen Gesetzmäßigkeiten beschäftigte, verknüpfte er das allgemeine Leiden an den autoritären Vatermächten mit seinem persönlichen Vater. Somit dämonisierte er ihn nachträglich und geriet allem Väterlichen gegenüber in einen Spannungszustand. Ist man demnach noch berechtigt, bei Freud von einem Ödipuskomplex zu sprechen?

Die Merkmale, die bei Freud eine Vaterorientierung hervorgerufen und zu Konflikten geführt haben, werden im folgenden stichpunktartig zusammengefaßt:

---

168 ebenda, S. 123

a) Kulturelle Faktoren

-- eine seit Jahrhunderten bestehende autoritäre Vatertradition, die einerseits durch absolute Führerschaft und andererseits durch tiefe Unterwerfung gekennzeichnet ist: Staatsvergottung, Kaiserverehrung, Militarismus, christlicher Dogmatismus, Gottesfürchtigkeit, Vorurteilsdenken, Autoritarismen im alltäglichen Leben usw.

-- patriarchalische Strukturen im Judentum

-- beginnender gesellschaftlicher Wandel und Aufkommen einer antiautoritären Gesinnung im 19. Jahrhundert: Politische und soziale Erneuerungen, "Niedergang" des traditionellen Vaterbildes, Aufklärungsbewegung von fortschrittlichen Juden, angehende Umorientierung in den Familien auf mehr individuelle Freiheit hin

-- autoritäre Vaterfiguren in den medizinischen Fächern

b) Freuds Antworten auf kulturelle Faktoren

-- Robert charakterisiert ihn mit "bürgerlich in seinen Gewohnheiten, revolutionär in der Klarheit seines Denkens"[169]. In den "bürgerlichen Gewohnheiten" zeigt sich auch ein gewisses Herrschaftsstreben.

-- freiheitliches Denken durch antiautoritäre Bewegungen inspiriert

-- Anlehnungsbereitschaft an autoritäre Strukturen im Beruflichen

c) Familiäre Faktoren

-- Jakob Freud als liberaler Patriarch. Beziehungsangebot an Sigmund: positive Erwartungshaltung, Bereitschaft zum Humor, auf seinen Sohn stolz sein wollen, ihn ernst nehmen, ihm Freiheit gewähren und wenig Anweisungen geben

-- Beziehungsangebot von Sigmund an Jakob: Bewunderung, angstfrei und selbstbewußt, Lernbereitschaft und Assimilation der "Vaterwelt", Enttäuschungserlebnis verarbeiten können

-- Amalia Freud als lebhafte und bisweilen herrische Mutter gewährt ihrem Sohn eine bewundernde Zuwendung

d) Freuds Antworten auf familiäre Faktoren

-- väterliche Ansprüche stimulieren zur Leistung

-- Expansionsdrang: Zum Vater hin und über ihn hinaus

-- Enttäuschungen: "Heiliger Zorn" und Überwindungsanstrengung

169 ebenda, S. 49

-- im Beruflichen nicht so werden wie der Vater

-- eigenständiges Leben und Unabhängigkeit des Denkens

-- große Taten vollbringen: Bei Hemmungen von außen entstehen Ohnmachtsgefühle und Schroffheit

e) Konflikte

-- freiheitliches Denken dem Staat und der Religion gegenüber im Gegensatz zur allgemeinen Autoritätsgläubigkeit

-- Erleben der Spannung zwischen dem idealisierten Vater (Vorstand einer großen Familie) und dem erniedrigten Vater (verachteter Jude in der Gesellschaft)

-- exponierte Stellung in Familie und Schule und die Unmöglichkeit, diese Position in der Wiener Ärzteschaft weiterzuführen

-- Bereitschaft zum Heldenmut und damit verbundene Ohnmachtsgefühle

f) Beziehungsmuster zu Ersatzvätern

-- Bewunderung: "Vatersuche" und Bereitschaft zur Anlehnung, Ablösung vom eigenen Vater und im Beruflichen tüchtig werden wollen, bedingungsloses Nacheifern und Lernen, psychische Vorbereitung auf "Vaterrolle"

-- Rivalität: Streben nach einer Führungsposition in Freundschaftsbeziehungen, rivalisieren um wissenschaftliche Erkenntnisse und Patientenzulauf, über Rivalen hinauswachsen wollen, zwischenmenschliche Vorbereitung auf "Vaterrolle" und Führungsfunktion

g) Weitere Konflikte

-- kräftezehrender Aufbau der Praxis verbunden mit finanziellen Notlagen

-- Streben nach neuen Erkenntnissen - damit einhergehende Niederlagen und Enttäuschungen

-- Tod des Vaters

-- Selbstanalyse mit erschütternden Einsichten

-- Versuch, sich vom Vater innerlich zu lösen und über sein Bildungsniveau hinauszuwachsen

-- Aufspüren von vaterthematischen Motiven und Suche nach Übereinstimmung in Mythos und Dichtung.

Die väterliche Macht läßt niemals mit sich spaßen.[1]

III. Die Bedeutung des Vaters in Freuds Theoriebildung

Die Untersuchung von Freuds Erfahrungshintergrund hat als Ergebnis die These von seiner psychischen und weltanschaulichen Vaterorientierung hervorgebracht. Es stellt sich nun die Frage, wie diese Ausrichtung in der Phase der Theoriebildung zum Ausdruck kam und welche inhaltlichen Modifikationen sie erfuhr. Da auch Freuds freiheitliches Denken betont wurde, soll zudem untersucht werden, ob in seinen Theorien, die immer Geistesakte darstellen, das freiheitliche Streben sichtbar bleibt.

Die Phase der Theoriebildung soll auf den Zeitraum vom Beginn des Studienaufenthaltes bei Charcot im Jahre 1885 bis zum Ende der neunziger Jahre begrenzt werden. Da Freuds Briefe an Wilhelm Fließ seit einiger Zeit vollständig vorliegen, dienen sie mir als hauptsächliche Quelle für meine Fragestellungen.

1. Annäherungen an das Vaterproblem

Die ersten "vorwissenschaftlichen" Bemerkungen über die Person des Vaters finden wir in einem Brief an Martha, den Freud aus Anlaß des Suizids eines Kollegen der Neurologischen Klinik - Dr. Nathan Weiß - geschrieben hat. Freud war so erschüttert, daß er versuchte, die Hintergründe dieses Freitods aufzudecken. Der Vater von Weiß war Lektor an einer Religionsschule, ein begabter Gelehrter,

> aber dabei ein ganz harter, schlechter, roher Mensch. Mein Vater ist ein Greuel, pflegte Nathan zu sagen. Die Mutter ist eine brave, einfäl-

1 Jean Baptiste Molière: Die Schule der Frauen

> tige, gutmütige Frau (). Es gab keine Liebe in dem Hause und bittere Armut, keine Erziehung und viele Anforderungen.[2]

Aus Eitelkeit erzwang der Vater das Studium seiner Söhne, was teilweise schreckliche Folgen hatte: Sie verwahrlosten und einer erschoß sich aus Verzweiflung. Aus diesem Erziehungsklima heraus entwickelte Weiß den Charakterzug der Selbstanbetung, der dazu führte, daß ihn jede Kritik zutiefst kränkte. So warb er zum Beispiel stürmisch um eine Frau, die ihm gegenüber kühl blieb und ihn nicht liebte. Es kam dann doch zur Hochzeit, aber die kurze Zeit der Ehe kann nicht glücklich gewesen sein, denn bald darauf nahm er sich das Leben. Freud schrieb zusammenfassend:

> Er starb an der Summe seiner Eigenschaften, seiner krankhaft schlechten Selbstliebe, wie an seinen auf Edleres gerichteten Anforderungen.[3]

Der Versuch, eine Handlung, ein Symptom oder eine Neurose eines Menschen aus der Familiensituation, besonders aus der Vaterbeziehung zu verstehen, war zur damaligen Zeit nicht selbstverständlich. Die gängigen Erklärungsmuster orientierten sich am Vererbungsgedanken. Freuds "Analyse" seines Kollegen mutet uns aus heutiger Sicht sehr "modern" an, da er die Konflikte der Gegenwart aus bestimmten Kindheitserfahrungen ableitet. Die Ursache für krankhafte Selbstliebe und strenge Anforderungen im Erwachsenenalter sah er in einer rohen und lieblosen Erziehung sowie übersteigerten Ansprüchen ohne Anleitung von den Eltern. Freud muß zu dieser Zeit schon geahnt haben, daß in vielen Familien heftige Leidenschaften, Affekte, unerbittliche Zwänge, Trotz, erzwungene Unterwürfigkeit usw. herrschten, die bis dahin noch niemand ernstgenommen und beschrieben hatte.

Doch Freud sollte bald noch stärker mit der Pathologie des familiären Zusammenlebens konfrontiert werden. Als er 1885/86 seine Studienreise nach Paris unternahm, um sich Charcots Wissen über Hysterie und Hypnose anzueignen, besuchte er auch die Vorlesungen von Brouardel. Masson zitiert aus einer Schrift von Delcasse, daß Brouardel als Gerichtsmediziner viele Fälle von Kindesmißhandlung untersucht hatte.[4] Wahrscheinlich hat er in seinen Vorlesungen unter anderem den physischen und sexuellen Mißbrauch von Kindern, oftmals durch die Väter, abgehandelt und Autopsien durchgeführt. Die damalige allgemeine Einstellung, das "Idyll Familie" nicht anzutasten und sogar die Klagen der Kinder als Phantasieprodukte abzutun, wurde damit an-

---

2 Freud 1988, S. 50

3 ebenda, S. 55

4 Masson 1986, S. 52

gegriffen. Der Gegenstand der Vorlesungen sei "minder für zarte Nerven geeignet"[5], schrieb Freud an Martha.

Die Briefe an Fließ zeigen, daß Freud sich zu Beginn der neunziger Jahre hauptsächlich mit dem Problem der Ätiologie von Neurosen beschäftigt hat. Neurosen werden, so vermutete er, durch Masturbation verursacht und durch unbefriedigende sexuelle Praktiken ausgelöst. Der Gedanke, ob die Eltern oder andere Bezugspersonen bei ihrer Entstehung durch manipulative Handlungen daran beteiligt sind, wird vorerst nur zögernd erwähnt. Freud stellte jedoch in einem Manuskript, wahrscheinlich aus dem Jahre 1892, die Frage:

> Gibt es eine angeborene Neurasthenie mit angeborener sexueller Schwäche, oder ist diese immer in der Jugend erworben? (Kinderfrauen, Masturbierung durch andere.)[6]

Aus seiner praktischen Arbeit leitete er kurz darauf folgende Antwort ab:

> In einem zur Pubertät beginnenden qualvoll hypochondrischen Fall konnte ich ein Attentat im achten Lebensjahr nachweisen. Ein anderer Kindheitsfall erklärte sich als hysterische Reaktion auf Masturbationsattentat.[7]

In seiner ersten großen psychologischen Arbeit, den "Studien über Hysterie", zusammen mit Breuer geschrieben, suchte Freud verstärkt nach Erklärungsmustern aus der Kindheit für hysterische Erkrankungen.

> () ganz häufig sind es Ereignisse aus der Kindheit, die für alle folgenden Jahre ein mehr oder minder schweres Krankheitsphänomen hergestellt haben.[8]

Wie sollte man sich jedoch diese "Ereignisse" vorstellen? Fest stand für ihn, daß die Ätiologie im Bereich der Sexualität zu suchen sei. An Fließ schrieb er, daß das "große klinische Geheimnis"[9] gefunden sei: Verantwortlich für die Hysterie sei ein Sexualschreck, für die Zwangsneurose eine Sexuallust mit späterem Vorwurf. Beides ereigne sich präsexuell, d.h. vor der Pubertät. Nun versuchte er, diese Vermutung durch Beispiele aus seiner Praxis zu erhärten und schon bald meldete er, das Erwartete gefunden zu haben: Einen Fall von Sexualschreck - "infantiler Mißbrauch bei *männlicher* Hysterie!"[10] An den

---

5 Freud 1988, S. 131
6 Freud 1985c, S. 25
7 ebenda, S. 31
8 Freud/Breuer 1895d, S. 8
9 Freud 1985c, S. 147
10 ebenda, S. 153

Anfang eines jeden Krankheitsverlaufes bestimmter Neurosen stellte Freud nun eindeutig "1. Das (oder die Reihe von) zu verdrängende, traumatische, vorzeitige Sexualerlebnis"[11]. Er nannte es auch "Primärerlebnis"[12], das vom Jungen aktiv herbeigeführt und vom Mädchen passiv erlitten wird.

Die Frage, welche Personen am Primärerlebnis in der Kindheit beteiligt sind, beantwortete Freud in den folgenden Schriften. Der Aufsatz "L'Hérédité et l'étiologie des névroses"[13] aus dem Jahre 1896, in dem zum ersten Mal das Wort "Psychoanalyse" erwähnt wird, benennt den auslösenden Vorfall, den Freud an dreizehn Patienten mit Hysterie erkunden konnte.

> Dieser bestand entweder in einem brutalen Angriff durch eine erwachsene Person oder in einer weniger raschen und weniger abstoßenden Verführung, die allerdings zu demselben Ergebnis führte.[14]

Die Vererbung allein bringe keine Neurose hervor. Ausschlaggebend seien Erfahrungen, die sich zwischen Kind und Erzieher ereignen. In "Zur Ätiologie der Hysterie" beschreibt Freud dieses Beziehungsgeschehen präziser. Häufig sei es ein naher erwachsener Verwandter des Kindes, der sich "mit aller Autorität und dem Rechte der Züchtigung ausgerüstet"[15] die Befriedigung seiner perversen Launen erzwingt. Das Kind sei dieser Willkür hilflos ausgeliefert und trage dauerhafte psychische Schäden aufgrund dieser Aggressionen davon.

Ich fasse zusammen: Bedingt durch seine Vaterorientierung war Freuds Wahrnehmung auf das Vaterthema hin geschärft. Die "Weiß-Analyse" legt Zeugnis davon ab und zeigt sein Bemühen, Lebensschicksale im Zusammenhang zu verstehen. Freud war davon überzeugt, daß die Erlebnisse in der Kindheit weitgehend das Leben des Menschen bestimmen. Was aber haben neurotische Menschen in der Kindheit erlitten? Was geschieht eigentlich wirklich in der Kindheit, an die wir uns nur nebulös erinnern können?

Die Erkenntnisse aus den Brouardel-Vorlesungen und später aus seiner eigenen Praxis ließen Schlimmes vermuten: Hinter der Familienfassade kam es zu sexuellem Mißbrauch, zu brutalen Angriffen, zu Verführungen und Aggressionen gegen Kinder. Die Väter, die "Stützen der Gesellschaft", gerieten ins Zwielicht. Als Freud der Wiener Ärzteschaft seine Erkenntnisse vortrug, wiesen diese Männer den Rebellen zurück[16], obwohl er in seinen Ausführun-

---

11 ebenda, S. 171

12 ebenda, S. 172

13 Freud 1896a

14 ebenda, zitiert aus: Masson 1986, S. 111/112

15 Freud 1896c, S. 75

16 siehe: Freud 1985c, S. 193

gen[17] die Person des Vaters noch weitgehend schonte. Er mußte nun andere Wege gehen, um sich Gehör zu verschaffen, denn die Familienväter wollten die Wahrheit nicht hören. Freuds für die damalige Zeit revolutionäre These kann so zusammengefaßt werden: Neurosen entstehen in der Kindheit und werden durch dramatische zwischenmenschliche Erlebnisse hauptsächlich mit Vätern hervorgerufen.

2. Der Vater als Problem

Freud teilte in der Mitte des Jahres 1896 seinem Freund Fließ mit, daß sein Vater schwer erkrankt sei. Als Jakob Freud am 23.10.96 starb, war Freud tief erschüttert.

> Auf irgendeinem der dunkeln Wege hinter dem offiziellen Bewußtsein hat mich der Tod des Alten sehr ergriffen. Ich hatte ihn sehr geschätzt, sehr genau verstanden, und er hatte viel in meinem Leben gemacht, mit der ihm eigenen Mischung von tiefer Weisheit und phantastisch leichtem Sinn. Er war lange ausgelebt, als er starb, aber im Innern ist wohl alles Frühere bei diesem Anlaß aufgewacht. Ich habe nun ein recht entwurzeltes Gefühl.[18]

In der Nacht nach der Beerdigung träumte Freud, er sehe in einem Lokal ein Schild, auf dem der Satz steht: "Es wird gebeten die Augen zuzudrücken."[19] Am Tage zuvor hatte er den Unmut seiner Familie auf sich gezogen, weil er das Begräbniszeremoniell in schlichter Art angeordnet und sich zu der Trauerfeier verspätet hatte. Auf diesem Hintergrund deutete er seinen Traum auf zweifache Weise. Einmal als verletzte Pflichtbezeugung, zum anderen im wörtlichen Sinn dem Toten gegenüber.

> Der Traum ist also ein Ausfluß jener Neigung zum Selbstvorwurf, die sich regelmäßig bei den Überlebenden einstellt.[20]

Freuds gefühlsmäßige Bindung an seinen Vater war sehr innig. Seine Stellungnahme zum theoretischen "Vaterproblem" nahm jedoch einen anderen Weg. Verfolgt man den weiteren Verlauf seiner theoretischen Annahmen, so zeigt sich, daß Freud den Vater als Person generell problematisierte. Die in-

---

17 siehe: Freud 1896c

18 Freud 1985c, S. 212/213

19 ebenda, S. 213

20 ebenda, S. 214

fantilen Sexualszenen und die "Perversion des Verführers"[21] standen in den Monaten nach dem Tod des Vaters im Mittelpunkt von Freuds Denken. Wurde die Verursachung von Neurosen von seinen Kollegen als hereditär angenommen, so setzte er die "Verführung durch den Vater"[22] an diese Stelle. Da seine Praxis nun florierte, konnte er zahlreiche Beispiele perverser Väter anführen, die für die Pathologie ihrer Kinder verantwortlich waren. Auch auf den Vorgang der Identifizierung wurde er aufmerksam und erkannte, daß das Kind auf diese Weise die Neurose des Vaters übernimmt. Um seine "Verführungstheorie" zu erhärten, suchte Freud nach Verbindungslinien aus der Menschheitsgeschichte. In den mittelalterlichen Inquisitionsprozessen sah er Ähnlichkeiten zwischen den Geständnissen der Gefolterten und den Mitteilungen seiner hysterischen Patienten. Die gemeinsame Erfahrung von beiden Personengruppen sei der sexuelle Mißbrauch, so seine sicherlich gewagte These.

In zunehmendem Maße bezog Freud auch seine eigene Familie und sich selbst in die Überlegungen mit ein. So schrieb er:

> Leider ist mein Vater einer von den Perversen gewesen und hat die Hysterie meines Bruders (dessen Zustände sämtlich Identifizierung sind) und einiger jüngerer Schwestern verschuldet. Die Häufigkeit dieses Verhältnisses macht mich oft bedenklich.[23]

Der letzte Satz kann schon als ein Zweifeln an seinen Ätiologievermutungen gedeutet werden. Es verstärkte sich noch, als er feststellte, daß noch keiner von seinen Patienten von der Neurose geheilt war. In der Therapie legte er das Schwergewicht auf die "Reproduktion von Szenen"[24], wobei er schon die Bedeutung der Phantasien in Erwägung zog, die nachträglich aus Erlebtem und Gehörtem entstehen. Er meinte, sie seien Schutzdichtungen gegen die Erinnerung an das wirklich Erlebte.

Bald darauf stellte Freud fest, daß der Vorgang der künstlerischen Dichtung Ähnlichkeiten mit dem der hysterischen Phantasie habe. Die aus dem Phantasieleben der Dichter entstandenen Werke enthalten oftmals vergleichbare sexuelle und aggressive Motive wie sie in den Phantasien von hysterischen Patienten auftauchen. Eine weitere Analogie fand Freud in der Einbildungskraft der Kinder. In der sich nun langsam entwickelnden "Phantasietheorie" beschrieb Freud erstmals Impulse und Wünsche aus der Sicht des Kindes:

---

21 ebenda, S. 223

22 ebenda, S. 223

23 ebenda, S. 245

24 ebenda, S. 253

> Die feindseligen Impulse gegen die Eltern (Wunsch, daß sie sterben mögen) sind gleichfalls ein integrierender Bestandteil der Neurose. () Es scheint, als ob dieser Todeswunsch bei den Söhnen sich gegen den Vater, bei den Töchtern gegen die Mutter kehren würde.[25]

Gerade in dieser Phase seiner Untersuchungen wird er immer wieder mit der eigenen Person konfrontiert, sei es wegen des Todes seines Vater, des "Vaterthemas" oder einer Verquickung von beidem. Es treten Symptome und rätselhafte Zustände seines Seelenzustandes auf, die er selbstanalytisch aufzuarbeiten versucht. Im Juni 97 gestand er Fließ:

> Ich habe übrigens irgendetwas Neurotisches durchgemacht, komische Zustände, die dem Bewußtsein nicht faßbar sind. Dämmergedanken, Schleierzweifel, kaum hie und da ein Lichtstrahl.[26]

Wenig später schrieb er aus dem Urlaubsort:

> Nachdem ich hier schon sehr fidel geworden war, genieße ich jetzt eine grantige Periode. Der Hauptpatient, der mich beschäftigt, bin ich selbst. Meine kleine, aber durch die Arbeit sehr gehobene Hysterie hat sich ein Stück weiter gelöst. Anderes steckt noch. Davon hängt meine Stimmung in erster Linie ab. Die Analyse ist schwerer als irgendeine andere.[27]

Kurz zuvor versuchte Freud, Klarheit über den Realitätsgehalt der Erinnerungen an die Urszenen, die seine Patienten ihm lebhaft schilderten, zu erhalten. Er stellte fest, daß es durch den Abwehrvorgang zu "Erinnerungsfälschungen und Phantasien"[28] komme, die stärker seien als die echten Erinnerungen. Da er auch in seiner eigenen Selbstanalyse von diesem Problem betroffen war, lag ihm viel an der Aufklärung dieses Problems. Er merkte, daß er bei der Unterscheidung von Realität und Phantasie auf die gleichen Schwierigkeiten stieß wie bei seinen Patienten.

Ich fasse zusammen: Bedingt durch den Tod seines Vaters wurde sich Freud über den gravierenden Einfluß dieser wichtigen Person im Leben des Menschen bewußt. Ebenso erkannte er aber auch die Gefahr von schädigenden Einwirkungen, wenn der Vater dazu neigt, seine perversen Lüste an den Kindern abzureagieren. Damit problematisierte er die Person des Vaters generell und vermutete, daß auch sein eigener sich schuldig gemacht haben mußte.

---

25 ebenda, S. 267

26 ebenda, S. 271

27 ebenda, S. 281

28 ebenda, S. 273

Hier wird Freuds Fähigkeit zur bedingungslosen Wahrheitserforschung deutlich.

Es drängt sich nun die Frage auf, ob Jakob Freud wirklich ein perverser Vater war. Ich plädiere dafür, die Erkenntnisse von Freuds Selbstanalyse folgendermaßen einzuordnen: Die aus seiner Vaterbeziehung entstandenen Konflikte (belastende Erwartungshaltung, Idealisierung und Enttäuschung, berufliche Erfolglosigkeit des Vaters usw.) wurden in der Phase der Selbsterkenntnis so bedrängend, daß Freud beschloß, sich innerlich von seinem Vater zu lösen. Neben den theoretischen Erkenntnissen, die auf perverse Väter als Neuroseverursacher hinwiesen, "paßte" es gut zu seiner Loslösungsstrebung, wenn auch seinem Vater solche perversen Züge anhafteten. Gleichzeitig hatte er damit eine Erklärung für seine eigenen unerklärlichen Symptome. Freuds Anklage kann also als ein aggressiver Befreiungsversuch verstanden werden mit dem Ziel, sich irgendwann ein realistisches Bild von seinem Vater zu erarbeiten.

Wenig später ahnte Freud jedoch schon, daß Kinder im familiären Zusammenleben schon ganz früh durch ein eigenes Trieb-, Gefühls- und Phantasieleben mitagieren. Dem lag die wichtige These zugrunde, daß kein Mensch nur ausschließlich Opfer der Verhältnisse sei. Damit stand er den Erinnerungen seiner neurotischen Patienten zunehmend kritisch gegenüber. Das gegenwärtige ungelebte Leben mit den vielfältigen Konflikten, unbefriedigten Wünschen und frustrierten Hoffnungen erzeuge bestimmte Phantasien, die auf die Kindheitserlebnisse zurückprojiziert werden und diese verfälschen.

In dieser Periode seiner Theoriebildung war Freud von bemerkenswerter Offenheit. Seine Gedankenwelt erweiterte sich und umfaßte sowohl die "Verführungstheorie" als auch die "Phantasietheorie". Im Verlauf der nächsten Jahre sollte er mehr und mehr zur letzteren Ansicht tendieren, wenngleich nicht so eindeutig, wie manche Autoren meinen.[29] Das nächste Kapitel beschreibt diese "Wende".

3. Die Verschiebung der Perspektive auf das Kind

Am 21. Sept. 97 teilte Freud seinem Freund Fließ mit, daß er an seine Theorie der sexuellen Verführung nicht mehr glaube. Dafür nannte er folgende Gründe: Erstens sei es ihm noch nicht gelungen, eine Analyse erfolgreich zu beenden. Zweitens müßten in allen Fällen die perversen Handlungen der Väter für die Neurosen verantwortlich gemacht werden, sein eigener nicht ausgeschlos-

29 siehe: Miller 1983 und Masson 1986

sen. Der sexuelle Mißbrauch an Kindern in dieser Häufigkeit sei jedoch unwahrscheinlich. Drittens gebe es im Unbewußten kein Realitätszeichen zur Unterscheidung von Wahrheit und Fiktion. Sicher sei nur, daß sich die sexuelle Phantasie regelmäßig der Eltern bemächtige. Viertens könne das Unbewußte nie vollständig den Widerstand des Bewußten überwinden, so daß in der Analyse das Unbewußte nicht völlig durch das Bewußte gebändigt werden könne.[30] Sowohl auf die Heilung einer Neurose als auch auf die Erforschung ihrer Verursachung glaubte Freud nun verzichten zu müssen. Er bedauerte, daß der Faktor der Vererbung nun an Bedeutung zurückgewann.

Durch die Selbstanalyse wurde Freuds Blick auf sein eigenes Kindsein gelenkt und auf die Beziehungspersonen in dieser Zeit vor allem in sexueller Hinsicht. Er räumte nun ein, "daß der Alte bei mir keine aktive Rolle spielt"[31]. Im Alter von zwei und zweieinhalb Jahren sei seine Libido gegen die Mutter erwacht, als er sie nackt gesehen habe. So sei bei ihm Verliebtheit in die Mutter und Eifersucht gegen den Vater entstanden. Die Analogie dieser Vorgänge zum Ödipusmythos nahm in seinem Denken nun konkrete Formen an und führte zu einer Verschiebung der Sichtweise von der "Verführung" des perversen Vaters zum eigenständigen Sexualleben des Kindes. Ist das Kind mit Sexualität in Berührung gekommen, so zeige sich bei ihm eine "Sehnsucht"[32], die seinen Charakter forme sowie zur Phantasiebildung und Masturbation führe. Die rigide Verdrängung und das Durchbrechen des ursprünglichen Impulses bringe dann bestimmte Symptome hervor. Gemäß seinem naturwissenschaftlichen Wissenschaftsverständnis meinte Freud, daß es sich bei diesen Vorgängen um allgemeingültige Phänomene handeln würde, die bei jedem Kind zu beobachten seien.

Freuds Satz im Brief an Fließ vom 12. Dez. 97 "Mein Vertrauen in die Vaterätiologie ist sehr gestiegen"[33] zeigt, daß für ihn die Frage der Neurosenverursachung nicht abgeschlossen war. So schilderte er ein Beispiel von einem brutalen Vater, der Frau und Tochter blutige Verletzungen zufügte. Dieser Bericht endete mit einer Gedichtszeile von Goethe: "Was hat man Dir, Du armes Kind getan?"[34] Wenig später stellte er erneut fest, daß bei der Hysterie die Phantasien einen größeren Anteil haben, als er dachte. Hatte er vorher die Berichte der Patienten als Realerlebnisse hingenommen, so erkannte er nun, daß es Phantasien sind, die sich in späteren Jahren gebildet haben und von dort auf die Kindheit zurückprojiziert werden. Das Primäre sei die sexuelle

---

30 siehe: Freud 1985c, S. 283/284

31 ebenda, S. 288

32 ebenda, S. 296

33 ebenda, S. 312

34 ebenda, S. 315

Erregung des Kindes in ganz jungen Jahren sowie seine Reaktionen und die der Beziehungspersonen darauf. Der Therapieprozeß müsse vor allem die "Überwindung der Phantasien"[35] einleiten und den Patienten in die Realität zurückholen.

Da Freuds theoretische Hinwendung zur kindlichen Sexualität mit seiner veränderten Betrachtungsweise der Neurosenätiologie verbunden war, diente ihm nun auch der Traum dazu, diese neuen Erkenntnisse zu untermauern. Er sah den Traum in erster Linie als eine Erfüllung eines unterdrückten oder verdrängten Wunsches an, in dem die in einer Beziehung vorherrschenden Impulse unverhüllt oder verkappt zum Ausdruck kommen. Auch wandte er sich nun vermehrt der Beziehung von Vater und Sohn zu und stellte fest, daß ihr Verhältnis seit Beginn der Kulturentwicklung von Machtfülle und Rücksichtslosigkeit geprägt war. Er fand seine Gedanken in der griechischen Mythologie und der Geschichte bestätigt. Die Väter herrschten in unumschränkter Weise und machten sich durch diktatorische Maßnahmen die Söhne zu ihren Feinden. Diese warteten ungeduldig auf den Tod der Väter. Gelangten sie selbst an die Macht, so wurden sie ebenso tyrannisch wie ihre Erzeuger. An diesem Verhältnis schien sich nichts geändert zu haben und Freud beklagte, daß die Väter krampfhaft am "antiquierten *potestas patris familias*"[36] festhalten würden.

Ich fasse zusammen: Der Blick auf die Eigenaktivitäten des Kindes in Form von Phantasien, sexuellen Handlungen und einem bestimmten Beziehungsverhalten hatte zur Folge, daß Freud seinen Forschungsschwerpunkt auf das Kind zentrierte. Damit vernachlässigte er jedoch nicht die tatsächliche Unterdrückung und Schädigung der Kinder durch die Väter.[37] Sein Konzept, die sexuellen und aggressiven Phantasien des Kindes als gravierende Wirkkräfte zu betrachten, führte ihn zu einer Entwicklungstheorie der kindlichen Sexualität und zur Theorie des Ödipuskomplexes. Die Verschiebung der Perspektive deutet gleichwohl auf Verbindungslinien zu Freuds Biographie hin, die nun hergeleitet werden sollen.

Im vorhergehenden Kapitel wurde auf Freuds Befreiungsversuch gegenüber seinem Vater und der entsprechenden theoretischen Implikation hingewiesen. Ich meine, aus Freuds neuer theoretischer Wendung herauslesen zu können, daß spätestens ab September 1897 eine innere Versöhnung mit seinem Vater begann. Er intensivierte seine Selbstanalyse[38] und wurde dadurch radikal auf die eigene Person verwiesen. Er erinnerte sich plötzlich an Erleb-

---

35 ebenda, S. 380

36 Freud 1900a, S. 262

37 siehe: Köhler 1989, S. 169 bis S. 189

38 siehe: Freud 1985c, S. 291

nisse und Aktivitäten seiner Kindheit. Auf der theoretischen Ebene ist dieser Prozeß durch die Einsicht gekennzeichnet, daß Kinder schon ganz früh im familiären Zusammenleben sexuelle und aggressive Impulse haben, die sie aktiv "ausleben" können. Damit stand er sowohl den "heiligen" und unschuldigen Erinnerungen seiner neurotischen Patienten als auch seinen eigenen kritisch gegenüber. Hinzu kam die Einsicht, daß alle Deformationen der Kultur auf Eltern und Kinder einwirken. Diese Einflüsse würden nachhaltig das Familiengeschehen determinieren und die Erinnerungen zusätzlich verfälschen. Mit diesen Gedanken steuerte Freud auf eine Kulturtheorie zu.

Die Väter wurden durch die Veränderung der Theorie deshalb entlastet, weil Freud den Forschungsschwerpunkt nicht nur auf das Kind, sondern auf ein Teilobjekt verlegte: auf die Sexualentwicklung des Kindes. Sein persönliches Schicksal spielte bei diesen Veränderungen eine maßgebliche Rolle. Weder aus einem Schuldgefühl noch aus einem Schutzbedürfnis dem Vater gegenüber veränderte Freud seine Theorie, wie manche Autoren[39] behaupten, sondern weil es zu einer inneren Versöhnung mit ihm kam. Wie bereits ausgeführt, hatte er wenig Anlaß zu Ressentiments gegen ihn. Freud konnte nun bei ihm und allen Vätern Milde walten lassen. Damit war die psychische Voraussetzung geschaffen, selbst ein "Vater" zu werden.

In dieser Phase wird schon deutlich, daß die im Vater-Sohn-Verhältnis seit Beginn der Kulturentwicklung innewohnende außergewöhnliche Dramatik ihn besonders angesprochen hat. Als Grund kann hier sicherlich seine psychische Vaterorientierung genannt werden. Wir werden sehen, daß Freud zu Beginn des Jahrhunderts in seinen Betrachtungen die Vater-Sohn-Beziehung bevorzugt.

4. Freuds vaterorientierte Theoriebildung

Freuds Wahrheitssuche ist begleitet von zahllosen inneren und äußeren Prozessen. Auf der Grundlage seiner psychischen und weltanschaulichen Vaterorientierung nimmt er die Erfahrungen mit den Patienten seiner therapeutischen Praxis, die Einsichten seiner Selbstanalyse, seine umfangreichen Kenntnisse aus Mythologie, Literatur, Kulturgeschichte, Ethnologie usw. zusammen und formt daraus seine Theorie. Dabei muß man berücksichtigen, daß Freud in der Tradition der Naturwissenschaften stand und gewohnt war, Ursachenforschung zu betreiben. Somit wollte er alle zwischenmenschlichen Geschehnisse sowie die unterschiedlichsten Regungen und Impulse der einzelnen Men-

39 siehe: Krüll 1979, Miller 1983, Masson 1986

schen in möglichst einem Gesetz formulieren. Daneben hat er jedoch das naturwissenschaftliche Korsett verlassen. Sein Theoriegebäude wäre nicht denkbar, ohne daß er sich mit der eigenen Person, mit Mythologie, Geschichte, Literatur u.a. beschäftigt hätte.

Eine der Hauptfragen, denen Freud nachging, lautet: Welchen Anteil haben die Eltern bei der Entstehung von Neurosen? Die Erforschung der Lebensgeschichte seiner Patienten konfrontierte ihn mit aggressiven und perversen Verhaltensweisen der Väter. Er nahm an, sie seien für alle neurotischen Erkrankungen der Kinder und späteren Erwachsenen verantwortlich. Diese Auffassung führte einerseits zu einer berechtigten Hervorhebung, andererseits jedoch zu einer Überpathologisierung der Person des Vaters. Bald darauf fiel seine Aufmerksamkeit auf die Eltern-Kind-Beziehung, wobei vor allem die Eigenaktivität des Kindes sein Interesse fand. Mehr und mehr lenkte er den Blick auf das Kind und dessen Phantasien. Freud war der erste Wissenschaftler, der sich diesem Themenkomplex zuwandte. Es sollte sich zeigen, daß er damit die Basis geschaffen hatte, das Kind pathologisch in den Mittelpunkt zu rücken, ebenso wie den Vater in seinem vorherigen Theorieansatz.

Zwei Phasen auf der biographischen Ebene unterstützten diesen Prozeß der Theoriebildung maßgeblich. Aufgrund von Freuds allgemeiner Vaterorientierung war die Beziehung zu seinem Vater von unbewußten psychischen Konflikten geprägt. Eine solche innere Struktur erzeugt regelmäßig ein Gebundensein an den eigenen Vater und an Vaterfiguren und geht mit Objektgefühlen und Unselbständigkeit einher. Durch die "Anklage" gegen alle Väter erleichterte sich Freud die innere Lösung von seinem Vater. Somit konnte bei ihm ein Subjekt- und Befreiungsgefühl entstehen, das die Voraussetzung für eine Versöhnung mit seinem Vater darstellte und in seiner Theoriebildung zur "Entlastung" aller Väter führte. Bemerkenswert ist, daß Freud in seiner Lehre das Kind nun auch überwiegend in der Subjektposition darstellt, indem er betont, daß es eigenmächtig seine Triebimpulse ausleben will. Durch diesen Perspektivwechsel wurde das Kind mit seinen Eigenaktivitäten in den Mittelpunkt gerückt und damit die Möglichkeit für therapeutische Interventionen eröffnet. Freud wollte offenbar kein "Ankläger" werden. Er wählte den weitaus schwierigeren, aber konstruktiven Weg, das Kind im Erwachsenen zu behandeln. Erst wenn der Patient die Fehlentwicklungen seiner Kindheit "auf sich nehmen" kann, hat er die Voraussetzung dafür geschaffen, sie abzustreifen und sich von der Last der Vergangenheit zu befreien. In dem Versuch Freuds, diese "Befreiung" zu unterstützen, kommt sein humanes Konzept zum Ausdruck.

Auf einige Aspekte von Freuds Vaterorientierung soll noch hingewiesen werden. Es ist bezeichnend, daß er seinen Patienten die "Geständnisse", die überwiegend sexueller Natur waren, "unter dem energischsten Druck des analytischen Verfahrens"[40] entlockte. Sein Ehrgeiz, sich als Neuerer zu profilieren, machte ihn lange Zeit blind für die Irrtümer, die sich in dem sensiblen Gebilde der Therapeut-Patient-Beziehung ereignen. Freuds Streben, an den "Vätern" vorbei an die Spitze zu stürmen, kommt hier deutlich zum Ausdruck.

Schon an Freuds damaliger Auffassung über die Beziehungen zwischen Eltern und Kindern zeigt sich eine Unversöhnlichkeit. Die Generationen stehen sich in seiner Theorie als Feinde gegenüber. Verfolgt man seinen Erfahrungshintergrund, dann kann man seine Annahme nachvollziehen. Seine praktischen Erfahrungen mit den Patienten haben ihm gezeigt, daß die Gegensätze zwischen jung und alt in der bürgerlichen Welt scheinbar unüberbrückbar sind. Hinter der Fassade des "normalen" Familienlebens herrschte grausame Gewalt, Unterdrückung, Rebellion, Wut und Haß. Freud erkannte diese Zustände, beschrieb sie und löste einen Sturm der Empörung aus, als seine Theorien bekannt wurden. Die damaligen Väter waren nicht bereit, Veränderungen auf sich zu nehmen und sich in Frage stellen zu lassen. Wenn auch Verdrängungen und Verleugnungen weiterhin an der Tagesordnung blieben, hatte doch ein Seelenforscher den Finger in die Wunde gelegt. Durch die Benennung dieses "Menschheitsproblems" hat Freud in den Kulturprozeß eingegriffen und das Bewußtsein für die Problematik der Generationen untereinander geschärft. Da jedoch sein Wissenschaftsverständnis es ihm nicht erlaubte, die Entwicklungsmöglichkeiten der Menschen in die theoretischen Erwägungen mit einzubeziehen, verhinderte er einen schnelleren Wandel.

40 Freud 1896a, in: Masson 1986, S. 112

Vergessen Sie aber nicht, daß ich seit Jahren mit nichts als mit den Erzeugnissen Ihres Geistes beschäftigt bin und hinter jedem Satze Ihrer Werke immer auch den Menschen gefühlt und zu meinem Vertrauten gemacht habe. Ob Sie wollen oder nicht: Sie sind einmal einer der großen Lehrmeister der Menschheit und müssen sich gefallen lassen, daß Ihre Leser wenigstens im Geiste auch in ein persönliches Verhältnis zu Ihnen treten.[1]

IV. Freuds Theorie der Vater-Sohn-Beziehung bis 1913

In der Geschichte der Psychoanalyse kann die Periode von 1900 bis 1913 als Phase der "Weichenstellung" bezeichnet werden. Freud selbst nahm kurz nach dem Nürnberger Kongreß im Frühjahr 1910 folgende Unterscheidung vor:

> Mit dem Nürnberger Reichstag schließt die Kindheit unserer Bewegung ab; das ist mein Eindruck. Ich hoffe, jetzt kommt eine reiche und schöne Jugendzeit.[2]

Daß es im Jahre 1910 zu einer Zäsur in der Geschichte der Psychoanalyse kam, hat Freud richtig erkannt. Eine "reiche und schöne Jugendzeit" trat jedoch nicht ein. Die Psychoanalytiker gingen turbulenten Zeiten entgegen: Sie mußten die Ablösung von Adler überstehen und Freuds Fehleinschätzung bezüglich Jungs Persönlichkeit verkraften.

---

1 Sándor Ferenczi, in: Freud/Ferenczi 1993, S. 309

2 Freud/Ferenczi 1993, S. 235

Das IV. und das V. Kapitel müssen als zusammengehörig angesehen werden. Zuerst beschäftige ich mich mit der Theorie der Vater-Sohn-Beziehung bis 1913. Im darauffolgenden Kapitel beschreibe ich das Beziehungsgeschehen zwischen "Vater" Freud und seinen "Söhnen" sowie die Vorgänge in der psychoanalytischen Bewegung. Damit kommen praktische Gesichtspunkte der übertragenen Vater-Sohn-Beziehung zur Sprache. Auch hier stellt das Jahr 1913 eine Wende dar: Freud leitete seine Bewegung nicht mehr liberal, sondern er ging zum autoritativen Stil über.

Das Erscheinen der "Traumdeutung" gilt gemeinhin als Geburtsstunde der Psychoanalyse. Im Zeitraum von 1900 bis 1913 haben Freud und seine Schüler die Fundamente der Psychoanalyse geschaffen. Das folgende Kapitel setzt sich das Ziel, die theoretischen Aussagen bezüglich der Vater-Sohn-Beziehung bis zu diesem Zeitpunkt anschaulich zu machen. Zuerst werden Freuds theoretische Ansichten und anschließend seine biographischen Erforschungen dargestellt. Dann schließen sich die Überlegungen der Teilnehmer der Mittwoch-Gesellschaft an. Eine Zusammenfassung rundet das Kapitel ab. Mit dieser Reihenfolge schließe ich mich Freuds Vorgehensweise an, die darin bestand, die Theorie der Empirie vorzuziehen. Die Lehrsätze

> entspringen weniger seiner klinischen Erfahrung als vielmehr seinem Wunsch, ein begriffliches Instrument zu entwickeln, mit dessen Hilfe sich Hypothesen formulieren lassen.[3]

Die Wissenschaftsgeschichte zeigt, daß diese Arbeitsweise zum Beispiel von Kopernikus, Newton und Einstein praktiziert wurde.

1. Intrapsychische und interpersonale Aspekte der Vater-Sohn-Beziehung

Die Untersuchungen der triebbestimmten Vorgänge im Kind veranlaßten Freud, im Jahre 1910 den Begriff "Ödipuskomplex"[4] in seine Schriften einzuführen und 1912/13 die phylogenetische Festschreibung der ödipalen Ereignisse vorzunehmen.[5] Daneben erforschte er, zumindest noch im ersten Jahrzehnt des neuen Jahrhunderts, die Dynamik von zwischenmenschlichen Beziehungen. Den Sohn und seine Beziehung zum Vater stellte er dabei exemplarisch in den Vordergrund. In den folgenden Abschnitten soll Freuds Theorie der Vater-Sohn-Beziehung herausgearbeitet werden.

---

3 Tögel 1992, S. 46

4 Freud 1910h, S. 192

5 siehe: Freud 1912-13, S. 425-444

In der "Traumdeutung"[6] ging Freud davon aus, daß bei gründlicher Analyse in jedem Traum ein unterdrückter oder verdrängter Wunsch sichtbar wird. Wenn ein Patient zum Beispiel vom Tod einer geliebten Person träume, so müsse man annehmen, daß er ihn auch wünsche. Dieser Wunsch beziehe sich jedoch überwiegend auf die frühesten Beziehungspersonen und werde in der Gegenwart durch bestimmte auslösende Faktoren aktiviert. Auffällig sei, daß der Todeswunsch des Träumers meist den gleichgeschlechtlichen Elternteil betreffe. Da man Mythologie als Tagtraum der Menschheit verstehen kann, findet Freud viele Bestätigungen für seine Beobachtungen in bezug auf Vater-Sohn-Beziehungen. Rivalitätskämpfe aller Art bilden den Kern der mythischen Schilderungen, in denen Uranos, Kronos und Zeus um die Vorherrschaft ringen. Aufgrund der Liebes- und Haßphantasien des Sohnes, die Mutter und Vater betreffen, stellte Freud eine Analogie zum Sagenstoff von König Ödipus her. Das Trauerspiel von Sophokles erschüttere den heutigen Menschen ebenso wie den zeitgenössischen Griechen. Das Schicksal von Ödipus

> ergreift uns nur darum, weil es auch das unsrige hätte werden können, weil das Orakel vor unserer Geburt denselben Fluch über uns verhängt hat wie über ihn. Uns allen vielleicht war es beschieden, die erste sexuelle Regung auf die Mutter, den ersten Haß und gewalttätigen Wunsch gegen den Vater zu richten; unsere Träume überzeugen uns davon.[7]

Im Drama würden wir die Wünsche unserer Kindheit noch einmal erleben und seien erneut zur Verdrängung gezwungen. Auch Shakespeares "Hamlet" müsse in diese Reihe aufgenommen werden. Während im Ödipus-Drama die Wunschphantasien des Kindes realisiert würden, blieben sie im Stück von Shakespeare verdrängt. Genau wie beim Neurotiker könne man deshalb auch bei Hamlet die daraus erfolgten Hemmungswirkungen beobachten. Freud fügte hinzu, daß Shakespeares Vater kurz vor der Abfassung des Dramas gestorben sei. Die Trauerphase habe demnach eine Wiederbelebung der Kindheitsempfindungen bewirkt und offenbar den Inhalt des Stückes maßgeblich beeinflußt.

Die pathologischen Machtverhältnisse zwischen Vater und Sohn mit mythologischem Hintergrund verdeutlichte Freud an einem seiner Patienten. Ein vierzehnjähriger Junge habe in einer Behandlungsstunde phantasiert, daß auf einem Schachbrett ein Dolch, eine Sichel und eine Sense liege. Freud fand

---

6 Freud 1900a

7 ebenda, S. 267

heraus, daß die Familiensituation des Jungen sehr unerfreulich war: Der Vater sei hart und jähzornig gewesen, er habe mit Drohungen "erzogen" und sich mit der nachgiebigen Mutter häufig gestritten. Die Symptome des Jungen - hysterisches Erbrechen und Kopfschmerzen - deutete Freud als unterdrückte Wut gegen den Vater. Die Schneidewerkzeuge stelle der Patient unbewußt in den Dienst dieser Wut. Sie würden auf den mythologischen Hintergrund verweisen: Mit der Sichel hat Zeus den Vater entmannt und die Sense gehört zu Kronos, der seine Kinder fraß. Mit dem Dolch wolle der Junge seinen Vater umbringen, weil dieser ihn zurechtwies, als er als Kind an den Genitalien spielte.[8]

Freud nahm somit an, daß sexuelle und aggressive Impulse aus der Tiefe des Seelenlebens aufsteigen und die zwischenmenschlichen Verhältnisse entscheidend prägen würden. Alle Väter hätten deshalb im familiären Zusammenleben ganz bestimmte Regungen:

> In der glücklichsten jungen Ehe verspürt es der Vater, daß das Kind, besonders der kleine Sohn, sein Nebenbuhler geworden ist, und eine tief im Unbewußten wurzelnde Gegnerschaft gegen den Bevorzugten nimmt von daher ihren Ausgang.[9]

Diese Theorie sollte Freud 1913 noch radikalisieren. Die Annahme, daß Phantasien und Impulse aus der Tiefe des Unbewußten einen maßgeblichen Motivationshintergrund für menschliches Denken, Fühlen und Handeln darstellen, übte auf spätere Psychoanalytiker eine große Faszination aus. Da sie glaubten, daß nur sie diese "Botschaften" entschlüsseln könnten, entwickelte sich die Psychoanalyse zu einer Art von "Geheimwissenschaft".

1.2. Die Verantwortung des Vaters

In der Schrift "Meine Ansichten über die Rolle der Sexualität in der Ätiologie der Neurosen"[10] zeichnete Freud den Werdegang seiner Theorie in bezug auf seine veränderten Einsichten bei der Entstehung von Neurosen nach. War er vor der Jahrhundertwende noch der Ansicht, daß sexuelle Attacken von Erziehungspersonen nervöse Zustände bei Kindern verursachen, so hob er nun das Phantasieleben des Neurotikers hervor. Die Schilderungen von "Verführungen" der Patienten, denen er früher Glauben geschenkt hätte, haben nach neuen Einsichten die Aufgabe, Erinnerungen an die eigene Masturbation in der

8 ebenda, S. 586
9 Freud 1910c, S. 140
10 Freud 1906a

Kindheit abzuwehren. Somit liege der Schwerpunkt auf der "infantilen Sexualbetätigung"[11], gleichgültig, ob diese von außen provoziert wurde oder spontan von innen erfolgte.

> Es kam also nicht darauf an, was ein Individuum in seiner Kindheit an sexuellen Erregungen erfahren hatte, sondern vor allem auf seine Reaktion gegen diese Erlebnisse, ob es diese Eindrücke mit der "Verdrängung" beantwortet habe oder nicht.[12]

Mit diesen Ansichten, die er schon lange in sich trug und nun erst veröffentlichte, wandte sich Freud von seiner "Milieutheorie" ab. Die "sexuelle Konstitution"[13] des einzelnen Menschen wurde für ihn zur bestimmenden Schicksalsmacht. Der Vater tritt als Verursacher der kindlichen Neurose in den Hintergrund. Zu beachten ist jedoch, daß Freud an den "Sozialisationsaufgaben" des Vaters festhält und vor schwerwiegenden Erziehungsfehlern warnt. So würden die Eltern bezüglich ihrer Kinder eine sexuelle Auswahl treffen: Der Vater verzärtele die Tochter und die Mutter den Sohn, während beide beim gleichgeschlechtlichen Kind die gewohnte Strenge an den Tag legten. Der Sohn bemerke die Milde und Verwöhnung der Mutter und widersetze sich daraufhin dem Vater. Als Beispiel weist Freud auf die Gewohnheit vieler Mütter hin, den Sohn zu sich ins Bett zu nehmen, wenn der Vater verreist ist. Komme dieser zurück, so müsse der Junge wieder allein schlafen und es entstehe bei ihm der Wunsch, der Vater möge immer abwesend oder gar tot sein.[14] Ein weiteres Spezifikum, das sich zu Erziehungsfehlern entwickeln kann, sieht Freud in den Phantasien, die der Vater bezüglich des Lebens und der Zukunft seines Sohnes hat. Diese kommen beispielsweise in der Wahl des Vornamens zum Ausdruck. Aus eigener Erfahrung berichtet er, seinem zweiten Sohn den Namen einer großen historischen Persönlichkeit (Oliver Cromwell) gegeben zu haben, die er sehr verehrt hatte. Darin übertrage sich die "unterdrückte Größensucht des Vaters"[15] auf die Kinder, die zugleich für eine strenge Erziehung verantwortlich sei. Neben diesen mikroskopischen Aspekten des Beziehungsgeschehens hat Freud auch die gesamte Dimension des Problems im Auge. Die Vater-Pädagogik der vergangenen Jahrhunderte sei durchgehend tyrannisch gewesen, so daß der Sohn in die Lage des Feindes gedrängt wurde. Je despotischer der Vater war, desto größer wurde die Unge-

---

11 ebenda, S. 152

12 ebenda, S. 154

13 ebenda, S. 153

14 siehe: Freud 1900a, S. 262/263

15 Freud 1900a, S. 432

duld des Sohnes, den Vater tot zu sehen und selbst die Herrschaft zu übernehmen.

> Noch in unserer bürgerlichen Familie pflegt der Vater durch die Verweigerung der Mitbestimmung und der dazu nötigen Mittel an den Sohn dem natürlichen Keim zur Feindschaft, der in dem Verhältnisse liegt, zur Entwicklung zu verhelfen.[16]

In diesem Zitat nennt Freud zwei Ursachen für Vater-Sohn-Tragödien: Den "natürlichen Keim zur Feindschaft" und die "Verweigerung der Mitbestimmung" durch den Vater. Hier wird deutlich, daß sich die "endogene" und die "interpersonale" Position zu dieser Zeit die Waage halten.

In dem Aufsatz "Zur sexuellen Aufklärung der Kinder"[17] fordert Freud alle Eltern auf, ihre Kinder sexuell aufzuklären. Es sei töricht und ein folgenreicher Erziehungsfehler, ihnen die sexuellen Tatsachen vorzuenthalten.

> Kurz gesagt, das Kind ist lange vor der Pubertät ein bis auf die Fortpflanzungsfähigkeit fertiges Liebeswesen, und man darf es aussprechen, daß man ihm mit jener "Geheimtuerei" nur die Fähigkeit zur intellektuellen Bewältigung solcher Leistungen vorenthält, für die es psychisch vorbereitet und somatisch eingestellt ist.[18]

Würden die Eltern dennoch auf die Fragen des Kindes falsche Antworten geben, so werde sein Vertrauen erschüttert und es verheimliche vor ihnen seine intimsten Interessen. Bei dieser Irreführung der natürlichen sexuellen Wißbegierde, aber auch bei religiösen Einschüchterungen entwickele sich das Kind zur Bravheit. In der Schrift "Über infantile Sexualtheorien"[19] erläutert Freud, daß die Eltern dem Kind mit jeder Lüge ein nachhaltiges Mißtrauen gegen ihre eigenen Personen einpflanzen. Die Kinder schenkten der "Storchtheorie" in Wahrheit keinen Glauben. Durch die Beteuerungen der Erwachsenen würden sie jedoch eine Ahnung von etwas Verbotenem in sich aufbauen, "das ihnen von den 'Großen' vorenthalten wird"[20]. Man kann diese Lügen ohne weiteres als Aggressionen auffassen. Übertroffen werden sie noch von den sadistischen Äußerungen der Erziehungspersonen dem Sohn gegenüber, man werde das Glied abschneiden, wenn er daran reibe. Dadurch werde der Junge noch tiefer in die Phantasiewelt hineingetrieben.

---

16 ebenda, S. 261

17 Freud 1907c

18 ebenda, S. 163

19 Freud 1908c

20 ebenda, S. 174

Freud war der Auffassung, daß der Säugling "absolut egoistisch"[21] sei und seine Bedürfnisse rücksichtslos befriedigen wolle. Erst im Laufe der Jahre würden sich altruistische Regungen entwickeln, die das Moralempfinden hervorbringen. Die Dauer der "morallosen Kindheitsperiode"[22] sei verschieden lang und werde erst durch ein sekundäres Ich beendet, das das primäre überlagere und hemme. Man kann annehmen, daß der Vater für den Sohn beim Aufnehmen der Moralvorstellungen eine maßgebliche Rolle spielt.

Nach Freud zeigen sich in den Träumen die geheimen Wünsche der Söhne und späteren Männer bezüglich des Vaters. So träumt ein junger Zwangsneurotiker, daß der Vater schimpft, weil er zu spät nach Hause kommt. Freud deutet, daß eigentlich der Junge böse auf den Vater sei, der ihm immer zu früh nach Hause komme.

> Er hätte es vorgezogen, daß der Vater überhaupt nicht nach Hause gekommen wäre, was mit dem Todeswunsch gegen den Vater identisch ist.[23]

Ein anderer Mann träumt, daß er ein geheimes Verhältnis zu einer Frau hat, die schon einem anderen Mann versprochen ist. Aus Furcht, der andere könne etwas merken, benimmt er sich ihm gegenüber zärtlich und küßt ihn. In der Realität hegt der Patient feindselige Wünsche gegen den anderen Mann, die sich im Traum als demonstrative Zärtlichkeit äußern würden. Beide Regungen kennt der Patient, da sie "aus der Erinnerung an seinen kindlichen Verkehr mit dem Vater stammen"[24].

Die reale Beziehung des Sohnes zum Vater bzw. zu den Eltern schlagen sich in psychodynamischen Reaktionen nieder. Wie bereits erwähnt, geben die Eltern dem Kind irreführende Antworten auf seine Frage nach der Herkunft der Kinder. Aufgrund des aufkeimenden Geschlechtstriebes erspüre das Kind jedoch die "richtigen" Antworten. Es komme deshalb zum "psychischen Konflikt", der sich zu einer "psychischen Spaltung" auswachsen kann. Die

> eine Meinung, mit der die Bravheit, aber auch die Sistierung des Nachdenkens verbunden ist, wird zur beherrschenden bewußten; die andere, für die die Forscherarbeit unterdes neue Beweise erbracht hat,

21 Freud 1900a, S. 255

22 ebenda, S. 256

23 ebenda, S. 325

24 ebenda, S. 390 Zusatz

> die nicht gelten sollen, zur unterdrückten, "unbewußten". Der Kernkomplex der Neurose findet sich auf diese Weise konstituiert.[25]

Damit leitet Freud den Kernkomplex, der als "Vorläufer" des Ödipuskomplexes gilt, aus dem Beziehungsgeschehen ab. In dieser Phase seiner Theorie hat Freud demzufolge noch nach Sozialisationskriterien gesucht.

In diesem inneren Konflikt versucht das Kind, gewissermaßen als Selbstheilung, die Rätsel durch rege Phantasietätigkeit zu lösen. Die mangelnde Aufklärung über den Geschlechtsunterschied führe bei männlichen Kindern zu der "Theorie", alle Menschen einschließlich der Frauen hätten einen Penis. Sehen die Knaben dann das Geschlechtsorgan von einem Mädchen, dann würden sie sich sagen, daß der Penis sicherlich noch wachse. Häufig werde dem Jungen, der an seinem Glied reibt, gedroht, man werde es abschneiden. Diese "Kastrationsdrohung"[26] bringe er mit dem vermeintlich verstümmelten Genital der Frau in Verbindung und gerate in eine ängstliche Stimmung, die sich in seinem Gemüt festsetze. Doch nicht alle Kinder sind diesen äußeren Faktoren unterworfen.

> Die stärkeren Naturen widerstehen allerdings diesen Beeinflussungen und werden zu Rebellen gegen die elterliche und später gegen jede andere Autorität.[27]

Ein weiteres Phänomen der Kinderseele, das meines Erachtens aus zwischenmenschlichen Konflikten hervorgeht, nennt Freud den "Familienroman der Neurotiker"[28]. Das Kind verfolge zunächst nur das Ziel, sich dem gleichgeschlechtlichen Elternteil anzupassen: Der Sohn möchte so werden wie der Vater. Das sei der "intensivste, folgenschwerste Wunsch dieser Kinderjahre"[29]. Im Laufe seiner Entwicklung würde der Sohn auch andere Väter kennenlernen, so daß der eigene Vater beim Vergleich die ihm zugeschriebene Einzigartigkeit verliere. Er werde nun vom Sohn kritisiert, wobei die aus sexueller Reife entstandene Rivalität eine Rolle spiele. Ebenfalls von Bedeutung sei das Gefühl der Zurücksetzung, vor allem, wenn er die Liebe der Eltern mit anderen Geschwistern teilen müsse. Die damit einhergehende Entidealisierung der Eltern rufe Befürchtungen hervor, nur ein Stiefkind bzw. ein angenommenes Kind zu sein. In der Pubertät setze eine Entfremdung von den Eltern ein, die mit Feindseligkeit des Sohnes auf den Vater verbunden sei sowie mit dem Bestreben, sich von ihm freizumachen. Hinter der Geringschätzung entdeckt

---

25 Freud 1908c, S. 175

26 Freud 1908c, S. 177

27 Freud 1907c, S. 166

28 Freud 1909c

29 ebenda, S. 223

Freud jedoch eine ursprüngliche Zärtlichkeit des Sohnes für den Vater. Die nun in der Phantasie neugeschaffenen, hochstehenden Eltern würden nämlich Züge der wirklichen aufweisen, so daß nach Freud die leiblichen Eltern eigentlich erhöht werden. Freud faßt zusammen:

> Ja, das ganze Bestreben, den wirklichen Vater durch einen vornehmeren zu ersetzen, ist nur der Ausdruck der Sehnsucht des Kindes nach der verlorenen glücklichen Zeit, in der ihm der Vater als der vornehmste und stärkste Mann, seine Mutter als die liebste und schönste Frau erschienen ist. Er wendet sich vom Vater, den er jetzt erkennt, zurück zu dem, an den er in früheren Kinderjahren geglaubt hat, und die Phantasie ist eigentlich nur der Ausdruck des Bedauerns, daß diese glückliche Zeit entschwunden ist. Die Überschätzung der frühesten Kindheitsjahre tritt also in diesen Phantasien wieder in ihr volles Recht.[30]

Es konnte gezeigt werden, daß Freud in dieser Phase seiner Theorie die interpersonalen Vorgänge den psychodynamischen zugrunde gelegt hat. Daneben versuchte er, diese beiden Faktoren miteinander zu verbinden.

1.4. Das Hineinwachsen in die Kultur

In den Schriften bis 1913 verweist Freud darauf, daß der Jugendliche den engen familiären Kreis hinter sich lassen muß. Die Motivation dieser Ablösung ist nach Freud in psychosexuellen Vorgängen zu suchen. Aber auch hier sind wieder beziehungsdynamische Hinweise zu finden.

Die wesentliche Aufgabe der Jugendzeit bestehe darin, die Ablösung von der Autorität der Eltern zustande zu bringen und in die Kultur hineinzuwachsen. Das Festhalten an inzestuösen Phantasien verhindere die innere und äußere Selbständigkeit des jungen Erwachsenen. Freud meinte, daß die Kultur diese Forderung an die Mitglieder der Familie stelle, um Kräfte für die "Herstellung höherer sozialer Einheiten"[31] zu gewinnen. Dafür müsse die Bindung an die Familie gelockert werden, was eine bedeutsame, aber auch schmerzhafte psychische Leistung darstelle. Der Kulturfortschritt, der erst aus dem Gegensatz der Generationen erwachse, erfordere das Aufgeben der egoistischen und privaten Phantasien und Hoffnungen zugunsten von sachlichen und übergeordneten Bezügen. Dabei gesteht Freud dem Vater eine pädagogische Haltung zu. Es müsse das Ziel der Erziehung sein,

30 ebenda, S. 226

31 Freud 1905d, S. 128

> das Individuum mit der geringsten Einbuße an seiner Aktivität kulturfähig und sozial verwertbar zu machen ().[32]

Um diese Aufgabe zu erfüllen, sei es für den Erzieher unerläßlich, über die "Herkunft der pathogenen Komplexe und über den Kern einer jeden Neurose"[33] genau Bescheid zu wissen. Leider habe die Erziehung bisher, und hier hat Freud wohl die Erziehung der Väter im Auge, die Beherrschung und sogar Unterdrückung der Triebe gefordert. Die Ergebnisse dieser Pädagogik seien jedoch bestürzend.

In der Schrift "Die 'kulturelle' Sexualmoral und die moderne Nervosität"[34] stellte Freud fest, daß die Familienmitglieder eine Kultur vorfinden würden, die auf "der Unterdrückung von Trieben aufgebaut"[35] sei. Jeder Mensch müsse notgedrungen große Teile seiner Persönlichkeit abtreten, damit Kultur entstehen könne.

> Jeder Einzelne hat ein Stück seines Besitzes, seiner Machtvollkommenheit, der aggressiven und vindikativen Neigungen seiner Persönlichkeit abgetreten; aus diesen Beiträgen ist der gemeinsame Kulturbesitz an materiellen und ideellen Gütern entstanden. Außer der Lebensnot sind es wohl die aus der Erotik abgeleiteten Familiengefühle, welche die einzelnen Individuen zu diesem Verzichte bewogen haben.[36]

Werde die Triebunterdrückung aufgrund einer starken Konstitution nicht akzeptiert, so stehe derjenige "der Gesellschaft als 'Verbrecher', als 'outlaw' gegenüber"[37]. Nur durch eine gehobene gesellschaftliche Stellung oder besonderes Können bleibe ihm dieses Schicksal erspart.

Freud führt die Kulturentwicklung auf einen erzwungenen Triebverzicht zurück und erkennt, daß die rigide Sexualmoral der Kultur die Gesundheit und Lebenstüchtigkeit des Einzelnen herabsetzt. Beide Geschlechter seien libidinös geschädigt und würden zwischen Abstinenz, ungestilltem Sehnen, Selbstbefriedigung, Untreue, Sexualstörungen usw. schwanken. Die Neurose stelle dann nur noch den Endpunkt einer auch sonst defizitären Lebensweise dar.

---

32 Freud 1909b, S. 122

33 ebenda, S. 122

34 Freud 1908d

35 ebenda, S. 18

36 ebenda, S. 18

37 ebenda, S. 18

> Das sexuelle Verhalten eines Menschen ist oft *vorbildlich* für seine ganze sonstige Reaktionsweise in der Welt.[38]

Auf ein ganzes Volk übertragen habe die eingeschränkte Sexualbetätigung weitreichende Folgen: Sie gefährde den erarbeiteten Bestand der Kulturentwicklung. Es bestehe die Gefahr, daß bei dieser allgemeinen Nervosität der Menschen das "kulturelle Endziel"[39] nicht erreicht werde. Freud fragt deshalb, ob es nicht ratsam sei, "ein gewisses Maß von individueller Glücksbefriedigung unter die Ziele unserer Kulturentwicklung aufzunehmen"[40]. Eine solche Haltung würde zu einer erweiterten Moral führen, die auf die Menschen zurückwirkt und sich befreiend bemerkbar macht.

2. Biographische Erforschungen von Vater-Sohn-Beziehungen

Als Freud im Jahr 1897 die "Verführungstheorie" aufgab, wandte er sich von der Erforschung des Beziehungsgeschehens ab und analysierte fortan die intrapsychischen Vorgänge. Von den theoretischen Schriften nach der Jahrhundertwende, in denen er die Triebtheorie darlegte, heben sich seine biographischen Erforschungen deutlich ab. In diesen einfühlsamen Beziehungsanalysen stehen die Vater-Sohn-Beziehungen im Mittelpunkt. Sie werden im folgenden dargestellt, mit dem Ziel, Freuds Theorie der Vater-Sohn-Beziehung herauszuarbeiten.

Es verwundert nicht, daß Freud sich intensiv mit Lebensläufen beschäftigt hat. Der Forscher sucht beim Studium von fremden Biographien auch seine eigene zu erhellen, um sich selbst besser zu verstehen.

2.1. Der kleine Hans

Mit Freuds Fallbericht über den "kleinen Hans"[41] wurde zum ersten Mal in der Geschichte der Psychologie eine Kinderpsychotherapie dokumentiert. Dieser Fallgeschichte kommt inzwischen ein zeithistorischer Wert zu, da dem Leser Einblick in ein Familienleben des intellektuellen Bürgertums zu Beginn des Jahrhunderts gewährt wird. Die Vater-Sohn-Beziehung steht in dreifacher Hinsicht im Zentrum dieses Berichts:

---

38 ebenda, S. 27

39 ebenda, S. 13

40 ebenda, S. 32

41 Freud 1909b

a) Freud und Graf: Max Graf, der Vater des kleinen Hans, schloß sich schon früh der psychoanalytischen Bewegung an. Ohne Zweifel verehrte er Freud als Vaterfigur.

b) Die Vater-Sohn-Beziehung in "leiblicher" Hinsicht, mit den wechselseitigen Bedürfnissen und Wünschen, verbunden mit der Beziehung zur Ehefrau bzw. Mutter sowie zur später geborenen Tochter bzw. Schwester füllt einen Teil des Fallberichts aus. Hinzu kommt eine veränderte Rollenübernahme: Der Vater als Analytiker und der Sohn als Patient.

c) Die Beziehung zwischen Freud und dem kleinen Hans kann als dritte Vater-Sohn-Beziehung angesehen werden. Während der Krankheit hatte der Junge jedoch nur eine Unterredung mit dem "Super-Vater"[42], wie Freud von Fromm genannt wird. Freud ist jedoch "unübersehbar bei den analytischen Gesprächen von Vater und Sohn anwesend"[43].

Auch die Mutter von Hans kannte Freud sehr gut, weil sie in den Jahren zuvor seine Patientin gewesen war. Die Eltern wurden von Freud gebeten, Beobachtungen über das Sexualleben ihrer Kinder zu sammeln. Als Hans drei Jahre alt wurde, erhielt er die ersten Aufzeichnungen vom Vater, aus denen hervorging, daß der Junge ein enormes Interesse für alles Sexuelle entwickelte. Er wollte die Geschlechtsorgane von seinen Eltern, von Spielkameraden, Tieren und sogar von einer Lokomotive betrachten. Es zeigte sich jedoch, daß die Eltern trotz psychoanalytischem Hintergrund mit dem Erwachen der Sexualität ihres Sohnes überfordert waren. So drohte die Mutter ihrem Sohn, den Penis abschneiden zu lassen, wenn er ihn weiterhin berühre. Die Frage von Hans, ob sie auch einen Penis hätte, bejahte sie, ohne auf die Unterschiede zwischen Mann und Frau hinzuweisen. Weitere "Ungeschicklichkeiten" kamen hinzu: Sie hatte die Angewohnheit, Hans in ihrem Bett schlafen zu lassen, wenn sich ihr Mann auf Geschäftsreisen befand. Auch der Vater verhinderte die sexuelle Aufklärung seines Sohnes. Noch bei der Hausgeburt von Hansens Schwester ließ er ihn in dem Glauben, der Storch habe sie gebracht. Um sein Onanieren zu verhindern, wollte er, daß Hans nachts in einem sackartigen Nachthemd schlief, das unter den Armen zugebunden wurde.

Im Alter von vierdreiviertel Jahren bekam Hans plötzlich die Angst, auf der Straße könnte ihn ein Pferd beißen. Er weinte und verlangte, nach Hause gehen zu dürfen, denn "er wolle mit der Mammi 'schmeicheln'"[44]. In den folgenden Wochen wollte der Junge nicht mehr vor die Tür gehen; auch abends traten diese Ängste auf. Unter "Supervision" von Freud wurde der Vater für

42 Fromm 1966, S. 150

43 Stroeken 1992, S. 72

44 Freud 1909b, S. 27

vier Monate der Analytiker seines Sohnes. Freud diagnostizierte die Erkrankung als "Angsthysterie"[45], die durch Hansens gesteigerte sexuelle Erregung mit dem Objekt der Mutter entstanden sei. Damit einher gehe sein Wunsch, der Vater möge wegfahren oder tot sein.

> Er ist wirklich ein kleiner Ödipus, der den Vater "weg", beseitigt haben möchte, um mit der schönen Mutter allein zu sein, bei ihr zu schlafen.[46]

Hans hege deshalb diesen feindseligen Wunsch, weil er meint, daß der Vater das "Schmeicheln" mit der Mutter stören und verhindern wolle. Dem Todeswunsch folge jedoch ein Schuldgefühl und die Befürchtung, der Vater könne die Feindseligkeit bemerken und ihn durch Kastration, wie von der Mutter angedroht, bestrafen. Die Liebe zum Vater verhindere jedoch das Ausleben von Aggressionen, so daß er sich "Ersatz-Angst-Objekte" suchen muß - die Pferde.

Ich schildere nun die Gesundung von Hans von der Seite des Beziehungsgeschehens her.

a) Freud und Graf: Max Graf war fast zehn Jahre lang ein "Sohn" von Sigmund Freud. In seinem Buch über Richard Wagner aus dem Jahre 1910 würdigte er im Vorwort den langjährigen und intensiven Gedankenaustausch mit seinem Lehrer. Es sei ihm unmöglich zu sondern, welche Ideen von ihm selbst seien und was er "der Führung durch Professor Freud"[47] verdanke. Auch Freud mochte den Musikwissenschaftler Graf. Als dieser in der Mittwoch-Gesellschaft einen Vortrag zur Dichterpsychologie hielt, hob Freud "seine prinzipielle Übereinstimmung mit Graf"[48] hervor. Diese positive Gefühlsübertragung zwischen den beiden Männern bestimmte die therapeutische Behandlung von Hans und trug maßgeblich dazu bei, daß der gewünschte Erfolg eintrat.

b) Wenn man den Fallbericht liest, so fällt auf, daß Max Graf die Rolle des Analytikers mit viel Engagement ausübt. In der Zeit der "Behandlung" ist er mit seinem Sohn sicherlich in noch nie dagewesener Weise in Beziehung getreten. Oftmals ging der Vater mit ihm auf die Straße, um zu sehen, ob die Angst vor Pferden noch vorhanden war. Hans schien sich wohlzufühlen, so daß die Pferdephobie uninteressant und die Feindseligkeit auf den Vater geringer werden konnte. Durch die intensive Zuwendung des Vaters wuchs bei ihm offenbar Vertrauen und Sicherheit. Der

45 ebenda, S. 99

46 ebenda, S. 96

47 in: Protokolle 1976, Bd. I, S. XXXIV

48 ebenda, S. 250

Vater erreichte etwas, was sich viele Väter wünschen: Er kam mit seinem Sohn ins Gespräch. Man kann sicherlich seine einseitige "Gesprächsführung"[49] kritisieren, die häufig nur ein Ausfragen war. In der Rolle des Analytikers gelang es ihm aber, seine fürsorglichen und weichen Seiten zum Ausdruck zu bringen. Später ist Hans in die Fußstapfen seines Vaters getreten und Opernregisseur geworden.

c) Aus Freuds Briefen an seine Freunde und Kollegen wissen wir, daß er lebhaften Anteil an ihren Kindern nahm. Auch der Sohn von Graf wurde, als er drei Jahre alt war, von Freud mit einem Schaukelpferd beschenkt.[50] Es bestand also eine Beziehung zwischen den beiden, die sicherlich durch den Vater, der Freud stark bewunderte, verstärkt wurde. Im Fallbericht äußert sich die Gefühlsverbindung durch den Wunsch von Hans, an Freud zu schreiben: "Weißt was? Schreiben wir was für den Professor auf."[51] Auch Freud muß sehr stolz auf Hans und auf seine erste Kinderanalyse gewesen sein. In der Mittwoch-Gesellschaft[52] kam er immer wieder darauf zu sprechen. Eine eindrucksvolle Bestätigung für den unbewußten Fortbestand von nachhaltigen Beziehungen zeigt sich darin, daß der 19 Jahre alte Hans viele Jahre nach der Analyse Freud besuchte. Die Analyse hatte er weitgehend vergessen, doch bei der Lektüre erkannte er aufgrund von bekannten Ortsnamen, daß nur er gemeint sein konnte. Später berichtete Graf jr. von dem Besuch:

> Freud sah hinter seinem Schreibtisch wie einer der bärtigen griechischen Philosophen aus (). Er stand auf und umarmte mich herzlich und sagte zu mir, er könne sich keine bessere Verteidigung seiner Theorien wünschen, als den glücklichen, gesunden neunzehnjährigen jungen Mann, der ich geworden war.[53]

Diese Darstellung erscheint mir besonders wichtig, weil in ihr sichtbar wird, wie prägend und heilsam eine Beziehung zu einer verstehend fördernden Vaterfigur sein kann.

d) Andere Beziehungen, die in diesem Fallbericht eine Rolle spielen, sollen noch kurz erwähnt werden. Die wichtigste ist sicherlich die zwischen Hans und seiner Mutter. Es handelte sich hier um eine sehr enge Bindung, in der die Ich-Grenzen unscharf geworden waren. Sowohl Hans, aber wahrscheinlich auch die Mutter, projizierten ihre erotischen Wünsche und

49 siehe: Bodenheimer 1984, S. 221 - 228

50 siehe: Stroeken 1992, S. 65

51 Freud 1909b, S. 86, siehe auch: ebenda, S. 66

52 siehe: Protokolle 1977, Bd. II, S. 94, 207, 259, 374 usw.

53 in: Stroeken 1992, S. 76

Sehnsüchte aufeinander. Fromm vertritt die Auffassung, daß die Mutterimago für ein Kind eine größere Bedeutung habe als die Vaterimago. "Die Mutter ist Spenderin des Lebens, aber sie kann es auch vernichten."[54] Die Kastrationsdrohung der Mutter und ihre Drohung, ihn zu verlassen, hätten maßgeblich an der Erkrankung von Hans mitgewirkt.[55]

Für Hans stellte die Geburt der Schwester eine Wende dar. Er reagierte auf sie mit Eifersucht, weil er nun die Zuwendung der Mutter mit ihr teilen mußte. Gay meint, daß er die Todeswünsche gegen sie erst zugeben konnte, als er eine "größere innere Freiheit gewann"[56].

Die Beziehung der Eltern untereinander betrachtete Freud nur am Rande. In der Nachschrift erfahren wie lediglich, daß sie sich geschieden haben.[57] Eissler berichtet, daß Max Graf nach der Behandlung seines Sohnes eine Analyse mit seiner Frau begann, die jedoch scheiterte.[58]

In diesem Fallbericht dienten Freud die Berichte von Vater Graf lediglich zur Beweisführung seiner Theorie vom Ödipuskomplex. Deshalb konnte er sagen, "aus dieser Analyse, strenggenommen, nichts Neues erfahren"[59] zu haben.

Die Stellung des Vaters in der Familie des kleinen Hans, mit ihren bürgerlichen Sexual- und Erziehungsvorstellungen, kann als exemplarisch für alle bürgerlichen Väter in der Zeit vor der Jahrhundertwende angesehen werden, Freuds eigenes Vaterschicksal eingeschlossen. Das Kennzeichnende in diesen Familien war eine pathologische Rollenaufteilung der Geschlechter: Der verwöhnenden und sadistischen Mutter steht der nicht verfügbare und repressive Vater gegenüber. Der Sohn bindet sich notgedrungen sehr eng an die Mutter und lehnt den Vater als Störer und Eindringling ab. Die Mutter hingegen überträgt aufgrund ihrer Frustration eine diffuse Bedürftigkeit auf ihren Sohn. Der Vater ist übermäßig streng zu ihm oder lehnt ihn sogar offen ab. Welche Ursachen haben diese pathologischen Rollenmuster? Wie in Kapitel II.1. ausgeführt, wurden sie durch das Patriarchat hervorgerufen. Ein Hauptprinzip dieses Systems sei, so Fromm, die "Anwendung von Gewalt (oder deren Androhung) gegen alle Machtlosen"[60]. Weiter führt er aus:

54 Fromm 1966, S. 158
55 ebenda, S. 152
56 Gay 1989, S. 294
57 Freud 1909b, S. 123
58 siehe: Stroeken 1992, S. 74
59 Freud 1909b, S. 122
60 Fromm 1966, S. 158

> Die Kastrationsangst ist nur eine der Manifestationen einer allgemeinen Angst, die durch das Prinzip der Gewalt und durch Drohungen die gesamte Struktur unserer Gesellschaft durchdringt.[61]

Freud hat es noch nicht vermocht, diese Verhältnisse abzubilden. Die ödipalen Vorgänge werfen nur ein schwaches Licht auf gesellschaftliche Verhältnisse. Sein Interesse ist deutlich zu spüren: Er will die Gültigkeit des Ödipuskomplexes "beweisen", wobei er Vater und Sohn Graf zur "Mitarbeit" gewonnen hat.

Muß die Methode und die Therapie von Hans verurteilt werden, wie von einigen Autoren[62] gefordert? Im Gegenteil! Durch seine Begeisterung, das "Wesen Mensch" zu erforschen, hat Freud alle Beteiligten angespornt und eine Gemeinsamkeit hergestellt. Die Redlichkeit ihrer Absichten in Zweifel zu ziehen wäre unehrenhaft. Er erarbeitete sich die "Wahrheit", die zur damaligen Zeit möglich war, und der kleine Patient Hans gesundete daran. Nur durch die intensive Beziehungsaufnahme, dessen Hintergrund die gemeinsame "Sache" der Psychoanalyse war, wurde die Analyse möglich und erfolgreich. Die Gesundung von Hans ist neben veränderten intrapsychischen Prozessen auf eine Stärkung der Beziehung von Vater und Sohn sowie auf eine innere Ausrichtung von Hans auf eine übergeordnete, liebevolle Vaterfigur zurückzuführen. Indem Vater Graf sich als Identifizierungsfigur anbot, wurde Hans aus seiner Verkapselung heraus in die "Vaterwelt“ geführt.

2.2. Der Rattenmann

Vom 1. Oktober 1907 bis Juli 1908 behandelte Freud einen 29jährigen angehenden Juristen, der an einer Zwangsneurose erkrankt war. Dieser gebildete junge Mann namens Ernst Lanzer litt unter dem Zwangsgedanken, sich den Hals mit einem Rasiermesser verletzen zu müssen. Außerdem befürchtete er ständig, seinem Vater und einer Frau, die er sehr verehrte, könnte etwas Schreckliches geschehen. Die Ursache für die Zwangsneurose sah Freud in verdrängter Aggression gegen den Vater. Er nannte die damit verbundenen psychischen und zwischenmenschlichen Regungen "Vaterkomplex"[63]. Bei Lanzer stellten sie eine Schablone für alle Beziehungen dar. Gemäß dem Empfinden eines Zwangsneurotikers kann jederzeit ein aggressiver Impuls zum Vorschein kommen, so daß alle Kontakte "gefährlich" sind. Zwischen-

61 ebenda, S. 159

62 siehe: Wolpe/Rachman 1979 und Eschenröder 1986

63 Freud 1909d, S. 80

menschliche Beziehungen werden deshalb von Ambivalenz, Kontrolle, Zweifel und Zögern bestimmt. Der Fallbericht von Ernst Lanzer kann als Beispiel par excellence für die implizierte Beziehungstheorie in Freuds Schriften gelten. Ich schildere nun den Verlauf der Beziehungsgeschichte des Patienten.

In der Kindheit des Patienten spielte der Vater die wichtigste Rolle. Er hatte eine "soldatische Art" und neigte zu deftiger Ausdrucksweise. Gelegentlich wurde er "jäh und heftig" und verabreichte den Kindern "empfindliche Züchtigungen"[64]. Eines Tages ereignete sich folgendes: Als der Patient drei oder vier Jahre alt war, hat er ein Kindermädchen gebissen. Der Vater verprügelte ihn, woraufhin der Junge in Wut geriet und den Vater noch während der Schläge beschimpfte. Von diesem Ausbruch beeindruckt, hielt der Vater inne und rührte seinen Sohn von dem Augenblick nie wieder an. Aus Angst vor seiner eigenen Wut vermied der Junge nun jede Auseinandersetzung. Hinzu kam, daß in der Familie Sexualität und Sinnlichkeit ausgespart und vom Vater bekämpft wurden. Freud meinte, daß das der Hauptgrund für die tiefe Feindseligkeit des Sohnes auf den Vater gewesen sei.

Welche Erlebnisse führten zum Aufleben der Neurose? Im August 1907 wurde der Patient zu Wehrübungen eingezogen. Dort lernte er einen Hauptmann kennen, der zu Grausamkeiten neigte. Er erzählte Lanzer eines Tages von Delinquenten, denen zur Strafe ein Topf auf das Gesäß gesetzt wurde. Darin waren Ratten eingesperrt, die sich in den After bohrten. Freud meinte, daß sich daraufhin die oben erwähnte Kinderszene beim Patienten eingestellt hätte, in der er selbst jemanden gebissen hatte. Der Hauptmann - wie damals der Vater - wurde nun zum Objekt der inneren Empörung. Die Phantasie, einer geliebten Person könne die Rattenstrafe widerfahren, übersetzte Freud als Wunschregung: "Dir sollte man so etwas tun."[65] Dabei hatte der "Rattenmann", wie Freud seinen Patienten nannte, regelmäßig den Vater im Sinn. Als Schutz vor dieser Regung entwickelte der Patient ein kompliziertes Zwangssystem, das hier nicht wiedergegeben werden muß.

Mit den Begriffen "Vaterkomplex"[66] und "Liebe-Haß-Komplex"[67] beschrieb Freud die ambivalente Beziehung des Sohnes zu seinem Vater und die daraus folgenden Beziehungskomplikationen des erwachsenen Mannes. Als Beispiel für dieses Phänomen führte er Brutus an, der Cäsar sehr geliebt und verehrt hatte und ihn trotzdem ermordete. Freud fragte, warum die große Liebe den Haß nicht auslösche, und er antwortete,

---

64 ebenda, S. 68

65 ebenda, S. 80

66 ebenda, S. 80

67 ebenda, S. 99

> daß der Haß doch mit einer Quelle, einem Anlaß in einer Verbindung stehe, die ihn unzerstörbar mache. Also einerseits schütze ein solcher Zusammenhang den Haß gegen den Vater vor dem Untergange, andererseits hindere die große Liebe ihn am Bewußtwerden, so daß ihm eben nur die Existenz im Unbewußten übrigbleibe, aus der er sich doch in einzelnen Momenten blitzähnlich vordrängen könne.[68]

Das innere Muster der Vater-Sohn-Beziehung wirkt sich für den Mann in allen Lebensbereichen aus. Freud betonte im Fallbericht den Zusammenhang zwischen der Störung der autoerotischen Sexualbetätigung des Jungen veranlaßt durch den Vater und der daraus erfolgten affektiven Einstellung des späteren Mannes zu Frauen. Ein Zerwürfnis der Beziehung zwischen Vater und Sohn aufgrund der Sexualbetätigung des Jungen bewirke im Gefühlsleben des Mannes eine affektive Abwehr, in der sich die Gegnerschaft zum Vater fortsetze. Will der Mann den sexuellen Akt ausführen, so würden dieselben Regungen mobilisiert, die bei der ersten vom Vater verbotenen Sexualreizung entstanden seien: Unmut, Haß und Wut. Damit bleibe der Mann mit diesen Affekten innerlich am Vater "kleben". Als der Rattenmann einen Koitus ausführte, dachte er: "Das ist doch großartig; dafür könnte man seinen Vater ermorden!"[69] Einfühlsam beschreibt Freud die unbewußten Gedanken seines Patienten, der nur die Alternative kennt zwischen Gehorsam gegenüber dem Vater ohne Sexualität mit einer Frau und Ausübung des sexuellen Aktes, aber dabei den Vater innerlich vernichten wollen.

> Wenn der Vater lebte, so würde er über meinen Vorsatz, die Dame zu heiraten, ebenso wütend werden wie damals in der Kinderszene, so daß ich wiederum eine Wut gegen ihn bekäme und ihm alles Böse wünschte, was sich kraft der Allmacht meiner Wünsche an ihm erfüllen müßte.[70]

Freud erkannte noch einen tieferen Zusammenhang bezüglich des inneren Konflikts von Lanzer, seinem Vater zu gehorchen oder seiner Geliebten treu zu bleiben. Der Vater machte als junger Mann einem armen Mädchen den Hof. Er entschied sich aber gegen seine Liebe und heiratete in eine wohlhabende Familie ein. Auch Lanzer befand sich in einer ähnlichen Situation. Ihm wurde angeboten, die Tochter seines reichen Vetters zu heiraten, wenn er sein Studium beenden würde. Er liebte jedoch ein einfaches Mädchen und stand

---

68 ebenda, S. 54

69 ebenda, S. 69

70 ebenda, S. 87

somit vor der Wahl, dieser Frau treu zu bleiben oder so zu handeln wie sein Vater.

> Und diesen Konflikt, der eigentlich ein solcher zwischen seiner Liebe und dem fortwirkenden Willen des Vaters war, löste er durch Erkrankung, richtiger gesagt: er entzog sich durch die Erkrankung der Aufgabe, ihn in der Realität zu lösen.[71]

Freud hob hier einen finalen Aspekt hervor. Der Patient wurde krank, um der Konfliktlösung auszuweichen. Dabei konnte er auf die "Hilfe" von bekannten Emotionen rechnen, die er lange "trainiert" hatte: Die wütende Stimmung gegen den Vater und jeden Vaterersatz sowie das exzessive Phantasieleben mit Pseudo-Konfliktlösungen.

Der "Haupterfolg der Erkrankung"[72], so Freud, seien starke Arbeitsstörungen, die das Studium von Lanzer um Jahre verlängerten. Oder mit den Worten des Patienten ausgedrückt und von Freud wiedergegeben:

> Er habe durch den Kampf gegen seine Ideen Jahre verloren und sei darum im Leben zurückgeblieben.[73]

Betrachten wir jetzt noch die wichtigste Beziehung für den Rattenmann. Es verwundert nicht, daß der Vaterkomplex in der Analyse zur Vaterfigur und Autorität Freud sichtbar wird. Die aggressiven Übertragungsinhalte wurden aktiviert, als Freud ihm sagte, er habe nicht nur die Befürchtung, sondern auch den Wunsch, den Vater zu töten. Eindrücklich schilderte Freud die emotionale Aufruhr seines Patienten:

> Es kam bald dazu, daß er mich und die Meinigen in Träumen, Tagesphantasien und Einfällen aufs gröblichste und unflätigste beschimpfte, während er mir doch mit Absicht niemals etwas anderes als die größte Ehrerbietung entgegenbrachte. Sein Benehmen während der Mitteilung dieser Beschimpfungen war das eines Verzweifelten. "Wie kommen Herr Professor dazu, sich von einem schmierigen, hergelaufenen Kerl wie ich so beschimpfen zu lassen? Sie müssen mich hinauswerfen; ich verdiene es nicht besser."[74]

Oftmals sprang er vom Diwan auf und lief mit verzerrtem Gesicht umher. Dann wieder hielt er die Hände vor seinen Kopf, als ob er sich vor Schlägen schützen wolle. Doch Freud hielt diesen Affekten stand und die Beziehung

---

71 ebenda, S. 67

72 ebenda, S. 67

73 ebenda, S. 38

74 ebenda, S. 73/74

aufrecht. Ausschlaggebend dafür war seine unorthodoxe Methode. Nicht die geduldige Bearbeitung der Widerstände gehörte dazu, sondern "suggestive Deutung und eindringliches Fragen"[75].

Die Falldarstellung vom Rattenmann muß als die gehaltvollste zur Vater-Sohn-Beziehung aufgefaßt werden, die Freud geschrieben hat. Das Beziehungsgeschehen tritt auch schon in Freuds Darstellung augenfällig in den Vordergrund. Stroeken ist folgender Ansicht:

> Die zwischenmenschlichen Beziehungen in der Familie, die Erwartungen und Wünsche seiner Eltern haben in Lanzers Seele ihren Niederschlag gefunden. Er ist der Exponent dieser Beziehungen und Phantasien, aber das ist seine Problematik. Die Beziehungen sind zu strukturellen Konflikten geworden ().[76]

Einige dieser Konflikte in ihren Abhängigkeiten vom Vater werden nun zusammengefaßt:

a) Die Entwicklung der männlichen Persönlichkeit muß auf dem Hintergrund der Beziehung zum Vater analysiert werden. Entwickelt sich der Mann nicht entsprechend seinen Fähigkeiten oder bleibt gar im Leben zurück, wie es bei Lanzer der Fall war, so muß untersucht werden, wie das zwischenmenschliche Miteinander in der Kindheit beschaffen war, welches Vaterbild sich beim Jungen aufbauen konnte und wie sich die Beziehung zum Vater in der Gegenwart auswirkt. In der Regel zieht eine gestörte Vaterbeziehung einen gestörten Weltbezug nach sich. Die Verbindungen zu Menschen, Ereignissen und Dingen des Lebens sind beeinträchtigt oder werden sogar negiert. Am Beispiel der Symptome des Rattenmannes wird das deutlich: Zahlreiche Zwangsgedanken, anderen Menschen Leid zuzufügen; eine "Willenslähmung"[77], die ihn handlungsunfähig macht; unerträgliche "Hemmungszustände"[78], die der Zwang kompensieren soll; Haß auf den Vater und den jüngeren Bruder; vielfältige Ängste; Lern- und Arbeitsstörungen[79]; Distanz zur Geliebten als Dauerzustand; Überbetonung des Phantasielebens; Aggressionsgelüste in der Beziehung zu Freud u.a. Diese grundlegende Unsicherheit und der alles durchdringende Wunsch, "zu fragen und zu zweifeln"[80], zeichnet sich in der frühesten Kindheitser-

75 Stroeken 1992, S. 85

76 ebenda, S. 93

77 Freud 1909d, S. 97

78 ebenda, S. 99

79 ebenda, S. 67

80 Wollheim 1972, S. 120

innerung des Patienten ab, die Freud der Mittwoch-Gesellschaft[81] nannte. Als Lanzer knapp vier Jahre alt war, sei seine Schwester gestorben. Daran knüpften sich einige Erinnerungen des erwachsenen Patienten, z.B. wie die kranke Schwester ins Bett gelegt wurde, wie er den Vater fragte, was passiert sei und wie die Mutter weinte. Ich meine, daß in diesen Erinnerungen Lanzers Grundgefühl zum Ausdruck kommt: Eine Affinität zum Tod bzw. zur Nichtigkeit des Lebens. Gleich im Erstgespräch mit Freud "produzierte" Lanzer sein "Lieblingsthema": Er glaubte, daß Freud mit einem berüchtigten Bahnmörder verwandt sei und sich raubtierartig auf ihn stürzen werde.[82]

b) Wenn die Sexualität in der Kindheit von Machtkämpfen zwischen Vater und Sohn überschattet war, dann gestaltet sich dieser existentielle Bereich für den Mann besonders konfliktträchtig. In zärtlichen Situationen mit einer Frau kann er unter anderem mit distanzierter und mißtrauischer Unentschlossenheit, mit harten und fordernden Affekten oder mit nachgiebiger und impotenter Hilflosigkeit reagieren. Auch bei Lanzer fällt diese innere Spaltung auf, in der er Liebesgefühle immer wieder mit Aggressionen verbindet.

c) Das Hauptgewicht in diesem Fallbericht kommt den verschiedenen Beziehungen Lanzers zu Autoritäten und Vaterfiguren zu. Der Ausgangspunkt für diese Beziehungsmuster ist der Vater. Vermutlich war schon Lanzers Vater ein Zwangscharakter. Er war Unteroffizier und "erzählte gern Anekdoten über seine Militärlaufbahn"[83]. Auch die Prügelszene deutet darauf hin, daß hier zwei Zwangstypen um die Macht rangeln. Ein unbewußtes Ziel solcher Charaktere besteht darin, die Mitmenschen zu beherrschen. Erst in der Beziehung zu Freud gelingt es dem Rattenmann, sein Innenleben in Sprache zu fassen.

d) Das Verhältnis zwischen Freud und Lanzer ist exemplarisch für ein gelungenes Analytiker-Analysand-Bündnis, das gleichzeitig eine Vater-Sohn-Beziehung darstellt. Freud konnte sich gut in Zwangscharaktere einfühlen. Wahrscheinlich erkannte er während der Analyse des Patienten einige psychische Mechanismen bei sich selbst wieder. In einem Brief an Jung nahm er einmal den "Typus 'Zwang'"[84] für sich in Anspruch. Diese innere Verwandtschaft und die hohe Intelligenz haben bewirkt, daß Lanzer ein

81 Protokolle 1976, Bd. I, S. 221

82 siehe: Stroeken 1992, S. 95

83 Gay 1989, S. 302

84 Freud/Jung 1974, Brief 42 F

"Lieblingspatient Freuds"[85] wurde. Freud brachte ihm viel Sympathie entgegen. Nur auf diesem Hintergrund kann man seine Toleranz und Langmütigkeit verstehen, mit der er die Eskapaden des Patienten hinnahm. Lanzer agierte in der Analyse seine Sohn-Rolle aus und betrachtete Freud als Ersatzvater. So nannte er ihn in der zweiten Sitzung "Hauptmann"[86]. In den ersten Monaten war sein Verhalten zu Freud wie das eines trotzigen, aber ängstlichen Kindes. Freuds Methode hatte Erfolg: Der Patient gesundete.

e) Auf der Grundlage dieser tragfähigen Beziehung kam es zur Heilung des Patienten. Welche Inhalte bestimmten die Beziehung? Da Lanzers destruktive Impulse, die mit seiner Todesaffinität korrespondierten, im Laufe der Analyse beruhigt wurden, kann man annehmen, daß Freud ihm Vertrauen und Sicherheit vermittelt hat. Die wichtigste Regel bei Zwangspatienten, so schrieb er an Abraham, sei: "Zeit lassen (). Seelische Veränderungen vollziehen sich nie rasch".[87] Diese innere Haltung führte ganz gewiß zur Entspannung des Patienten. Weiterhin war Freud darauf aus, das "Selbstwertgefühl"[88] von Lanzer zu stärken. Cremerius entnimmt aus den Sitzungsprotokollen, daß Freud nach der fünften Stunde zu Lanzer sagt, "er habe sich eine gute Meinung von ihm gebildet"[89]. Auch anerkannte er die Klarheit, mit der der Patient seine Zustände zum Ausdruck brachte. Das vielleicht wichtigste Beziehungselement bestand in der inneren Einstellung Freuds, gemeinsam mit dem Patienten zu lernen. Diese Lernhaltung allen Menschen und dem Leben gegenüber hatte Freud in der Beziehung zu seinem eigenen Vater erlebt. In der Analyse mit Lanzer konnte er viel über die Zwangsneurose lernen und seinen Patienten dazu anleiten, Lernstörungen zu überwinden.[90] Die Analyse mündete somit in Nacherziehung ein, die Freud als eine ihrer wichtigsten Aufgaben betrachtete.

> Es ist ja schon Erziehung, wenn Sie einen Menschen, der nicht gern frühmorgens das Bett verläßt, dazu bewegen, es doch zu tun. Als eine solche *Nacherziehung zur Überwindung innerer Widerstände* können Sie nun die psychoanalytische Behandlung ganz allgemein auffassen.[91]

85 Gay 1989, S. 303
86 siehe: Stroeken 1992, S. 95
87 Freud/Abraham 1965a, S. 34
88 Stroeken 1992, S. 95
89 Cremerius 1990, Bd. 2, S. 342
90 siehe: Jones 1962, Bd. 2, S. 313
91 Freud 1905a, S. 118

Mit der Nacherziehung in der Analyse ist auch eine Vermittlung von Werten verbunden, die dem Patienten Sinnfindung ermöglicht. Dieser Prozeß von der nihilistischen zur werterkennenden Haltung machte bei Lanzer den Heilungserfolg im eigentlichen Sinn aus.

2.3. Leonardo da Vinci

Gay stellt fest, daß Freuds Biographiestudie über Leonardo da Vinci[92] "bei allem Scharfsinn seiner Schlußfolgerungen ein mit schweren Fehlern behaftetes Werk ist"[93]. Auf diese "Fehler" gehe ich im folgenden nicht ein, da sie mein Thema kaum berühren. Nur ein Kritikpunkt ist von Bedeutung. Es wird immer wieder darauf hingewiesen, daß Freud das Leben von Leonardo ohne gesichertes biographisches Material rekonstruiert habe.[94] Dieser angebliche Mangel stellt sich für meine Untersuchung jedoch als Vorteil heraus. Wir wissen, daß nebulös geschilderte Situationen starke Projektionen des Untersuchers hervorbringen, in denen dessen Lebensschicksal, dessen Weltanschauungen, Beziehungsmuster, Vater- und Mutterbilder usw. sichtbar werden. Extrem formuliert kann man sogar sagen, daß Freud das Bild Leonardos entstellt hat, "um es zu einer Projektion seiner eigenen Persönlichkeit zu machen"[95]. In seiner unermüdlichen Selbsterforschung suchte und fand er immer wieder sich selbst. Hinzu kommt, daß eine Biographiestudie keine analytische Situation darstellt, in der die Projektionen durch das Gegenüber des Analysanden eingeschränkt werden. Freud konnte also seinen Phantasien freien Lauf lassen. Was hat er phantasiert?

Da Leonardo nur eine Erinnerung über seine Kindheit aufgeschrieben hat, erachtete Freud sie für besonders bedeutsam: Als er in der Wiege lag, sei ein Geier (Milan) zu ihm gekommen und habe ihm viele Male mit dem Schwanz zwischen die Lippen gestoßen. Aufgrund dieser Erinnerung wollte Freud die Kindheitssituation des großen Künstlers erhellen. Leonardo, 1452 in Vinci geboren, sei ein uneheliches Kind gewesen und bei seiner Mutter, einer einfachen Bauersfrau, aufgewachsen. Mit fünf Jahren sei er zu seinem Vater Ser Piero da Vinci, gekommen, weil dessen legitime Ehe kinderlos geblieben war. Dieser äußere Rahmen, den Freud für Leonardo "geschaffen" hat, gestattet es ihm, auf gewohntem Terrain fortzufahren. Die Mutter habe ihre ganze Zärtlichkeit auf den Sohn verlagert, da sie von ihrem Geliebten im Stich gelassen

---

92 Freud 1910c

93 Gay 1989, S. 306

94 siehe: Israels 1992, S. 8 - 39

95 Spektor 1972, S. 69

worden sei. Leonardo sei "der zärtlichen Verführung einer Mutter, deren einziger Trost er ist"[96] überlassen gewesen. Er habe die Mutter begehrt, sei "von ihr zur sexuellen Frühreife emporgeküßt"[97] worden, habe sich in der Phantasie mit dem abwesenden Vater identifiziert und sich an dessen Stelle gesetzt. Dadurch sei er nicht dessen Einschüchterungen ausgesetzt gewesen und habe sich ungehemmt der Sexualforschung hingeben können. Freud führte Leonardos kühnen und unabhängigen Forschergeist auf die Abwesenheit des Vaters zurück. Als er mit fünf Jahren dann doch in das Haus seines Vaters gekommen sei, habe er "jenes normal zu nennende Rivalitätsverhältnis"[98] mit ihm erlebt. Durch das Aufkeimen seiner Homosexualität in der Pubertät habe die Identifizierung mit dem Vater an Bedeutung verloren, wenngleich er ihn in der Vorliebe für Prunk und schöne Kleider kopiert und gar übertroffen habe. Leonardos Passivität im Liebesbereich erklärte Freud mit der aktiven Haltung der Mutter und Leonardos frühe Identifizierung mit ihr.

Schmidbauer[99] ist der Ansicht, in der Leonardo-Studie gehe es hauptsächlich um die Mutter. Dem könnte man auf den ersten Blick zustimmen, denn nach Freuds Analyse fehlte der Vater in der frühen Kindheit des Künstlers. Bei näherer Betrachtung wird jedoch erkennbar, daß Freud an der existentiellen Bedeutung des Vaters festhielt. Am Beispiel von Leonardo zeigte er, daß gerade dessen Abwesenheit gewaltige Spuren im Seelenleben des Sohnes hinterlassen kann. Diese habe Leonardo veranlaßt, "auf den Vater zu verzichten"[100]. Welche Konsequenzen hat ein solcher innerer Kraftakt für das Beziehungsgeschehen des Mannes? Interessant ist, daß Freud in dieser Studie auch Gedanken einbringt, die eine gelingende Vater-Sohn-Beziehung charakterisieren.

a) Homosexualität: Freud meinte, daß bestimmte familiäre Bedingungen die Homosexualität des Mannes begünstigen: "Überzärtlichkeit der Mutter" und "Zurücktreten des Vaters"[101]. Die Mütter von Homosexuellen seien häufig "Mannweiber () mit energischen Charakterzügen"[102] gewesen, die den Vater aus seiner Stellung verdrängt haben. Wenn der Vater zeitweise oder ganz gefehlt habe, dann sei der Junge dem weiblichen Einfluß völlig preisgegeben. Bezogen auf die psychisch gesunde Entwicklung meint Freud:

---

96 Freud 1910c, S. 153
97 ebenda, S. 153
98 ebenda, S. 143
99 Schmidbauer 1992, S. 94
100 Freud 1910c, S. 145
101 ebenda, S. 124
102 ebenda, S. 124

> Sieht es doch fast so aus, als ob das Vorhandensein eines starken Vaters dem Sohn die richtige Entscheidung in der Objektwahl für das entgegengesetzte Geschlecht versichern würde.[103]

Nach seiner Analyse sei Leonardo homosexuell gewesen. Das komme darin zum Ausdruck, daß er nur auffällig schöne Jünglinge zu seinen Schülern gewählt und sie gütig und nachsichtig wie eine Mutter behandelt habe.

b) Künstlerisches Schaffen: Freud nahm an, daß ein Künstler sich gegenüber seinen Werken als Vater fühlen müsse. Dieses Beziehungsverhältnis beruhe auf der Identifizierung mit dem leiblichen Vater. Nun werde deutlich, warum Leonardo so viele Werke unvollendet gelassen habe:

> Er schuf sie und kümmerte sich nicht mehr um sie, wie sein Vater sich nicht um ihn gekümmert hatte.[104]

Die Eindrücke der ersten Kinderjahre seien unkorrigierbar, auch wenn der Junge später bei seinem Vater gewohnt habe.

c) Weltliche Autoritäten: Nach Freuds Konstruktion sei Leonardos kindliche Sexualforschung durch den Vater nicht beeinträchtigt gewesen, so daß er weder Schuldgefühle noch Kastrationsangst auszustehen hatte. In der Beziehung zur Mutter habe er die Rolle des männlichen Oberhauptes eingenommen. Als er zu seinem Vater kam, sei er innerlich schon reifer als andere Knaben gewesen. Freud formuliert nach Mereschkowski: Er glich "einem Menschen, der in der Finsternis zu früh erwacht war, während die anderen noch alle schliefen"[105]. Damit hat Freud die infantilen Bedingungen genannt, die dazu geführt haben, daß er als Erwachsener alle selbsternannten Führer und Autoritäten durchschauen und überwinden konnte. Voller Bewunderung gibt Freud Leonardos Satz wieder:

> Wer im Streite der Meinungen sich auf die Autorität beruft, der arbeitet mit seinem Gedächtnis, anstatt mit seinem Verstand.[106]

Leonardo konnte die Stütze der Autorität entbehren, wie er in der Kindheit auf den Vater verzichten gelernt hatte. Seine wissenschaftlichen Erforschungen bestachen durch Kühnheit und Unabhängigkeit.

d) Gottesgläubigkeit: Kann ein Mensch wie Leonardo noch ein Gläubiger sein und an den unsinnigen Dogmen der Kirche festhalten? Freud vernein-

---

103 ebenda, S. 125

104 ebenda, S. 144

105 ebenda, S. 145

106 ebenda, S. 145

te vehement, denn zwischen Vaterkomplex und Gottesgläubigkeit bestehe ein inniger Zusammenhang. Da der persönliche Gott für den einzelnen ein erhöhter Vater sei, würden "jugendliche Personen den religiösen Glauben verlieren, sobald die Autorität des Vaters bei ihnen zusammenbricht"[107]. Durch den Gottesglauben versetzt sich der neurotische Mensch in die Kindheit und versucht, "seine wirkliche Verlassenheit und Schwäche gegen die großen Mächte des Lebens"[108] zu verleugnen. Gott und Natur können als Erneuerungen der kindlichen Vorstellungen von Vater und Mutter angesehen werden.

> Es ist kaum ein Zweifel, daß Leonardo die dogmatische wie die persönliche Religion überwunden und sich durch seine Forscherarbeit weit von der Weltanschauung des gläubigen Christen entfernt hatte.[109]

Er trug die "Schwere des Lebens", ohne irgendwelche Schutzmächte in Anspruch zu nehmen.

e) In der Leonardo-Studie sind implizit Aussagen über eine psychisch tragfähige Vater-Sohn-Beziehung enthalten. Freud führt aus, daß der Vater in der frühen Kindheit nicht als Störer, sondern zurückhaltend und gewährend auftreten soll. Auf diesem Hintergrund kann der Sohn eine expansiv-forschende Haltung einüben und später als Mann "ungehemmt" in die Kultur hineinwachsen.

2.4. Der Fall Schreber

Von 1900 bis 1902 schrieb der ehemalige Senatspräsident am Oberlandesgericht Dresden, Daniel Paul Schreber, in der Nervenheilanstalt "Sonnenschein" bei Pirna das Buch "Denkwürdigkeiten eines Nervenkranken"[110]. Im Jahre 1910 wurde Freud darauf aufmerksam und veröffentlichte einen Aufsatz über Schreber[111]. Seitdem ist das Interesse an dem tragischen Schicksal dieses gebildeten Mannes nicht mehr abgebrochen, was in zahlreichen Schriften[112] zum Ausdruck kommt. Für meine Themenstellung steht die Frage im Vordergrund, ob im Aufsatz über Schreber neue Aspekte der Vater-Sohn-Beziehung vorzufinden sind. Auch für diese Schrift gilt, daß sie die Spuren von Freuds

---

107 ebenda, S. 146

108 ebenda, S. 146

109 ebenda, S. 147

110 Schreber 1903

111 Freud 1911c

112 siehe: Schreber 1903, Bibliographie der Herausgeber S. 377 - 384

Leben trägt. Der aufmerksame Leser wird darin persönliche Konflikte und pädagogische Strategien[113] dieses großen Seelenforschers erkennen.

Schreber erkrankte zum ersten Mal im Jahre 1884 an hypochondrischen Wahnvorstellungen. Im Jahr darauf wurde er aus der Leipziger Psychiatrischen Klinik als geheilt entlassen. Er bedankte sich lebhaft bei seinem Arzt Professor Flechsig. Seine zweite Erkrankung, die von 1893 bis 1902 dauerte, erklärt Freud folgendermaßen:

> Ein Vorstoß homosexueller Libido war also die Veranlassung dieser Erkrankung, das Objekt derselben war wahrscheinlich von Anfang an der Arzt Flechsig, und das Sträuben gegen diese libidinöse Regung erzeugte den Konflikt, aus dem die Krankheitserscheinungen entsprangen.[114]

Freud meint nun, daß es hinter der Person, die der Wahn so mächtig in den Vordergrund gerückt hat, eine andere Person geben müsse, die in der Vergangenheit für das Gefühlsleben des Patienten von großer Bedeutung gewesen sein muß. Die Empfindungen für Flechsig würden aus einem Übertragungsvorgang stammen:

> () der Kranke ist durch den Arzt an das Wesen seines Bruders oder seines Vaters erinnert worden, hat seinen Bruder oder Vater in ihm wiedergefunden ().[115]

Freud folgert, daß die Beziehung zu Vater und Bruder erotisch gefärbt gewesen sein muß. Im Kontakt mit Flechsig seien diese Impulse als passiv feminine Wunschphantasien wieder lebendig geworden. Schreber habe jedoch seine homosexuellen Regüngen zutiefst verachtet. Der daraus resultierende Abwehrkampf habe schließlich die Form eines Verfolgungswahns angenommen; Verfolger wurde der verehrte und gefürchtete Arzt Flechsig. Zum Inhalt des Wahns habe Schreber entsprechend seiner passiven Einstellung zum Vater die Wunschphantasie "gewählt", eine Frau zu sein und dem Beischlaf zu unterliegen. Die Störung der autoerotischen Befriedigung in der Kindheit durch den Vater würde die Grundlage für Schrebers Vaterkomplex darstellen. Durch die Kastrationsdrohung sei bei dem Jungen der Wunsch entstanden, sich dem Vater zu unterwerfen und sich ihm gegenüber feminin einzustellen.

Welche Lebensbereiche des Patienten hebt Freud hervor und in welchen Zusammenhang stellt er sie mit der Vaterbeziehung? Die reale Beziehung zwischen dem Vater Moritz Schreber und dem Sohn Paul kann dabei außer

113 Gay 1989, S. 304

114 Freud 1911c, S. 169

115 ebenda, S. 172

acht gelassen werden.[116] Wie schon bei der Leonardo-Studie sind für meine Themenstellung hauptsächlich Freuds Projektionen und Phantasien von Bedeutung, weil in ihnen seine psychische und weltanschauliche Ausrichtung zum Ausdruck kommt.

a) Da auch Schrebers Vater Arzt war, verwundert es nicht, daß der Erkrankte zu Flechsig anfangs eine positive Übertragung aufbauen konnte. Das änderte sich, als Schreber zum zweiten Mal in die Klinik kam. Der "Ersehnte wurde jetzt zum Verfolger"[117] und der Inhalt der Wunschphantasie, eine Frau zu sein und dem Beischlaf zu unterliegen, zum Inhalt der Verfolgung. Im Wahn trat der Vaterkomplex unverhüllt hervor, wobei nach Freud auch Schrebers älterer Bruder darin eine Rolle spielte. Der Patient verhöhnte den Vater, der nichts von lebenden Menschen verstehe, sondern nur mit Leichen umgehen könne.[118] Flechsig, den Ersatzvater, beschuldigte er des Seelenmordes. Der Wahn habe den aggressiven Impulsen zum Durchbruch verholfen, so daß die Beziehungen sich entsprechend gestalteten. Da Freud nur die intrapsychischen Instanzen analysierte und die realen Beziehungen außer acht ließ, "übersah" er die autoritären Verhältnisse der Psychiatrischen Klinik.[119] Zeigt sich nicht auch hier wieder Freuds Vaterorientierung, die ihn auf mindestens einem Auge blind werden läßt, wenn gesellschaftlich anerkannte Vaterfiguren in Erscheinung treten?

b) In der "Vaterkomplexreihe" war Gott für Schreber die höchste Instanz. Seine emotionalen Empfindungen in diesem imaginären Verhältnis, die in einer Mischung aus "blasphemischer Kritik und rebellischer Auflehnung mit verehrungsvoller Ergebenheit"[120] zum Ausdruck kamen, müssen die gleichen gewesen sein, die er seinem Vater gegenüber verspürt hatte. Aus den Aufzeichnungen von Schreber leitete Freud ab, daß der Vater "ein hochangesehener und gewiß von seinen Patienten verehrter Arzt"[121] gewesen sein muß. Man behaupte allgemein, Gott tue Wunder, aber auch ein Arzt vollbringe nach Aussagen von enthusiastischen Klienten wunderbare Heilungen. Nach Freud sei ebenso die Sonne im Wahnsystem von Schreber mit Gott gleichzusetzen. Der Patient schrie sie an und bedrohte sie. Sie erbleiche vor ihm und blende ihn nicht mehr. Freud bezeichnete sie als "sublimiertes Symbol des Vaters"[122].

---

116 siehe: Schatzman 1978, Israels 1989

117 Freud 1911c, S. 173

118 ebenda, S. 177

119 siehe: Stingelin 1989, S. 297 - 308

120 Freud 1911c, S. 176

121 ebenda, S. 177

122 ebenda, S. 179

c) Auf der Höhe seiner Krankheit entwickelte Schreber die Vision des Weltunterganges. Nur er selbst sei der "einzig noch übriggebliebene wirkliche Mensch"[123]. Die Verursachung des Weltunterganges erklärte er sich durch das Zurückziehen der Sonne oder durch eine allgemeine Nervosität und Unsittlichkeit, verursacht durch den Arzt Flechsig. Freud deutete diese Wahnvorstellung zum Teil beziehungstheoretisch. Der Patient habe der Außenwelt und allen Menschen seine Libido entzogen, so daß das Leben für ihn gleichgültig und beziehungslos geworden sei.

> Der Weltuntergang ist die Projektion dieser innerlichen Katastrophe; seine subjektive Welt ist untergegangen, indem er ihr seine Liebe entzogen hat.[124]

Dazu zitierte Freud aus Goethes Faust (I. Teil, 4. Szene) die Stelle, in der sich der Held von der Welt lossagt und der Geisterchor singt:

> Weh! weh! / du hast sie zerstört, / die schöne Welt, / mit mächtiger Faust; / sie stürzt, sie zerfällt! / Ein Halbgott hat sie zerschlagen! / () Mächtiger / der Erdensöhne, / Prächtiger / baue sie wieder, / in deinem Busen baue sie auf![125]

Durch die Ablösung der Libido von geliebten Personen und Dingen sei Schrebers Welt untergegangen. In einer Art von Selbstheilungsversuch habe er sich seine eigene Welt aufgebaut. Die Libido werde auf dem Wege der Projektionen zu den verlassenen Personen zurückgeführt. Diese "neue Welt" könne jedoch nur wahnhaft aufgerichtet werden. Durch den Ausfall des Lididointeresses sei bei ihm eine "veränderte Relation zur Welt"[126] entstanden. Schrebers Vision vom Weltuntergang stehe im engen Zusammenhang mit seinem Vaterkomplex. Man könne von einer "Weltkatastrophe"[127] sprechen, da der Haß auf den Vater die gesamte "Vaterwelt" zerstört und negiert.

d) Schrebers Erkrankungen waren in Verbindung mit belastenden Arbeitssituationen aufgetreten. Die Selbstdiagnose "Arbeitsüberlastung" ließ Freud jedoch nicht gelten. Auf dem Hintergrund des Beziehungsgeschehens muß dieser "Befund" allerdings ernstgenommen werden. Die Einstellung eines Mannes zum Arbeitsbereich ist auf Identifizierung mit dem Vater zurückzuführen und stellt ein wichtiges Verbindungsglied zur Realität dar.

---

123 ebenda, S. 191

124 ebenda, S. 192/193

125 ebenda, S. 193

126 ebenda, S. 197

127 ebenda, S. 192

Als Erwachsener steuerte Schreber zunächst auf eine Karriere zu. Er schrieb:

> Ich bin zweimal nervenkrank gewesen, beide Male infolge von geistiger Überanstrengung; das erstemal (als Landgerichtsdirektor in Chemnitz) aus Anlaß einer Reichstagskandidatur, das zweitemal aus Anlaß der ungewöhnlichen Arbeitslast, die ich beim Antritt des mir neu übertragenen Amtes eines Senatspräsidenten beim Oberlandgericht Dresden vorfand.[128]

Freuds Einschätzung, daß sich Schreber gegenüber seinem Vater und, so muß hinzugefügt werden, jeder Vaterfigur feminin eingestellt hat, kann auch bei einer beziehungstheoretischen Betrachtung zugrunde gelegt werden. Mit einem unermeßlichen Ehrgeiz und einer gewaltigen Kraftanstrengung versuchte Schreber, die psychische Lähmung gegenüber Vaterfiguren zu überwinden. Der Konflikt verschärfte sich dadurch, daß die "Väter" in seinem juristischen Fach traditionell autoritär ausgerichtet waren. Somit kämpfte er einerseits gegen alle Vaterfiguren und andererseits gegen seine innere feminine Einstellung. Dieser Konflikt hat ihn im Laufe der Jahre psychisch geschwächt und die Projektion "Die 'Väter' überfordern mich" hervorgebracht. Dadurch mußte er sich seine eigene Schwäche nicht eingestehen. Seiner Paranoia liegt meines Erachtens eine Beziehungsstörung zugrunde, die im Arbeitsbereich zum Ausdruck kam. Schrebers Selbstdiagnose "geistige Überanstrengung" wird auf diesem Hintergrund plausibel.

e) Im Liebesbereich, der ebenfalls von der Vaterbeziehung geprägt sein kann, charakterisierte sich Schreber wie folgt:

> Es wird wenige Menschen geben, die in so strengen sittlichen Grundsätzen aufgewachsen sind wie ich und die sich ihr ganzes Leben hindurch, namentlich auch in geschlechtlicher Beziehung, eine diesen Grundsätzen entsprechende Zurückhaltung in dem Maße auferlegt haben, wie ich es von mir behaupten darf.[129]

In der Gewissensinstanz von Schreber dominierte das asketische Ideal, das ihm der Vater anscheinend eingepflanzt hatte. Innere Lebendigkeit, Spontaneität und Zärtlichkeit sind bei einer derartigen Charakterausrichtung nicht entwickelt, so daß hier bereits ein partieller Weltverlust vorliegt. Da Freud für Schrebers Erkrankung den Abzug der Libido von geliebten Per-

---

128 ebenda, S. 141

129 ebenda, S. 158

sonen namhaft machte, muß für die Heilung der umgekehrte Prozeß eingeleitet werden: Die sukzessive Wiederbesetzung dieser Personen.

f) Es ist bezeichnend, daß Freud für die Gesundung von Schreber "eine wesentlich positive Tönung des Vaterkomplexes"[130] hervorhebt, die zur Versöhnung mit den homosexuellen Regungen führen kann. Ein solcher psychischer Prozeß setze ein in der Realität ungetrübtes "Verhältnis zu einem vortrefflichen Vater"[131] voraus.

Der Schreber-Studie fehlen Informationen über die reale Vater-Sohn-Beziehung. Freud ging von einem "vorzüglichen" Vater aus und von einem Sohn, der gegen die aus diesem Verhältnis entstandene Homosexualität ankämpfte. Heute weiß man, daß Moritz Schrebers Pädagogik einem "totalen, fast totalitären Erziehungssystem"[132] gleichkam und daß er seine abstrusen Ideen an seinen Kindern ausprobierte. Hätte Freud hier nicht mißtrauisch werden können, vor allem angesichts der schweren psychischen Erkrankung dieses Mannes?

3. Mittwoch-Gesellschaft: Erscheinungsformen der Vater-Sohn-Beziehung

In diesem Abschnitt soll der Frage nachgegangen werden, wie die Teilnehmer der Mittwoch-Gesellschaft das "Vaterthema" aufgegriffen haben und welche inhaltlichen Schwerpunkte dabei erarbeitet wurden. Da gerade das "Vaterthema" heftige Emotionen freisetzen kann, werden hier bereits gruppendynamische Besonderheiten festgehalten.

Die Mitglieder der Wiener Mittwoch-Gesellschaft haben das Vater-Sohn-Thema in unterschiedlichen Zusammenhängen diskutiert, so daß sich mehrere Unterpunkte ergeben haben. Bei der Darstellung gehe ich überwiegend chronologisch vor. Da sich im Jahre 1913 eine Zäsur nachweisen läßt, wurden die "Protokolle" für die folgenden Abschnitte bis zu diesem Zeitpunkt durchgesehen.

Zu beachten ist noch, daß die Aussagen in den "Protokollen" keine wortwörtlichen Zitate der Mitglieder darstellen. Sie sind vielmehr Zusammenfassungen von Rank, in denen mit Sicherheit dessen Sympathien oder Antipathien zu den jeweiligen Votanten einfließen.

---

130 ebenda, S. 199

131 ebenda, S. 199

132 Schreber 1903, S. IX, Vorwort der Herausgeber

3.1. Von der Ödipussage zum Ödipus- und Vaterkomplex

Seit seiner Selbstanalyse suchte Freud nach einem Konzept, das die komplizierten psycho-sexuellen Impulse abbilden sollte, die sich zwischen Eltern und Kind ereignen. Wir wissen, daß aus diesen Überlegungen die Theorie vom Ödipuskomplex entstanden ist. Die Gespräche in der Mittwoch-Gesellschaft zeigen, wie kontrovers die Entstehung dieser Theorie diskutiert wurde. Auch wurde schon damals die Vater-Sohn-Beziehung getrennt vom Beziehungsgeflecht der ödipalen Vorgänge betrachtet.

Ranks Vortrag über das "Inzest-Drama" führte dazu, daß in der Diskussion mehrere Mitglieder den Ödipus-Mythos aufgriffen und die einseitige Übertragung einiger Einzelheiten auf zwischenmenschliche Beziehungen bemängelten. Frey bemerkte, daß "zuviel in das Material hineingetragen und dementsprechend auch zuviel herausgedeutet"[133] wurde. Ödipus habe nicht gewußt, daß der Mann sein Vater war, dem er im Kampf das Schwert abgenommen hat. Hitschmann meinte, die Ausführungen Ranks seien nur eine "quantitative Ausbreitung der von Freud aufgedeckten Tatsache (Ödipus)"[134]. Als Federn einwandte, der Kampf zwischen Vater und Sohn in den Königshäusern sei ein Kampf um die Herrschaft, verteidigte Rank das tiefer liegende sexuelle Motiv[135], das die Menschen zu bestimmten Handlungen zwinge.

Um den Don-Juan-Typus zu verstehen, versuchte Freud, die Kindheitsbedingungen "dichterisch"[136] zu konstruieren, die diesem Charakter zugrunde liegen. Die Mutter muß man sich, nach Freud, zärtlich und liebesbedürftig vorstellen. Der Vater hat sie zwar stürmisch erobert, später jedoch vernachlässigt. Er ist "ein strenger, grausamer, gerechter Mann"[137], der zu Frau und Kind im distanzierten Verhältnis lebt. Die Mutter, die ihren Sohn zärtlich liebt, stirbt früh. Durch diesen Schicksalsschlag entsteht im Jungen ein Gefühl der Entbehrung, das sein Liebesbedürfnis steigert. Vom Vater kann er keine Hilfe und Orientierung erwarten. In der Pubertät wird er von einem Mädchen verehrt, das aber plötzlich erkrankt und stirbt. Die Trauer um die Mutter und um das junge Mädchen führt bei ihm im Erwachsenenalter dazu, daß er "sich das Verlorene immer wieder erobern"[138] muß. Auf dem Totenbett gesteht ihm sein Vater, in ein Heiligenbild wahnhaft verliebt gewesen zu sein. Diese phan-

133 Protokolle 1976, Bd. I, S. 8

134 ebenda, S. 9

135 ebenda, S. 15

136 Protokolle 1977, Bd. II, S. 145

137 ebenda, S. 145

138 ebenda, S. 145

tasierten Bedingungen legte Freud für die Entwicklung des Don-Juan-Typus' zugrunde.

Seit 1897 untersuchte Freud die Phantasien des Kindes bezüglich Vater und Mutter und faßte sie im Jahre 1910 mit dem Namen "Ödipuskomplex" zusammen. An einem Abend demonstrierte er den Ausdruck dieses Komplexes in der "Zwangssprache"[139] am Beispiel eines Knaben. Damit wollte er den Unterschied zwischen der "rein psychoanalytischen"[140] Methode und der sexualbiologischen Auffassung Adlers aufzeigen. So bedeute die Zwangsidee, die Mutter zu erstechen, sexuell mit ihr zu verkehren. Die Angst des Jungen, sterben zu müssen, sei auf die Identifizierung mit dem Vater zurückzuführen, dem er den Tod gewünscht hatte. Mit diesem Wunsch fange jede Zwangsneurose im Knabenalter an. Auch habe der Junge Angst, Grünspan in den Mund zu bekommen. Dies deutete Freud als eine Vermischung von Sehnsucht und Furcht vor der Schwangerschaft. Dahinter stehe der Wunsch,

> der Mutter ein Kind zu machen, in der Identifizierung mit der Mutter ist es die Angst, selbst ein Kind zu bekommen. Es ist also ein Ödipuskomplex, der noch auf den infantilen Sexualtheorien wurzelt.[141]

Adler bemerkte dazu, daß der Ödipuskomplex den Fall nicht ganz erklären könne. Nach seiner Ansicht wäre es möglich, daß der Junge zwei Seiten entwickelt: Er kann sich wie ein Mädchen verhalten und seine sexuellen Wünsche dem Vater offenbaren oder er wendet sich der Mutter zu und wehrt sich "gegen seine sexuelle Rolle dem Vater gegenüber"[142].

Die Teilnehmer der Mittwoch-Gesellschaft trugen eine Fülle von Erfahrungen zusammen, um den Ödipuskomplex und die Vater-Sohn-Beziehung zu ergründen. Steiner berichtete von einem Patienten, dessen Vater häufig sagte: "Aus dir wird nichts werden." Die Arbeitsunfähigkeit des Patienten leitete er aus dem "nachträglichen Gehorsam(s)"[143] dem Vater gegenüber ab. In einer Diskussion über Mutterliebe erwähnte Friedjung das Fehlen von Vaterliebe bei ihm selbst und sogar "das Vorherrschen feindseliger Regungen gegen das Kind"[144]. Freud betonte, daß mangelnde Vaterliebe kein allgemeines Phänomen sei. Es gebe genug Väter, die ein "zärtliches Gefühl gegen das Kind hegen"[145]. Gleichgültigkeit sei jedoch als Feindseligkeit zu werten. Federn hob

139 ebenda, S. 477

140 ebenda, S. 477

141 ebenda, S. 477

142 ebenda, S. 479

143 ebenda, S. 195

144 Protokolle 1979, Bd. III, S. 116

145 ebenda, S. 118

den Zusammenhang zwischen der Liebesfähigkeit der Männer und der Entwicklung von femininen Zügen hervor. Sie werde erhöht, wenn sie sich mit Frauen identifizieren können. Den Sinn der Vaterliebe für die Kultur erkannte Federn im "Weiterdenken der eigenen Existenz in die Zukunft"[146].

In einem Beitrag über den psychischen Hermaphroditismus berichtete Stekel von einem Patienten, der deutlich weibliche Züge und Eigenschaften aufweisen würde. Er werte das Männliche ab und sehe im Penis das "Prinzip des Bösen"[147]. Der Hintergrund für diese Haltung, die Körper und Seele verändert, sei folgender: "Die weiblichen Tendenzen dienen dem Patienten dazu, um über den Vater zu triumphieren."[148] Er phantasiere sich als einen impotenten Mann, der im Himmel höher gestellt sei, als der sündige Vater. Für den Patienten seien Wettrennträume charakteristisch, in denen er den Vater überholen wolle. Adler meinte dazu, es handele sich um einen Fall von "männlichem Protest mit weiblichen Mitteln"[149]. Am Ende der Diskussion betonte Freud seine Position. Die Einstellung des Jungen gegen den Vater sei eine zweifache: "einerseits eine feindselige aus dem Eifersuchtsverhältnis zur Mutter, anderseits eine zärtliche, homosexuelle"[150]. Freud plädierte dafür, das Streben nach Selbstbehauptung nicht "männlichen Protest" zu nennen, sondern es zu den Ichtrieben zu rechnen.

In einem Vortrag versuchte Reik eine Reihe von kulturellen Einstellungen auf die Eltern bzw. den Vaterkomplex zurückzuführen. Zusammenhänge bestünden zwischen: Sexualneid auf den Vater und Ehrgeiz, wie er im Vaterkomplex von Schiller zum Ausdruck komme; Vaterkomplex und Skepsis wie bei Flaubert und Heine, wenn die moralischen Werte früh relativiert werden; Vaterkomplex und Religion sowie Atheismus, wenn die Sexualneugierde den religiösen Zweifel anrege. Reik faßte zusammen:

> Am Kampf der alten und neuen Generation, an der Ablösung von Stamm und Familie zeigt sich, daß der Elternkomplex eines der wertvollsten Kulturfermente der Menschheit darstellt.[151]

In der Diskussion hob Federn noch den Zusammenhang zwischen Vaterkomplex und Arbeitsstörung hervor, wenn eine feindliche Einstellung zum Vater bestehe. Rank fügte hinzu, daß als Reaktion auf die wirkliche oder vermeintliche Faulheit des Vaters auch ein übertriebener Fleiß des Sohnes treten kön-

146 ebenda, S. 122

147 ebenda, S. 73

148 ebenda, S. 73/74

149 ebenda, S. 74, siehe auch: ebenda, S. 108

150 ebenda, S. 75

151 Protokolle 1981, Bd. IV, S. 48

ne.[152] Schließlich formulierte Freud seine Kritik. Der Elternkomplex, "so ziemlich das wichtigste, was wir kennengelernt haben,"[153] dürfe nicht so leicht behandelt werden. Speziell zum "Vaterproblem" meinte er, daß der Sohn sich erst dann vom Vater ablösen soll, wenn er für diesen Schritt stark genug sei. Erfolgt die Ablösung der Söhne zu früh, so räche sich dies später, "wenn sie selbst Väter geworden sind: sie sind tyrannische Väter und ernten auch den größten Undank von ihren Söhnen"[154].

Schon jetzt kann festgestellt werden, daß der Forschungsdrang der Mitglieder stark ausgeprägt war: Man wollte den Phänomenen auf die Spur kommen. Die Grundlagen dafür waren Freuds Erkenntnisse und Erfahrungen. In dieser lebendigen Gruppenatmosphäre kamen auch divergierende Ansichten zur Sprache. Die Verbindung des Ödipusmythos mit dem Phantasieleben des einzelnen Menschen wurde von einigen Teilnehmern angezweifelt. Bei der Lektüre der Protokolle spürt der Leser immer wieder die Frage der "Söhne": Ist es wirklich so wie Freud behauptet? Eine solche konstruktive "Ungläubigkeit" macht bekanntlich Wissenschaft erst möglich.

Die wichtigsten Aspekte aus diesem Abschnitt werden nun zusammengefaßt:

a) In dieser Phase zeichnet sich bereits ab, daß Freud eine Analogie von Ödipussage und -komplex theoretisch ausarbeiten wollte. Beim Kind vermutete er entsprechende Phantasien den Eltern gegenüber und versuchte, diese "Beweise" erfinderisch aufzuspüren. Der Junge muß demzufolge ein kleiner Ödipus und ein Ausbund an "Schlechtigkeit" sein, der triebhafte Sexualität, Kinder zeugen, selbst ein Kind bekommen, den Vater töten und über ihn triumphieren will. Man muß sich vorstellen, daß Freud diese Annahmen mit Autorität vorgetragen hat. Dadurch entstand der Eindruck, als ob seine Phantasien über die Phantasien der Kinder Realitätswert hätten. Wenn er aber seine Phantasien so behandelt hätte wie die der Kinder, dann wäre er auf seine Biographie, vor allem jedoch auf den allgemeinen kulturellen Hintergrund gestoßen. Unter Umständen hätte er dann den patriarchalischen Einfluß und die eigene Vaterorientierung registriert, die so mächtig in seine Theorien einflossen. Die Vehemenz aber, mit der er seine Konstruktionen immer wieder bekräftigte, haben letztlich nichts zu deren Glaubwürdigkeit beigetragen. Vielleicht haben seine Schüler diese Diskrepanz gespürt. Deshalb ist auch der Widerspruch der jungen Psychoanalytiker bezüglich der Analogie von Mythos und Beziehungsvorgängen

152 ebenda, S. 49

153 ebenda, S. 50

154 ebenda, S. 50

verständlich. Dem Praktiker erscheint diese Verknüpfung subjektiv und willkürlich. Erst die Kenntnis über Freuds persönlichen "mythischen Hintergrund", der später dargelegt wird, ermöglicht es, seine Denkwege nachzuvollziehen, ohne sie akzeptieren zu müssen.

b) Es überrascht nicht, daß Freud den "Elternkomplex" als eines der wichtigsten Themen der Psychoanalyse bezeichnete. Auf die Väter eingehend stellte er fest, daß eine neurotische Entwicklung eingeleitet werde, wenn die Söhne sich zu früh von ihnen ablösen. Die Vatersozialisation wird vorzeitig unterbrochen. Der junge Mensch geht "unfertig" in die Welt und fühlt sich von den Lebensaufgaben überfordert. Als Familienvater setzt er den Circulus vitiosus der neurotisierenden Vater-Sohn-Beziehungen fort. In dieser Beschreibung blieb Freud ganz auf der Beziehungsebene und verzichtete auf den Mythos als "Beweismittel".

c) Freuds "Dichtung" der Kindheitsbedingungen des Don-Juan-Typus verblüfft durch ihren Phantasiereichtum. Man merkt, daß hier ein Künstler und nicht nur ein Naturwissenschaftler am Werk ist. Der Vater, wie Freud ihn sich dachte, gibt eine erbärmliche Figur ab. Weder Hilfestellung noch Unterstützung kann er seinem Sohn gewähren. Diese Vernachlässigung läßt den Jungen "verwildern". Zum Mann herangewachsen sucht er das intensive Leben bei den Frauen. Freud meinte, daß er sich das Verlorene erobern muß. Er führt diese Gier auf den frühen Tod der Mutter und später der Freundin zurück. Man könnte jedoch auch sagen, daß er seiner "verlorenen" bzw. nicht entwickelten Männlichkeit nachläuft. Ein distanzierter Vater ist kein Vorbild für männliches Verhalten. Demnach verlangt ihn danach, sich als Mann immerwährend zu bestätigen.

d) Die kränkenden Äußerungen des Vaters seinem Sohn gegenüber und der daraus folgende "nachträgliche Gehorsam" kann so manchen Mißerfolg des späteren Mannes erklären. Die Teilnehmer der Diskussionsrunde wußten, daß das Vaterschicksal das Leben des Mannes weitgehend determiniert. Zahllose Eigenschaften, Haltungen, Gefühle u.a. hat er in der Vater-Sohn-Beziehung erworben, die den Ausgangspunkt einer tiefgründigen Charakterkunde darstellen.

e) In der Gruppe wird nicht nur über pathologische, sondern auch über psychisch stabilisierende und aufbauende Faktoren diskutiert. Gedanken über die gelingende Vater-Sohn-Beziehung werden ebenfalls geäußert. Federns Auffassung, daß die Vaterliebe mit femininen Eigenschaften, durch Identifizierung mit Frauen erworben, einhergehen muß, klingt angesichts der heutigen Diskussion um den "androgynen Vatertypus" äußerst zeitgemäß. Ebenso aufschlußreich ist der Zusammenhang von Vaterliebe und Kultur. Durch seine Liebe und Fürsorge ist der Vater zunächst auf die Sicherung seiner Zukunft ausgerichtet. Damit vermehrt er diese beziehungsstiftenden Eigenschaften mittels seines Nachwuchses und trägt zur Kulturentwicklung bei.

f) Da Adler im Laufe der Jahre durch seine starke Persönlichkeit und seine eigenständigen Gedanken zunehmend an Bedeutung gewann, stellte sich bald eine Art von Rivalität zwischen ihm und Freud ein. Beide betonten ihre Forschungsergebnisse und grenzten sie bewußt von denen des anderen ab. Interessanterweise enthalten Adlers Ausführungen schon den Ansatz für den "vollständigen Ödipuskomplex"[155], den Freud für sich erst im Jahre 1923 "entdeckte".

3.2. Biographische Untersuchungen

Auch persönliche "Vater-Erlebnisse" wurden von Teilnehmern der Mittwoch-Gesellschaft berichtet. Joachim schilderte seine Angstempfindungen in Erwartung einer Prügelstrafe des Vaters. Dabei habe sich bei ihm ein Lustgefühl eingestellt und es sei zum Harnabgang gekommen. Da er jedoch nicht geschlagen worden sei, ist die Spannung nach seiner Ansicht in ihm geblieben. Später im Leben habe sich diese Situation in Träumen und Phantasien wiederholt. Wenn er Prüfungen oder schwere Arbeiten ablegen sollte, die er schlecht bewältigen konnte, dann habe sich Spannung und Angst nur durch eine Pollution lösen können.[156]

Max Graf, der Vater vom "kleinen Hans", teilte mit, daß er einen Entwurf zu einem Theaterstück angefertigt hatte, in dem ein Vater-Sohn-Konflikt vorkomme. Zwei Monate vor dem Einfall sei sein Vater gestorben,

> mit dem er immer im Konflikt gewesen war. Zu dem Entwurf fällt dann die Erinnerung an Hebbel und Schiller ein, die beide auch schlecht mit ihren Vätern standen und aus denen doch etwas geworden sei. - So ist also das Stück eine eigene persönliche Rechtfertigung.[157]

Das für jeden Mann emotional brisante Vaterthema wurde in der Diskussionsrunde häufig über die Vater-Verhältnisse bekannter Persönlichkeiten ausgetragen und abgehandelt. Stekel beschäftigte sich mit Grillparzer. Der Vater sei streng, nüchtern und pedantisch gewesen, so daß der Sohn ihm "unter der

---

155 Freud 1923b

156 siehe: Protokolle 1977, Bd. II, S. 43

157 ebenda, S. 73

Hülle der Liebe einen glühenden Haß"[158] entgegengebracht habe. Auch in den Dichtungen meinte Stekel den Vaterhaß wiederfinden zu können. Etwas später berichtete er über Hauptmanns Theaterstück "Griselda". Der Graf, ein roher und ungehobelter Mensch, sei eifersüchtig auf sein noch ungeborenes Kind. Bei der Geburt habe er Mordgedanken und ahne im Sohn den kommenden Konkurrenten.[159] Freud, für den Hauptmann ein "unsympathischer Kerl"[160] war, kritisierte vor allem den Schluß des Stückes. Die dargestellte Versöhnung beurteilte er als inkonsequent, "da das Problem der Eifersucht zwischen Vater und Kind unlösbar sei"[161]. In "Griselda" werde die Geburt des Sohnes, die von Feindseligkeit des Vaters überschattet ist, im Nachhinein als "Heldengeburt" glorifiziert. In den Mythen von der "Geburt des Helden" stehe aber am Anfang der Haß, das Verstümmeln oder Aussetzen des Sohnes auf Betreiben des Vaters.

Die "Karl Kraus-Affäre", die Wittels entfacht hatte, wurde auch in Verbindung mit dem "Vaterproblem" diskutiert. Kraus arbeitete in jungen Jahren bei der "Neuen Freien Presse", ehe er seine eigene Zeitung, die "Fackel", gründete. Wittels meinte nun unter anderem, daß die vielgelesene bürgerliche "Presse" im übertragenen Sinne das Geschlechts-Organ des Vaters sei. Die "Fackel" sei nur ein kleines Organ, aber in der Lage, das große zu vernichten.[162] Die Herausgabe der "Fackel" könne deshalb als unbewußter Todeswunsch gegen den Vater gedeutet werden. Diese "wilde Analyse" wurde von einigen Mitgliedern begrüßt, von anderen hingegen heftig kritisiert. Tausk verteidigte Kraus und hob hervor, daß "die Überwindung des Vaters zum Wesen des großen Mannes gehört"[163]. In Kraus erkannte Adler einen bestimmten Typus von Mensch wieder, der aus einem inneren Schwächegefühl den Drang zu verbalen Angriffen verspüre. Dahinter könne man den "Zwang zu einer hypertrophisch männlichen Phantasie"[164] entdecken. Furtmüller wies auf die Gefahr hin, die in Wittels' Ausführungen liegen.

> Es ist die Frage, ob die Analyse als Dogmengebäude oder als Arbeitsmethode zu betrachten ist. Im heutigen Vortrag ist mehr die erste Auffassung zum Durchbruch gekommen ().[165]

158 ebenda, S. 4, siehe auch: ebenda, S. 69/70
159 ebenda, S. 168
160 ebenda, S. 169
161 ebenda, S. 170
162 ebenda, S. 347
163 ebenda, S. 352
164 ebenda, S. 352
165 ebenda, S. 356

Dadurch verkenne man den Menschen Kraus. Freud lobte Wittels Bemühungen, legte ihm jedoch nahe, seine Überlegungen nicht zu veröffentlichen. "Die Analyse soll ja tolerant machen, und eine solche Vivisektion würde mit Recht der Vorwurf der Inhumanität treffen."[166]

Sadger beschäftigte sich mit Hebbel und versuchte, die Freudschen Erkenntnisse vom Elternkomplex zu bestätigen.[167] Das Kind habe sich eng an die Mutter angeschlossen und sei deshalb der Härte des Vaters entgangen. Aus einem Traum des Knaben glaubte Sadger, "den Todeswunsch gegen den Vater"[168] herauslesen zu können. Als der Vater dann starb, habe sich der 15jährige heftige Vorwürfe gemacht. Hebbels Pubertätsdichtungen würden ein Licht auf seine affektive Sphäre werfen. Die Titel lauten unter anderem: "Die einsamen Kinder", "Der Brudermord", "Der Vatermord". In der anschließenden Diskussion erklärte Freud das Anliegen der psychoanalytischen Forschung. Die Selbstverständlichkeit des Elternkomplexes müsse nicht betont werden,

> wir wollen sehen, was beim Dichter aus diesem Komplex geworden ist, welche Einstellung seines späteren Lebens wir etwa auf eine besondere Konstellation desselben zurückführen können.[169]

Freud fügte noch an, daß ein Kind auf die Belauschung des elterlichen Koitus auf zweifache Art reagieren könne. Es möchte an die Stelle des Vaters, aber auch an die der Mutter treten. In Hebbels Traum komme die passive Einstellung zum Ausdruck, in der er vom Vater "zum Beischlaf gebraucht werden will"[170].

Die wichtigsten Aspekte dieses Abschnitts werden nun zusammengefaßt:

a) Es wird deutlich, daß Freud und seine Schüler schrittweise ein festgefügtes Bild der Vater-Sohn-Beziehung entwickelt haben. Das biographische Material eignete sich hervorragend dazu, immer wieder vorkommende Merkmale einzuordnen. Jeder Sohn hat demnach dem Vater gegenüber phantasierte Todeswünsche, unüberbrückbare Eifersuchtsempfindungen, Schuldgefühle, Haßregungen, Phantasien vom Mißbrauchtwerden, Angst-, Spannungs- und Entladungsimpulse usw. Thematisiert wurde außerdem der Haß des Vaters auf seinen Sohn. Der Ältere ist auf das "kommende Leben" eifersüchtig. Da die Väter die Affekte über Jahrhunderte verdrängen

166 ebenda, S. 354

167 Protokolle 1981, Bd. IV, S. 1

168 ebenda, S. 13

169 ebenda, S. 15

170 ebenda, S. 16

und nicht offen eingestehen, kommen diese seelischen Regungen in Mythos und Dichtung zum Ausdruck.

b) Die ersten Psychoanalytiker betrachteten den Vater in seiner Bedeutung für den Sohn als entscheidende Instanz. Von außerordentlichem Forschungsinteresse ist dabei, aus welcher besonderen Vater-Sohn-Konstellation eine bestimmte Lebenseinstellung des Sohnes hervortritt. Damit wird der Blick auf die individuelle Verarbeitung des Vater-Erlebnisses gerichtet. In den Extremen kann sie dahin gehen, den Vater unerbittlich zu bekämpfen oder sich ihm völlig unterzuordnen.

c) Furtmüller hat auf die Gefahr hingewiesen, aus der Psychoanalyse kein Dogmengebäude zu errichten. Er bemerkte zu Recht, daß der einzelne Mensch mit einem derartigen Instrumentarium verkannt werde. In dieser Debatte um Karl Kraus wandte sich Freud gegen eine entblößende Analyse der Mitmenschen. Nach seiner Auffassung soll die Analyse tolerant machen. Wenn man in den Protokollen diese Toleranz sucht, sowohl gegenüber der eigenen Person als auch gegenüber anderen Menschen, so stößt man auf die persönlichen Schilderungen von Vater-Erlebnissen einzelner Teilnehmer. Es war sicherlich viel Mut dazu erforderlich, in dieser wissenschaftlichen Männerrunde mit solcher Offenheit aus dem eigenen Leben zu berichten. Daß solche "Beichten" nicht häufiger zu lesen sind, kann auf die vaterzentrierte, von Eifersucht durchsetzte Atmosphäre in der Gruppe zurückgeführt werden: Man wollte sich keine Blöße geben. Wir sehen also, daß die erste psychoanalytische Gruppe ihren "Stil" noch nicht gefunden hat. Die Gegensätze standen im Raum und mußten ertragen werden: Dogmengefahr und Toleranzforderung, persönliche Offenheit und "wissenschaftliche" Veschlossenheit, Angriff und Verteidigung. Das war aber auch ein Grund dafür, daß die Gespräche recht lebendig vonstatten gingen.

3.3. Vaterprobleme in der Praxis

Neben theoretischen Problemen standen bei den Zusammenkünften auch praktische und behandlungstechnische Fragen im Vordergrund. Wittels und Stekel stellten einen gemeinsamen Patienten vor, der an Impotenz litt. Dieser erklärte jedoch, es sei ihm wichtiger, die Richtigkeit der psychoanalytischen Theorie zu erproben. Freud meinte, wer so reagiere, sei froh, krank zu sein. Er habe in Wirklichkeit andere Absichten und "will den Arzt frozzeln"[171]. Der

171 Protokolle 1977, Bd. II, S. 37

Patient habe im Übertragungsgeschehen den eigenen Vater vor Augen. Er will diesem beweisen, "daß er impotent ist, also gar kein 'schlimmer' Sohn sein kann"[172]. Somit sei der Vater der Hauptwiderstand gegen seine Heilung. Wittels und Stekel hätten aber instinktiv die richtige Therapie angewandt, indem sie dem Patienten die Fortführung der Behandlung verweigerten.

Am Beispiel eines Patienten, der in der Übertragung "den Arzt das Geschlecht wechseln lasse"[173], beschrieb Freud verschiedene Übertragungsphantasien, die aus den Geburtstheorien des Kindes und dem Kernkomplex hervorgehen würden. Wenn das Kind gesehen habe, wie der Mutter ein Kind geboren wird, dann könnte es die beiden Wünsche, der Mutter ein Kind zu zeugen und vom Vater ein Kind zu bekommen, hervorbringen. Die Rolle des Arztes als Vaterfigur im Übertragungsgeschehen sei dann festgelegt. Habe das Kind keine Vorstellung, wer die gebärende Person ist, so könne es die Phantasie entwickeln, von der Mutter ein Kind zu bekommen. Damit sei die Bedingung erfüllt, "den Arzt diese bisexuelle Rolle spielen zu lassen"[174].

Hitschmann berichtete von einem jungen Mann, der an Platzangst litt. Der Patient gestand, nur in Begleitung seiner Mutter ausgehen zu können. Auch während der analytischen Sitzungen müsse sie draußen warten. Nachts träume er manchmal, in einem fremden Zimmer zu liegen, woraufhin er nach der Mutter schreie. Freud meinte dazu, daß der Tod des Vaters die Grundlage dieses Falles ausmache.

> Der Weg zur Mutter ist damit frei; Patient will zu ihr kommen, hat aber große Angst davor. Er will nun zu anderen Frauenzimmern, kann es aber nicht, weil er der Mutter nicht untreu werden will. Das ist der Konflikt; bei Nacht schreit er dann und will zur Mutter.[175]

Ein anderer Patient, so erzählte Freud, habe einen Angstanfall erlitten, als die Sonne ihn beschien. Der Mann erklärte, er habe in der "Mutter Erde" herumgearbeitet und plötzlich Angst bekommen, daß der Vater (die Sonne) ihm dabei zusehe.[176]

Der Hauptgedanke in diesem Abschnitt soll noch einmal genannt werden: Bei der Analyse von männlichen Neurotikern stieß Freud auf den interessanten Zusammenhang, daß einem bestimmten Beziehungsschicksal in der Kindheit eine entsprechende Einstellung auf den Therapeuten mit den dazugehörigen Übertragungsphantasien folgt. Einerseits erweist sich der Vater als

172 ebenda, S. 38
173 ebenda, S. 259
174 ebenda, S. 259
175 ebenda, S. 418
176 ebenda, S. 419

Hauptwiderstand gegen die Heilung, indem er, obwohl vielleicht schon längst verstorben, mit unverminderter Kraft auf den Sohn einwirkt. Andererseits beschrieb Freud die "Strategien" der Neurotiker im Kontakt mit dem Analytiker als Ersatzvater. Der Vaterkomplex bewirke, daß die Patienten sich so fühlen wie früher in der Beziehung zum Vater. Freud konnte aus dem aktuellen Übertragungsgeschehen die Struktur des ursprünglichen Verhältnisses "erraten" und erwies sich somit als Beziehungsanalytiker.

3.4. Vater-Gott-Relation

Freud hob hervor, daß die Menschen erst dann selbständig urteilsfähig werden, wenn sie an der Autorität der Eltern zweifeln.[177] Etwas später notierte Rank folgende Gedanken von Freud:

> Für den Atheismus sei das Zusammentreffen des Glaubens an Gott und an den Vater die Regel. - Freud erwähnt auch eine Patientin, die zugleich mit dem Glauben an ihren Vater ihren Gottesglauben verlor.[178]

Die Relation zwischen Vater- bzw. Gottes-Glauben und die Abkehr von beidem zum Atheismus hin tauchte in der Gedankenwelt der frühen Psychoanalytiker mit Regelmäßigkeit auf.[179] Als über Nietzsche diskutiert wurde, stellte Freud fest, daß der Philosoph seinen Vater früh verloren habe und in einem Frauenhaushalt aufgewachsen sei. Da ein Junge in einer solchen Situation annehme, den Tod des Vaters verursacht zu haben, meinte Freud, "daß er den Vater in der Biographie noch einmal tötet"[180]. Er bezieht sich auf Nietzsches radikalen Atheismus mit der Erklärung, Gott sei tot.

Stekel fühlte sich stark von dieser Thematik angesprochen. Er betonte, daß alle Neurotiker gläubig seien. Da der Zwangsneurotiker ein Zweifler sei, wechsele er in seinen Anschauungen zwischen atheistischen und frommen Perioden ständig ab. Die Ursprünge dieser Haltung seien im Elternkomplex zu suchen. Der zwanghafte Mensch habe in der Kindheit sowohl in der Identifizierung zwischen Vater und Mutter als auch in seinen emotionalen Regungen zwischen Liebe und Haß geschwankt.[181]

Selbst die Bedeutung des Teufels wurde an einem Abend erörtert. Sadger meinte, daß Sohn und Tochter den Vater in der frühen Kindheit mit Gott und

177 Protokolle 1976, Bd. I, S. 35

178 ebenda, S. 107/108

179 siehe z.B.: Protokolle 1977, Bd. II, S. 359 und Protokolle 1981, Bd. IV, S. 47 und S. 51

180 Protokolle 1977, Bd. II, S. 27

181 ebenda, S. 359

in der Ablösungsphase mit dem Teufel identifizieren würden. In der Periode des Selbständigwerdens werde dem Vater "alles Böse untergeschoben"[182]. Freud sah im Teufelsglauben eine Massenphantasie, die mit einem paranoischen Wahn gleichgesetzt werden könne. Zur Religion allgemein merkte er an, sie sei "vom Standpunkt des Sohnes gemacht, im Gegensatz zum Gesetz, das vom Vater stammt"[183].

Folgende Gedanken sind von Bedeutung:

a) Es verwundert nicht, daß bei diesem Thema Nietzsche genannt wurde. Dieser radikale Atheist hatte sich zu einer freiheitlichen Weltanschauung aufgeschwungen. Die Psychoanalytiker suchten die Gründe für diese Entscheidung in der Vaterbeziehung. Da ein Sohn glaubt, durch seine Todeswünsche den realen Tod des Vaters herbeigeführt zu haben, leidet er an unsäglichen Schuldgefühlen. Nietzsches Atheismus wird als Wiederholung des phantasierten Vatermordes gedeutet. Aber erst eine solche Lebensauffassung, in der die Macht von Vater, Vaterfiguren und Gott angezweifelt wird, führt zu Selbständigkeit und unabhängiger Urteilsfähigkeit.

b) Freud hat erkannt, daß religiöse Zeremonielle und Zwangsneurose zusammengehören. Die Teilnehmer des Mittwoch-Kreises nahmen dieses Thema auf und erweiterten es. Der Teufel wird ebenso wie Gott als eine Projektion des Menschen angesehen. Ist der Sohn in seiner Loslösungsphase mit einem begrenzenden Vater konfrontiert, so schiebt er ihm "böse" Eigenschaften unter. Dieser psychische Mechanismus hat eine Schutzfunktion und soll vor dem Austragen aktueller Konflikte entbinden. Dadurch bleibt der junge Mann jedoch im Vaterkomplex verhaftet und sein Seelenleben an kindliche Phasen gebunden. Er kann in der Zukunft kein eigenverantwortliches Handeln entwickeln.

c) Aufschlußreich ist Freuds Aussage über Religion vom Januar 1912. Religion sei vom Standpunkt des Sohnes gemacht, während das Gesetz vom Vater stamme. Wenn man diesen Satz auf die psychoanalytische Bewegung überträgt, so kann man sagen, daß Freud damit die Weichen für eine deutliche Führung stellt. Er will der "Gesetzgeber" sein, während den "Söhnen" die Religion bleibt, die ihnen Orientierung gibt und die Möglichkeit läßt, zu glauben.

---

182 ebenda, S. 111

183 Protokolle 1981, Bd. IV, S. 9

3.5. Verschiedene Vaterprobleme

Im Anschluß an einen Vortrag von Prof. Ehrenfels bemerkte Freud, daß "das Familienleben die Basis des Fortpflanzungsstrebens sei; mit Aufhebung des Familienlebens müsse auch dieses erlöschen"[184]. Der Wunsch, Kinder zu bekommen erfolge beim Sohn durch Nachahmung des Vaters. Ist der Vater nicht mehr vorhanden, dann falle dieser Wunsch fort.

Das Thema "Selbstmord" wurde in der Gruppe ausführlich diskutiert. Die Verbindung zum "Vaterthema" stellte Tausk her. Der Mensch leide an einem Schuldbewußtsein, das sich aus den Kulturanforderungen ergebe und zur Sublimierung und Triebverdrängung verpflichte.

> Als dieser Forderer tritt die Person des Vaters auf, die jene Forderung in dem Maße härter stellt, als sie [sie] selbst zu leisten schuldiggeblieben ist.[185]

Diese Diskrepanz, die letztlich den Grundkonflikt mit dem Vater ausmache, bemerke das Kind, und es komme zur unbewußten Kritik. Auch Adler bevorzugte eine beziehungsanalytische Erklärung. In Verbindung mit Selbstmordversuchen könne er regelmäßig die Auflehnung des Sohnes gegen den Vater feststellen. Vor allem wenn der Sohn zu einem ungeliebten Studium gedrängt werde, komme es vor Prüfungen zur suizidalen Handlung. Dabei wolle er unbewußt den Vater bestrafen, aber nicht aus einer realen Kränkung heraus, sondern aufgrund seines gesamten neurotischen Befindens.[186]

In einem Vortrag über Berufswahl hob Stekel hervor, daß die Motivation zur Ergreifung eines Berufes maßgeblich von der Identifizierung mit dem Vater abhänge. Oftmals könne man das Streben beobachten, den Vater zu übertreffen. Andererseits würden die Söhne auch Berufe wählen, die denen der Väter entgegengesetzt seien. So hätten Söhne von Politikern selten die Anschauungen ihrer Väter. Viele junge Literaten würden aus Kaufmannsfamilien stammen und die großen Dichter seien "häufig die Söhne trockener, pedantischer Väter"[187].

In einem Referat über Onanie erwähnte Tausk, daß Onanisten "durchaus sadistische Väter, und zwar sowohl von der brutalen, grausamen Art, wie die der stillen, harten Autorität (allwissend, allmächtig)"[188] hätten. Die Söhne würden bis weit in die Pubertät hinein von der Asexualität der Väter über-

---

184 Protokolle 1977, Bd. II, S. 91

185 ebenda, S. 463

186 ebenda, S. 465/466

187 Protokolle 1979, Bd. III, S. 44

188 ebenda, S. 327

zeugt sein. Um das zwanzigste Lebensjahr herum stelle sich dann ein "affektiver Antagonismus"[189] zwischen Vater und Sohn ein. Diese Wut gehe vom Sohn aus mit dem Vorwurf, vom Vater nicht den Weg zur Frau gezeigt bekommen zu haben. Bedingt durch diesen Hintergrund werde die heterosexuelle Betätigung des jungen Mannes beeinträchtigt. Hitschmann lenkte die Aufmerksamkeit noch auf den Ödipuskomplex. Ein sadistischer Vater gebe einem Sohn mehr Anlaß zum Haß und verstärke dadurch den Ödipuskomplex. Somit habe der Sohn eine weibliche Einstellung zum Vater.[190]

Zusammenfassend kann folgendes hervorgehoben werden:

a) Freuds Feststellung, ohne Familienleben gebe es keine Fortpflanzung, zeigt, daß er der "Sozialisation" einen mächtigen Einfluß einräumte. Er traute den äußeren Bedingungen eine Veränderung des Sexualtriebes zu und führte den Wunsch nach Kindern beim Sohn und späteren Mann auf die Nachahmung des Vaters zurück.

b) Weiterhin ist auffällig, daß die Mitglieder der Mittwoch-Gesellschaft eine beziehungsanalytische Theorie des Vater-Sohn-Konflikts vertraten:
   - Der Sohn bemerkt die Diskrepanz zwischen den Forderungen und den erbrachten Leistungen des Vaters. Für diesen unterschiedlichen Maßstab hasse er ihn.
   - Bei der Auflehnung gegen den Vater muß die gesamte Situation des Sohnes beachtet werden. Nicht nur ein Faktor führt zu einem Suizidversuch, sondern die ganze Lebensstimmung des Sohnes ist dafür verantwortlich.
   - Ein Sohn kann sich mit dem Berufswunsch oder der Tätigkeit des Vaters identifizieren, er kann ihn übertreffen wollen oder er kann dagegen opponieren. Welche Einstellung sich bei ihm durchsetzt, hängt von der gefühlsmäßigen Beziehung zum Vater ab.
   - Unstimmigkeiten von Vater und Sohn im Erwachsenenleben können darauf beruhen, daß der Sohn dem Vater vorwirft, ihm nicht den Weg zur Frau gezeigt zu haben.
   - Ein sadistischer Vater treibt den Sohn in den Ödipuskomplex hinein. Dadurch klammert er sich an die Mutter und verspürt tiefen Haß auf den Vater.
   - Wut und Haß des Sohnes auf den Vater behindern die Entwicklung zur Sexualität und die Beziehungsaufnahme zur Frau.

c) Die Person des Vaters repräsentiert die Kulturforderungen für den Sohn. Die Art und Weise der Vermittlung in der Kindheit bestimmt die Haltung

---

189 ebenda, S. 327

190 ebenda, S. 328

des Mannes zu Vorgesetzten und Autoritäten, zum Beruf, zum Lernen, zu kulturellen Errungenschaften und zum Wertehorizont.

Man kann sagen, daß das wissenschaftliche Niveau in der Mittwoch-Gesellschaft sehr hoch war. Es gibt kaum einen Bereich innerhalb der Vater-Sohn-Problematik, der nicht diskutiert wurde.

4. Vater und Sohn: Ursprung und Folgen einer Beziehung

Auf dem Hintergrund von Freuds psychischer und weltanschaulicher Vaterorientierung, die in seiner persönlichen Werdensgeschichte und in der Phase der Theoriebildung nachgewiesen wurde, wird nun seine Theorie der Vater-Sohn-Beziehung bis 1913 zusammenfassend dargestellt. Dabei werden theoretische Überlegungen, biographische Erforschungen und Gedanken aus der Mittwoch-Gesellschaft herangezogen. Explizit hat Freud in seinen Schriften keine Theorie der Vater-Sohn-Beziehung formuliert. In seinem Denken spielte dieses Verhältnis jedoch eine große Rolle. Daneben hat Freud immer wieder auf die allgemeinere Konstellation der Beziehung zwischen Eltern und Kindern hingewiesen und das Fundament zu einer noch heute gültigen Psychologie der Eltern-Kind-Beziehung geschaffen. Wesentliche Aspekte dieses Beziehungsgeschehens können deshalb auf Vater und Sohn übertragen werden.

Schon seit der Jugendzeit versuchte Freud, Verbindungslinien zwischen den mythologischen Gestalten und seiner Person zu finden. Wie sehr Freud zum Beispiel mit König Ödipus beschäftigt war, zeigt folgende Begebenheit: Als Student phantasierte er beim Anblick verschiedener Büsten berühmter Wissenschaftler im Hof der Wiener Universität, daß auch sein Abbild eines Tages dort stehen würde, mit den aus dem Ödipusdrama eingravierten Worten: Der das berühmte Rätsel löste und ein gar mächtiger Mann war. Zu seinem 50. Geburtstag im Jahre 1906 schenkten ihm seine Schüler eine Medaille, auf der die Ödipus-Sphinx-Szene abgebildet und eben dieser Satz eingeprägt war. Freud wurde blaß und stammelte einen Dank. Vogt deutet:

> Wahrscheinlich erlebte er seine ihm schon lange bekannte Identifizierung mit Ödipus plötzlich in ihrer ganzen emotionalen Dichte. Überwältigend kam ihm wohl zum Bewußtsein, wie genau seine Jünglingsphantasie schon den Horizont seiner späteren epochemachenden Forschungen abgesteckt hatte. Seine momentan labilisierten Ich-Grenzen () machten ihn unvermittelt zum *mythischen Doppelgänger von Ödipus.*[191]

---

191 Vogt 1986, S. 105

Freud war der Auffassung, daß in der Mythologie alle Menschheitsprobleme beschrieben sind. In der Phase der Selbstanalyse begann er, seine inneren Regungen analog zum Ödipusmythos zu deuten. Später ging er davon aus, daß bestimmte Regungen im Seelenleben mit urgeschichtlichen Erlebnissen kausal im Zusammenhang stünden. Aus der Tiefe der Person würden Impulse aufsteigen, die in der Urzeit entstanden sind und zu feststehenden Handlungen, Gefühlen, Affekten, Willensvorstellungen, Bedürfnissen usw. führen. Auf dieser Grundlage baute Freud seine Theorie auf.

Freuds Triebtheorie, die eng mit seinen urgeschichtlichen und mythologischen Vorstellungen verknüpft ist, durchlief verschiedene Phasen. In der Zeit von 1905 bis etwa 1913 unterschied Freud die Sexual- und die Ich- bzw. Selbsterhaltungstriebe.[192] Für meine Themenstellung sind die Ichtriebe von Bedeutung, weil von da aus eine Beziehungstheorie formuliert werden kann. Zwei Richtungen der Ichimpulse lassen sich unterscheiden: Zum einen kann das Ich nach außen gerichtet sein, um der Realität gerecht zu werden, bestimmte Leistungen zu vollbringen, die Außenreize zu sondieren, soziale Beziehungen aufzunehmen, zu werten usw. Zum andern kann das Ich auf das "Innenleben" gerichtet sein, um Triebregungen abzuwehren bzw. zuzulassen, innere Bilder wahrzunehmen und zu bearbeiten, Körperfunktionen zu registrieren und darauf zu reagieren, das Selbstgefühl zu erhalten oder zu steigern, Sublimierungen auszuführen usw. Vor allem in seinen Falldarstellungen und Äußerungen in der Mittwoch-Gesellschaft hatte Freud die Bedeutung der Ich-Triebe vor Augen. Auf diesem Hintergrund unternahm er "Beziehungsanalysen", deren Ergebnisse beeindruckend sind.

Legt man Freuds gesamte Theorie zugrunde, so zeigt sich eine eklatante Diskrepanz zwischen Theorie und Praxis. Es herrscht eine Kluft zwischen den Fähigkeiten Freuds, als Kliniker die Symptome, seelischen Vorgänge, Beziehungen usw. anschaulich darzustellen und seinen Bemühungen als Naturwissenschaftler, seine Beobachtungen gewaltsam in das Prokrustesbett der Libidotheorie hineinzuzwängen. Mit der Abhandlung "Totem und Tabu" aus dem Jahre 1912/13 sollte Freud dieses Mißverhältnis bezüglich der Vater-Sohn-Beziehung festschreiben. Seine Theorie bekam mit dieser Schrift ein angeblich anthropologisches Fundament. Bis heute ringen die Psychoanalytiker mit diesem Tatbestand, der sie aus dem Dilemma von starrer Theorie und lebendiger Praxis nicht entläßt. Auf alle Psychoanalytiker gemünzt meint Schafer:

> Es ist schon sonderbar, () daß die Praktiker einer Disziplin, die sich so speziell der menschlichen Subjektivität und dem menschlichen Han-

192 siehe: Drews/Brecht 1982, S. 70ff

deln zuwenden, beharrlich der unpersönlichen Rhetorik der Naturwissenschaften ergeben geblieben sein sollten.[193]

Beachtet werden muß jedoch, daß diese Diskrepanz in den Jahren vor 1912/13 noch nicht so sehr ins Gewicht fiel. Freuds Herangehensweise an menschliche Probleme kann annähernd als phänomenologisch bezeichnet werden.

Die Theorie der Vater-Sohn-Beziehung wird im folgenden kurz rekapituliert:

a) Freud diagnostizierte eine pathologische Rollenaufteilung der Geschlechter in den Familien. Die verwöhnende und sadistische Mutter steht dem nicht verfügbaren und repressiven Vater gegenüber. Hinzu kommt, daß die Eltern eine "sexuelle Auswahl" bezüglich ihrer Kinder treffen: Der Vater verzärtelt die Tochter und die Mutter den Sohn, während beide beim gleichgeschlechtlichen Kind die gewohnte Strenge an den Tag legen. Einerseits erwartet der Vater von seinem Sohn vortreffliche Leistungen, was in der Namensgebung zum Ausdruck kommen kann, andererseits tritt er zu ihm - seinem "Nachfolger" - in ein Rivalitätsverhältnis. Die Verweigerung der Mitbestimmung ist somit die Folge einer solchen Beziehung. Überdies kann es zu einer Irreführung bezüglich sexueller Fragen oder gar zur Kastrationsdrohung kommen. Daraus folgt, daß sich der Sohn eng an die Mutter bindet und den Vater aggressiv als Störer und Eindringling ablehnt.

b) Obwohl Freud an den "Sozialisationsaufgaben" des Vaters festhielt, stellte er das Kind mit seinen Eigenaktivitäten in den Mittelpunkt seiner Theorie. Dabei legte er den Schwerpunkt auf die "infantile Sexualbetätigung"[194], gleichgültig, ob diese von außen provoziert wird oder spontan von innen erfolgt. In diesem Zusammenhang bezeichnete er das Kleinkind als absolut egoistisch und morallos. Auf dem Hintergrund von angenommenen phylogenetischen Faktoren, aber vor allem aufgrund der realen Vaterbeziehung hat jeder Sohn gegenüber seinem Vater phantasierte Todeswünsche, Haß- und Eifersuchtsregungen, Phantasien des Mißbrauchtwerdens und der Überlegenheit, Identifizierungswünsche, Schuldgefühle, Angst-, Spannungs- und Entladungsimpulse. Zahlreiche innere Verarbeitungsmechanismen zeichnen sich bei ihm ab: Er entwickelt Theorien, um mit der komplizierten Realität fertig zu werden und phantasiert einen "Familienroman". Auch kann sich bei ihm eine psychische Spaltung zeigen, die Freud als "Kernkomplex der Neurosen" bezeichnet.

---

193 Schafer 1982, S. 31

194 Freud 1906a, S. 152

c) Wenn man das Verhältnis von Vater und Sohn, wie Freud es dargestellt hat, nach beziehungsanalytischen Kriterien untersucht, so läßt sich ein Spannungsfeld von Idealisierung und Entfremdung nachweisen. Der Vater ist darauf bedacht, dem Sohn alle Vollkommenheiten und Vorrechte zuzusprechen und der Sohn erhebt den Vater zu einem Gott. Sobald sich jedoch der Lebensradius des Jungen erweitert, empfindet er eine Enttäuschung bezüglich des eigenen Vaters, die schnell in Feindseligkeit umschlagen kann.

Auch die Entfremdung im psychologischen Sinn wird bei Freud schon angedeutet. Beim Vater besteht sie aus einem starren Rollenverhalten, Täuschungen des Kindes bezüglich seiner Sexualität, Kastrationsdrohung, offener Aggression usw. Im Seelenleben des Sohnes findet deshalb eine Spaltung statt, die sich einerseits aus einer äußerlichen Anpassung und Bravheit, andererseits aus einem geheimen, innerlichen Phantasieleben zusammensetzt, das nicht selten angefüllt ist mit Wut und Ressentiments. Daraus erwachsen neurotische Persönlichkeiten, die im Kern ihrer Neurose die oftmals tragischen Einwirkungen der Väter in sich tragen. Aufgrund dieser "Verklebung" von Vater und Sohn, die aus untergründiger Vergötterung, Hoffnung auf nachträgliche Liebe, Haß, Rettungsphantasien, Rachegedanken usw. besteht, erweist sich die "Lockerung"[195] bzw. Ablösung der beiden Kontrahenten voneinander als ein fast unmögliches Unterfangen. Nicht selten entsteht ein Circulus vitiosus, in dessen Verlauf der Jugendliche und spätere Familienvater die gleichen Irrtümer begeht wie die Vätergeneration.

d) Von diesen Tatsachen ausgehend kann aus der Vaterbeziehung ein Weltbezug für den Sohn abgeleitet werden. Freud wußte, daß das Vaterschicksal das Leben des Mannes weitgehend determiniert. Diese "Vaterwelt" läßt sich in zwei Relationen unterteilen.

-- Die Art der Vaterbeziehung in der Kindheit bestimmt wesentlich das Verhältnis zu Autoritäten bzw. Ersatzvätern. Im Fallbericht vom kleinen Hans wird deutlich, daß der Junge sowohl den Vater als auch Freud bewunderte. Die Autoritätsbeziehungen von Lanzer waren durch das "Machtproblem" gekennzeichnet, genau wie die Beziehung zum Vater. Leonardo konnte in der Kindheit ein uneingeschränktes Souveränitätsgefühl entwickeln, das ihm später ermöglichte, jede Autorität in Frage zu stellen. Schreber übertrug seine passive und latent aggressive Haltung dem Vater gegenüber auf alle Autoritäten.

---

195 Freud 1905d, S. 129

-- Freud sah die Gottesinstanz als eine Projektion mit den Eigenschaften der Vaterfigur an. Bringt jemand den Mut auf, die subjektiv als absolut empfundene Autorität des Vaters anzuzweifeln, so verliert er auch den Gottesglauben. Nur so ist innere und äußere Selbständigkeit und unabhängige Urteilsfähigkeit möglich. Durch den Gottes- und Teufelsglauben bleibt der Mensch jedoch im Vaterkomplex verhaftet und seine seelische Kraft an kindliche Phasen gebunden.

e) Jeder Mann steht vor der Aufgabe, Liebe und Sexualität in sein Leben zu integrieren. Wut und Haß des Sohnes auf den Vater, etwa mit dem Vorwurf, ihm nicht den Weg zur Frau gezeigt zu haben, verhindern eine innige Beziehungsaufnahme zum anderen Geschlecht. Wenn der Vater als einschränkende moralische Instanz aufgetreten ist, kann das Sexualleben des Mannes beeinträchtigt sein. Durch Aufklärung, bedingungslose Förderung und ein niveauvolles Vorbild verhilft der Vater dem Sohn, in die "Welt der Liebe" hineinzuwachsen.

f) Die übergeordnete Aufgabe des Vaters besteht darin, den Sohn an die Kultur heranzuführen, ohne ihn in seiner ursprünglichen Vitalität zu schädigen. Da der Vater jedoch selbst der kulturellen Sexualmoral unterworfen ist und somit die repressiven Normen in die Familie hineinträgt, kann er diesen Auftrag kaum erfüllen. Aber Freud gab doch Hinweise dafür, was eine Vater-Sohn-Beziehung beinhalten muß, damit der junge Mensch ein "Kulturwesen" wird. Zunächst muß ein Vater das Anliegen verspüren, die "vernünftigen" Kulturforderungen an den Sohn weiterzugeben. Schon wenn er selbst an der Kultur regen Anteil nimmt, erleichtert er seinem Sohn eine ebensolche Ausrichtung. Die Art und Weise der Vermittlung ist maßgeblich für den Erfolg verantwortlich. Die Einfühlung kann durch Identifizierung mit Frauen verbessert werden, um das starre männliche Rollenverhalten abbauen zu helfen. Weiterhin ist der Vater zur Aufrichtigkeit aufgerufen. Mangelnde sexuelle Aufklärung oder gar Lügengeschichten untergraben das Vertrauen des Sohnes, "Hochstapelei" führt zum Haß. Für den Sohn erkennt Freud die Gefahr, "unfertig" in die Welt zu gehen, sofern er sich zu früh vom Vater löst.

Dieses schwierige Unternehmen kann nur gelingen, wenn sich die Väter weitgehend gewährend gegenüber den Söhnen verhalten und eine Lernbeziehung zu ihnen herstellen. Nur die Verbindung dieser beiden Faktoren führt zu einer expansiven, forschenden und humanen Haltung der jungen Generation, die es ihr ermöglicht, "ungehemmt" in die Kultur hineinzuwachsen. Die Wißbegierde des jungen Menschen hängt elementar von der Vaterbeziehung ab und führt wiederum in die Vaterwelt hinein.

g) Ein bestimmtes Beziehungsschicksal in der Kindheit zieht eine entsprechende Übertragung auf den Analytiker nach sich. Freud faßte zusammen:

> Bei männlichen Patienten scheinen die bedeutsamsten Kurwiderstände vom Vaterkomplex auszugehen und sich in Furcht vor dem Vater, Trotz gegen den Vater und Unglauben gegen den Vater aufzulösen.[196]

Freud trat für die Patienten die "Vater-Nachfolge" an. Durch die Analyse der aktuellen Übertragungsvorgänge konnte er die neurotische Struktur der ursprünglichen Vater-Sohn-Beziehung erkennen und entsprechende Interventionen einleiten. So war die therapeutische Beziehung zwischen Freud und dem kleinen Hans bzw. seinem Vater von gefühlshafter Anteilnahme, Lerninteresse und Wertempfinden getragen. Die Gesundung von Lanzer beruhte auf Freuds Erkenntnis, sich bei einem solchen Krankheitsbild Zeit zu lassen, eine entspannte Situation herzustellen, dem Patienten Sicherheit und Vertrauen zu vermitteln, sein Selbstwertgefühl zu steigern und ihm Anerkennung zu geben. Somit mündete die Analyse in eine Nacherziehung ein. Freuds Vorstellung von Schrebers Gesundung implizierte, dem Vaterkomplex eine positive Wendung zu geben, damit sich der Patient mit seinen homosexuellen Regungen versöhnen kann. An diesem Gedanken wird deutlich, daß Freud der affirmativen Vaterbeziehung einen therapeutischen Wert zuschrieb.

Bevor im nächsten Kapitel Freuds Stellung als Vaterfigur in der psychoanalytischen Bewegung genau untersucht wird, soll hier bereits auf den Zusammenhang von theoretischen Schlußfolgerungen und praktischen Vater-Sohn-Beziehungen hingewiesen werden. Ein Schwerpunkt meiner Untersuchung verfolgt das Ziel, die Theorie dieser Beziehung aus Freuds Schriften abzuleiten. Freud ging jedoch davon aus, daß Triebvorgänge bestimmte Beziehungsmodi nach sich ziehen, so daß die Analyse des Beziehungsverhaltens für ihn sekundär war. Im Ödipuskomplex kommt es zu solchen durch den Trieb "erzwungenen" Beziehungserfahrungen, in denen der Sohn den Vater haßt, ihn töten will und mit ihm rivalisiert. Nach Freuds Wissenschaftsverständnis sind diese Regungen allgemeingültig und bei allen Söhnen zu finden. Obwohl die anthropologische Festlegung dieser Beziehungsvorgänge erst 1913 in "Totem und Tabu" erfolgte, bahnte sich die Festlegung der unabänderlichen Feindschaft zwischen Vater und Sohn hier bereits an. Da Freud seine Theorien, auch die vorläufigen, immer mit Autorität vorgetragen hat, konnten ebendiese Gedanken in der Mittwoch-Gesellschaft nicht ohne Folgen bleiben.

Wie im nächsten Kapitel dargelegt wird, haben die "Söhne" der Mittwoch-Gesellschaft ihr Vaterbild auf Freud übertragen und in Freud einen neuen

---

196 Freud 1910d, S. 126

"Vater" gefunden. Sie machten sich seine festgefügte Theorie der Vater-Sohn-Beziehung zu eigen, ohne zu erkennen, daß diese Ansichten einer bestimmten inneren Orientierung entsprangen. Die Auswirkungen dieser Theorie waren für die psychoanalytische Bewegung fatal. Das Zerstörerische wurde in den Vordergrund gerückt und regelrecht kultiviert. Die Distanz zwischen "Vater Freud" und den "Söhnen" vergrößerte sich, weil bei allen Vaterkomplex und Vatermord-Phantasien aufgespürt werden mußten. Wie aus Freuds Briefwechsel zu ersehen, dämonisierten die "Söhne" ihren Lehrer, während dieser die Loyalität seiner Schüler bezweifelte und heimliche Todeswünsche vermutete. Somit schwankten alle in ihren Gefühlen zwischen Respekt, Feindseligkeit und Mißtrauen und erfüllten unbewußt die postulierte Lehrmeinung. Die "Beweisführung" dieser Theorie steigerte sich zum Trauma und stellte dann nur eine Bestätigung derselben dar.

Ich bin überzeugt, daß ich nicht der einzige bin, der bei wichtigen Entschließungen, bei der Selbstkritik etc. sich stets die Frage stellt und stellte: wie würde sich Freud dazu verhalten? Unter "Freud" verstand ich seine Lehren und seine Persönlichkeit, zu harmonischer Einheit verwachsen.[1]

V. Freuds Entwicklung zur Vaterfigur: Die frühe psychoanalytische Bewegung und ihre Krisen

Nachdem Freuds Vaterorientierung in seiner Biographie, das entsprechende Denken in der Theoriebildung und Strukturelemente der Vater-Sohn-Beziehung herausgearbeitet wurden, wende ich mich nun der Beziehung zwischen "Vater Freud" und seinen "Söhnen" in der "Kindheit" und "Jugendzeit"[2] der psychoanalytischen Bewegung zu. Wie bereits betont, müssen die Entstehungsbedingungen der Psychoanalyse in einer engen Verknüpfung und gegenseitigen Beeinflussung von Freuds Erfahrungshintergrund, seinen theoretischen Überlegungen und dem lebendigen Gruppenleben gesehen werden. Gemäß dem traditionellen gesellschaftlichen Denken wurde die psychoanalytische Bewegung nach dem "Familienmodell" aufgebaut. Deshalb kommt der übertragenen Vater-Sohn-Beziehung eine große Bedeutung zu. In diesem Kapitel wird Freuds Stellung als "Gruppen-Vater" beschrieben. Schon jetzt kann gesagt werden, daß ab dem Jahr 1910 in der Verzahnung von Freuds Persönlichkeitsstruktur und den Theoriebildungs- und Gruppenprozessen die ersten Anzeichen der "Vatermacht" sichtbar werden. Auf diese Konstituierung wird im VI. Kapitel detailliert eingegangen.

---

1 Sándor Ferenczi, in: Freud/Ferenczi 1993, S. 309

2 Freud/Ferenczi 1993, S. 235

Im nachfolgenden Kapitel soll zuerst Freuds konfliktreicher Weg zur Vaterfigur nachgezeichnet werden, bevor sein Wirken als "Erzieher" in bezug auf einzelne "Söhne" dargestellt wird. Dann wende ich mich der Gründung der psychoanalytischen Vereinigung, der Trennung Adlers von Freud und den Auseinandersetzungen zwischen Freud und Jung zu. Zusammenfassende Betrachtungen stellen den Abschluß dieses Kapitels dar.

1. Konflikte einer werdenden Vaterfigur

1.1. Die Aufarbeitung der Vaterbeziehung

Im Vorwort zur zweiten Auflage der "Traumdeutung" schrieb Freud:

> Für mich hat dieses Buch nämlich noch eine andere subjektive Bedeutung, die ich erst nach seiner Beendigung verstehen konnte. Es erwies sich mir als ein Stück meiner Selbstanalyse, als meine Reaktion auf den Tod meines Vaters, also auf das bedeutsamste Ereignis, den einschneidendsten Verlust im Leben eines Mannes. Nachdem ich dies erkannt hatte, fühlte ich mich unfähig, die Spuren dieser Einwirkung zu verwischen.[3]

Diese Sätze zeigen, daß die Abfassung dieser Schrift ihm dazu diente, Klarheit über seine eigene Person zu erlangen. Für Freud verlief dieser Weg über die Analyse seiner Vaterbeziehung und seines Vaterbildes. Ist es dabei geblieben? Gay verweist zu Recht darauf, daß sein Selbsterkenntnisprozeß in einem erweiterten Spektrum stattgefunden hat. Freud habe in den späten 90er Jahren aufgrund des Tods seines Vaters, der Selbstanalyse und der Fortschritte der Theoriebildung einen Teil seiner ödipalen Konflikte mit Heftigkeit wiedererlebt.

> Als er die Traumdeutung schrieb, forderte er seine Ersatzväter heraus - die Lehrer und Kollegen, die ihn gefördert hatten und die er nun hinter sich ließ.[4]

Damit arbeitete er seine psychischen Beziehungsmuster der Bewunderung und Rivalität durch, die er im Verhältnis zu Ersatzvätern eingeübt hatte. Jones nennt sechs Männer, die er zu Idealfiguren erhoben hatte und zu denen er lange in einem geistigen Abhängigkeitsverhältnis blieb: Brücke, Meynert,

---

3 Freud 1900a, S. 24

4 Gay 1989, S. 164

Fleischl, Charcot, Breuer und Fließ. Durch seine Selbstanalyse jedoch, "die drei oder vier Jahre der Herkuleskämpfe"[5], sei er im Jahre 1901 "zur vollkommenen Reife gelangt"[6]. Auch Gay stimmt in diese Lobeshymne mit ein: "Der erste Besuch Roms im September 1901 besiegelte seine Unabhängigkeit."[7] Diese Einschätzung ist übertrieben und vorschnell, weil sie Freuds Vaterorientierung vernachlässigt. Der Gründer der Psychoanalyse mußte tiefer dringen, er mußte über die Konfrontation mit seinem persönlichen Vater und den Ersatzvätern hinausgehen und sich der gesamten Vaterwelt stellen. Meines Erachtens war sein Erkenntniswille um die Jahrhundertwende auf das Verstehen des Vaterproblems in der Kultur und die Auswirkungen auf seine Person ausgerichtet. Neben der Erziehung seiner eigenen drei Söhne bestand der wichtigste Anstoß für diese Auseinandersetzung darin, daß sich ab 1897 geistige "Söhne" meldeten[8], die von ihm belehrt werden wollten. Wie aber müssen Schüler angeleitet werden? Im Jahre 1902 wurde die Mittwoch-Gesellschaft gegründet, und Freud übernahm darin die "Vaterposition". Wie muß eine Gruppe geführt werden? Somit bestand eine wichtige Motivation seiner Selbsterforschung in der Aufdeckung der eigenen paternitären Strukturen, um einen sachgemäßen Führungsstil entwickeln zu können. In diesem Entwicklungsprozeß war Freud vor allem mit drei Strebungen seiner Vaterorientierung[9] beschäftigt, die auch in sich konflikthaft sind:

a) Die patriarchalische Ordnung des 19. Jahrhunderts hat bei Freud bürgerliche Haltungen hervorgebracht, die unter anderem in einem gewissen Herrschaftsstreben zum Ausdruck kamen. Dieses konnte sich in Orientierung gebender, aber auch in repressiver Weise äußern.

b) Seine Anlehnungsbereitschaft im beruflichen Bereich führte einerseits zur Identifizierung mit Vaterfiguren, im Verlauf dessen seine tief verwurzelte Lernhaltung entstehen konnte, andererseits zu einer Tendenz der Anpassung an autoritäre Strukturen.

c) Seine freiheitlichen Phantasien und Gedanken erzeugten in ihm hohe Ideale mit der Bereitschaft, Anstrengungen bei der Bewältigung von schwierigen Aufgaben auf sich zu nehmen, aber auch eine gewisse Wirklichkeitsferne, die mit dogmatischen Zügen verbunden war.

---

5 Jones 1962, Bd. 2, S. 15

6 ebenda, S. 15

7 Gay 1989, S. 164

8 siehe: Freud 1985c, S. 260

9 siehe Kapitel II.4.

In seinen Träumen spiegeln sich diese Konflikte sowie das Hineinwachsen in die angehende Vaterrolle wider. Einige Träume, die auf diese inneren Spannungen hinweisen, werden im folgenden genannt.

a) Der "Irma-Traum" handelt von einer Patientin, die Freud bei einem Empfang zur Seite nimmt und ihr die mangelhafte Genesung vorwirft. Aus Sorge, etwas Organisches übersehen zu haben, untersucht er sie. Schließlich zieht er Dr. M. hinzu, der die Diagnose stellt: "Kein Zweifel, es ist eine Infektion, aber es macht nichts"[10].

   Es werden nur die Aspekte hervorgehoben, die für die Aufarbeitung von Freuds Vater-Konflikten relevant sind. Freud deutete den Umstand, daß die Patientin im Traum nicht gesund wird, als Wunsch, sich in der Diagnose geirrt zu haben: Nicht eine hysterische, sondern eine organische Krankheit möge vorliegen. Seine Art der Behandlung könne nur hysterische Schmerzen beseitigen, nicht aber organische.[11] Den unsinnigen Trost von Dr. M., der mit Josef Breuer identisch ist, deutete Freud als einen Racheimpuls seinerseits. Er fühlte sich von Breuer durch finanzielle Schulden abhängig. Außerdem litt er ihm gegenüber an einem Unterlegenheitsgefühl, das durch die Hoffnung auf mögliche Patientenüberweisungen verstärkt wurde. Zu Recht nennt Erikson als wichtigen Gesichtspunkt dieses Traumes die "Ergebung in die traditionelle Autorität des Dr. M. (seines Überich)"[12]. Somit erkennen wir die Angst vor dem Versagen sowie die Anlehnungsbereitschaft an Breuers Intervention als Konfliktpunkte. Mit Freuds Theorie der Wunscherfüllung kann der "Irma-Traum"

   > als Ausdruck von Freuds Bemühen verstanden werden, sich von Breuer zu lösen und eigene, vielleicht sogar "revolutionäre" wissenschaftliche Konzepte und Theorien zu entwickeln.[13]

   Auffällig ist, daß Freud seine eigenen Träume progressiv gedeutet hat. Nicht selten formte er die Inhalte der Angst, des Versagens, der Unselbständigkeit usw. durch seine Deutung in eine Ermutigung oder einen Entwicklungsimpuls um.

b) Im Anschluß an einen "Rom-Traum" assoziierte Freud Begebenheiten aus seiner Kindheit und Jugend. In seinen Gymnasialjahren hatte er mit Hannibal sympathisiert, den er, angesichts des Antisemitismus, als semitischen Feldherrn in Gegensatz zu Rom und zur katholischen Kirche stellte. Nun

10 Freud 1900a, S. 127

11 siehe: ebenda, S. 129

12 Erikson 1954, S. 113

13 Kratz 1987, S. 191

fiel ihm ein Erlebnis ein, das "noch heute seine Macht äußert"[14]. Es handelte sich um die "Mützenepisode", in der die ohnmächtige Reaktion des Vaters den jungen Sigmund maßlos enttäuscht hatte. Er phantasierte daraufhin die Szene, in der Hannibals Vater seinen Sohn schwören ließ, an den Römern Rache zu nehmen.[15] Neben Hannibal hatten noch Masséna und Napoleon einen Platz in seinen kindlichen Phantasien. Mit der Abfassung der "Traumdeutung" stiegen diese Erinnerungen wieder in sein Bewußtsein. Damit ließ er als Reaktion darauf den schwachen Vater hinter sich und wählte für sein Leben kämpferische Vorbilder. Diese Phantasiegestalten, die Bestandteil des Ich-Ideals werden, haben die Funktion, die Vitalität zu erhöhen und schwierige Situationen zu bewältigen.

c) Im "Revolutionstraum" bietet Freud dem Grafen Thun in einer Studentenversammlung die Stirn. Er assoziierte daraufhin ein Erlebnis aus seiner Studentenzeit, als er in einer Versammlung gegenüber einem älteren Kollegen sehr ausfallend wurde: "*Ich fuhr auf* (wie im Traum), wurde *saugrob*"[16]. In einer anderen Szene im Traum trifft er auf einen kranken Mann. Er pflegt ihn aufopfernd und hält ihm das Uringlas. In seiner Analyse erkannte er in dem alten Mann seinen Vater. Robert deutet diese Szene, indem sie feststellt, daß er nicht der rebellische Sohn ist,

> sondern der liebende Sohn Jakob Freuds, und er ist auch nicht der Revolutionär, dem die heroische Rolle des Retters zufällt, sondern der bescheidene Arzt, der den Menschen bestenfalls ein wenig Erleichterung in ihren Leiden verschaffen kann.[17]

Freud selbst konnte daraufhin noch von zwei Kindheitserinnerungen berichten, die das Urinieren zum Inhalt haben. Einmal versprach er seinem Vater ein neues Bett, da er es eingenäßt hatte; ein andermal meinte der Vater, daß aus ihm nichts werden würde, weil er in Anwesenheit der Eltern uriniert hatte. Die erste Erinnerung brachte Freud mit dem kindlichen Größenwahn und mit Ehrgeiz in Verbindung. Die zweite aber beinhaltete eine starke Kränkung seines Ehrgeizes. Anspielungen an diese Szene kehrten in seinen Träumen immer wieder und seien mit Aufzählungen seiner Leistungen und Erfolge verknüpft, so als wollte er zum Vater sagen: "Siehst du, ich bin doch etwas geworden."[18]

---

14 Freud 1900a, S. 208

15 ebenda, S. 208

16 ebenda, S. 222

17 Robert 1977, S. 98

18 Freud 1900a, S. 225

Anzieu meint, daß dieser Traum "Freuds Loslösung vom allmächtigen Vaterbild"[19] fortsetzt. Wenn der Traum jedoch prospektiv gedeutet wird, dann ergibt sich für Freuds Leben ein breiteres Spektrum. Die im Traum und den Assoziationen "bearbeiteten" Themen der Selbstbehauptung, Fürsorglichkeit, Kränkung und darauffolgenden Empörung deuten auf einen "Vorbereitungstraum" bezüglich Freuds zukünftiger Führungsaufgabe hin.

d) Im sogenannten "Garibaldi-Traum" träumte Freud, daß sein Vater nach dem Tode eine politische Rolle bei den Magyaren spielt und sie politisch geeinigt hat. Er sieht ihn inmitten einer Menschenmenge auf einem Stuhl stehen. Dann träumte er, daß sein Vater auf dem Totenbett dem Revolutionär Garibaldi so ähnlich sieht. Er freut sich über die dem Vater verliehene Größe und "daß diese Verheißung doch wahr geworden ist"[20].

Freuds Assoziation brachte eine Erinnerung an den Vater kurz vor dessen Tod hervor, der aufgrund einer Darmlähmung seine Wäsche häufig beschmutzte. Er faßte die Bedeutung dieses Traumes in der Frage zusammen:

> *Nach seinem Tode rein und groß vor seinen Kindern dastehen*, wer möchte das nicht wünschen?[21]

Welches Bild ergibt sich, wenn wir den Traum auf Freuds zukünftige Vaterrolle hin deuten? Zunächst wird der Wunsch sichtbar, einen großen und starken Vater zu haben, gar einen Revolutionär, der dem eigenen Leben Richtung und Orientierung geben kann. Der Traum von einem starken Vater enthält auch das Verlangen nach eigener Größe und Mächtigkeit, denn als Sohn tritt man in die Fußstapfen seines Vaters. Auch die Redensart kann im übertragenen Sinn, gemäß Freuds damaligen Konflikten, aufgefaßt werden: Er will rein und groß vor seinen Schülern bzw. "Söhnen" dastehen. Aufgrund der darin enthaltenen Größenphantasien verlegt er in seinen Assoziationen diesen Wunsch in die Zeit nach seinem Tod.

e) Im Jahre 1936 schrieb Freud einen Brief an Romain Rolland, der zum 70. Geburtstag des Dichters in einer Festschrift veröffentlicht wurde: "Eine Erinnerungsstörung auf der Akropolis"[22]. Da Freud in diesem Brief bestimmte Empfindungen bezüglich seines Vaters in der Phase seines eigenen "Vater-Werdens" schildert, muß er beachtet werden.

Im Jahre 1904 besuchte Freud mit seinem Bruder die Akropolis in Athen. Dabei überkam ihn das Gefühl, "was ich da sehe, ist nicht wirk-

19 Anzieu 1990, S. 290

20 Freud 1900a, S. 414

21 ebenda, S. 416

22 Freud 1936a

lich"[23]. Nachträglich diagnostizierte er diesen Eindruck als Entfremdungsgefühl, in dem eine partielle Realitätsabwehr stattfindet. Abgewehrt werden können "Gefahren" der Außen- bzw. Innenwelt und Erlebnisse aus der Vergangenheit, "dem Erinnerungsschatz des Ichs"[24]. Wie König Ödipus erforschte Freud nun seine Kindheitssituation und stellte einen Zusammenhang mit dem Entfremdungsgefühl her. Die "Enge und Armseligkeit unserer Lebensverhältnisse in meiner Jugend"[25] legte für ihn die Folgerung nahe, berühmte Stätten nie besichtigen zu können, es niemals "so weit zu bringen"[26]. Die weiten Reisen, die er als Erwachsener dann doch unternommen habe, sehe er als Reaktion auf die Unzufriedenheit mit seiner Familiensituation an. Der innere Kommentar dazu habe regelmäßig gelautet: "Wir haben es wirklich weit gebracht!"[27] Nun stellte Freud eine Gedankenverbindung mit der Kaiserkrönung von Napoleon her, der zu seinem Bruder sagte: "Was würde *Monsieur notre Père* dazu sagen, wenn er jetzt dabei sein könnte?"[28] Damit war Freud der Auflösung seines rätselhaften Zustandes auf der Akropolis auf der Spur. Er meinte, daß mit der Befriedigung, es weit gebracht zu haben, ein Schuldgefühl verbunden sei, das den Vater betreffe.

> Es sieht so aus, als wäre es das Wesentliche am Erfolg, es weiter zu bringen als der Vater, und als wäre es noch immer unerlaubt, den Vater übertreffen zu wollen.[29]

Nach Freud hat dieses Schuldgefühl seine Wurzeln in der kindlichen Kritik am Vater, die nach der Phase der Überschätzung heftig einsetzt und in Verachtung umschlägt. Seine psychische Verfassung auf der Akropolis bestand also aus einem Gefühl der Überlegenheit gegenüber seinem Vater und einer "Regung der *Pietät*"[30].

Welcher Zusammenhang besteht zwischen Freuds Deutung der Erinnerungsstörung bzw. seinem Zustand auf der Akropolis und der Aufarbeitung seiner Vaterbeziehung? Zwei psychische Regungen sind dabei von zentraler Bedeutung:

---

23 ebenda, S. 290
24 ebenda, S. 291
25 ebenda, S. 292
26 ebenda, S. 292
27 ebenda, S. 292
28 ebenda, S. 292
29 ebenda, S. 292
30 ebenda, S. 293

1. Wir wissen, daß er hin und wieder seine angeblich unzureichenden Entwicklungsbedingungen beklagt hat. Zum Beispiel assoziierte er im Anschluß an einen Traum den Satz: "Ja, wenn ich zweite Generation, der Sohn eines Professors oder Hofrats, wäre, dann wäre ich freilich rascher vorwärtsgekommen."[31] Robert meint, daß er seinem Vater vorwarf, "für seinen Makel, seine Armut und seine gesellschaftliche Deklassierung verantwortlich"[32] zu sein. Anzieu fragt, ob Freud seiner Familie unbewußt vorhielt, ihn zum Juden gemacht zu haben, was verhindert hat, "zum Professor ernannt zu werden"[33]. Diese "alten" Gefühle der Benachteiligung standen jedoch im Widerspruch zu dem sich langsam einstellenden Erfolg. In einem Brief an Fließ vom April 1904 äußerte er sich zufrieden über seinen neu gegründeten Schülerkreis und die Anerkennung von Eugen Bleuler, einem offiziellen Psychiater in Zürich.[34]

2. In Freuds nachträglicher Analyse spielen Schuldgefühle seinem Vater gegenüber eine wesentliche Rolle. Über lange Zeit muß er sich von seinem Vater, aber auch von Vaterfiguren und der Vaterwelt, durch "Aufträge", Erwartungen und Leistungsdruck psychisch und weltanschaulich eingeengt gefühlt haben. Schuldgefühle treten dann bei abweichenden Gedanken, neuen Theorien und beruflichem Erfolg auf.

Benachteiligungs- und Schuldgefühle wirkten bei Freud gemäß seinem expansiven Charakter wie ein Stachel. Diese Impulse haben bei ihm zu erheblichen Anstrengungen bei der Aneignung der Vaterposition in der psychoanalytischen Gruppe geführt. Er schien zu ahnen, daß die quälenden Regungen erst nachlassen, wenn er selbst die Rolle einer Vaterfigur ausüben würde. Mit diesen unbewußten Antrieben im Rücken bestand allerdings die Gefahr, daß er in seinen Bemühungen bisweilen über das Ziel hinausschießt. Wie sich später zeigen sollte, fühlten sich einige "Söhne" in seiner Gruppe hinsichtlich ihrer eigenen theoretischen Bestrebungen eingeengt.

In den Jahren um die Jahrhundertwende stieß Freud auf die unbewußten Strebungen seiner Vaterorientierung, die ihn in der freien Gestaltung seiner Gedanken, Gefühle und Handlungen erheblich behinderten. Der Wunsch, die Vaterrolle in der langsam sich bildenden psychoanalytischen Gruppe zu übernehmen, stellte das vorherrschende Motiv dafür dar, diese inneren Fesseln zu sprengen.

---

31 Freud 1900a, S. 423, siehe auch: Freud 1930a, S. 242, Fußnote

32 Robert 1977, S. 93

33 Anzieu 1990, S. 134

34 siehe: Freud 1985c, S. 504/505

1.2. Die Übernahme der Vaterrolle

Für den Aufbau der Mittwoch-Gesellschaft und die Übernahme der Vaterrolle mußte Freud noch eine Hürde überwinden: Die Erlangung des Professorentitels. Die Berufung zum außerordentlichen Professor war für ihn schließlich der Beginn, die viel beklagte "splendid isolation"[35] hinter sich zu lassen. Freud war jahrelang bei der Vergabe dieses Titels übergangen worden. Mit der Ernennung war Prestige verbunden, und diese Beförderung erhebe, so Freud, "den Arzt in unserer Gesellschaft zum Halbgott für seine Kranken"[36]. Er intervenierte und setzte sich für seine Sache bei einflußreichen Personen ein. Der "Ehrung" nachzulaufen war ihm unangenehm, da ein solches Verhalten seiner "strengen Tugend"[37] nicht entsprach. An Fließ schrieb er:

> Ich habe gelernt, daß diese alte Welt von der Autorität regiert wird wie die neue vom Dollar. Ich habe meine erste Verbeugung vor der Autorität gemacht, darf also hoffen, belohnt zu werden.[38]

Schorske[39] erkennt hier zwei gegensätzliche psychische Reaktionen: Freuds Phantasie erhöht seine Beförderung zu einem politischen Sieg, während sein Gewissen sie zu einem moralischen Vergehen erniedrigt. Meines Erachtens kann man diese beiden Regungen im Sinne von "pars pro toto" auf den gesamten beruflichen Bereich von Freud übertragen. Das Spannungsfeld von Erfolgsphantasien und Schuldgefühlen bestimmte sein Leben lang die Ausübung der Vaterrolle.

Diese beiden Gemütsbewegungen zeigten sich bereits im Seelenleben des jungen Freud. An der Wiener Universität strebte er aufgrund seiner Vaterorientierung danach, sich an Autoritäten anzulehnen. Wie bereits dargelegt, war sein Phantasieleben von Erfolgsinhalten, Oppositionsimpulsen und Freiheitszielen bestimmt. Das Gewissen bildete den Maßstab zur Bewertung seines Verhaltens, wobei sich nicht selten Schuldgefühle bemerkbar machten. Dem Studenten Freud müssen sich dabei folgende Fragen gestellt haben: Wie weit kann man sich an Autoritäten anlehnen, ohne seine Unabhängigkeit zu verlieren? Wieviel eigenständiges Freiheitsstreben verträgt eine Lehrer-Schüler-Beziehung? Ab wann wird der Umgang mit einer Autorität unproduktiv, weil Schuldgefühle die Beziehung blockieren? Diese und ähnliche Konflikte traten auch später bei Freuds "Söhnen" auf.

---

35 Freud 1914d, S. 157

36 Freud 1900a, S. 154

37 Freud 1985c, S. 501

38 ebenda, S. 503

39 Schorske 1982, S. 170

Freud kannte also diese psychischen Reaktionen genau, die eine "Vater-Sohn-Beziehung" bestimmen - jedoch bislang von der "anderen Seite". Bedingt durch die vaterorientierte Ausrichtung seines Charakters, die Selbstanalyse sowie die Aufarbeitung seines "Vaterschicksals" und die expansive Verwirklichung seiner Erfolgsphantasien war er um die Jahrhundertwende dazu fähig, Vaterfigur zu werden und eine Bewegung aufzubauen. Es muß für ihn klar gewesen sein, daß er kein tyrannischer Führer werden, sondern das freiheitliche Denken aller "Söhne" fördern und zur Entwicklung verhelfen wollte. Doch wie so oft differieren Theorie und Praxis voneinander. Als sich der erste Schüler Anfang 1897 meldete[40], war Freud sehr stolz, weil er nun hoffte, als Lehrer tätig werden zu können. Doch bald kamen Dissonanzen auf zwischen Freud und Felix Gattel, dem Schüler. Es zeigte sich, daß dieser zwar schnell lernte, sich jedoch "das Glauben zu bequem"[41] machte.

> Infolge all dieses Pro und Contra fühle ich gegen ihn wie gegen einen ungeratenen Sohn. Ich wünsche ihm das Beste und muß seine Schande als meine nehmen.[42]

Bald meldeten sich weitere an Freuds Erforschungen Interessierte: Robert Bárány, Emma Eckstein, Heinrich Gomperz, Hermann Swoboda. Doch Freud stufte alle bissig als "Gattung: Gattel"[43] ein. Erst mit dem Beginn der Mittwoch-Gesellschaft schien er mit seinen "Söhnen" zufriedener zu sein, denn er schrieb 1904 an Fließ: "Ich glaube aber, daß ich jetzt auch über besseres Material an Schülern zu verfügen beginne."[44] Betont werden muß jedoch, daß die ersten Schüler für Freud ein "Übungsfeld" waren, an denen er viel gelernt hat.[45]

Im Herbst 1902 bat Freud vier Ärzte in seine Wohnung, um unter seiner Anleitung jeden Mittwoch relevante Themen der Psychoanalyse zu diskutieren. Später kamen Vertreter anderer Berufsgruppen dazu. Die Stimmung unter den Gründungsmitgliedern war euphorisch, da wohl alle gespürt haben, daß sie als Pioniere "unentdecktes Land" betreten. Von Anfang an bot Freud seine Person als Vaterfigur an. Diese wurde von den suchenden "Söhnen" angenommen, so daß rasch "Vater-Sohn-Beziehungen" entstanden. Um die Einmaligkeit dieser Beziehung zu beschreiben, wurden von den "Söhnen" nicht

40 siehe: Freud 1985c, S. 260

41 ebenda, S. 297

42 ebenda, S. 297

43 ebenda, S. 506

44 ebenda, S. 506

45 siehe: Hermanns/Schroter 1990, S. 42-75

selten religiöse Metaphern bemüht. Daß dabei auch Projektionen und irrationale Vatersehnsüchte eine Rolle spielten, liegt auf der Hand.

Stekel fühlte sich, wie er in seiner viel später geschriebenen Autobiographie schrieb, als "Apostel Freuds, der mein Christus war!"[46] Er suchte Freud wegen Potenzstörungen auf und avancierte dann zu seinem Mitarbeiter. Als Freud im Jahre 1914 die Geschichte der psychoanalytischen Bewegung verfaßte, resümierte er, daß Stekel anfangs verdienstvolle Gedanken beigetragen habe, später jedoch verwahrlost sei.[47] Aus den Protokollen der Mittwoch-Gesellschaft läßt sich ein launischer, aber geistreicher Stekel herauslesen. Die "Sonderrolle", die er für sich beanspruchte, war für Freud schwer erträglich, zumal zu befürchten war, daß seine "wilden Methoden" der Psychoanalyse schaden könnten.[48]

Auch von Max Graf, dem Vater vom "kleinen Hans", liegt eine Einschätzung über Freuds Stellung in der frühen psychoanalytischen Bewegung vor. Er vertritt die Auffassung, Freud habe eine weltliche Religion gegründet. Über die Gruppenabende schrieb er:

> Das letzte und entscheidende Wort wurde immer von Freud selbst gesprochen. Im Raum herrschte die Atmosphäre einer Religionsstiftung, Freud war der neue Prophet, der die bis dahin vorherrschende psychologische Forschung als oberflächlich erscheinen ließ. Freuds Schüler - alle inspiriert und überzeugt - waren seine Apostel.[49]

Nach der ersten enthusiastischen Periode sei die "Kirche gegründet"[50] worden. Freud sei in seinen Anforderungen ernst und streng gewesen. Er "gestattete keine Abweichung von der reinen Lehre"[51].

Wie so manch anderer Schüler von Freud suchte auch Otto Rank einen "neuen Vater", da sein leiblicher diese Funktion in keiner Weise ausgefüllt hatte.[52] Das Verhältnis zwischen Freud und Rank kann als typisches Beispiel einer Lehrer-Schüler-Beziehung für die damalige Zeit angesehen werden. Jones fiel Ranks "schüchterne und sogar unterwürfige Haltung"[53] Freud gegenüber auf, während dieser die Vaterrolle annahm und den jungen Mann

46 in: Gay 1989, S. 199

47 siehe: Freud 1914d, S. 155

48 siehe: Protokolle 1976, Bd. I, S. 196, S. 322, S. 371

49 in: Stroeken 1992, S. 75

50 in: ebenda, S. 75

51 in: ebenda, S. 75

52 siehe: Zottl 1982, S. 17

53 Jones 1962, Bd. 2, S. 195

hingebungsvoll und, wie in den Protokollen ersichtlich, streng[54] förderte. Der ehemalige Gewerbeschüler der maschinentechnischen Abteilung entwickelte sich unter der Obhut seines Lehrers zu einem Schriftsteller, Intellektuellen und Gelehrten.[55] Im Laufe der Jahre wurde er Freuds "rechte Hand" und nahm bei dessen Fehlen in der Vereinigung seinen Platz ein.

Karl Abraham schrieb schon bald nach der brieflichen Bekanntschaft mit Freud, daß er ihn als seinen Lehrer betrachte.[56] Abrahams Tochter Hilda bringt das Verhältnis der beiden Männer auf den Punkt:

> Kurzum: Karl Abraham hatte in Freud den Vater gefunden, dessen persönliche und intellektuelle Qualitäten er bewundern konnte; dieses Gefühl der Bewunderung und der Loyalität erhielt sich beständig, obwohl er nicht blind und unkritisch war.[57]

Die Charaktere der "Söhne" um Freud konnten nicht verschiedenartiger sein. Beklagte sich Freud später bei Jones, daß das "Preußentum"[58] bei Abraham sehr ausgeprägt sei, so litt er teilweise unter dem "Anlehnungsbedürfnis"[59] Sandor Ferenczis. Anfang 1908 lernten sich die beiden Männer kennen und die Beziehung nahm sehr schnell freundschaftliche Züge an. Ferenczi brachte für die Beziehung zu Freud gute Voraussetzungen mit, denn er war der Lieblingssohn seines Vaters. Dieser starb jedoch schon, als Sádor fünfzehn Jahre alt war. In Freud fand dann der junge Arzt einen "neuen Vater". Bedingt durch seine Familiensituation regten sich bei ihm eifersüchtige und neidische Affekte[60] gegenüber den "Gruppenbrüdern". In der Beziehung zu Freud stellte sich auf den gemeinsamen Reisen heraus, daß Ferenczi einerseits den "Vater" restlos bewundern und andererseits "beim 'Vater' der erste und einzige"[61] sein wollte. Freud bemängelte die "infantile(n) Rolle"[62] Ferenczis und versuchte, mit "erziehlichen Bemühungen"[63] auf ihn einzuwirken. An Jung schrieb er deutlich:

> Mein Reisebegleiter ist ein sehr lieber Mensch, aber etwas ungeschickt verträumt und infantil gegen mich eingestellt. Er bewundert mich un-

54 siehe: Protokolle 1976, Bd. I, S. 10 und Protokolle 1977, Bd. II, S. 62, S. 181/182

55 siehe: Roazen 1976, S. 381

56 Freud/Abraham 1965a, S. 25

57 Hilda Abraham 1976, S. 74

58 Gay 1989, S. 217

59 ebenda, S. 237

60 siehe z.B.: Freud/Ferenczi 1993, S. 193

61 ebenda, S. 249

62 ebenda, S. 305

63 ebenda, S. 305

> ausgesetzt, was ich nicht mag, und kritisiert mich wahrscheinlich scharf im Unbewußten, wenn ich mich gehenlasse. Er hat sich zu sehr passiv und rezeptiv verhalten, alles für sich tun lassen wie eine Frau, und meine Homosexualität reicht doch nicht so weit, ihn dafür anzunehmen.[64]

Später bekannte er, "daß ich einen selbständigen Freund lieber hätte, aber wenn Sie solche Schwierigkeiten machen, muß ich Sie schon als Sohn annehmen"[65]. Er schloß den Brief mit "väterlichem Gruß"[66] und sprach ihn im nächsten mit "Lieber Sohn" an, mit dem Zusatz: "Bis Sie sich die Titulatur wieder verbieten."[67] Ferenczi versuchte ernsthaft, seinen "Vaterkomplex" abzulegen. Einmal bekannte er in Anlehnung an einen Satz von Freud: "Ich bleibe 'Sohn'. Habe Religion."[68] Ein andermal erkannte er bei sich eine "Unbefriedigung über die nicht vollständige Intimität mit dem Lehrer (Vater)"[69]. War es ein Zufall, daß er sich mitten in diesem Konflikt mit Freud in die Tochter seiner eigenen Partnerin verliebte und damit erhebliche Turbulenzen auslöste?

Eine ganz andere "Sohnesrolle" nahm Ernest Jones ein. Als junger Arzt war er von der traditionellen Medizin und ihrer Auffassung über das Seelenleben enttäuscht. Auf der Suche nach neuen Behandlungsmethoden stieß er auf Freuds Krankengeschichte über "Dora", die auf ihn wie eine Offenbarung wirkte. Im Jahre 1908 lernte er Freud persönlich kennen und schätzen. Nach einer Phase des Zweifelns entschloß er sich, wie er an Freud schrieb, die Psychoanalyse mit allen "Mitteln zu fördern, zu denen Sie persönlich sich entschließen, und Ihre Anweisungen so genau wie möglich zu befolgen"[70]. Weiter bekannte er, daß seine anfänglichen Widerstände gegen die Analyse aus "den Einflüssen eines starken 'Vater-Komplexes'"[71] entstanden sind. Dahinter entdeckte er das Motiv, in der psychoanalytischen Bewegung eine bedeutende Rolle in England und Amerika spielen zu wollen. Die Bewegung müsse jedoch von Freud geleitet werden, in der er die Position einnehmen wolle, die allgemein von Nutzen sei.

Ludwig Binswanger lernt Freud durch C.G.Jung kennen. Er hatte einen energischen und impulsiven Vater, dessen Lebensgewohnheiten und Vor-

---

64 Freud/Jung 1974a, Brief 212 F

65 Freud/Ferenczi 1993, S. 423

66 ebenda, S. 424

67 ebenda, S. 426

68 ebenda, S. 421

69 ebenda, S. 412

70 in: Clark 1985, S. 330/331

71 in: ebenda, S. 331

schriften in der Familie als absolutes Gesetz galten.[72] Man kann deshalb sagen, daß er in Freud "einen zweiten Vater, und zwar - im Gegensatz zu seinem eigenen - nun einen partnerschaftlichen, nichtautoritären"[73] fand. Freud bemerkte bei diesem "Sohn" jedoch gegensätzliche Seiten: Seine "scheußliche, schizophren ablehnende"[74] Handschrift und sein "korrektes, gerechtes Wesen"[75]. Ahnte Freud zu der Zeit bereits den inneren Konflikt seines Schülers, der dazu führte, daß er sich letztlich der Psychoanalyse nicht ganz anschließen konnte? Obwohl sich Binswanger von Freud wissenschaftlich entfernte, blieb seine "Vaterübertragung" auf Freud sein Leben lang positiv. Später gestand er ein, daß er nicht alle Gedankengänge von Freud mitmachen könne. "Trotzdem oder vielleicht auch gerade deswegen fühle ich mich immer als Ihr Schüler."[76]

Für Freuds emotionalen Zustand in diesen Jahren ist ein Brief an Fließ vom April 1904 bezeichnend. Darin erwähnt er stolz, daß einige "tüchtige junge Ärzte () meinem Schülerkreise angehören"[77]. Weiterhin hebt er hervor, daß sich "Zeichen der Zustimmung"[78] für seine Ansichten mehren und daß ein offizieller Psychiater, Eugen Bleuler in Zürich, seinen Standpunkt gewürdigt habe. So wuchs Freud langsam zu einer Vaterfigur heran, verstärkt durch die zunehmende Schülerschar und den sich schrittweise einstellenden Erfolg. Die Haltung der "Väterlichkeit" strahlte er aufgrund seiner Vaterorientierung aus. Obwohl in der Mittwoch-Gesellschaft die theoretischen Erörterungen im Vordergrund standen, suchte Freud im "Einzelgespräch" mit den "Söhnen" auch immer die persönliche Ebene. Familiengründung und Nachwuchs, Konflikte mit Kollegen und Veröffentlichungen, neurotische Züge und vor allem der Vaterkomplex wurden besprochen. Seine "Söhne" griffen die von Freud angebotene "Väterlichkeit" auf und fanden, wenn sie nicht opponierten, Schutz, Fürsorge, Halt, emotionale und intellektuelle Ausrichtung. Dadurch wurde ein Klima des Lernens und der Entwicklung geschaffen.

Es herrscht die Meinung vor, daß der Psychoanalytiker nicht aktiv intervenieren darf. Inzwischen wissen wir aber, daß Freud seine Patienten mitunter sehr direktiv und "pädagogisch" behandelt hat.[79] Welchen konkreten Umgang er mit seinen "Söhnen" gepflegt und wie er sich als Vaterfigur behauptet hat, behandelt der nächste Abschnitt.

---

72 siehe: Vorwort von G. Fichtner in: Freud/Binswanger 1992, S. XIII und S. XV

73 ebenda, S. XVII

74 Freud/Binswanger 1992, S. 58

75 ebenda, S. 58

76 ebenda, S. 215

77 Freud 1985c, S. 504/505

78 ebenda, S. 505

79 siehe: Cremerius 1990, S. 326 ff

2. Freud als Erzieher seiner "Söhne"

Die höchste Mitgliederzahl der Mittwoch-Gesellschaft innerhalb des genannten Untersuchungszeitraums betrug 43[80] im Jahre 1910. Freud war somit "nicht nur ein großer Einzeltherapeut, sondern auch souveräner Leiter einer oft sehr schwierigen Gruppe von Menschen"[81]. Einerseits wollte jeder einzelne Teilnehmer unterrichtet, betreut bzw. therapeutisch behandelt werden, andererseits ging es darum, die gesamte Gruppe zu "behandeln" und das Gruppenniveau zu steigern. Wie in allen großen Gruppen kam es zu mannigfaltigen Konflikten, so daß oftmals eine kaum durchschaubare Dynamik unter den Teilnehmern entstand. Trotz der angestrebten Sachlichkeit und Intellektualität schlugen die Emotionen nicht selten hohe Wellen. Bei der Lektüre der "Protokolle" fällt auf, daß Freud subtile gruppentherapeutische Interventionen lancierte. Es ist deshalb nicht übertrieben, Freud einen Gruppentherapeuten zu nennen, obwohl er für die detailierte Analyse der Gruppenprozesse noch keinen Blick hatte. Vielmehr wirkte er intuitiv auf die gesamte Gruppe mit seiner Persönlichkeit ein. Wenn eine derart hochgesinnte und humanitären Werten verpflichtete Persönlichkeit Einfluß nimmt, kann das als "ethische Intervention" bezeichnet werden und stellt ein Therapeutikum von hohem Wert dar. An vier "Söhnen" wird im folgenden exemplarisch gezeigt, wie Freud als "Gruppen-Vater" Einfluß ausgeübt und auf seine Art "therapeutisch" gearbeitet hat. Im Zentrum meiner Untersuchung stehen die einzelnen "Vater-Sohn-Beziehungen", wie sie sich in dem Miteinander der Gruppe in den "Protokollen" widerspiegeln. Dabei wird der Zeitraum von der Gründung der Mittwoch-Gesellschaft bis 1913 betrachtet.

2.1. Wilhelm Stekel (1868-1940)

Niemand von Freuds "Söhnen" hat die Beziehung zum Leiter der Bewegung derart turbulent gestaltet wie Wilhelm Stekel. In Untersuchungen wurde der Charakter von diesem "Pionier der Psychoanalyse"[82] bereits eingehend diagnostiziert als "Kind, Narziß, hypomanische Persönlichkeit, 'Journalist', The-

80 siehe: Mühlleitner 1992, S. 379

81 Federn 1986, S. 23

82 siehe: Nitzschke 1992, S. 176-191

rapeut mit quacksalberischem Einschlag"[83]. Bei der genauen Kenntnis von Stekels Persönlichkeit lassen sich diese Einschätzungen teilweise nicht von der Hand weisen.

Als Hitschmann über Stekels Aufsatz "Die Ursachen der Nervosität" referierte, erhob Freud dagegen zwei Einwände. Erstens gebe es nicht *die* Ursache und zweitens vernachlässige er die infantile Sexualität.[84] Daraufhin gestand Stekel, die Arbeit "unter einer schweren psychischen Depression geschrieben zu haben"[85]. Ein andermal, als Meisl in einem Vortrag betonte, es können auch nichtsexuelle Regungen für den Arterhaltungstrieb verantwortlich sein, griff Stekel ihn persönlich an. Hinter dieser These stünden "persönliche Verdrängungen des Autors"[86]. Freud nahm Meisl jedoch in Schutz und bemerkte nachdrücklich, daß Stekel "in seiner Kritik entschieden zu weit gegangen"[87] sei. Später beanstandete Freud Stekels "Leichtfertigkeit im Gebrauch der Termini"[88] und ein andermal meinte er: "Seine Darstellung war nicht richtig, und dann hat er alles durcheinandergemengt."[89] Daraufhin war Stekel entsetzt "über den Mangel an Verständnis, der ihm heute begegnet sei"[90]. Aber auch Lob und Anerkennung konnte er verbuchen. Nach einer Analyse über Angsthysterie äußerte Freud, Stekel "verstehe das Elementarmachen"[91]. Bald folgten jedoch wieder Korrekturen. An einem Abend stellte sich Freud vor Rank und Adler, weil Stekel Ranks Ausführungen über den "Mythos des Schützen" attackierte: "Verwerflich sei nur Stekels Methode."[92] Auch rügte Freud einen "Rückfall Stekels in die Oberflächenpsychologie"[93]. Einen Vortrag über Grillparzer kritisierte Freud deshalb, weil Stekel Merkmale hervorhebe, die bei jedem Menschen zu finden seien.

> Überdies sei seine analytische Methode zu radikal. () Ein Hauptvorwurf sei Stekel zu machen: das ist nicht die Art, wie man eine Analyse macht, und auch nicht die Art, wie man sie mitteilt.[94]

---

83 Rattner 1981, S. 32
84 siehe: Protokolle 1976, Bd. I, S. 69
85 ebenda, S. 70
86 ebenda, S. 78
87 ebenda, S. 81
88 ebenda, S. 196
89 ebenda, S. 262
90 ebenda, S. 263
91 ebenda, S. 229
92 ebenda, S. 322
93 ebenda, S. 371
94 Protokolle 1977, Bd. II, S. 9

Andererseits meinte Freud, daß Stekel "einen Spürsinn für die psychogenen Komplexe" habe, "nur arbeite er ausschließlich mit seinen Einfällen, statt sie der Kontrolle des bewußten Denkens zu unterstellen"[95]. Stekel wußte jedoch immer etwas zu entgegnen. Der Vortrag habe seinen Zweck erfüllt, "wenn er nur die Antwort des Professors provoziert hätte"[96]. Eine weitere Einwendung von Freud lautete, daß Stekel "aus seiner persönlichsten Erfahrung allgemeine Grundsätze mache"[97]. Etwas später erfuhr er von Freud Bestätigung aufgrund der weisen "Zurückhaltung des Erläuterers"[98]. Nach seinem Vortrag über den Zweifel faßte Freud Stekels Schwächen zusammen:

> Stekels Ausführungen seien wie immer in der Kasuistik stark und interessant und im theoretischen Teil schwach und verschwommen. () Die bewußte theoretische Würdigung der Dinge falle Stekel nicht so leicht wie die Aufspürung der unbewußten Symbolik, bei der das eigene Unbewußte als Wünschelrute diene.[99]

Auch nach diesen Hinweisen fällt wieder Stekels Entgegnung auf. Das Neue, das er einbringe, erzeuge zunächst Widerstände, "um nach der Publikation vielfach akzeptiert zu werden; vor allem vom Herrn Professor"[100]. Im Konflikt um Adler war Stekel der Ansicht, daß Adlers Ansichten "neu und wertvoll"[101] seien. Er sehe Adlers Arbeiten als eine Erweiterung der Freudschen Lehren an, die nicht im Gegensatz zueinander stünden. Freud erwiderte darauf, "daß zwei von den Beteiligten diesen Widerspruch doch finden: nämlich Adler und Freud"[102]. Charakteristisch für Stekel ist noch folgende Episode: Als Ludwig Klages als Gast in der "Mittwoch-Gesellschaft" einen Vortrag über die Handschrift gehalten hatte, meinte Stekel, daß ein Graphologe den "verdrängten Charakter" nicht ermitteln könne. Daraufhin analysierte er als Analytiker Klages' Schrift. Freud versuchte die Situation zu retten, indem er Stekels schnelle Deutung kritisierte, "die nicht alle für einwandfrei halten"[103].

Nach dieser Materialsammlung muß nun die Frage gestellt werden, welchen Vater-Sohn-Typus Freud und Stekel verkörpern. Die "Protokolle" der Mittwoch-Gesellschaft zeigen uns einen launischen, subjektiv und sprunghaft

---

95 ebenda, S. 10
96 ebenda, S. 11
97 ebenda, S. 55
98 ebenda, S. 170
99 ebenda, S. 363
100 ebenda, S. 365
101 Protokolle 1979, Bd. III, S. 148
102 ebenda, S. 169
103 ebenda, S. 286

denkenden Schüler, der sich mehr seinen intuitiven Regungen als der "strengen" Lehre Freuds überläßt. Stekels analytisches Denken, aber auch seine Antworten auf Freuds Interventionen sind in ihrer direkten Art unkonventionell. Das zeigt, daß der "Sohn" die unmittelbare Kommunikation mit seinem Lehrer gesucht hat. Es bleibt allerdings auch der Eindruck einer gewissen "Starrheit" erhalten, der Stekels Abwehrmechanismen sichtbar macht. Bekannt war, daß hinter seinem manischen Überschwang starke Depressionen lauerten, was er auch einmal zugab.

Obwohl Freud versucht, Stekel auf mehr Reflexion und Zurückhaltung hin zu erziehen, spürt man sein Bemühen um Nachsicht. Es entsteht der Eindruck, daß Freud "therapeutisch" eingreift, um seinen unsteten Schüler zu beruhigen. Wahrscheinlich aus Sorge, Stekel könnte der Psychoanalyse schaden, bremst er ihn immer wieder bei vorschnellen Deutungen. Wie Freud "wirklich" über Stekel dachte, erfahren wir aus den Briefen an Jung.

> Er (Stekel) ist ein zucht- und kritikloser Mensch, der alle Disziplin verdirbt (). Das Malheur ist nur, daß er von uns allen die beste Spürnase für den Sinn des Unbewußten hat. Denn er ist ein absolutes Schwein, und wir sind eigentlich anständige Leute, die sich doch nur widerwillig der Evidenz ergeben. Ich habe ihm oft in Deutungen widersprochen und dann später eingesehen, daß er recht hatte. So muß man ihn halten und mit Mißtrauen von ihm lernen.[104]

In dieser offenen Analyse tritt Freuds ganze Ambivalenz seinem Schüler gegenüber zutage. Weiterhin klagte Freud, daß dieser "alle feineren Regungen in mir zur Verzweiflung"[105] bringt. Er empfahl aber Jung, der zu dieser Zeit Präsident der "Internationalen Vereinigung" war, es "humoristisch wie ich" zu nehmen, "wenn ich nicht gerade einen schwachen Tag habe"[106]. Nachdem sich Stekel kurzzeitig Adler angeschlossen hatte, näherte er sich wieder den psychoanalytischen Positionen an. Freud nahm sich vor, ihn nun freundlicher zu behandeln, weil er doch gutmütig sei und ihm anhänge. "Er ist aber unverbesserlich unerziehbar"[107]. Der endgültige Bruch entzündete sich interessanterweise an einem "Herrschaftskonflikt". Stekel wollte als Herausgeber des "Zentralblattes für Psychoanalyse" bestimmen, wer in "seiner Zeitschrift" publizieren dürfe und wer nicht. Das ließ Freud nicht zu. An Abraham schrieb er, "die Abstoßung einer so zweifelhaften Persönlichkeit wie Stekel bleibt ein

---

104 Freud/Jung 1974a, Brief 160 F

105 ebenda, Brief 221 F

106 ebenda, Brief 218 F

107 ebenda, Brief 253 F

Segen"[108]. Ungefähr zwölf Jahre später, nachdem Stekel mit Freud wieder Kontakt aufnehmen wollte, erteilte Freud ihm eine Absage. Er habe ihn nie gehaßt, wie Stekel ihm unterstelle, aber sich jahrelang über ihn geärgert.

> Einzig und allein Ihre persönlichen Eigenschaften - was man als Charakter und Benehmen beschreibt - haben uns, meinen Freunden und mir, das Zusammenarbeiten mit Ihnen unmöglich gemacht.[109]

Das hohe Maß an Selbstzufriedenheit schließe einen erneuten Kontakt aus. Stekel habe der Psychoanalyse viel genützt, er habe "ihr auch viel geschadet"[110].

Stekel muß als junger Mann voller Tatendrang gewesen sein. Er komponierte Kinderlieder, spielte in einem Orchester, hielt schon früh Vorträge und veröffentlichte später eine Vielzahl von Artikeln und Büchern.[111] Diesen Tüchtigkeiten standen eine Reihe von neurotischen Zügen gegenüber, die er überkompensieren mußte, so daß der Eindruck von neurotischer Selbstüberschätzung entstand. Dagegen hat Freud angekämpft, und es hat sich ein unheilvolles Zusammenspiel der beiden Männer entwickelt: Stekels hypomanischem Verhalten folgte der Dämpfer von Freud, und nach kurzem Waffenstillstand wiederholte sich dieser Vorgang in schärferer Form. Eine tragfähige Vater-Sohn-Beziehung konnte somit nicht entstehen. Für Stekel schien es unmöglich zu sein, seine impulsive Lebendigkeit über viele Jahre einer analytischen Überprüfung zu unterziehen. Er verblieb im Stadium des Agierens, was schließlich zur Trennung von der psychoanalytischen Bewegung führte. Freuds Geduld wurde im Umgang mit diesem quirligen "Sohn" immer wieder auf eine harte Probe gestellt. Für ihn war es offenbar nicht möglich, die Kraft seines Schülers in die psychoanalytische "Sache" einzubinden. Nur so wäre Freud für Stekel auf Dauer eine Vaterfigur geworden.

2.2. Paul Federn (1871-1950)

Der Vater von Paul Federn war bei den Wiener Bürgern ein angesehener Arzt. Er wird als eine starke Persönlichkeit geschildert[112]. Nachdem sein Sohn Paul das Medizinexamen abgelegt hatte, bestimmte er ihn zum Nachfolger seiner Praxis. Doch dieser schloß sich Freuds Psychoanalyse an, was die Beziehung

108 Freud/Abraham 1965a, S. 127

109 Freud 1960a, S. 365

110 ebenda, S. 365

111 siehe: Mühlleitner 1992, S. 320

112 siehe: Federn 1988, S. 9

zum Vater stark belastete. Paul Federn wurde ein "Rebell": Er verließ die gesicherte Laufbahn eines "Bürgerarztes" und trat später der damals noch progressiven Sozialdemokratischen Partei bei. Sein Sohn Ernst schreibt:

> Daß er kein Revolutionär wurde, verdankte er wohl der Tatsache, daß er einen starken Vater mit einem noch stärkeren vertauschen konnte und in der psychoanalytischen Bewegung "Brüder" fand, bis er später dann selbst zur starken Vaterfigur für viele wurde.[113]

Doch der Weg bis dahin war dornig. Im Jahre 1903 schloß sich der junge Internist Federn der Mittwoch-Gesellschaft an. Er beteiligte sich an den Diskussionen über die Referate der anderen Mitglieder lebhaft. Nach seinem ersten Vortrag über "Masochismus" meinte Freud jedoch, "daß der Vortragende die Schwierigkeiten der Sache vermehrt habe und zur Ordnung auf diesem Gebiet nichts beigetragen habe"[114]. In seinem Schlußwort weist Federn Freuds Vorwurf, er habe das Thema "zerflattern lassen"[115], zurück. Die nächsten Korrekturen Freuds bekräftigten jedoch das gleiche "Kritikthema". Federn "habe eine der Sonderungen verwischt, die wir mühsam hergestellt haben"[116]. Auch hier wandte sich Federn gegen die Unterstellung, "eine Grenze verwischt"[117] zu haben. Kurz darauf wurde Freud noch deutlicher: "Die Ausführungen Federns seien gedankenschwer, aber etwas diffus gewesen."[118] Federns Vortrag über das Realitäts- und Lustprinzip bezeichnete Freud als

> wertvolle Leistung, wenn ihm auch die letzte Klarheit fehle. Es seien zwei Themen miteinander verschmolzen, deren Zusammengehörigkeit Zweifeln unterliegen könne.[119]

Der immer wiederkehrende Kritikpunkt zeigt, daß Freud bei Federn einen "Mangel" entdeckt hatte und nun versuchte, ihm diesen zu vermitteln. Hat Federn diese Hinweise verstanden und daraus gelernt? Aus seinen Schlußvoten kann man herauslesen, daß sich zunächst sein Widerstand regte. Ein Analytiker der folgenden Generation, Richard Sterba, bestätigt uns, daß Freuds "Analyse" richtig war. Federn habe Schwierigkeiten gehabt, seine Gedanken klar zu formulieren, "er rang mit dem sprachlichen Ausdruck"[120].

---

113 ebenda, S. 10

114 ebenda, S. 406

115 ebenda, S. 411

116 Protokolle 1981, Bd. IV, S. 30

117 ebenda, S. 31

118 ebenda, S. 56

119 ebenda, S. 234

120 Sterba 1985, S. 130

Federn hat erst ab 1912 vermehrt Vorträge in der Vereinigung gehalten. Als Freud 1923 erkrankte, avancierte er zu seinem Stellvertreter und führte den Vorsitz der Vereinssitzungen. Somit war er der vierte "Assistent" Freuds nach Adler, Jung und Rank, jedoch mit dem Unterschied, daß er der "Sache" treu verbunden blieb. Anscheinend brauchte er die "ruhigeren Phasen" des Gruppenlebens für seine innere Reifung. Erst nach dem Ausscheiden von Adler, Stekel und Jung konnte er expansiv das Vereinsleben mitgestalten. Da Freud seinen Schüler akzeptierte und Federn über Jahrzehnte in einer positiven Übertragung zu Freud blieb, kann hier von einer gelungenen "Vater-Sohn-Beziehung" gesprochen werden. Dazu gehörte offenbar auch, daß der "Sohn" eigenständige Überlegungen anstellte, die nicht unbedingt vom "Vater" uneingeschränkt akzeptiert werden mußten. Federns wissenschaftlicher Verdienst liegt auf dem Gebiet der Psychosenforschung und der Ich-Psychologie, der er einen angemessenen Platz zugewiesen hat.

2.3. Otto Rank (1884-1939)

Über viele Jahre nahm Rank die Rolle des treuen und fleißigen Schülers ein. Schon bald nach der Kontaktaufnahme gehörte er zu Freuds Lieblingsschülern und profitierte von dieser Position wie kein anderer "Sohn". Freud erwartete viel von ihm, und dieser kam den Erwartungen unter anderem als "Quellenbeschaffer" für die Freudschen Theorien nach. So lobte Freud den "Sekretär Otto Rank", der "eine köstliche Stelle zur Rechtfertigung unserer psychoanalytischen Technik entdeckt hat"[121]. Freud über seinen Schüler:

> Rank () ist übrigens ein netter kluger Junge, absolvierter Gewerbeschüler im Maschinenbau, der jetzt Latein und Griechisch lernt, um die Maturitätsprüfung abzulegen und an die Universität zu kommen. Er ist 23 Jahre alt, seine sonst nicht ganz durchsichtige Schrift "Der Künstler" () enthält die beste Explikation meiner verzwickten Theorien, die mir bisher untergekommen ist. Ich erwarte viel von ihm, wenn er erst seinen Schulsack gefüllt hat.[122]

Sachs berichtet, daß Rank einmal in der Woche allein zu Freud zum Abendessen kam. Beide hätten dann lange zusammengesessen, um die nächste Zeitschrift zu besprechen.[123] Als die Statuten für die Gründung der Vereinigung diskutiert wurden, verhinderte Freud, daß nur Mitglieder mit akademischem

121 Freud/Jung 1974a, Brief 77 F

122 ebenda, Brief 160 F

123 Sachs 1944, S. 74

Titel zugelassen werden, "weil wir dann unseren langjährigen Sekretär (Rank) ausschließen müßten"[124]. Er glaubte, daß "von all den Wienern nur einer eine wissenschaftliche Zukunft hat, der kleine Rank"[125].

Freud förderte Rank mit Eifer, aber auch mit einer gewissen Strenge. Als der junge Mann über das Inzest-Drama vortrug, "rügte" Freud zwei

> Fehler des Vortragenden: Zunächst verstehe er es nicht, sich einzuschränken und das Thema scharf zu begrenzen (). Der zweite Fehler () bestünde darin, daß er seine Erkenntnisse und Resultate nicht zu demonstrieren verstehe; es genügt ihm, wenn er selbst die Sache begriffe.[126]

Etwa zwei Jahr später kritisierte Freud, Rank besitze "noch nicht die Kunst der Selbstüberwindung, eventuell nicht nur auf Überflüssiges, sondern auch auf Dazugehöriges zu verzichten, um den Lehrzweck zu erreichen"[127]. Kurz darauf hielt Rank den Vortrag "Zur Psychologie des Lügens" und erhielt von Freud den Hinweis, den Beitrag nicht zu veröffentlichen,

> da das eine ungerechtfertige Art des wissenschaftlichen Arbeitens sei und neben verschiedenen kleineren Fehlern grobe methodische Fehler involviere. () Denkmöglichkeiten wie die vorgebrachten sind für uns wertlos. () Der Vortrag war viel zu lang, und es ist dem Vortragenden nicht gelungen, uns den Sachverhalt klarzumachen.[128]

Nach dieser harten Kritik bemerkte Rank, "in der Bestätigung seines Hauptpunktes (des Wahrheitsfanatismus) durch den Herrn Professor in der Richtigkeit seiner Ergebnisse und Annahmen bestärkt worden"[129] zu sein.

Die Kritik von Freud legt den Schluß nahe, daß Rank eher ein Meister der schriftlichen Form gewesen sein muß, während seine Vortragskunst demgegenüber deutlich abfiel. Wie wir gesehen haben, war Freuds Beurteilung in solchen Fällen unerbittlich. Auffällig ist, daß Rank nun über vier Jahre keinen ausführlichen Vortrag[130] mehr hielt, mit Ausnahme einer kurzen Mitteilung über einen Traum[131] sowie eines kleinen Referats über Onanie[132]. Spricht

---

124 Freud/Jung 1974a, Brief 218 F

125 Freud/Ferenczi 1993, S. 358

126 Protokolle 1976, Bd. I, S. 10

127 Protokolle 1977, Bd. II, S. 62

128 ebenda, S. 181/182

129 ebenda, S. 185

130 erst wieder am 21. Mai 1913, in: Protokolle 1981, Bd. IV, S. 191

131 Protokolle 1977, Bd. II, S. 345

132 Protokolle 1979, Bd. III, S. 339

diese Tatsache für eine starke Kränkung, die weder der introvertierte "Sohn" noch der vehemente "Vater" wahrgenommen und bearbeitet haben? War sich Freud seiner Autorität und der Wirkung seiner Kritik bewußt? Wie ging Rank, der unermüdlich Vorwärtsstrebende, mit öffentlich angesprochenen "Fehlern" um? Natürlich können wir diese Fragen für die beiden Beteiligten heute nicht mehr beantworten. Die Vermutung liegt jedoch nahe, daß ein Bruch in der Beziehung zwischen "Vater" und "Sohn" eingetreten ist. Rank hat die Beziehung zu Freud über die Leistungsebene gesucht und gefunden. Persönliche Konflikte werden in einem derart strukturierten Verhältnis jedoch abgewehrt und verdrängt - sie bleiben aber bestehen. Offenbar war es für Rank nicht möglich, sich Freud wirklich anzuvertrauen, wie es eine Therapiebeziehung erfordert hätte. Freud hielt wahrscheinlich an seinen Erwartungen fest und trug somit zur Distanz bei. Damit schlug Rank als Lieblingsschüler Freuds einen ähnlichen Weg wie Jung ein - nur um etwa 12 Jahre verzögert.

2.4. Isidor Sadger (1867-1942)

Die Beziehung von Sadger zu Freud und umgekehrt kann als "ambivalent" bezeichnet werden. Die Herausgeber der Protokolle stellen fest: Er "war ein schwieriger Mensch und isolierte sich im Laufe der Jahre mehr und mehr"[133].

In der Mittwoch-Gesellschaft bemerkte Freud über einen Vortrag Sadgers: Der "Vortragende habe den Kern des Problems kaum berührt"[134]. Auch die Ausführungen über C.F. Meyer fanden keine gute Aufnahme. Da Stekel und Federn über den Vortrag "entsetzt" und "entrüstet" waren, riet Freud zur "Mäßigung"[135]. Den Fleiß von Sadger anerkennend, urteilte er jedoch:

> Sadger habe eine fest ausgebildete Manier, die in der Anwendung eines zweiseitigen Schemas bestehe: der Belastung und der modernen erotischen Psychologie. Im Lichte dieses Schemas werde nun das Leben betrachtet.[136]

Sadgers Entgegnung auf den scharfen Ton der "Geschwister" und den ernsten des "Vaters" lassen erkennen, daß er gekränkt war. "Er habe Belehrung erwartet und trage nichts als ein paar Schimpfworte nach Hause."[137] Der heutige Leser der "Protokolle" gewinnt den Eindruck, daß Sadger durch sein Verhal-

---

133 Protokolle 1976, Bd. I, S. XXXVII

134 ebenda, S. 147

135 siehe: ebenda, S. 240 und S. 241

136 ebenda, S. 242

137 ebenda, S. 243

ten eine "feindselige Stimmung" in der Mittwoch-Gesellschaft verbreitete. Was trug er aber dazu bei? Nachdem er über Kleist vorgetragen hatte, hob Freud zu einer ausführlichen "Analyse" der Eigenarten seines Schülers an. Dabei ging er der Frage nach, wie es komme, daß man Sadgers Mitteilungen "als befremdend, ja manchmal als beleidigend empfinde,"[138] obwohl er richtige Behauptungen aufstelle. Als ersten Grund nannte Freud die einseitige Hervorhebung der "abnormen Sexualkomponenten"[139]. Man könne einer Persönlichkeit nicht gerecht werden, ohne die "Verbindung mit den sonstigen psychischen Kräften"[140] herzustellen. Es sollte eher die ganze Persönlichkeit anstelle der sexuellen Abnormität und dem daraus abgeleiteten Künstlertum im Vordergrund stehen. Die Dichter seien uns zu gut, um die in jedem Menschen vorzufindenden Regungen nachzuweisen. Weiterhin warf Freud Sadger vor, "eine besondere Vorliebe fürs Brutale"[141] zu haben. Man soll nicht nur rücksichtslos Wahrheiten sagen, sondern die Wege aufzeigen, wie zu diesen Wahrheiten zu kommen ist.

> Mit der tieferen Erkenntnis besonders der unbewußten Phänomene muß ein gewisser Grad von Toleranz Hand in Hand gehen, wenn überhaupt noch das Leben möglich sein soll. Diese Toleranz scheine sich bei Sadger nicht eingestellt zu haben oder er könne sie wenigstens nicht zum Ausdruck bringen. Und diese mangelnde Toleranz, die sich in einem sittenrichterlichen Pathos kundgibt, ist das zweite abstoßende Moment.[142]

Sadger schob Freuds "Analyse" von sich weg. Er habe den Vortrag kürzen müssen, um nur das Wesentliche zu sagen. Auf diesem Hintergrund seien die von Freud betonten Kritikpunkte zu verstehen. Sachlich Neues habe er in der Diskussion jedoch nicht erfahren.[143] Etwas später gestand Freud ein, daß er von den ersten Mitteilungen Sadgers immer einen "schlechteren Eindruck habe, als wenn sie gedruckt vorliegen"[144]. Das komme daher, daß Sadger gewöhnlich abstoßende Objekte wähle, die bei jedem einen Widerwillen hervorrufen. Als Freud die Diskussion der Teilnehmer über Onanie kritisierte und meinte, sie "hätte einen höheren Aufschwung und größere Vertiefung anzu-

---

138 Protokolle 1977, Bd. II, S. 201

139 ebenda, S. 201

140 ebenda, S. 201

141 ebenda, S. 202

142 ebenda, S. 202

143 siehe: ebenda, S. 203

144 ebenda, S. 343

streben"[145], konterte Sadger in der darauffolgenden Woche in der Position des Diskussionsleiters: Die Diskussion sei "ziemlich schläfrig verlaufen"[146]. Freud selbst trage daran zum Teil die Schuld, "indem er in früheren Diskussionen schon vieles von dem Thema vorweggenommen habe und diesmal das Thema auch zu eng gesteckt habe"[147].

Auch wenn Freud Sadger gegenüber nicht einseitig ablehnend eingestellt war und ihn zum Beispiel gegen Vorwürfe der "Geschwister" in Schutz nahm[148], überwog doch der korrigierende Impuls. So distanzierte er sich von seiner "etwas zu strenggläubigen Auffassung"[149] und empfahl ihm, die Neurosen toleranter anzusehen[150] und es zu vermeiden, "die Sache zu dogmatisch"[151] zu nehmen. Aus einer "pädagogischen Verpflichtung"[152] heraus, riet er Sadger, zuerst die Beobachtungen aufzuzeigen und erst dann anhand der Äußerungen der Patienten die Schlußfolgerungen. Mangelnde Toleranz zeigte Sadger auch, als darüber diskutiert wurde, ob auch Frauen in die Gesellschaft aufgenommen werden sollten. Sadger votierte "aus prinzipiellen Gründen gegen die Aufnahme von Frauen"[153].

Da Sadger an seinem Vortragsstil offenbar nichts änderte, kam es noch einmal zu heftigen Kritikäußerungen, als er über Hebbels Kindheit vortrug. Wieder versuchte Freud zu erklären, "warum Sadger regelmäßig auf Widerspruch stoße. Er habe eine zu strenge Art, die zarten Probleme anzufassen"[154]. Außerdem vernachlässige er den Überbau, nehme das Psychosexuelle als Lösung und ignoriere, "daß alle diese Dinge zum eisernen Bestand einer jeden Menschenseele gehören"[155]. Nachdem auch Federn "einige stilistische Unzukömmlichkeiten"[156] bemängelt hatte und Tausk meinte, "daß der Vortragende nur die gröbsten und letzten Dinge sage"[157], wehrte sich Sadger vehement. Noch nie habe seine Stilistik in seiner langjährigen Tätigkeit Anstoß erregt:

---

145 ebenda, S. 511
146 ebenda, S. 513
147 ebenda, S. 513
148 Protokolle 1979, Bd. III, S. 19
149 Protokolle 1977, Bd. II, S. 113
150 Protokolle 1979, Bd. III, S. 19
151 ebenda, S. 235
152 ebenda, S. 97
153 Protokolle 1977, Bd. II, S. 440
154 Protokolle 1981, Bd. IV, S. 15
155 ebenda, S. 15
156 ebenda, S. 14
157 ebenda, S. 16

> Was die besonders affektive Ablehnung der Belastung in diesem Kreise anbelange, von der sich alle Symptome immer wieder aufs neue bestätigen, so scheine sie vielen darum unangenehm zu sein, weil sie persönliche Komplexe treffe.[158]

Die Herausgeber der "Protokolle" kommentieren diesen Satz als "weiteres Beispiel von Sadgers Taktlosigkeit"[159]. Natürlich war es abwegig, Freud und seinen Kollegen eine erbliche Belastung vorzuwerfen. Sadgers Äußerung muß aber im Kontext der heftigen Kritik von seiten des "Vaters" und der "Geschwister" beurteilt werden.

Die Beispiele dieser Vater-Sohn-Beziehung zeigen, daß Freud für Sadger ein strenger und harter "Erzieher" war. Freuds Interventionen erinnern teilweise an ein Tribunal, in dem es darum geht, zu verurteilen und weniger zu fördern. Der psychische Hintergrund für diese Strenge ist meines Erachtens Freuds Vaterorientierung, die sich dann verstärkte, wenn sich der "Schüler" widerständig gebärdete und wenig "Fortschritte" erkennen ließ. Das muß bei Sadger der Fall gewesen sein. Er scheint eine wenig einnehmende Persönlichkeit gehabt zu haben, die eher den Widerspruch statt das Einvernehmen gesucht hat. Sadgers Ambivalenz zu Freud kam in der dramatischen Nachbesprechung zum Kongreß in Nürnberg zum Ausdruck. Er meinte,

> daß Freud schon seit zwei Jahren vor den Wienern mies sei. Aber die Sache liege so, daß wir ihn brauchen. Wenn wir den Zürichern voraus sind, so ist das der steten Leistung, Unterweisung und Belehrung durch Freud zuzuschreiben.[160]

Sadger blieb über viele Jahre der Psychoanalyse verbunden und publizierte eine Reihe von Aufsätzen.[161]

Abschließend soll noch auf die Inhalte von Freuds "Erziehungshinweisen" aufmerksam gemacht werden. Die Kritik, die er an die Adresse von Sadger richtete, bekommen die "orthodoxen" Psychoanalytiker heutzutage häufig zu hören. Die "Sadgerianer" sind auch heute noch weit verbreitet. Freud verabscheute ausdrücklich den engen "Sexologenblick" und wollte den ganzen Menschen vor Augen haben. Er war folglich liberaler als so mancher Freud-Schüler meint, der sich, allzu buchstabengetreu, an die Lehre zu halten glaubt.

---

158 ebenda, S. 17

159 ebenda, S. 17 Fußnote

160 Protokolle 1977, Bd. II, S. 427

161 siehe auch: May-Tolzmann 1992, S. 96-101

2.5. Freud als Erzieher

Freud ging selbstverständlich davon aus, bei seinen Schülern und Patienten "Erziehungsarbeit"[162] leisten zu müssen. Bezüglich seiner "Söhne" beklagte er sich nicht selten darüber: "Es ist schwer, soviel erziehen zu müssen."[163] Auch die psychoanalytische Behandlung bezeichnete er als "Nacherziehung"[164]. An die Adresse der Therapeuten richtete er jedoch die Worte: "Der erzieherische Ehrgeiz ist sowenig zweckmäßig wie der therapeutische."[165] Die Eigenschaft, auf Menschen zuzugehen, auf sie einzuwirken und sie zu verändern, gehörte ganz ursprünglich zur Vaterfigur Freud. Soll man diese Kraft "Charisma" nennen? Wir können feststellen, daß Freud über mehr verstandes- und gefühlsmäßiges Potential verfügte, als der durchschnittlich gebildete Mensch. Bei der Lektüre der "Protokolle" stellt sich der "Eindruck von seiner intellektuellen Überlegenheit"[166] ein.

Freuds pädagogische, therapeutische und wissenschaftliche Anstrengungen bezüglich seiner "Söhne" waren gewaltig. Als Vaterfigur sprach er im unmittelbaren Austausch mit seinen Schülern offen Anerkennung und Kritik aus, gab Hinweise, äußerte Bedenken und versuchte, sie mit seiner Persönlichkeit zu formen. Man kann diese Versuche der Einflußnahme übergeordnet als "Erziehung" bezeichnen. Meines Erachtens hatte Freud dabei drei Ziele im Auge:

1. Einübung in ein gemeinschaftliches Miteinander (pädagogischer Aspekt): Freud muß früh erkannt haben, daß eine Wissenschaft vom Menschen nur in der Geselligkeit gedeihen kann. Die Gründung der Mittwoch-Gesellschaft, aber auch die Bereitschaft, mit vielen Schülern in brieflichen Austausch zu treten, legen ein beredtes Zeugnis davon ab.
   Diese Grundeinstellung von Freud wird an einer Krisensituation in der Mittwoch-Gesellschaft deutlich. Als Sadger von Freud eines Tages verlangte, "persönliche Ausfälle und Übergriffe"[167] der Mitglieder untereinander sofort zu unterdrücken, wehrte sich Freud gegen diese "Vollmacht" und meinte, es sei ihm peinlich, jemanden zurechtweisen zu müssen. Wenn man sich untereinander nicht ausstehen könne, "dann bleibe ihm nichts übrig, als zu schließen"[168]. Einschreiten wolle er jedoch, "wenn ei-

162 Freud/Ferenczi 1993, S. 225
163 ebenda, S. 325
164 Freud 1905a, S. 118
165 Freud 1912e, S. 179
166 Hermanns/Schröter 1990, S. 62
167 Protokolle 1976, Bd. I, S. 283
168 ebenda, S. 284

nige durch ihre Unterhaltung die Rede stören"[169]. Er regte an, "die persönlichen Beziehungen mehr zu pflegen, was bisher nicht in der wünschenswerten Weise geschehen ist"[170]. An diesem Beispiel zeigt sich der Erzieher Freud, der ein gemeinschaftliches Miteinander unter den Teilnehmern initiieren wollte, das von Ernsthaftigkeit, Offenheit, gegenseitiger Achtung und Disziplin getragen wird. Auch plädierte er hin und wieder "zur Mäßigung"[171], um das hitzige Aufeinanderprallen der Meinungen zu verhindern. An Binswanger schrieb er, "daß der Analytiker nicht allein sein, sondern die Freundschaftskomponente pflegen soll"[172]. Es war für ihn eine große Kränkung, daß "unter den Teilnehmern jenes freundschaftliche Einvernehmen"[173] nicht hergestellt werden konnte.

2. Erhöhung des Persönlichkeitsniveaus (therapeutischer Aspekt):
   Bei diesem Aspekt lassen sich drei Qualitäten unterscheiden:

a) Freud hoffte, daß "die Schwierigkeiten des persönlichen Verkehrs durch die tiefere Seelenkenntnis behoben würden"[174]. Damit sprach er das Persönlichkeitsniveau des einzelnen Teilnehmers an. Er ging davon aus, daß mit den Kenntnissen der unbewußten Phänomene, "ein gewisser Grad von Toleranz Hand in Hand gehen"[175] müsse und erwartete einen "veredelnde(n) Einfluß"[176], wenn sich der einzelne mit der Psychoanalyse beschäftigen würde. Das war Freuds theoretische Ansicht oder besser gesagt, seine Hoffnung.

b) In der aktuellen Auseinandersetzung wandte Freud häufig indirekte Interventionen an, die er durch anerkennende Worte einleitete. Nach einem Vortrag von Wittels über die Psychologie des Attentäters rief er zu einer toleranten Einstellung gegenüber dem Seelischen auf: Das "unbewußte Motiv habe ein Anrecht auf Schonung"[177]. Als Wittels später Karl Kraus öffentlich bloßstellte, hätte er sich an diese Mitteilung erinnern können.
   Ohlmeier[178] stellt in einem Referat fest, daß in Freuds wissenschaftlichen Ausführungen, auf der manifesten Ebene, oftmals "therapeutische" Mitteilungen enthalten sind. Insgesamt habe Freud eine "größere Reife der Teil-

169 ebenda, S. 284
170 Protokolle 1977, Bd. II, S. 423
171 Protokolle 1976, Bd. I, S. 241
172 Freud/Binswanger 1992, S. 55
173 Freud 1914d, S. 160
174 Protokolle 1976, Bd. I, S. 284
175 Protokolle 1977, Bd. II, S. 202
176 Freud/Ferenczi 1993, S. 235
177 Protokolle 1976, Bd. I, S. 155
178 in: Leber 1984, S. 211

nehmer" angestrebt, "z.B. die Erweiterung der Wahrnehmung, die Fähigkeit, fremde Meinungen gelten zu lassen, Widersprüche und Ambivalenzen ertragen zu können"[179].

c) Ebenso oft gab Freud, wie an den Beispielen von Stekel, Federn, Rank und Sadger gezeigt wurde, direkte "therapeutische" Hinweise. Um noch ein Beispiel zu nennen: Nach einem Vortrag von Reik bemängelte er den Stil, "der epigrammatisch zugespitzte Sätze liebe und zu geistreich sein wolle"[180].
   Besonders dankbar für Freuds therapeutische Interventionen war Ferenczi. In einem Brief sprach er von der "Verschönerung des Berufs, ja, des ganzen Lebens"[181] durch die psychoanalytische Betrachtungsweise. Als das Wertvollste sehe er jedoch die "innerliche Wandlung"[182] an. Er sei vom Kind zum Mann geworden, anerkenne das Realitätsprinzip, könne seine Affekte besser hemmen usw.

3. Ausbildung des psychoanalytischen Denkens (wissenschaftlicher Aspekt)
   In allen vier Bänden der "Protokolle" sticht Freuds Bestreben hervor, ein wissenschaftliches Gesprächsklima in der Gruppe herzustellen. Er wird darin von Rank oft "als wissenschaftlicher Vorsitzender" tituliert.[183] Schon die Funktion von Rank, der die Gespräche mitschrieb, erzeugte ein bestimmtes Klima. Ohlmeier meint, daß mit dem besoldeten Sekretär Rank "ein Wächter über die wissenschaftliche Dignität geschaffen"[184] wurde, der die Funktion des Über-Ichs übernahm.
   In einem Brief stimmte Freud mit Ferenczi darin überein, daß die Psychoanalyse wesentlich zu einer Erhöhung des Lebens beiträgt. Dann folgt der bemerkenswerte Satz: "Es muß sich wohl eine vollständigere Lebensanschauung auf sie gründen lassen."[185] Damit geht Freud über die reine "positivistische" Ansammlung von Wissen hinaus. Für ihn muß das wissenschaftliche Denken in eine "Lebensanschauung" einmünden.

Wie haben sich die "Söhne" auf Freuds Erziehungsbemühungen eingestellt? In einem Brief an Marcinowski griff Freud das Problem der Vaterposition auf:

> Ich glaube, sie pressen mich alle zu sehr in ein Vaterschema, in das ich nicht recht passe. Da bin ich der ehrwürdige alte Vater, der Pietät und

179 ebenda, S. 211
180 Protokolle 1981, Bd. IV, S. 50
181 Freud/Ferenczi 1993, S. 270
182 ebenda, S. 270
183 Protokolle 1977, Bd. II, S. 502
184 in: Leber 1984, S. 211
185 Freud/Ferenczi 1993, S. 273

> Nachsicht verdient, auch wohl Mitleid, weil er zu Ende seines Lebens soviel Schweres zu ertragen hat, dann bin ich der finstere Despot, der jede freie Regung mit Ausstoßung bestraft, dann Kronos, der seine eigenen Kinder frißt. Heute hörte ich, ich sei ein Mensch, der sich selbst genügt, von dem andern darum nichts haben kann usw. Ich meine, das sind alles Illusionen des Übertragungsspiegels.[186]

Damit charakterisiert Freud vier Einstellungen der "Söhne" gegenüber der Vater-Autorität: die nachsichtig-überlegene, die kämpferische, die ohnmächtige sowie die enttäuschte Haltung.

Zusammenfassend kann festgestellt werden, daß einige "Söhne" aus der Mittwoch-Gesellschaft sich so von Freud erziehen ließen, daß sie zu beachtlichem seelisch-geistigen Wachstum angeregt wurden. Die Mehrzahl der Schüler waren jedoch den "Illusionen des Übertragungsspiegels" aufgesessen und hatten in Freud den eigenen Vater der Kindheit gesehen. Mit diesem Vaterbild im Gemüt "verkannten" sie Freud, was zu manchen Konflikten führte. Ein gemeinschaftliches Miteinander konnte somit nicht entstehen. Beachtet werden muß jedoch, daß die "Söhne" ihren Affekten teilweise hilflos ausgesetzt waren. Freud bemühte sich zwar, seine Erkenntnisse zur Vater-Sohn-Dynamik mitzuteilen, doch zur wirklichen Bewußtwerdung dieser komplizierten Zusammenhänge wäre eine Analyse notwendig gewesen. Die fand auch deshalb nicht statt, weil Freud seine "Söhne" einerseits überschätzte und andererseits meinte, daß ein Schüler nicht wie ein Patient "behandelt" werden dürfe. Erst später bemerkte er diesen Irrtum.[187]

Freuds Anteil an den Komplikationen mit seinen "Söhnen" ist überwiegend in seiner Vaterorientierung zu suchen, die in einem entsprechenden Auftreten, in bestimmten Anschauungen und Gefühlshaltungen zum Ausdruck kam. Im persönlichen Umgang konnten die "Söhne" sein patriarchalisches Verhalten einordnen, ebenso wie Freud ein gewisses Maß an Rebellion von ihnen akzeptierte. Dieses "Gleichgewicht" wurde jedoch gestört, als von einigen Schülern tiefgreifende Zweifel an der Psychoanalyse geäußert wurden. Nun zeigte sich ein deutliches Autoritätsverhalten bei Freud, das an das Verhalten der traditionellen Väter erinnert. Es kristallisierte sich vor allem in den Konflikten mit Adler und Jung heraus. Im folgenden wird die Gründung der Internationalen Vereinigung nachgezeichnet, durch die Freud seine Vaterposition stützen wollte.

---

186 in: Vorwort von G. Fichtner, in: Freud/Binswanger 1992, S. IX

187 Freud 1914d, S. 184

3. Die Stütze des "Vaters": Die Vereinigung

Die "Kindheit" der psychoanalytischen Bewegung verlief bis zum Jahre 1908 in relativ ruhigen Bahnen. Dann traten Unruhen auf, die im folgenden auf Freuds "Vaterposition" bezogen ausgeführt und gedeutet werden sollen.

3.1. Die gefährdete Vaterposition

Im Jahre 1908 trat der Sexualpsychologe Magnus Hirschfeld an Freud heran und bat ihn um Unterstützung für die Ausarbeitung eines Fragebogens "zur Erforschung des Geschlechtstriebes"[188]. Die Mitglieder der Mittwoch-Gesellschaft entschieden durch Mehrheitsbeschluß, an dem Projekt teilzunehmen und unter dem Namen "Psychoanalytische Gesellschaft" zum ersten Mal an die Öffentlichkeit zu treten. Der Wunsch, eine Vereinigung zu gründen, um dadurch nach außen geschlossen auftreten zu können, muß in Freud um diese Zeit erwacht sein. Anfang 1910 teilte er Jung mit, daß der Apotheker Knapp einen "Internationalen Orden für Ethik und Kultur"[189] gründen wolle. Freud überlegte, ob er und seine Schüler in den Orden eintreten und ihn nach und nach den eigenen Vorstellungen anpassen sollten. Jung reagierte jedoch ablehnend. Er breitete vielmehr seine eigenen religiösen Vorstellungen über die Zukunft der Psychoanalyse aus, denn die "2000 Jahre Christentum wollen äquivalent ersetzt sein"[190]. Daraufhin zog Freud seinen Vorschlag zurück. Er antwortete:

> Mich aber sollen Sie für keinen Religionsstifter halten, meine Absichten reichen nicht so weit. () Angezogen hat mich der praktische, aggressive wie protektive Zug des Programms, die Verpflichtung, die Autorität des Staates und der Kirche in einzelnen Fällen, wo sie greifbares Unrecht tun, direkt zu bekämpfen (). An Ersatz für die Religion denke ich nicht; dies Bedürfnis muß sublimiert werden.[191]

An der Idee jedoch, eine Vereinigung zu gründen, um "die Analytiker enger zusammenzuschließen"[192], hielt Freud fest. Zu diesem Punkt gab es aber auch warnende Stimmen. Bereits Anfang 1908 drückte Graf seine Enttäuschung über die Entwicklung der Gruppe aus: "Wir sind nicht mehr die Gesellschaft,

188 Protokolle 1976, Bd. I, S. 350

189 Freud/Jung 1974a, Brief 174 F

190 ebenda, Brief 178 J

191 ebenda, Brief 179 F

192 Jones 1962, Bd. 2, S. 90

die wir früher waren. - Noch Gäste des Herrn Professors, sind wir auf dem Wege, ein Verein zu werden."[193] Genau das strebte Freud an: Eine "strammere(n) Organisation mit Vereinsformen"[194]. Wie er später reflektierte, hatte er sich vorgestellt,

a) eine Instanz zu schaffen, die bei fehlerhaften Darstellungen sagen könnte: "Mit all dem Unsinn hat die Analyse nichts zu tun, das ist nicht die Psychoanalyse."[195] Damit sollten mißbräuchliche Anwendungen dieser neuen Wissenschaft verhindert werden.

b) eine Ausbildung anzubieten, "für die eine Art von Garantie geleistet werden"[196] kann.

c) daß "sich die Anhänger der Psychoanalyse zum freundschaftlichen Verkehr und zur gegenseitigen Unterstützung"[197] zusammenfinden sollten.

Diese Absichten verfolgen heutzutage fast alle psychologischen Schulen. Wäre Freud bei diesen Punkten geblieben, dann hätte die Gründung der Vereinigung auf dem Nürnberger Kongreß nicht solche hohen Wogen geschlagen. Freud wollte aber mehr.

Am 30. und 31. März 1910 fand der zweite psychoanalytische Kongreß statt, der "in einer viel weniger freundlichen Atmosphäre verlief als der erste"[198]. Ausschlaggebend dafür war Freuds Wunsch, Jung auf Lebenszeit zum Präsidenten der Internationalen Vereinigung und Zürich zu dessen Zentrum zu ernennen. Weiterhin sollten alle Aufsätze vor der Veröffentlichung vom Präsidenten genehmigt werden. In Absprache mit Freud unterbreitete Ferenczi[199] diese Vorschläge, dem Jones neben seinem "persönlichen Charme eine ausgesprochen diktatorische Seite"[200] bescheinigte. Daraufhin erhob sich bei den "Wienern" ein Proteststurm. Man fand schließlich den Kompromiß, die Amtszeit des Präsidenten auf zwei Jahre zu begrenzen und den Wohnort des Vorsitzenden zur "Hauptstadt" der Bewegung zu bestimmen. Wittels kommentierte diese Vorgänge so:

> Ich weiß nicht, ob außerhalb der katholischen Ordensorganisation etwas derartiges jemals ausgedacht worden ist. () keine Erklärung wird

193 Protokolle 1976, Bd. I, S. 284

194 Freud/Ferenczi 1993, S. 191

195 Freud 1914d, S. 179

196 ebenda, S. 179

197 ebenda, S. 179

198 Jones 1962, Bd. 2, S. 89

199 siehe Referat in: Freud/Bleuler 1910, S. 741-742

200 Jones 1962, Bd. 2, S. 90

> uns darüber hinwegbringen, daß die psychoanalytische Politik mit einem Gewaltstreich begann ().[201]

Warum griff Freud zu diesen drakonischen Maßnahmen? Heute können wir dafür eine Erklärung finden. Freud selbst gab drei Gründe an, die seine Entscheidungen auf dem Kongreß erklären sollten:

a) Die Stadt Wien sei ein Hemmnis für die Psychoanalyse. Zürich sei besser als Zentrum geeignet, zumal der akademische Status des neuen Vorsitzenden der Analyse eine gute Zukunft verspreche.[202]

b) Mit der Einschätzung seiner Person sei zu stark "Gunst und Haß"[203] verbunden, weswegen er sich in den Hintergrund stellen wolle.

c) Freud fühlte sich nicht mehr jugendlich und damit kräftig genug, den langen Weg zu gehen, den die Psychoanalyse noch vor sich habe. Er empfand es als drückend,

   > daß mir in so späten Jahren die Verpflichtung, Führer zu sein, zugefallen war. Ein Oberhaupt, meinte ich aber, müsse es geben.[204]

   Die Aufgaben dieser Autorität, "die zur Unterweisung und Abmahnung bereit"[205] sein müsse, sollte Jung übernehmen.

Freuds Vorgehensweise liegen jedoch noch zwei tieferliegende Kränkungen zugrunde. Sie betreffen seine "Vaterposition" und beinhalten aggressive Tendenzen, einmal innerhalb der Bewegung und zum andern von außen kommend.

d) Die Kränkung innerhalb der Bewegung betrifft die Enttäuschung des "Vaters" über die "Wiener Söhne". Erst nach dem Kongreß analysierte Freud seine "lang aufgespeicherte Abneigung gegen den Wiener Kreis"[206], die ihn kurzsichtig gemacht habe. Dabei war er bereits seit geraumer Zeit mit seinen Wiener Schülern unzufrieden. Als Binswanger Anfang März 1907 an der Mittwoch-Gesellschaft teilnahm, hielt ihn Freud im Anschluß daran zurück und fragte: "So, haben Sie jetzt diese Bande gesehen?"[207] Persönliche Antipathien, Neid und Eifersucht, Rivalitätskämpfe, Streit um "geistiges Eigentum"[208] usw. waren in der Mittwoch-Gesell-

---

201 Wittels 1924, S. 123
202 siehe: Freud 1914d, S. 178
203 ebenda, S. 178
204 ebenda, S. 178
205 ebenda, S. 178
206 Freud/Ferenczi 1993, S. 234
207 Binswanger 1956, S. 13
208 Protokolle 1976, Bd. I, S. 285

schaft an der Tagesordnung. Freud drohte, den Kreis zu schließen, wenn "die Herren sich untereinander nicht ausstehen können"[209]. Auch mit der Aufnahme und Wiedergabe der psychoanalytischen Theorie seitens seiner "Söhne" war Freud nicht zufrieden. Im November 1909 bot er Jung an, daß "Sie den Wienern, ich den Zürichern auf die Finger schlage, wo sie uns mit selbständigen Leistungen kommen"[210]. Diesen "Versuch der literarischen Diktatur"[211] begründete er mit den Worten: "() aber die Leute sind unverläßlich und können es nicht entbehren, gegängelt zu werden."[212] Allgemein schrieb Freud weiter:

> Ich ärgere mich übrigens über meine Wiener jetzt so oft, daß ich Ihnen gelegentlich einen einzigen Hintern wünsche, um sie mit einem Stekken alle auszuklopfen.[213]

Daß Freud in diesem Brief das Wort "Ihnen" groß schrieb, ist beachtenswert. Solche "Fehlleistungen" - auch von Jung begangen - führten später zu starken Empfindlichkeiten und belasteten die Beziehung der beiden Männer. Zeigen sich bei Freud zu diesem Zeitpunkt bereits unbewußte Ressentiments gegen Jung?
Im Februar 1910 notierte Freud an Abraham:

> Meine Wiener erfreuen mich nicht sehr. Eigentlich habe ich das schwere Kreuz mit der älteren Generation Stekel, Adler, Sadger; sie werden mich bald als Hindernis empfinden und behandeln und ich kann nicht glauben, daß sie mich durch Besseres zu ersetzen haben.[214]

Die Kritik des "Vaters" an seinen "Söhnen" kommt hier deutlich zum Ausdruck. Freuds Affekte gegenüber seinen Wiener Mitarbeitern trugen erheblich dazu bei, daß er seine ganze Hoffnung auf den "Nachfolger und Kronprinzen"[215] Jung verlegte und damit dessen Persönlichkeit so leichtfertig verkannte.

e) Die von außen kommende Kränkung betrifft die Anfeindungen der Fachwelt, vor allem nach den Veröffentlichungen der "Drei Abhandlungen zur Sexualtheorie" und dem Fall "Dora" im Jahre 1905. Es begann ein regelrechtes Kesseltreiben gegen die Psychoanalyse, das die Reaktionen nach

---

209 ebenda, S. 284

210 Freud/Jung 1974a, Brief 160 F

211 ebenda, Brief 160 F

212 ebenda, Brief 160 F

213 ebenda, Brief 160 F

214 nicht in Freud/Abraham 1965 enthalten, zitiert in: Jones 1962, Bd. 2, S. 92 Fußnote

215 Freud/Jung 1974a, Brief 139 F

dem Erscheinen der "Traumdeutung" bei weitem übertraf.[216] Nach Ansicht von Sulloway hat die psychoanalytische Geschichtsschreibung jedoch die Betonung der feindlichen Kommentare gegen Freud übertrieben. In der Beschreibung des einsam kämpfenden und heroischen Mannes sei der "Mythos des Helden"[217] entstanden. Ob die Stimmung gegen die Psychoanalyse wirklich so aggressiv gewesen ist, soll dahingestellt bleiben. Bedeutsamer für das Seelenleben eines Menschen sind seine subjektiven Empfindungen. Auffällig ist, daß Freud und seine Briefpartner mit Akribie jede abfällige Bemerkung der Fachkollegen über die Psychoanalyse registriert haben.[218] Auf der Grundlage dieser Überempfindlichkeit sind Kränkungserlebnisse erwachsen, die durch den Abwehrmechanismus der Reaktionsbildung zu aggressiven Affekten umgewandelt wurden. Freud wollte die eigene Person durch die Nürnberger Beschlüsse aus dem Zentrum der Kritik nehmen. Er selbst drückte es so aus, daß er danach strebe, "unpersönlicher zu sein"[219].

Ein weiteres Kränkungserlebnis von außen wollte Freud von vornherein durch die Wahl eines "Ariers" zum Vorsitzenden entkräften: den Vorwurf, die Psychoanalyse sei eine jüdische Disziplin. Er schrieb an Abraham:

> Unsere arischen Genossen sind uns doch ganz unentbehrlich, sonst verfiele die Psychoanalyse dem Antisemitismus.[220]

Damit ist die Motivstruktur für Freuds Entschluß aufgezeigt worden, eine Vereinigung zu gründen und die Leitungsfunktion mit autoritären Vollmachten an einen bedeutend jüngeren Kollegen abzugeben. Zahlreiche Zerwürfnisse innerhalb der Bewegung und Anfeindungen von Fachkollegen führten dazu, daß Freud seine mühsam aufgebaute "Vaterposition" bedroht sah. Aufgrund seiner Vaterorientierung kam es zu einer "subjektiven Bearbeitung" dieser Bedrohung: Freud dramatisierte diese "Gefahren", was ein verstärktes Bedürfnis nach strenger Gruppenführung auslöste. Noch delegierte er jedoch diesen Führungswunsch an Jung. Mit der Gründung der Vereinigung und dem expansiven und angriffslustigen Jung als Vorsitzenden erhoffte er sich sowohl innerhalb der Bewegung als auch nach außen Stützung und Schutz. Dabei

---

216 siehe: Handlbauer 1990, S. 21

217 Sulloway 1982, S. 605 ff

218 siehe unter anderem: Freud/Ferenczi 1993, S. 150, S. 152 oder Freud/Jung 1974a, Brief 2 J, Brief 19 J

219 Freud/Jung 1974a, Brief 218 F

220 Freud/Abraham 1965a, S. 73

muß ihn die Vorstellung geleitet haben, die psychoanalytische Organisation als Vaterfigur "hinter den Kulissen"[221] zu führen.

3.2. Das Ideal: Die Kraft des "Vaters" und die Freiheit der "Söhne"

Kehren wir noch einmal zum Nürnberger Kongreß zurück. In seinem Vortrag "Zur Organisation der psychoanalytischen Bewegung"[222] führte Ferenczi bemerkenswerte Gedanken zur Bedeutung der Vaterfigur in einer Bewegung aus. Er stellte fest, "daß unsere Arbeit durch eine Organisation mehr gewinnen als verlieren würde"[223]. Vereine hätten jedoch bestimmte Strukturen, die beachtet werden müssen. Die analytische Erforschung hätte ergeben, daß in Vereinen das Familienleben wiederholt werde.

> Der Präsident ist der Vater, dessen Aussprüche unwiderlegbar, dessen Autorität unverletzbar ist; die anderen Funktionäre sind die älteren Geschwister, die die jüngeren hochmütig behandeln und dem Vater zwar schmeicheln, aber ihn im ersten geeigneten Moment von seinem Throne stürzen wollen, um sich an seine Stelle zu setzen.[224]

Für seine psychoanalytischen Kollegen und für ihn selbst würde sich die Gestalt des Vaters mit der von Freud, dem geistigen Führer, zu einer Traumperson verdichten. Freud, mit seinem enormen geistigen Übergewicht, erscheine allen Mitarbeitern in ihren Träumen, in denen sie ihn stürzen oder überflügeln würden.

Ferenczi drückte nun die Hoffnung aus, daß vor allem psychoanalytisch geschulte Menschen in einem Verein die Vorteile der Familienorganisation mit der größtmöglichen persönlichen Freiheit verbinden können. In dieser idealen Organisation dürfte dem Vater

> keine dogmatische Autorität zukommen, sondern gerade so viel, als er durch seine Fähigkeiten und Arbeiten wirklich verdient; seine Aussprüche würden nicht blind wie göttliche Offenbarungen befolgt, sondern wie alles andere Gegenstand einer eingehenden Kritik, und er selbst nähme diese Kritik nicht mit der lächerlichen Überhebung des *Pater familias* auf, sondern würdigte sie entsprechender Beachtung.[225]

221 Clark 1985, S. 331
222 Ferenczi 1910
223 ebenda, S. 145
224 ebenda, S. 145
225 ebenda, S. 146

Wenn ein solcher Verein verwirklicht werden könnte, dann käme man auch zu bedeutenden Arbeitsleistungen. Man würde sich von der autoerotischen Periode mit Regungen wie infantilem Größenwahn, Eitelkeit, Anbetung leerer Formalitäten, blindem Gehorsam, persönlichem Egoismus zur fortgeschrittenen Phase der Objektliebe emporschwingen.

Mit diesem Vortrag kräftigte Ferenczi vor allem durch das Aufzeigen der Parallele von Vereins- und Familienleben die Vater-Stellung Freuds in der neu zu gründenden Organisation. Der zentralen Figur des "Vaters" stellte er die persönliche Freiheit der "Söhne" gegenüber und formulierte damit ein Ideal für die psychoanalytische Bewegung.

3.3. Der gestützte "Vater"

Die Wochen vor dem Nürnberger Kongreß muß Freud in großer Spannung verbracht haben. Er schien zu ahnen, daß die Abtretung seiner Machtposition an die Züricher Unruhe auslösen würde. Aber auch gegen diese richtete sich sein Unbehagen. An Pfister schrieb er die Sätze:

> Ich habe es noch immer nicht verschmerzt, daß Sie nicht nach Nürnberg kommen wollen. Bleuler auch nicht, Jung ist in Amerika, so daß ich um seine Rückkehr zittere. Was soll werden, wenn meine Züricher mich verlassen?[226]

Nach dem Kongreß reflektierte Freud in einem Brief an Ferenczi die Ergebnisse der Zusammenkunft. Zuerst betonte er, daß der Kongreß "außerordentlich gelungen"[227] sei, um dann eine selbstkritische Bilanz zu ziehen. In seinem eigenen Vortrag sei seine innere Müdigkeit zum Ausdruck gekommen, während Ferenczis Plädoyer viel Widerspruch entfesselt habe. Die Wirkung der neuen Vorschläge auf die "Wiener" hätten beide nicht genug berechnet. Dann berichtete Freud von einem weiteren Plan, der als Fortsetzung seiner bisherigen Strategie bezeichnet werden kann. Er wolle die "Führerschaft der Wiener Gruppe"[228] niederlegen und sich von "jeder offiziellen Einflußnahme"[229] zurückziehen. Um nicht in die "peinliche Rolle des unzufriedenen und überflüssigen Alten"[230] zu geraten, wolle er lieber vorzeitig und freiwillig ge-

226 Freud/Pfister 1963a, S. 33

227 Freud/Ferenczi 1993, S. 234

228 ebenda, S. 234

229 ebenda, S. 234

230 ebenda, S. 234

hen. Er habe vor, sich "die Mühe des Dirigierens und Zurückhaltens"[231] zu ersparen. Die Führerschaft der Wiener Gruppe wolle er Adler übertragen.

Am 6. April 1910 wurde Freuds Verzicht von den Mitgliedern der Mittwoch-Gesellschaft diskutiert. Das Gespräch kann als das persönlichste der Gruppe bezeichnet werden. Durch Freuds Vorgehensweise fühlte sich jeder "Sohn" veranlaßt, seine Beziehung zu "Vater Freud" offen zu bekunden. Nach diesem Gespräch wurde Freud, wenn auch nur für kurze Zeit, von allen Teilnehmern als "Gruppen-Vater" anerkannt und gestützt.

Zunächst kritisierte Adler Freuds Aktionen auf dem Kongreß. Er meinte, daß in der Überschätzung der Gefahren, denen die Psychoanalyse angeblich ausgesetzt sei, "eine Art Selbstunterschätzung"[232] liege. Aber die Härten der Freudschen Maßnahmen seien beseitigt, so daß sich nun alle zusammenschließen könnten, um freie Wahlen stattfinden zu lassen. Sodann plädierte Adler sowohl für eine vermehrte Leistungsfähigkeit, die nur durch die Öffnung der Vereinigung zustande kommen könne, als auch für die "wissenschaftliche Durchbildung"[233] aller Teilnehmer. Ihn selbst zum Führer der Wiener Gruppe zu wählen, halte er für überflüssig. Freud solle die Führung beibehalten und lediglich von allem Organisatorischen befreit werden. Dem stimmte Freud im wesentlichen zu und äußert seine Freude über das persönliche Einvernehmen.

> Er wolle jetzt verraten, daß er die Führerschaft nie an Zürich abgegeben hätte, wenn es zwei Jahre früher dahin gekommen wäre.

An dem Bedürfnis, sich in den Hintergrund zu stellen, halte er jedoch fest. Daraufhin entzündete sich eine lebhafte Diskussion. Stekel konstatierte, daß Freud "einen tiefen Haß gegen Wien zu hegen scheine"[234]. Er könne sich nicht vorstellen, wie die Gruppe ohne Freud weiter existieren soll. Federn dementierte feindselige Absichten gegen Zürich. Es falle schwer, das "alte patriarchalische Verhältnis"[235] aufzugeben, doch habe Freud dafür wahrscheinlich gute Gründe. Das Votum von Tausk verdient besondere Beachtung. Er "gibt dem Gefühle Ausdruck, daß etwas sehr Trauriges vor sich geht"[236]. Die Stadt Wien sei sehr gut für die Verbreitung der Psychoanalyse geeignet, weil hier viel Krankes vorzufinden sei. Aber es gehe nicht an, die Psychoanalyse nur vom medizinischen Standpunkt aus einzuschätzen. Tausk

---

231 ebenda, S. 235

232 Protokolle 1977, Bd. II, S. 423

233 ebenda, S. 424/425

234 ebenda, S. 425

235 ebenda, S. 426

236 ebenda, S. 426

> zieht dann den Vergleich mit dem Darwinismus, der ebenso eine wissenschaftliche Religion war wie die Psychoanalyse, zu deren Verbreitung man aber keinen Verein gegründet habe, die aber trotzdem heute im Bewußtsein jedes Kulturmenschen lebe. In diesem Sinne gibt Redner seiner Meinung gegen die Vereinsgründung Ausdruck.[237]

Genau wie Stekel glaubte Sadger beobachtet zu haben, "daß Freud schon seit zwei Jahren vor den Wienern mies sei"[238]. Der "steten Leistung, Unterweisung und Belehrung"[239] Freuds sei es zu verdanken, daß die "Wiener" einen Vorsprung hätten. Hitschmann vertrat die Ansicht, die Züricher seien als Rasse ganz andere Menschen. Die Neukonstituierung sei unproblematisch, "wenn wir den persönlichen Einfluß Freuds durch diese Veränderung nicht entbehren müssen"[240]. Freud beruhigte daraufhin die Mitglieder und versicherte, daß im Grunde "alles vollkommen erhalten bleiben"[241] soll. Wittels stellte bei den Zürichern eine Biederkeit und einen larmoyanten Ton fest.

> Die Wiener Gesellschaft dagegen ist historisch gewachsen, und jeder von uns hat die Neurose, die notwendig ist zum Eintritt in die Freudschen Lehren ().[242]

Auch er empfinde die Vereinsgründung als "etwas schrecklich Trauriges"[243]. Furtmüller sagte, daß er keine Gefahr darin erkenne, die psychoanalytische Gesellschaft zu vergrößern. Alle "großen Gedanken"[244] hätten sich so überhaupt erst durchsetzen können. Friedjung meinte, daß die Zukunft lehren müsse, ob die Vereinsgründung richtig sei. Die Führerschaft von Freud könne man sich nur sichern, indem "wir ihm Lust machen, auch weiterhin unser Führer zu sein"[245]. Es müsse jedoch intensiv gearbeitet werden, um vor Freud und der Öffentlichkeit zu bestehen. Reitler gestand seine Betrübnis, die er zu Beginn des Abends gehabt habe. Inzwischen begrüße er jedoch die Vereinsgründung. Er und Steiner sprachen sich gegen eine "Massenaufnahme von Mitgliedern"[246] aus. Schließlich machte Freud den Vorschlag, ihn zum "wissenschaftlichen Vorsitzenden" und Adler zum "Obmann" zu wählen. Bei-

---

237 ebenda, S. 426
238 ebenda, S. 427
239 ebenda, S. 427
240 ebenda, S. 427
241 ebenda, S. 427
242 ebenda, S. 428
243 ebenda, S. 428
244 ebenda, S. 428
245 ebenda, S. 428
246 ebenda, S. 429

de Anträge wurden angenommen. Damit schloß eine der aufregendsten und lebendigsten Sitzungen der Mittwoch-Gesellschaft. "Gruppenvater Freud" behauptete seine Position und nahm unangefochten wie nie zuvor die Leiterrolle der Bewegung ein. Nun aber konnte er aus dem geschützten Hintergrund wirken, wie er es sich gewünscht hatte.

Wie hat Freud diese Sitzung in seinen Briefen bewertet? Jung, seinem "Sohn und Nachfolger"[247], berichtete er, daß "sich alle sehr zärtlich"[248] benommen haben.

> Sie sind sehr aufgerüttelt, ich bin mit diesem Teil des Erfolgs meiner staatsmännischen Tätigkeit zunächst zufrieden. () Die Wiener sind persönlich ungezogen, wissen aber sehr viel und können noch eine gute Rolle in der Bewegung spielen.[249]

Diese Sätze zeigen, daß sich Freud von seinen "Söhnen" innerlich berührt fühlte. Noch drei Wochen später konnte er davon erzählen, sehr zärtlich behandelt zu werden.[250] In einem Brief an Jones hob er einerseits den Arbeitseifer seiner Schüler nach der offenen Aussprache in der Mittwoch-Gesellschaft hervor, andererseits meinte er: "Ich ziehe mich in den Hintergrund zurück, wie es sich für einen älteren Herrn geziemt (keine Komplimente mehr, bitte!)"[251].

Vier Monate nach Jungs "Amtsantritt" konstatierte Freud jedoch, daß zur Zeit eine "kritische Periode, eine negative Schwankung"[252] durchgemacht werde. Er schrieb an seinen lieben "Sohn und Nachfolger"[253]:

> Aber rein objektiv gesehen, ich glaube, ich bin zu schnell vorgegangen, () und hätte mit der Gründung des I. V. noch warten sollen. Meine Ungeduld, Sie an der richtigen Stelle zu sehen, und Intoleranz gegen den Druck eigener Verantwortung kamen auch in Betracht.[254]

Aber Freud suchte die Schuld für die Stagnation nicht nur bei sich. An Jung gewandt äußerte er den Eindruck, "als hätten auch Sie es nicht ernst genug genommen und seien in der neuen Würde noch nicht aufgetreten"[255]. Freud war enttäuscht über Jungs Führungsschwäche und Nachgiebigkeit, wie sie in

---

247 Freud/Jung 1974a, Brief 205 F
248 ebenda, Brief 185 F
249 ebenda, Brief 185 F
250 ebenda, Brief 190 F
251 in: Gay 1989, S. 249
252 Freud/Jung 1974a, Brief 205 F
253 ebenda, Brief 205 F
254 ebenda, Brief 205 F
255 ebenda, Brief 205 F

der Züricher Ortsgruppe sichtbar wurde.[256] Er wundere sich, daß dieser nicht die "Autorität entwickeln"[257] konnte, sich durchzusetzen.

> Es kränkt mich natürlich sehr, daß ich Sie in den ersten amtlichen Funktionen nicht sicher auftreten sah.[258]

Mit den Vorgängen um die Gründung der Internationalen Vereinigung wurden zwei weitere große Krisen in der Geschichte der psychoanalytischen Bewegung eingeleitet: Adler entwickelte sich in der Mittwoch-Gesellschaft zur zweiten Vaterfigur und Jung war den Anforderungen der Führungsaufgabe nicht gewachsen. Die Art der Bewältigung dieser Konflikte sollte Freuds Persönlichkeit und damit die psychoanalytische Bewegung entscheidend verändern.

4. Freud und Adler: Zwei "Väter" - zwei Schulen

Im ersten Bericht über die Mittwoch-Gesellschaft, den Stekel[259] 1903 veröffentlicht hat, wird Freud als "der Meister" und Adler als "der Sozialist" ausgewiesen. Man kann davon ausgehen, daß die Bezeichnungen mit dem Selbstverständnis der beiden Männer übereinstimmten. Adler stand in der Studentenzeit sozialistischen Kreisen nahe, und in seinen ersten Schriften beschäftigte er sich mit sozialmedizinischen Themen. Bis zum Jahre 1908 kann von einer guten Zusammenarbeit zwischen Freud und Adler gesprochen werden. Freud maß Adlers Ausarbeitungen über die Minderwertigkeit von Organen eine "große Bedeutung bei"[260]. Auch Jones meinte:

> Innerhalb der kleinen Gruppe war er gewiß die stärkste Persönlichkeit, und in den ersten Jahren hielt Freud offensichtlich viel von ihm.[261]

Aus den "Protokollen" lassen sich zwei Eindrücke von Adlers Persönlichkeit herauslesen. Auffällig ist, daß er zu vielen Themen den sozialen Bezug suchte. Indem er die Einsichten der Referenten würdigte, ermutigte er sie durch seine Stellungnahme zur Fortführung ihrer Studien. Auch wußte er jedes

---

256 siehe: ebenda, Brief 198 J

257 ebenda, Brief 199 F

258 ebenda, Brief 199 F

259 siehe: Handlbauer 1990, S. 27

260 Protokolle 1976, Bd. I, S. 42

261 Jones 1962, Bd. 2, S. 161

Thema durch eigene Einsichten[262] zu ergänzen. Zum anderen haben seine Zeitgenossen immer wieder betont, daß Adler "ein ungewöhnlich ehrgeiziger Mann mit einem zwar gebändigten, doch keineswegs überwundenen Willen zur Macht"[263] war. Er hatte einen auffällig expansiven Charakter. So stellte er seine Denkweise häufig zur Diskussion, wohl in der Meinung, ein gesunder Wettbewerb der Ansichten ermögliche erst die Wahrheitsfindung. Daraus kann man ableiten, daß Adler aufgrund seiner Persönlichkeitsstruktur nach Autorität strebte, um ebenso wie Freud eine Vaterfigur zu werden. Aus heutiger Sicht ist die Aussichtslosigkeit dieses Vorhabens sofort verständlich. Freud war nicht gewillt, einen Rivalen neben sich zu dulden, der zudem die wichtigsten Begriffe der Psychoanalyse in Frage stellte. So geriet Adler allmählich in den Ruf, "vom rechten Weg"[264] abzuweichen und ein Gegner der Psychoanalyse zu sein.

In den Jahren 1908 und 1909 zeigten sich erste ernsthafte Differenzen zwischen den beiden Männern. In den Vorträgen über den Aggressionstrieb, das Zwangserröten und die Einheit der Neurosen entwickelte Adler von Freuds Theorie abweichende Gedanken.[265] Auf eine Anfrage von Jung daraufhin antwortete Freud:

> Die Sache ist, glaube ich, richtig. Er ist ein Theoretiker, scharfsinnig und originell, aber fürs Psychologische nicht eingestellt, und er zielt an diesem vorbei ins Biologische. Anständiger Mensch übrigens, wird nicht sobald abfallen, aber doch nicht in unserem Sinne mittun. Wir müssen ihn möglichst erhalten.[266]

In seinem Vortrag über den psychischen Hermaphroditismus verließ Adler seinen biologischen Standpunkt und arbeitete den für die Individualpsychologie auch heute noch gültigen erlebnis-psychologischen Ansatz aus. Dieses Referat hat Freuds Einstellung zu Adler schlagartig verändert. Der Vortrag würde "eine Menge Irrlichter"[267] aufstecken und sei "eine böse Spekulation"[268]. Es war von "ketzerischen"[269] Vorträgen für den kommenden Nürnberger

---

262 siehe: Protokolle 1976, Bd. I, S. 16, S. 168, S. 249 und Protokolle 1977, Bd. II, S. 152, S. 183, S. 222, S. 251, S. 290 usw.

263 Sperber 1970, S. 14

264 Freud/Pfister 1963a, S. 47

265 siehe Protokolle: 3. Juni 1908, 3. Februar 1909 und 2. Juni 1909

266 Freud/Jung 1974a, Brief 147 F

267 Freud/Ferenczi 1993, S. 223

268 ebenda, S. 223

269 Freud/Jung 1974a, Brief 182 F

Kongreß die Rede, die "die Stimmung verderben"[270] würden. Die Ereignisse um diesen Kongreß wurden bereits dargestellt. Sie endeten damit, daß Freud als Vorsitzender der Wiener Ortsgruppe zurücktrat und Adler die Führerschaft überließ,

> nicht aus Neigung oder Befriedigung, sondern weil er doch die einzige Persönlichkeit ist und weil in dieser Stellung er möglicherweise genötigt wird, den gemeinsamen Boden mitzuverteidigen.[271]

Wie hat Adler diese "Ernennung" wohl aufgefaßt? Mußte er sie nicht als Bestätigung für seine Arbeit ansehen? Auf jeden Fall zeigen die "Protokolle", daß Adler seine Gedanken vehement in die Gruppe einbringt. Nicht selten wurde er von seinen Kollegen heftig kritisiert, was dazu geführt hat, daß man mehr über Adlers als über Freuds Theorien sprach. Freud war verärgert: "Adler wird auch unleidlich mit seinen neuen Theorien, von deren Schiefheit ich täglich mehr überzeugt werde."[272] Am 16.11.1910 brachte Hitschmann den folgenschweren Antrag ein, "die Adlerschen Lehren einmal im Zusammenhang und insbesondere im Hinblick auf ihre Divergenz gegenüber der Freudschen Lehre eingehend zu diskutieren"[273]. Freud willigte zwar ein, doch kann man aus den Briefen entnehmen, daß er Adler nun loswerden wollte. Er habe gehofft, "daß es zu irgendeiner reinlichen Scheidung kommen würde, aber () so muß ich () doch mit ihnen weiterrackern"[274]. Jung bekannte er, daß ihm seine Stimmung durch die "Ärgernisse mit Adler und Stekel weggenommen" sei. Und weiter:

> Adler, ein sehr anständiger und geistig hochstehender Mensch, ist dafür paranoisch, drängt seine kaum verständlichen Theorien im 'Zentralblatt' so vor, daß sie alle Leser in Verwirrung bringen müssen. Streitet beständig um seine Priorität, belegt alles mit neuen Namen, beklagt sich, daß er in meinem Schatten verschwindet, und drängt mich in die unliebsame Rolle des alternden Despoten, der die Jugend nicht aufkommen läßt.[275]

Freuds "Lieblingsdiagnose" für abtrünnige "Söhne" war zweifellos "Paranoia". Wiederholt stellte er diese "Diagnose" bei Adler, Stekel und Jung, die dann von seinen Schülern blind wiederholt wurde. Er habe seine Paranoia-

---

270 ebenda, Brief 182 F

271 Freud/Ferenczi 1993, S. 234

272 ebenda, S. 321

273 Protokolle 1979, Bd. III, S. 62

274 Freud/Ferenczi 1993, S. 330

275 Freud/Jung 1974a, Brief 221 F

Theorie an Fließ entwickelt, "nachdem er sich der gewiß nicht geringen Neigung zu mir entledigt"[276] hatte. Der Zusammenhang mit Fließ führte bei Freud jedoch auch zu Unsicherheit und Selbstzweifel in der Beurteilung von Adler. Die Wunden der "Fließaffäre"[277] seien aufgerissen worden und hätten sein ruhiges Gefühl bei der Paranoiaarbeit über Schreber gestört. Er mache sich darüber Gedanken, "wieweit ich meine Eigenkomplexe fernehalten konnte, und will mich auch gerne kritisieren lassen"[278].

Als Adler Anfang 1911 seine eigenständigen Gedanken während zweier Abende in der Mittwoch-Gesellschaft darstellte, war davon keine Rede mehr. Der Wiener Obmann hoffte anscheinend immer noch, daß sie sich in die psychoanalytische Theorie integrieren ließen und Freud diese Erweiterung akzeptieren würde. Seine Ansichten stellten jedoch die psychoanalytische Lehre in Frage. Vor allem an den Gedanken zur Sexualität aus den Referaten in der Mittwoch-Gesellschaft kann das belegt werden. Adler war der Meinung, daß der Sexualtrieb keine primäre Größe darstellt. Bevor er am Ende des ersten Jahres ausgereift sei, "ist das psychische Leben des Kindes bereits reich entwickelt"[279]. Die empfundene und zum Ausdruck gebrachte Libido des Patienten sei nicht echt und natürlich, sondern "gemacht" und "gezüchtet".

> Seine Frühreife ist erzwungen, sein Onaniezwang dient dem Trotz und der Sicherung gegen den Dämon Weib, seine Liebesleidenschaft geht bloß auf den Sieg, seine Liebeshörigkeit ist ein Spiel, darauf berechnet, sich dem ernsthaften Partner nicht zu unterwerfen, seine perversen Phantasien, ja selbst seine aktiven Perversionen dienen ihm nur dazu, sich von der Liebe fernzuhalten.[280]

Damit faßte Adler den Sexualtrieb und die Libido funktional auf. Der reale Wert dieser Regungen könne nie ermittelt werden. Freud aber nehme die sexuellen Phantasien der Neurotiker für bare Münze. Triebe und Sexualregungen seien "niemals Ursache, sondern bearbeitetes Material und Mittel des persönlichen Strebens"[281]. Bei Inzestphantasien, Kastrationsgedanken und beim Ödipuskomplex spielten weder Wünsche noch verdrängte Phantasien eine Rolle, sondern "symbolisch gefaßte Befürchtungen, zu unterliegen"[282]. Hier zeige sich die Macht des "männlichen Protestes". Jeder Neurotiker müsse sich

---

276 ebenda, Brief 70 F, siehe auch: Freud/Ferenczi 1993, S. 339

277 Freud/Jung 1974a, Brief 228 F

278 ebenda, Brief 228 F

279 Adler 1914, S. 95

280 ebenda, S. 97

281 ebenda, S. 101

282 ebenda, S. 97

ständig beweisen, daß er nicht schwach, hilflos, ängstlich oder in der kulturellen Wertung gesprochen: weiblich ist. Um dieses Ziel zu erreichen, setze er unter anderem seine Sexualität ein und vergrößere sie ins Unermeßliche.

Freud wollte Adlers Ansichten nicht in sein Lehrgebäude einbeziehen. Der erste "Adler-Abend" verlief ohne seine aktive Beteiligung. An Jung schrieb er, "Herr meines Affekts"[283] geworden zu sein. Am zweiten Abend nahm Freud ausführlich Stellung - entschieden und scharf. Persönlich nehme er übel, daß Adler von "denselben Dingen sprach, ohne sie auch mit denselben Namen, die sie bereits hatten, zu bezeichnen"[284]. Sein Fazit über dessen Lehrgebäude lautete: Das ist "nicht die Psychoanalyse"[285]. Adler wehrte sich und wies die Kritik als unverdient zurück. Am dritten Abend wurde ausschließlich diskutiert. Erst der vierte Abend brachte die Entscheidung. Rank protokollierte:

> Prof. Freud hält die Adlerschen Lehren für falsch und für die Entwicklung der Psychoanalyse gefährlich.[286]

Als Stekel Partei für Adler ergriff und versuchte, die beiden Lehren miteinander zu vereinigen, erklärt Freud scharf, daß auf jeden Fall zwei der Beteiligten empfinden, daß ein Widerspruch vorhanden sei: "nämlich Adler und Freud"[287]. Am Ende der Diskussion trat Adler als Obmann der Vereinigung wegen Inkompatibilität zurück. Das war der entscheidende Schritt, der dann vier Monate später zur Trennung von Freud führte. In der darauffolgenden Generalversammlung wurde Freud zum Obmann der Wiener Vereinigung gewählt. In einer weiteren Abstimmung erkannte die Mehrheit der Mitglieder Adlers Inkompatibilität nicht an. Damit wahrten sie seine persönliche und wissenschaftliche Integrität.

Freud "deutete" Adlers "Widerstand" gemäß seiner Vaterorientierung als

> Vaterkomplex, aber von der Seite, daß der Vater nicht genug für sie tut. Kritik am ohnmächtigen Vater. In der Tat hat meine Fähigkeit, Patienten zu verteilen, in diesem Jahr der unermüdlichen Hetze recht abgenommen.[288]

Er hoffte, daß sich Adler möglichst bald verabschieden würde. An Pfister schrieb er:

---

283 Freud/Jung 1974a, Brief 231 F

284 Protokolle 1979, Bd. III, S. 143

285 ebenda, S. 144

286 ebenda, S. 167

287 ebenda, S. 169

288 ebenda, S. 49

> Adlers Theorien gingen zu weit vom rechten Weg ab, es war Zeit, dagegen Front zu machen. () Ich habe mir gewiß immer vorgesetzt, tolerant zu sein und keine Autorität auszuüben; in der Wirklichkeit geht es dann nicht.[289]

Es wurde bereits festgestellt, daß aus Freuds Vaterorientierung unter anderem autoritäres Denken, Fühlen und Verhalten resultierte. Aufgrund welcher Erlebnisse wurde bei Freud wohl gerade diese Seite aktiviert?

a) Man kann sicherlich sagen, daß Adler sehr respektlos mit den "Heiligtümern" der Psychoanalyse umgegangen ist. Da sich Freud seine Erkenntnisse mühsam hat erarbeiten müssen, führte dieses Verhalten, aber auch der Verlust eines sonst verdienstvollen Mitarbeiters, zu einer narzißtischen Kränkung.

b) Ferner war Adler ein "kreativer Kopf", der fleißig Ideen produzierte. Federn meint, daß die Veröffentlichung der "Protokolle" bei vielen Psychoanalytikern auf erhebliche Widerstände gestoßen ist. Als einen Grund dafür nennt er:

   > Besonders Rolle und Leistung Alfred Adlers werden in ein neues Licht gerückt; manches von dem, was später als neue psychoanalytische Erkenntnis ausgegeben wurde, findet sich bereits in Adlers psychoanalytischer Zeit. Diese Entdeckung bedeutet eine Verletzung des psychoanalytischen Narzißmus von nicht geringem Ausmaß.[290]

   Ob Freud schon damals Adlers Produktivität beneidete? Immerhin hat er später einige Gedanken seines Kontrahenten in seine Begrifflichkeit transformiert wie zum Beispiel den Aggressionstrieb, das Ich-Ideal, die Bedeutung des Ichs usw.

c) Meines Erachtens gab es noch eine gewichtigere Ursache für Freuds heftige Reaktionen. Er muß im Laufe der Jahre gemerkt haben, daß sich eine neue Vaterfigur in der Mittwoch-Gesellschaft etablieren wollte. Damit wurde sein Beziehungsmuster der Rivalität (siehe Kapitel II.3.2.) angestachelt, mit der Empfindung, diesen Rivalen hinter sich lassen zu müssen.

Freud ging nun mit aller Kraft an die Aufgabe, Adler und später auch Jung, im vertrauten Kreis persönlich zu attackieren und theoretisch zu widerlegen. Sogar Sachs, der treue "Sohn", meinte:

> Er wurde nie müde, neue Beweisgründe gegen sie zu finden, war immer bereit, den Kampf wieder aufzunehmen, und veranlaßte seine

289 Freud/Pfister 1963a, S. 47

290 Federn 1986, S. 22-23

> Schüler, sich daran zu beteiligen. () Er hielt es für die ihm anvertraute heilige Aufgabe, sie (die Psychoanalyse, G.W.) rein und frei von allen minderen Zutaten zu bewahren. In der Erfüllung dieser Pflicht war er unermüdlich und unbeugsam, hart und scharf wie Stahl, ein "guter Hasser", nicht weit von dem Punkt, wo Rachsucht beginnt.[291]

Freud war nach den "Adler-Debatten" fest entschlossen, "die Zügel wieder in die Hand zu nehmen. Ich werde sie jetzt stramm anziehen"[292]. Jüngere Mitglieder der Mittwoch-Gesellschaft wie zum Beispiel Klemperer oder Wagner sprachen von einem regelrechten Tribunal und Prozeß gegen Adler.[293] Auffällig ist, daß Freud in diesem Konflikt in religiösen Kategorien denkt: "Strenggläubiger", "Rache", "Ketzerei"[294]. Graf, der sich bald danach von der psychoanalytischen Gesellschaft distanzierte, hat diese "Religiosität" persifliert:

> Innerhalb weniger Jahre durchschritt ich die ganze Entwicklung einer Kirchengeschichte: von den ersten Predigten an eine kleine Apostelschar bis zum Streit zwischen Arius und Athanasius.[295]

Sachs meinte, daß viele Mitglieder, die mit Adler die Gesellschaft verließen, die Freiheit der Wissenschaft durch Freuds "tiefschürfende, scharfe Kritik"[296] verletzt sahen. Auch räumte er ein, daß "die Gefahr der Engstirnigkeit"[297] in wissenschaftlichen Vereinigungen durchaus bestehe. Über "gewisse Grundprinzipien"[298] müsse man jedoch einig sein, um fruchtbar diskutieren zu können. Kann eine solche Einigung nicht hergestellt werden, so muß man denjenigen, die durch "nutzlose Debatten"[299] die Arbeit hemmen, die Türe weisen. Die Bewertung, ab wann "nutzlose Debatten" geführt werden, hängt letztlich von der Einschätzung des Leiters einer Bewegung ab. Freuds Vorgeschichte, seine Kindheit und Jugend, die konfliktreiche Entwicklung seiner Theorie, die Anfeindungen gegen die Psychoanalyse usw. haben dafür gesorgt, daß er auf Kritik empfindlich reagierte. Besonders erregbar war er, wenn er sie aus dem "eigenen Lager" vernahm. Kamen von der Seite der "Söhne" noch kindliche

291 Sachs 1944, S. 106-107

292 Freud/Jung 1974a, Brief 238 F

293 siehe: ebenda, S. 148

294 ebenda, Brief 238 F

295 in: Handlbauer 1990, S. 151

296 Sachs 1944, S. 48

297 ebenda, S. 51

298 ebenda, S. 50

299 ebenda, S. 50

Streitereien dazu, dann wurde seine psychische und weltanschauliche Vaterorientierung aktiviert, die sich in strenger Autorität äußerte.

Am 24. Mai 1911 nahm Adler zum letzten Mal an der Mittwoch-Gesellschaft teil. Damit fand die unumgängliche Trennung der beiden Vaterfiguren und die Gründung einer zweiten tiefenpsychologischen Schule statt. Im Oktober verließen sechs weitere Teilnehmer Freuds Gruppe und schlossen sich Adlers "Verein für freie psychoanalytische Forschung" an. Mit dieser Namensgebung wollte der Initiator seine Bereitschaft zur offenen wissenschaftlichen Diskussion bekunden. Auch kommt darin ein pädagogisches Anliegen der Vaterfigur Adler zum Ausdruck: Einen autoritären Führungsstil sollte es im neuen Verein nicht geben.

Ein Vergleich der beiden tiefenpsychologischen Schulen kann an dieser Stelle nicht erfolgen. Es soll nur erwähnt werden, daß Freud und Adler mit ihrer unterschiedlichen Auffassung der "Vaterrolle" verschiedene Gruppenstrukturen geschaffen haben. Freud hat das bürgerliche "Familienmodell" auf seine Bewegung übertragen. Damit waren die "Vater"- und "Sohn"-Positionen eindeutig festgelegt. Auch die theoretische Sphäre wurde durch diese Organisationsform erfaßt, wie noch gezeigt werden soll. Die Gruppenstruktur, die Adler mit seiner Individualpsychologie entwickelt hat, kann als "Gruppenmodell" bezeichnet werden. Er ging offenbar davon aus, daß ein Zusammenschluß von Menschen nicht so strukturiert sein muß, wie die bürgerliche Familie. Damit hat er zur Entstehung eines neuen Gefüges beigetragen, in dem sich für das verwöhnte und geschlagene "Familienkind" ungeahnte Möglichkeiten der inneren und äußeren Wandlung ergeben können.

Im folgenden Kapitel wird die dritte große Krise in der Geschichte der psychoanalytischen Bewegung beschrieben: Die Spannungen in der Freundschaft zwischen Freud und Jung sowie der darauffolgende Abbruch der Beziehung.

5. Der Kampf zwischen "Vater" und "Sohn": Freud und Jung

Die Beziehung zwischen Freud und Jung muß ausführlich dargestellt werden, da sie für die psychoanalytische Bewegung in vaterbezogener Hinsicht von zentraler Bedeutung ist. Nachdem Jung auf schriftlichem Weg Kontakt zu Freud gesucht hatte, indem er ihm seine "Diagnostischen Assoziationsstudien" übersandte, kam es im März 1907 zum ersten Zusammentreffen der beiden Männer. Schon das erste Treffen verdient Beachtung. Jones bemerkte, daß

Jungs "Redefluß volle drei Stunden"[300] währte, wie dieser ihm berichtete. Dann unterbrach ihn Freud und begann, "den Inhalt von Jungs langer Rede unter verschiedene präzise Überschriften zu gruppieren, um so die weiteren Stunden in ergiebigerem Gedankenaustausch zu verbringen"[301]. Binswanger, der Jung begleitete und an den Gesprächen teilnahm, berichtete, daß Freud auch nach den Träumen seiner Besucher fragte.

> An Jungs Traum erinnere ich mich nicht mehr, wohl aber an die Deutung, die Freud ihm gab. Sie ging dahin, daß Jung ihn entthronen und an seine Stelle treten wolle.[302]

Der vitale und expansive Jung beherrschte also über drei Stunden das erste Treffen, und Freud hörte sehr geduldig und höflich zu. Dann übernahm letzterer die Gesprächsführung und strukturierte das Gespräch auf väterliche Art. In dieser "Initialsituation" kommt bereits das Beziehungsmuster der Freundschaft zum Ausdruck. Hat Freud in seiner "Entthronungs-Deutung" Jung nicht auch die aktuelle Gesprächssituation widergespiegelt? "Seit drei Stunden der ersten Zusammenkunft versuchen Sie, den 'Vater' zu entmachten!" Somit war die Beziehung zwischen Freud und Jung von der ersten Minute an von der Vater-Sohn-Thematik bestimmt. Freuds Vaterorientierung wurde bereits herausgearbeitet. Auf welches "Vaterschicksal" blickte Jung zurück?

Sein Vater, der Pfarrer Paul Jung, war "ein vom Leben enttäuschter, gebrochener Mann. In seiner Jugend hatte er von einem Lehrstuhl für Altphilologie und einer patriarchalischen Häuslichkeit geträumt."[303] Diese Träume gingen nicht in Erfüllung. Nach außen wirkte er still, bescheiden, gutherzig, aber langweilig[304] und war, im Gegensatz zu seinem extravertierten Vater, "ein nach innen gekehrter Mann"[305]. In der Familie zeigte er sich jedoch reizbar[306], war meist schlechter Laune, agierte seine Affekte aus und deutete seine tiefen Selbstzweifel an.[307] Das Verhältnis zwischen Vater und Sohn muß von Mißtrauen und Skepsis geprägt gewesen sein. Carl Gustav hat seinen Vater zeitlebens abgelehnt und verachtet. Eine unausgesprochene Forderung nach "Glauben ohne Verstehen"[308], die er vom Vater spürte, wirkte sich ent-

---

300 Jones 1962, Bd. 2, S. 49

301 ebenda, S. 49

302 Binswanger 1956, S. 10

303 Stern 1977, S. 17

304 siehe: Ellenberger 1985, S. 885

305 Wehr 1985, S. 22

306 Jung 1971, S. 28

307 ebenda, S. 97

308 ebenda, S. 58 und siehe S. 78/79

fremdend auf ihn aus. Der Sohn fühlte sich davon abgestoßen und zog die ihm vom Vater nahegebrachte "Vaterwelt" in Zweifel. Aufgrund der familiären Dissonanzen teilte Carl Gustav seine Person in Nr. 1 (Außenseite) und Nr. 2 (Innenseite) auf[309], was zu einer tiefen inneren Entfremdung führte. Als ihm der Vater Konfirmationsunterricht erteilte und zugab, die Dreieinigkeit nicht zu verstehen, war der Sohn tief enttäuscht.

> Heftigstes Mitleid mit meinem Vater erfaßte mich. () Ein Abgrund hatte sich geöffnet zwischen ihm und mir, und ich sah keine Möglichkeit, diese unendliche Kluft zu überbrücken. Ich konnte ihn, meinen lieben und generösen Vater, der mir so vieles überließ und mich nie tyrannisiert hatte, nicht in jene Verzweiflung und in jenen Frevel stürzen, die nötig waren zum Erlebnis der göttlichen Gnade. Nur ein Gott kann das. Ich darf es nicht tun.[310]

Wesentliche Grundhaltungen Jungs in bezug auf seinen Vater können nun genannt werden:

a) Ablehnung der "Vaterwelt" aufgrund der väterlichen Forderung nach "blindem Glauben".

b) Spaltung der Person als Abwehr gegen belastende äußere Beeinflussungen und innere Impulse.

c) Rebellion gegen väterliche Schwächen und Selbstzweifel.

d) Größenphantasien mit dem Inhalt: Ich weiß es besser als der Vater.

Diese kurzen Ausführungen über Jungs Vaterbeziehung machen deutlich, daß bei ihm eine Sehnsucht nach einer starken Vaterfigur vorhanden gewesen sein muß. Das Verlangen danach zeigte sich auch in religiösen Schwärmereien, wie Jung zugab[311] und Freud bald feststellte.[312]

Auf diesem Hintergrund wird deutlich, daß bei den beiden Männern komplementäre Haltungen festzustellen sind: Bei Jung kann einerseits eine unbewußte Vatersehnsucht und andererseits ein offen agiertes herrisches Auftreten festgestellt werden. Bei Freud war einerseits eine psychische Vaterorientierung und andererseits ein offen zum Ausdruck gebrachtes Anlehnungsbedürfnis vorhanden, Hall und Domhoff sprechen von "Anhänglich-keit"[313]. Somit "paßten" sie zueinander, so daß eine Affinität entstehen konnte.

---

309 ebenda, S. 63ff, S. 77ff

310 ebenda, S. 61

311 Freud/Jung 1974a, Brief 49 J

312 ebenda, Brief 99 F

313 Hall/Domhoff 1987, S. 200

Schon ein Jahr nach dem ersten brieflichen Kontakt gestand der 50jährige Freud dem 31jährigen Jung,

> daß Ihre Person mich mit Vertrauen in die Zukunft erfüllt hat, daß ich nun weiß, ich sei entbehrlich wie jeder andere, und daß ich keinen anderen und besseren Fortsetzer und Vollender meiner Arbeit wünsche als Sie, wie ich Sie kennengelernt habe.[314]

Anfang 1909 prophezeite Freud, daß Jung "als Joshua, wenn ich der Moses bin, das gelobte Land der Psychiatrie, das ich nur aus der Ferne erschauen darf, in Besitz nehmen"[315] werde. Kurz zuvor hatte er ihn schon mit "Lieber Freund und Erbe"[316] angeredet. Warum suchte Freud schon jetzt einen Nachfolger? Zwei Gründe sind bekannt: Er fürchtete, mit 51, später mit 61 bzw. 62 Jahren sterben zu müssen[317], was ihm sein ehemaliger Freund Fließ "errechnet" hatte und hoffte, daß sein Lebenswerk durch einen würdigen Nachfolger fortgesetzt werde.[318] Weiterhin befürchtete er, die Psychoanalyse verfiele dem Antisemitismus. Somit setzte er seine Hoffnungen auf den "Germane(n)"[319] Jung. Auf eine vaterbezogene Motivation soll noch hingewiesen werden. Es drängt sich die Analogie zu Freuds Vater Jakob auf, der sein Handelsgeschäft schon mit 38 Jahren an seinen ältesten Sohn Emanuel übergeben hatte.[320] War Freuds psychische Vaterorientierung so mächtig, daß er bestimmte Handlungsweisen seines Vaters unbewußt wiederholte? Immerhin war ihm bewußt, eine "egoistische Absicht"[321] zu verfolgen, Jung "zum Fortsetzer und Vollender meiner Arbeit einzusetzen"[322]. Daß Freud dabei auch "Vatergefühle" hegte, zeigt dieser Satz: "Nebenbei habe ich Sie ja auch lieb; aber dieses Moment habe ich unterzuordnen gelernt."[323]

Wie antwortete Jung auf diese "väterlichen" Intentionen? In einem Brief bezeichnete er die Beziehung zu Freud als "einen gewissen Höhepunkt meines Lebens". Er bat ihn darum

---

314 Freud/Jung 1974a, Brief 18 F

315 ebenda, Brief 125 F

316 ebenda, Brief 110 F

317 siehe: Freud 1900a, S. 423/424, sowie: Schur 1973, S. 194, oder: Sulloway 1982, S. 212 und S. 241

318 siehe: Freud/Jung 1974a, Brief 266 F

319 ebenda, Brief 106 F

320 siehe: Gicklhorn 1969, S. 42

321 Freud/Jung 1974a, Brief 106 F

322 ebenda, Brief 106 F

323 ebenda, Brief 106 F

mich Ihre Freundschaft nicht als die Gleichberechtigter, sondern als die von Vater und Sohn genießen zu lassen. Solche Distanz erscheint mir angemessen und natürlich. Diese Form allein auch scheint mir den Ton zu geben, der alle Mißverständnisse vermeidet und zwei harten Köpfen das Nebeneinanderexistieren in leichtem und ungezwungenem Verkehr ermöglicht.[324]

Der Einzelgänger[325] und extravertierte junge Mann wollte offenbar über seinen "Schatten" springen. Er legte sich Zügel an, um Freuds Erwartungen gerecht zu werden. Hall und Domhoff meinen jedoch, daß er aufgrund seiner eigenen Vatererfahrungen "kein Verlangen danach hatte, wieder zum 'Sohn' zu werden"[326]. Sein heftiges Temperament wehrte sich gegen die Haltung, zu der er sich zwang, und meldete sich durch Abwehrreaktionen. So äußerte er Ekel vor starken Übertragungsgefühlen und folgerte auf Freud bezogen: "*Ich fürchte deshalb Ihr Vertrauen.*"[327] Er erlebte Freuds "Vaterschaft" als "äußerste Existenzbedrohung"[328] und begann, gegen diesen "Feind" zu arbeiten.

Jungs Hauptanteil der Spannungen in der Beziehung zu Freud bestand aus seinem ambivalenten Vaterbild bzw. aus seinem "Vaterkomplex"[329], wie er selbst oftmals analysierte. In einem Brief berichtete er von einem Traum, den er bei seinem ersten Besuch in Wien geträumt hatte. Darin sah er sich neben Freud gehen, der ein uralter, gebrechlicher Greis war.[330] In Freuds Deutung zeigten sich darin Konkurrenzneigungen, während in Jungs eigener Analyse Freuds "Gefährlichkeit"[331] relativiert wurde. Bezüglich des "Vaterkomplexes" des Zürichers fand Freud aber immer wieder beruhigende Worte: "Meine eigene Vaterschaft wird Sie nicht drücken"[332]. Nach seinem zweiten Besuch Ende März 1909 in Wien schrieb Jung: "Der letzte Abend bei Ihnen hat mich innerlich glücklichst befreit vom drückenden Gefühl Ihrer Vaterautorität."[333] Freud analysierte treffend, daß er Jung an dem Abend "förmlich als ältesten Sohn adoptiert(e)"[334] und zum Nachfolger ernannt habe, an dem er seine

324 Freud/Jung 1974a, Brief 72 J

325 siehe: Hall/Domhoff 1987, S. 199

326 ebenda, S. 203

327 Freud/Jung 1974a, Brief 49 J

328 Dittrich 1988, S. 32

329 siehe: Freud/Jung 1974a, zum Beispiel: Briefe 146 J, 198 J

330 ebenda, Brief 50 J

331 ebenda, Brief 50 J

332 ebenda, Brief 118 F

333 ebenda, Brief 138 J

334 ebenda, Brief 139 F

"Vaterwürde"[335] bei ihm verlor. In den folgenden Zeilen sprach er sich gegen Jungs Neigung zum "Klopfgeisterspuk" aus und fürchtete, "wieder in den Vater zurückzufallen". Der Ältere schrieb die mahnenden Worte:

> Ich setze also wieder die hölzerne Vater-Brille auf und warne den lieben Sohn, kühlen Kopf zu behalten und lieber etwas nicht verstehen zu wollen als dem Verständnis zu große Opfer zu bringen[336].

Eine Variante des Vaterkomplexes bestand bei Jung in einer Strafangst[337] Freud gegenüber. Diese trat auf, als er bei zwei seiner Patienten, Otto Groß und Sabina Spielrein, die Grenzen seines therapeutischen Geschicks spürte.

Im September 1909 fand die Reise nach Amerika an die Clark University statt. Vor der Abreise in Bremen erzählte Jung von Moorleichen, die man in dieser Gegend gefunden hatte. Freuds Empfinden stieß sich an diesem Thema derart, daß er in Ohnmacht viel. Später faßte er das "Geschwätz von Leichen"[338] als Todeswunsch von Jung auf. Während der Reise deutete man sich gegenseitig die Träume. Als Freud einen Traum erzählte, wollte Jung Details aus seinem Privatleben wissen.

> Auf diese Worte hin sah mich Freud merkwürdig an - sein Blick war voll Mißtrauen - und sagte: "Ich kann doch meine Autorität nicht riskieren!" In diesem Augenblick hatte er sie verloren. Dieser Satz hat sich mir ins Gedächtnis gegraben. In ihm lag für mich das Ende unserer Beziehung bereits beschlossen. Freud stellte persönliche Autorität über Wahrheit.[339]

Wenn zu diesem Zeitpunkt für Jungs Empfinden in der Beziehung zu Freud tatsächlich ein Bruch entstanden war, dann muß man davon ausgehen, daß er wieder, wie im Elternhaus, seine Person in zwei Instanzen aufgespalten hat. Die Briefe an Freud nach der Rückkehr zeigen nämlich einen liebenswürdigen Jung, der demnach, wenn man dieser These folgt, seine "wahren Gefühle" über zwei Jahre geheimgehalten hat. Die innere Entfremdung und die "Angst vor dem Vater" kam jedoch in seiner unregelmäßigen Korrespondenz zum Ausdruck. Freud bezog diese auf Jungs Ehrgeizziele:

> Ich ärgere mich nur gelegentlich - das darf ich doch sagen? -, daß Sie mit den Widerständen des Vaterkomplexes nicht fertig geworden sind und darum unsere Korrespondenz so viel mehr einschränken, als es

335 ebenda, Brief 139 F

336 ebenda, Brief 139 F

337 siehe: ebenda, Brief 146 J

338 Jung 1971, S. 161

339 ebenda, S. 162

> sonst der Fall gewesen wäre. Also sei ruhig, lieber Sohn Alexandros, ich lasse Dir mehr zu erobern, als ich selbst bewältigen konnte.[340]

Damit hat Freud einen weiteren wichtigen Konfliktpunkt erkannt, der die beiden Männer später trennen sollte. Jung analysierte bei sich, daß der "Grund des Widerstandes () der Vaterkomplex (ist), das nicht Nachkommenkönnen (eigene 'Schundproduktion' sagt der Teufel)"[341]. Durch dieses "Gefühl der Unterlegenheit"[342] geriet er in Rivalität mit Freud, die auf der theoretischen Ebene auf dem Gebiet der Religionspsychologie und der unterschiedlichen Auffassungen über die Libido ausgetragen wurde. Freud versuchte diese Gefühle bei Jung zu mildern. Doch die Empfänglichkeit "für die Anerkennung, die der Vater spendet"[343] reichte letztlich bei ihm nicht aus, um ihn zu beruhigen. Der Unterschied im Wissensstand war nicht zu leugnen. Als Abraham Ende 1907 die Wiener Mittwoch-Gesellschaft besuchte, schrieb er an Eitingon: "*Er* ist den andern gar zu weit voraus."[344]

Was hat Freud zu dem Zerwürfnis mit Jung beigetragen? Zunächst muß der hohe Erwartungsdruck genannt werden, den er als starke Autorität auf Jung ausübte. Der junge Mann fühlte sich den hohen Erwartungen des "Vaters" gewiß nicht gewachsen. Schon bald nach dem Kennenlernen zum Nachfolger von Freud bestimmt, übernahm er im Jahre 1910 den Vorsitz der Internationalen Vereinigung. Freud schrieb an Pfister:

> Ich will, daß er die Autorität erwerbe, die zur späteren Leitung der ganzen Bewegung berechtigt.[345]

Die starken Hoffnungen, die Freud in ihn setzte, teilte er im folgenden Brief mit. Damit erfahren wir etwas über den Inhalt von Freuds Erwartungen:

> Die Kunst, die Menschen zu gewinnen, muß von jemand, der herrschen will, sorgfältig geübt werden, und ich hielt Sie für sehr begabt für diese Kunst.[346]

Diese Erwartungen müssen in Verbindung mit Freuds kräftiger Persönlichkeit gesehen werden, die jeder spürte, der mit ihm Kontakt aufnahm. Diesen Zusammenhang hat er selbst in folgende Worte gekleidet:

340 Freud/Jung 1974a, Brief 182 F

341 ebenda, Brief 180 J

342 ebenda, Brief 267 J

343 ebenda, Brief 269 J

344 H. Abraham 1976, S. 73

345 Freud/Pfister 1963a, S. 35

346 Freud/Jung 1974a, Brief 205 F

> Ich stelle nicht in Abrede, daß ich gerne recht behalte. Es ist das im ganzen ein trauriges Vorrecht, da es vom Alter verliehen wird. Bei Euch Jungen scheint es sich um ein Unverständnis in der Behandlung des Vaterkomplexes zu handeln.[347]

Weiterhin muß Freuds Anteil an dem Konflikt mit Jung in seinen starken Selbstzweifeln, Dittrich spricht sogar von einer "Selbstwertproblematik Freuds"[348], gesucht werden. Sie zeigten sich in kleinen Bemerkungen, die teilweise einen resignativen Charakter annahmen: "Mein Kopf ist müde und dann sehr eigensinnig"[349]. "Ich tauge gewiß nicht zum Chef"[350]. "Der schäbige Ton meines letzten Briefes"[351]. "() ich bin ziemlich grantig und auch körperlich nicht ganz wohl. Das Alter ist doch kein leerer Wahn. Und ein mürrischer senex verdient, ohne Reue erschlagen zu werden."[352] Mit diesen und ähnlichen Äußerungen hat Freud seine Vaterposition untergraben, so daß bei Jung eine Assoziationsverbindung mit seinem eigenen schwachen Vater entstanden sein muß. Nach seinem Beziehungsmuster wurden bei ihm Abwehr- und Größengefühle aktiviert. Jungs Frau Emma machte Freud schon frühzeitig auf diese Tatsache aufmerksam, indem sie auf das ehemalige "Vater-Sohn-Verhältnis"[353] ihres Mannes hinwies. Da sie Freuds "Patriarchismus"[354] und die psychische Wunde ihres Mannes kannte, ahnte sie wohl etwas von den Konflikten der beiden Männer. Sie schrieb an Freud:

> Und denken Sie an Carl nicht mit dem Gefühl des Vaters: "Er wird wachsen, ich aber muß abnehmen", sondern als Mensch an einen Menschen, der gleich Ihnen sein eigenes Gesetz erfüllen muß.[355]

Aus dem Briefwechsel mit Ferenczi wissen wir, daß Freud bereits im Januar 1912 von der "Affäre mit Jung"[356] sprach. Die mangelnde Offenheit seines bevorzugten Schülers war ihm schwer erträglich. Doch er vergebe gern, wie er an Ferenczi schrieb, "nur kann ich dann mein Gefühl nicht ungeändert erhal-

347 ebenda, Brief 290 F
348 Dittrich 1988, S. 35
349 Freud/Jung 1974a, Brief 77 F
350 ebenda, Brief 84 F
351 ebenda, Brief 218 F
352 ebenda, Brief 278 F
353 ebenda, Brief vom 6.Nov. 1911
354 ebenda, Brief vom 6. Nov. 1911
355 ebenda, Brief vom 6.Nov. 1911
356 Freud/Ferenczi 1993a, S. 40

ten"[357] und "ziehe wieder ein Stück ausgesetzter Libido an mich"[358]. Unterdessen entwarf Ferenczi für seinen Lehrer einen Zukunftsplan:

> Es bleibt nichts anderes übrig: Sie müssen zeitlebens alles selber machen. Ihr Nachfolger ist noch nicht gekommen; ich meine damit, daß es unter uns Analytikern noch immer keinen einzigen gibt, der bei voller Beherrschung seiner persönlicher Schwächen, besonders seines Egoismus, für die Sache arbeiten könnte und dazu auch die erforderliche Begabung und Ausdauer hätte.[359]

Freud reagierte betroffen. Diese Aussicht sei nicht sehr tröstlich. "So gestehe ich Ihnen denn, daß ich keineswegs heiter bin und an dieser Kleinigkeit schwer zu tragen habe."[360]

Als Freud Ende Februar[361] Jung vorhielt, die Korrespondenz zu vernachlässigen und sich zu wenig um die Vereinigung zu kümmern, fühlte sich dieser angegriffen, verteidigte sich und antwortete mit Nietzsche: "Man vergilt einem Lehrer schlecht, wenn man immer nur der Schüler bleibt."[362] Freud bekannte sich ebenfalls zu dem Nietzsche-Zitat. Die in diesem Aphorismus angesprochene intellektuelle Selbständigkeit habe er bei seinen "Söhnen" jedoch nie unterdrückt. Wenn Jung persönlich freier von ihm sein wolle, dann müsse er selbst seine "Dringlichkeit aufgeben"[363]. Dann fragte Freud rhetorisch, ob Jung glaube, "daß ich auf der Suche nach einem anderen bin, der mir zugleich Freund, Gehilfe und Erbe sein kann"[364]. Binswanger bekannte Freud aber sechs Wochen später seine Unzufriedenheit mit Jung. Dieser kümmere sich zu wenig um die Interessen des Vereins, versenke sich ganz in seine Arbeit und trete kaum als Präsident auf. "Dahinter steckt wohl, daß er seinen Vaterkomplex gegen mich ausspielt, wozu ich gewiß keinen Anlaß gegeben habe"[365].

Im Mai 1912 diskutierten beide Männer über das Inzestverbot. Freud vertrat die Auffassung, das Inzestverbot sei primär, Jung hingegen faßte es als Folge der Angst auf. In einer affektiven Stimmung verglich Freud diese Annahme mit Adlers Theorie. Jung bemerkte, wie "starke affektive Gegengründe

357 ebenda, S. 41
358 ebenda, S. 49
359 ebenda, S. 39
360 ebenda, S. 41
361 Freud/Jung 1974a, Brief 301 F
362 ebenda, Brief 303 J
363 ebenda, Brief 304 F
364 ebenda, Brief 304 F
365 Freud/Binswanger 1992, S. 96

sich bei Ihnen gegen meine Vorschläge erheben"[366]. Er sei jedoch gezwungen, an seiner Auffassung festzuhalten. Im gleichen Brief äußerte Jung seine Enttäuschung, daß Freud ihn nicht besucht habe nach seinem Treffen mit Binswanger. Dieser unterlassene Besuch, für den auch Freud gute Gründe[367] angeben konnte, wurde von Jung als "Geste von Kreuzlingen"[368] zum weiteren Konfliktpunkt ausgeweitet. Er sehe dahinter Freuds Unwillen bezüglich seiner neuen Theorien. Vor seiner Amerikareise kündigte Jung an, daß seine Vorlesungen "verschiedene Vorschläge zur Abänderung gewisser theoretischer Formulierungen enthalten"[369] würden. "Ich werde aber meinen Vater nicht nach dem Rezept Adler überwinden, wie Sie zu vermuten scheinen."[370] Damit war eine vertrauensvolle "Vater-Sohn-Beziehung" nicht mehr herzustellen. An Abraham schrieb Freud, daß er sich genötigt gesehen habe, auf Jungs verändertes

> Benehmen gegen mich zu reagieren und dabei die freundschaftliche Rüstung abzulegen, um ihm zu zeigen, daß er sich nicht beliebig Vorrechte herausnehmen kann wie kein anderer.[371]

Von nun an ging Freud in seinen Briefen zu der Anrede "Lieber Herr Doktor"[372] über. Nach einem persönlichen Treffen kam es noch einmal zur Annäherung. Jung schrieb: "Bitte, verzeihen Sie meine Irrtümer, die ich nicht entschuldigen oder beschönigen will."[373] Freud gab daraufhin zu, daß es ihm nicht leicht geworden sei, "meine Ansprüche an Sie zu ermäßigen"[374]. Dann sprach er seinen Ohnmachtsanfall an, den er im Beisein von Jung im Speisesaal des Hotels gehabt hatte. Da das Symptom bereits zum vierten Mal aufgetreten sei, notierte er: "Also ein Stückchen Neurose, um das man sich doch kümmern sollte."[375] Im darauffolgenden Brief mißachtete Jung die normalen Formen der Höflichkeit. Seine Sprache war auffallend grob. Er wolle an Freud wie zu einem Freund schreiben.[376] Freuds Neurose sei dafür verantwortlich, daß dieser ihn unterschätzen würde. Überhaupt klage er die Psychoanalytiker

366 Freud/Jung 1974a, Brief 318 J
367 siehe: ebenda, Brief 319 F
368 siehe: ebenda, Brief 320 J
369 ebenda, Brief 321 J
370 ebenda, Brief 321 J
371 Freud/Abraham 1965a, S. 124
372 Freud/Jung 1974a, Brief 324 F
373 ebenda, Brief 328 J
374 ebenda, Brief 329 F
375 ebenda, Brief 329 F
376 ebenda, Brief 330 J

an, jeden neuen Gedanken durch das Argument "komplexbedingt"[377] abzuwehren. Freud reagierte zurückhaltend. Es stimme ihn nachdenklich, daß es diese Mißbräuche gebe. Dagegen empfehle er das "Hausmittelchen", daß sich "jeder von uns mit der eigenen Neurose eifriger beschäftige als mit der des Nächsten"[378]. Weiter meinte er: "Durch meine Neurose sind Sie nicht zu Schaden gekommen, wie Sie meinen."[379] Der letzte Akt dieses Dramas wurde eingeleitet, als Freud Jung ein Verschreiben nachwies: "Selbst Adlers Spießgesellen wollen mich nicht als einen der *Ihrigen* erkennen."[380] Mit der Großschreibung von "Ihrigen" entsteht ein falscher Bezug, der nahe legt, daß sich Jung schon innerlich von Freud gelöst hat. Was trieb Freud zu dieser Provokation in einer solch angespannten Situation? Die Frage wird beantwortet, wenn wir die Zeilen zur Kenntnis nehmen, die Freud Ende Juli 1912 an Binswanger schrieb. Er habe "bei den ersten Anzeichen schon vor Monaten"[381] seine Libido von ihm abgezogen.

> Ich habe es auch diesmal leichter, zur Verteilung und Unterbringung der frei gewordenen Quantität habe ich Posten wie Sie, Ferenczi, Rank, Sachs, Abraham, Jones, Brill und andere offen.[382]

Im September gestand er ein, Jung "immer verwöhnt" zu haben, "was ihm nicht gut getan hat"[383]. Zu einer äußerlichen Versöhnung mit Jung sei er bereit, "innerlich wird sich bei mir nichts mehr ändern"[384]. Hinzu kam, daß im Juli/August 1912 das "geheime Komitee" gegründet wurde. Spätestens zu diesem Zeitpunkt war Jung aus dem engeren Kreis um den "Gruppenvater" ausgeschlossen. Freud spielte die Enttäuschung seiner Fehleinschätzung über Jungs Persönlichkeit zunächst herunter. In einem psychischen Kraftakt mußte er die "Überschätzung seiner Person"[385] und die der Züricher Gruppe[386] wieder zurücknehmen. Es begann nun die Periode, für sich und die psychoanalytische Bewegung eine neue Orientierung zu erarbeiten.

Über Freuds Nachweis seiner Symptomhandlung, die eigentlich besagt, daß er sich bereits von ihm gelöst hätte, geriet Jung außer sich:

---

377 ebenda, Brief 330 J

378 ebenda, Brief 332 F

379 ebenda, Brief 332 F

380 ebenda, Brief 337 F

381 Freud/Binswanger 1992, S. 107

382 ebenda, S. 107

383 ebenda, S. 111

384 ebenda, S. 111

385 Freud/Pfister 1963a, S. 60

386 siehe: Freud/Binswanger 1992, S. 127

> Ich möchte Sie aber darauf aufmerksam machen, daß Ihre Technik, Ihre Schüler wie Ihre Patienten zu behandeln, ein Mißgriff ist. Damit erzeugen Sie sklavische Söhne oder freche Schlingel.[387]

Durch pathologisierende Deutungen würden alle Schüler auf dem "Niveau des Sohnes und der Tochter"[388] gehalten, während Freud als Vater immer oben bleibe. Wenn Freud komplexfrei geworden sei und an seinen Söhnen nicht mehr "Vater spielen"[389] würde, dann wolle er seine lasterhafte Uneinigkeit ausrotten. Daraufhin schlug Freud vor, "daß wir unsere privaten Beziehungen überhaupt aufgeben"[390]. Jung willigte ein und legte im Oktober 1913 die Redaktion des "Jahrbuches" nieder. Im April 1914 trat er vom Vorsitz der Internationalen Vereinigung zurück und im Juli verließ die Züricher Ortsgruppe die Vereinigung.

Ebenso wie nach der Trennung von Adler teilte Freud auch nach der von Jung seinen Briefpartnern heftige Affekte bezüglich der Trennung mit. Es ist die Rede von "häßlichen Eigenschaftgen"[391], "schlechten Theorien", seinem "unangenehmen Charakter"[392], "Jung ist verrückt"[393], "den brutalen heiligen Jung"[394] usw. In der schriftlichen Aufarbeitung dieser bewegten Zeit nannte Freud drei Unzulänglichkeiten von Jung: Er sei "unfähig, die Autorität eines anderen zu ertragen", noch weniger geeignet, "selbst eine Autorität zu bilden", und er habe rücksichtslos die "eigenen Interessen"[395] verfolgt.

Eissler faßt die persönliche Bedeutung Jungs für Freud zusammen:

> Jung hatte alles, was Freud sich gewünscht hatte und nicht besaß: er war jung, gut aussehend, in seinen Leidenschaften unbeherrscht; er besaß die Fähigkeit, die Gunst von Menschen zu gewinnen; er hatte reich geheiratet und war frei von materiellen Sorgen, eine akademische Laufbahn stand ihm offen, eine Universitätsklinik stand ihm zur Verfügung. Als Christ und Arier waren ihm alle Verfolgungen erspart, und die Psychoanalyse war ihm wie ein reifer Apfel in den Schoß gefallen. () Jungs Bild wurde eine Idealgestalt; Freud konnte das eigene Selbst in idealisierter Form in Jungs Bild projizieren; in Jungs Gestalt konnte

387 Freud/Jung 1974a, Brief 338 J
388 ebenda, Brief 338 J
389 ebenda, Brief 338 J
390 ebenda, Brief 342 F
391 Freud/Binswanger 1992, S. 127
392 Freud/Abraham 1965a, S. 137
393 ebenda, S. 140
394 ebenda, S. 180
395 Freud 1914d, S. 179

> die Erfüllung eigener bewußter und unbewußter Wünsche wahrgenommen werden; sein Bild wurde der Träger von Freuds Zukunft.[396]

In Kapitel II.1.4. wurde bei Freud im beruflichen Bereich eine Anlehnungsbereitschaft an autoritäre Vaterstrukturen festgestellt. Nach Jahren des progressiven Strebens muß Jungs Persönlichkeit dieses Bedürfnis in ihm neu geweckt haben. Der Kampf zwischen "Vater" und "Sohn", der sich daraufhin entwickelt hat, kann zusammenfassend als Interaktionsfolge[397] der Beziehung zwischen Freud und Jung beschrieben werden: Freud äußerte feststehende Erwartungen bezüglich der psychoanalytischen Theorie und der Nachfolge sowie Bedürfnisse nach Nähe; Jung fühlte sich zu Freud hingezogen, aber überfordert - er wehrte Freuds Beziehungsangebot und seine eigenen Gefühle ab; aufgrund von Verlustangst reagierte Freud mit Selbstzweifeln und erhöhten Erwartungen; Jung fühlte sich durch Mißerfolge gekränkt und entwickelte, auch aufgrund von Freuds Zuspruch, Größengefühle; Freud war von Jung enttäuscht, empfand seine Äußerungen als Brüskierung und zog sich schließlich angesichts der Zerstörung seines Idealbildes zurück; Jung geriet in eine tiefe Krise.

Auf dem Münchener Kongreß Anfang September 1913, an dem Jung noch als Präsident fungierte, saß Lou Andreas-Salomé neben Freud. Ihr Eindruck über Freuds Zustand lautete:

> Freud war ganz wie immer, aber er verhielt nur mit Mühe die tiefe Bewegung(,) die in ihm war.[398]

Nach außen wollte Freud offenbar Haltung bewahren. In seinem Inneren sah es allerdings bedrohlich aus. Eissler vertritt die Ansicht, daß Jungs Abkehr eine "traumatische(r) Wirkung auf Freud persönlich"[399] hervorrief und "der jungen Bewegung wahrscheinlich eine tiefe Wunde"[400] verursachte. Meines Erachtens müssen die beiden anderen Konflikte noch hinzugenommen werden. Die Ereignisse um den Nürnberger Kongreß von 1910 sowie die Trennungen von Adler und Jung haben zu einem Trauma in der psychoanalytischen Bewegung geführt. Diese These wird im nächsten Abschnitt dargelegt.

---

396 Eissler 1982, S. 79/80

397 siehe auch: Dittrich 1988, S. 29

398 Andreas-Salomé 1958, S. 191

399 Eissler 1982, S. 175

400 ebenda, S. 175

6. Freud als Vaterfigur seiner "Söhne": Zwischen grenzenloser Förderung und abgrenzender Autorität

Freud formte die psychoanalytische Bewegung nach den unbewußten Erfordernissen seiner psychischen und weltanschaulichen Vaterorientierung. Drei daraus resultierende konflikthafte Strebungen sollen in Zusammenhang mit seiner "Vaterposition" rekapituliert werden:

1) In seiner Jugend- und Studentenzeit gelang es Freud, sich mit Autoritäten zu identifizieren und sie zum Vorbild zu nehmen. Ein enormer Lerneifer einerseits und eine teilweise übermäßige Anlehnungsbereitschaft an autoritäre Strukturen andererseits hat sich daraus ergeben. Genau diese Einstellungen verlangte er auch von seinen "Söhnen" in bezug auf seine eigene Person und die Psychoanalyse. Freud war "darauf aus, daß andere ihm folgten, ihm dienten, ihm Unabhängigkeit und intellektuelle Freiheit opferten"[401]. Doch jeder seiner "Söhne" brachte andere Vorsetzungen mit und stellte sich zur Vaterfigur entsprechend seiner Vorerfahrungen ein. Auf diesem Hintergrund kann Freuds Enttäuschung über die "Wiener" verstanden werden. Eine "Kopie des Vaters" wollte sich weder in Wien noch in Zürich herstellen lassen.
2) Schon in jungen Jahren hat Freud freiheitliche Phantasie und Gedanken in Abgrenzung zu autoritären Vatermächten entwickelt. Daraus erwuchs bei ihm die Fähigkeit, Idealbildern nachzugehen und sie mit aller Kraft zu verwirklichen. Auch seine "Söhne" wurden davon erfaßt. Angeregt durch einen Besuch bei Freud malte Ferenczi in einem Brief eine Utopie über die zukünftige Gesellschaft auf der Grundlage der psychoanalytischen Ideen aus. Es sei eine tröstliche Aussicht, daß in künftigen Generationen eine freie und offene Aussprache möglich ist. Daraus würden sich ganz ungeahnte Möglichkeiten des sozialen und politischen Lebens ergeben. Man könne jedem die Wahrheit sagen: dem Vater, dem Lehrer, dem Nachbarn und selbst dem König. Die verlogene Autorität würde sich verlieren und die berechtigte übrig bleiben. Wenn in der Zukunft die Vernunft und nicht die Dogmen herrschten, dann werde sich eine Versöhnung der individuellen Interessen mit dem Gemeinwohl herbeiführen lassen. Ferenczi war jedoch nicht der Ansicht, daß die psychoanalytische "Weltanschauung zur demokratischen Gleichmacherei führt; die geistige Elite der Menschheit

401 Fromm 1959, S. 207

soll die Vorherrschaft erhalten"[402]. Diese Intelligenzen müßten sich aber ihrer Schwächen bewußt sein und nicht die triebhafte Grundlage des Geistes ableugnen. Ferenczis Gedanken zeigen die hohen Erwartungen an die Psychoanalyse. Er erhob Freud zum Ideal und erhoffte sich von der "neuen" Vaterfigur, daß er den Menschen zu Emanzipation und Entwicklung verhelfe. Im vertrauten Kontakt mit Ferenczi attestierte Freud der psychoanalytischen Betrachtungsweise eine "Erhöhung des Lebens"[403]. Auf ihr müsse sich eine "vollständigere Lebensanschauung"[404] gründen lassen. In seinen offiziellen Schriften hat Freud mehrmals die Neutralität der Psychoanalyse bezüglich lebens- und weltanschaulichen Positionen betont.[405] Die Briefstelle macht hingegen deutlich, daß er doch "heimliche" oder unbewußte Intentionen mit seinem Werk verfolgte.

Die andere Seite seiner vaterorientierten Strebung kam in Freuds starker Erfindungsgabe vor allem hinsichtlich seiner Theoriebildungen, verbunden mit einer gewissen Dogmatik, zum Ausdruck. Für seinen "Entwurf einer Psychologie" aus dem Jahre 1895 "benützte er Axiome und Annahmen () als Ausgangspunkte für weitreichende Gedankengänge und etwas dogmatische Schlußfolgerungen"[406]. Meines Erachtens kann diese Bewertung von Jones auch noch auf andere Teile von Freuds Theorie übertragen werden. Dabei hat er seine "Neigung zum Spekulieren"[407] rigide niedergekämpft. Diese Impulse erinnern an die Psychodynamik der Zwangsneurose, in der die Reaktionsbildung starre und stereotype Gedanken und Handlungen erzwingt. Freud selbst schrieb einmal an Jung:

> Wenn Sie sich als Gesunder zum hysterischen Typus rechnen, so muß ich den Typus "Zwang" für mich in Anspruch nehmen, von dem jeder Teilhaber wie in einer für ihn abgeschlossenen Welt dahinlebt.[408]

Somit zwang Freud das lebendige menschliche Verhalten in feste Regeln und unumstößliche Gesetze hinein. Seine Theorien erhielten dadurch die Bedeutung von "Dogmen"[409]. Gegen diese Handhabung von Wissenschaft opponierten Adler und Jung. Freud erschien ihnen in diesem Verhalten ohne Zweifel als autoritäre "Vatermacht".

---

402 Freud/Ferenczi 1993, S. 205

403 ebenda, S. 273

404 ebenda, S. 273

405 siehe zum Beispiel: Freud 1919a, S. 247 oder Freud 1933a, S. 608

406 Jones 1962, Bd. 1, S. 443

407 ebenda, S. 49 und siehe: Freud/Jung 1974a, Brief 74 F

408 ebenda, Brief 42 F

409 Cremerius 1986, S. 1069

3) In einem Brief an Freud vom Juni 1912 erkannte Binswanger bei seinem Lehrer einen grundsätzlichen Wesenszug. Bei der Lektüre der Traumdeutung sei ihm Freuds "enormer Wille zur Macht, konkreter zur Beherrschung der Menschen"[410] aufgefallen. Er sehe in Freud einen geborenen Herrscher, der seinen "Herrschtrieb auf die psychische Beherrschung des Menschen hinübergeleitet"[411] hat, was eine großartige Sublimierung sei. Und weiter:

> Wie sehr dieser Trieb mit Ihrem Vaterkomplex zusammenhängt, ist ja wiederum aus der Traumdeutung leicht ersichtlich.[412]

Freud nahm die "Analyse" des jüngeren Kollegen wohlwollend auf und stimmte ihr im Wesentlichen zu.

In Binswangers "Analyse" klingt das Konflikthafte dieser Strebung schon an. Seinen sublimierten "Herrschtrieb" hat Freud auf das Seelenleben der Menschen gelenkt und ihn in den Dienst der Erkenntnis gestellt. Dadurch ist er im konkreten Umgang mit seinen "Söhnen" eine überwiegend fördernde Vaterfigur geworden. Auf der anderen Seite war Freud auch ein Mensch mit realen Herrsch-Ambitionen. Schon in jungen Jahren schrieb er an seine Verlobte Martha: "Ich habe gewiß eine Neigung zur Tyrannei"[413]. Fromm hebt diesen repressiven Anteil deutlich hervor. Freud "war einer der undiplomatischsten Menschen, die man sich vorstellen kann, oft starrköpfig, oft bereit, manches nur zu tun, um den Eklat zu erleben"[414].

Wie haben sich diese drei grundsätzlichen Strebungen von Freuds Vaterorientierung auf den Gruppenprozeß ausgewirkt? Zunächst kann mit Tömmel festgestellt werden, daß sich die Psychoanalyse zwischen 1902 und 1910 "zu ihrer ersten Blüte"[415] entwickelt hat. Freud war in dieser Zeit auf der Höhe seiner schöpferischen Kraft, und seine Schüler publizierten eine Fülle von Arbeiten. Die Grundlage dieser Leistungsfähigkeit ist in Freuds Haltung der "Väterlichkeit" zu suchen, mit der er aktiv pädagogische, therapeutische und wissenschaftliche Impulse setzte. Wenn Leupold-Löwenthal im Nachwort der "Protokolle" die Ansicht vertritt, daß Freud "eine vorwiegend analytische und wenig aktive Haltung"[416] in der Gruppe eingenommen hat, so wird damit le-

410 Freud/Binswanger 1992, S. 102
411 ebenda, S. 102
412 ebenda, S. 102
413 Freud 1960a, S. 50
414 Fromm 1959, S. 206
415 Tömmel 1985, S. 233
416 Protokolle 1981, Bd. IV, S. 331

diglich die gängige "Soll-Meinung" über Freud tradiert. Wie in Kapitel V.2. gezeigt wurde, sah die Realität anders aus.

Die Gründung der Mittwoch-Gesellschaft lag auf der Linie von Freuds expansivem Wesen. Er suchte ein Betätigungsfeld, das er in der Erziehung, therapeutischen Behandlung und Belehrung seiner "Söhne" fand. Für viele wurde er Vorbild und Ideal. Über die Mitglieder der frühen psychoanalytischen Bewegung schrieb Anna Freud:

> Die Anhängerschaft von damals bestand aus Personen, die irgendwie aus dem Rahmen des Gewöhnlichen herausfielen. Sie waren die Unkonventionellen, Zweifler, die Unzufriedenen im eigenen Beruf, die Wissensdurstigen, denen die offizielle Wissenschaft nicht genug zu bieten hatte. Unter ihnen waren auch Sonderlinge, Träumer, Sensitive, die das neurotische Elend an der eigenen Person erfahren hatten.[417]

Diese "Söhne" also, die ihre eigenen Zusammenkünfte euphorisch in religiösen Metaphern beschrieben, fanden sich im Laufe der Jahre zu einer "wissenschaftlichen Gemeinschaft"[418] zusammen. Es herrschte ein Geist des Aufbruchs, den Nitzschke wie folgt charakterisiert:

> Die frühe Anarchie () zeigt ein "work in progress", einen Gedanken-Steinbruch von außerordentlichem Reichtum, eine unorthodoxe Vielfalt stets anregender Ideen und freimütiger Diskussionen ().[419]

Aus der Diskussionsrunde entstand eine "geistige Bewegung"[420], in der Freud die Position des "Vaters" innehatte. Damit entwickelten sich intensive Bindungen, die mit Erwartungen, Hoffnungen, Wünschen usw. besetzt waren. Viele "Söhne" haben in der psychoanalytischen Bewegung eine "geistige Heimat" gefunden. Die Begegnung mit Freud bedeutete für nicht wenige einen Wendepunkt in ihrem Leben. Annähernd bis zum Jahre 1910 war Freud seinen "Söhnen" ein fördernder "Vater". Man kann diesen Vorgang, daß sich um eine Vaterfigur Menschen versammeln, die lernen und sich entwickeln wollen, als beispielhaft bezeichnen. Mit dem Aufbau der psychoanalytischen Bewegung knüpfte Freud an die Akademien der Antike an, die durch tägliche Zusammenkünfte zu "Lebensgemeinschaften"[421] wurden. An "Vater Freud" und seiner psychoanalytischen Gruppe müssen sich seitdem alle neuen psychologischen Schulen messen.

---

417 Anna Freud 1968, S. 2489-2490

418 Tömmel 1985, S. 213

419 Nitzschke 1986, S. 923

420 Freud/Ferenczi 1993, S. 361

421 Seel 1953, S. 19

Die Konflikte, die auf dem Nürnberger Kongreß sowie durch den Bruch mit Adler und Jung entbrannt sind, haben vielfältige Unsicherheiten, Ängste, Projektionen, Wutregungen, wahnhafte Phantasien usw. bei allen Beteiligten erzeugt. Bei Freud kann dieses Geschehen wie folgt beschrieben werden: Wenn man allen psychischen und geistigen Regungen einer Person eine allgemeine Vaterorientierung zugrunde legt, so werden vor allem Führungsansprüche, Rivalitäten, Abweichungen, Neuerungen, Gegenargumente usw. besonders empfindlich erlebt. Kleinste Divergenzen verursachen auf diesem Hintergrund Enttäuschungen und Kränkungen. Bei Freuds expansiver Charakterstruktur traten daraufhin aggressive Affekte hervor, die gegen die Verursacher seiner "Unlust" eingesetzt wurden. Die erlebten Aggressionen aktivierten wiederum seine Vaterorientierung und entfesselten ein Bestreben nach autoritärer Führung. Das nächste Kapitel wird zeigen, wie sich dieser Prozeß gestaltete.

Die Frage, ob die krisenhafte Entwicklung um den Nürnberger Kongreß von 1910 sowie die Trennungen von Adler und Jung als Traumata in der psychoanalytischen Bewegung bezeichnet werden können, kann nun eindeutig bejaht werden. Im Unterschied jedoch zum psychoanalytischen Trauma-Begriff gehe ich von einer allgemeinen "traumatischen Stimmung" aus, in der die einzelnen Kontroversen im Sinne von "pars pro toto" zu verstehen sind. Natürlich weisen die drei genannten Konflikte unterschiedliche Qualitäten auf. Der erste kann als "Delegationskonflikt", der zweite als "Rivalitätskonflikt" und der dritte als "Machtkonflikt" bezeichnet werden. Alle drei Auseinandersetzungen sind jedoch thematisch um das "Führungsproblem" geordnet.

Wie in Kapitel III. gezeigt, spielte der Begriff des Traumas in Freuds Neurosentheorie vor der Jahrhundertwende eine große Rolle. Freud meinte, daß hauptsächlich perverse und aggressive Handlungen der Väter zu traumatischen Erlebnissen bei den Kindern und damit zur Symptombildung führen. Mit der Entdeckung der ödipalen Vorgänge verschob er die Verursachung der Neurosen in das Seelenleben des Kindes und schränkte den Einfluß des Traumas für die Symptombildung ein. Er stellte nun die Fixierung der Libido auf eine bestimmte Phase, die Regression auf ebendiesen Zeitraum sowie die ödipalen Phantasien des Kindes in den Vordergrund. Trotzdem hat Freud die ätiologische Bedeutung des Traumas nie ganz aufgegeben. In den "Vorlesungen" schrieb er, daß die Kranken mit der traumatischen Situation nicht fertig werden, "als ob diese noch als unbezwungene aktuelle Aufgabe vor ihnen"[422] stehen würde. Und weiter:

422 Freud 1916-17a, S. 274

> Wir nennen so ein Erlebnis, welches dem Seelenleben innerhalb kurzer Zeit einen so starken Reizzuwachs bringt, daß die Erledigung oder Aufarbeitung desselben in normalgewohnter Weise mißglückt, woraus dauernde Störungen im Energiebetrieb resultieren müssen.[423]

Was war der Hintergrund für die Traumata und was hat auf Freud, die "Söhne" und die psychoanalytische Bewegung traumatisch gewirkt?[424] Für die Erklärung von sozialen Vorgängen hat Freud psychoanalytische Lehrsätze der Individualentwicklung angewandt. Die Psychologie des Individuums war für ihn "von Anfang an auch gleichzeitig Sozialpsychologie"[425]. Diese Methode soll im Hinblick auf meine Frage ebenfalls zur Anwendung kommen.

1) Die meisten "Söhne" schlossen sich der psychoanalytischen Bewegung begeistert an und hegten hohe Erwartungen an "Vater Freud". Indem sie sich der Psychoanalyse zuwandten, wußten sie, daß sie ihre Karriere in der Gesellschaft aufgeben mußten. Freud wurde für sie zur wichtigsten Bezugsperson, von der sie sich anleiten und erziehen ließen, den sie idealisierten und mit dem sie sich gegen die "Außenwelt" verbündeten. Es entstanden tiefe emotionale Bindungen. Freud stand unter einem starken Erfolgs- und Arbeitsdruck. Mit dem Aufbau der Mittwoch-Gesellschaft muß sich bei ihm gleichwohl das Bewußtsein eingestellt haben, ein Vorkämpfer einer neuen "Sache" zu sein.

2) Störungen in diesen "Vater-Sohn-Beziehungen" können analog der Schrift "Familienroman der Neurotiker"[426] abgeleitet werden. Nach einer Phase der Identifizierung und Anpassung verlor der "Vater" die ihm zugeschriebene Einzigartigkeit. Es stellten sich bei den "Söhnen" Gefühle von Unzufriedenheit, Enttäuschung und Zweifel ein. Vor allem aber fühlten sie sich zurückgesetzt, weil ihr Lehrer die "Züricher" favorisierte. Aber auch der "Gruppenvater" war über den mangelnden Zusammenhalt, die ungenügenden Leistungen und unproduktive Streitereien seiner "Söhne" verstimmt. In der Regel werden diese ersten Dissonanzen verdrängt. Alle Beteiligten bemühen sich um eine weitere Zusammenarbeit.

3) Die eigentliche traumatische Situation wird durch eine einschneidende äußere Einwirkung eingeleitet. Entsprechend der psychischen Verarbeitungsmöglichkeit des einzelnen kann sie als emotional bedrängend erlebt werden und mit Schreck- oder gar Schockempfindungen verbunden sein. Die latent vorhandenen Vorbehalte werden aktiviert und gelangen zum

---

423 ebenda, S. 274-275

424 in Anlehnung an: Freud 1896c und Freud 1916-17a, 18. Vorlesung

425 Freud 1921c, S. 65

426 Freud 1909c

Durchbruch. In diesem Sinne können die Ereignisse um den Nürnberger Kongreß sowie der Bruch mit Adler und Jung als tiefgreifende Einschnitte im Gruppenprozeß der psychoanalytischen Bewegung gewertet werden.

4) In der nächsten Stufe dieser Abfolge fühlen sich alle Beteiligten durch vielfältige innere und äußere Reize überflutet. Vor allem wenn die vormals stützenden Beziehungen in Frage gestellt werden, findet eine existentielle Verunsicherung statt, die die beteiligten Person schwächt oder gar lähmt.

5) Nun erfolgt die Abwehr der belastenden Regungen. Ist diese vollständig "geglückt", so ergibt sich nach außen ein Bild der "Normalität". Das Mißlingen der Abwehr führt entweder zur Symptombildung und schafft, je nach seelisch-geistigem Niveau, die notwendige Voraussetzung zur Heilung der Erkrankung oder zum anhaltenden Agieren. In der psychoanalytischen Bewegung trat überwiegend das letztgenannte auf. Es kam zu langanhaltenden aggressiven Affekten aller Mitglieder gegen die "Verursacher" der Krisen. Parallel dazu schloß man sich als Gruppe eng zusammen, was an eine Sektenbildung erinnert.

Als Vorbereitung auf das nächste Kapitel soll an dieser Stelle schon auf die Frage nach den Auswirkungen der traumatischen Ereignisse auf Freuds Theorie der Vater-Sohn-Beziehung hingewiesen werden. Der Leiter der Psychiatrischen Klinik Burghölzli bei Zürich, Eugen Bleuler, der nie Freuds Schüler werden wollte und konnte, beurteilte die psychoanalytische Theorie sehr hellsichtig. Nachdem sich die beiden Männer näher gekommen waren, zog sich Bleuler einige Monate nach der Gründung der psychoanalytischen Vereinigung von der Psychoanalyse zurück. Er kritisierte hauptsächlich die antiwissenschaftliche Einstellung der Wiener. Als er von Freud aufgefordert wurde, sich der Vereinigung wieder anzuschließen, legte er seine differierenden Ansichten dar. Freuds Lebensziel sei es offensichtlich, seine Theorie fest zu etablieren und ihre Aufnahme zu sichern. Für ihn sei die Theorie nur "eine neue Wahrheit unter anderen Wahrheiten"[427]. Das Prinzip des "Alles oder Nichts"[428] sei für religiöse Sekten oder politische Parteien notwendig, für die Wissenschaft jedoch schädlich. Vom wissenschaftlichen Standpunkt war es für Bleuler unverständlich, warum Freud von seinen Schülern forderte, das ganze Gebäude der Psychoanalyse zu akzeptieren. Damit lehnte er Freuds dogmatische Einstellung bezüglich wissenschaftlichen Überzeugungen ab und setzte sich für eine liberale Handhabung von Lehrmeinungen ein.

Freud mußte jedoch den einmal eingeschlagenen Weg fortsetzen. Die allgemeine traumatische Stimmung in der psychoanalytischen Bewegung spie-

---

427 in: Clark 1985, S. 333

428 in: ebenda, S. 333

gelte sich in dogmatischen Thesen wider, die Freud in der Schrift "Totem und Tabu" niederlegte. Im Zentrum dieser Abhandlung steht die anthropologische Festschreibung der Vater-Sohn-Beziehung. Diese Theorie muß jedoch wiederum in Hinblick auf die "Söhne" der Vereinigung gedeutet werden. Das Gruppengeschehen, die Persönlichkeitsstruktur Freuds und seine Theoriebildungen bedingen sich wechselseitig. In einer wissenschaftlichen Gemeinschaft können die Lehrsätze des "Gruppenvaters" eine solche Kraft entfalten, daß die "Söhne" im praktischen Zusammenleben unbewußt ihren Wahrheitsgehalt bestätigen. Oder anders gesagt: Das Niveau einer Gruppe entwickelt sich entsprechend dem theoretischen Gehalt.

Die Ära der starken Hand wird die Zweifler abstoßen, die Überzeugten anspornen.[1]

VI. Die Konstituierung der "Vatermacht"

Ab Mitte des Jahres 1912 begann ein neuer Abschnitt in der Geschichte der psychoanalytischen Bewegung. Die traumatischen Ereignisse in der Gruppe erforderten eine Neuorientierung, die Freud - wie so oft - als Herausforderung annahm. An drei Dimensionen werden diese Veränderungen im folgenden Kapitel aufgezeigt. Im Sozialen, Theoretischen und Psychischen fand eine Entwicklung statt, die ich "Konstituierung der "Vatermacht" nenne. Damit ist eine Gründung und Errichtung von Strukturen gemeint, die zum Autoritären tendieren. Das Beziehungsgeschehen von "Vater Freud" und seinen "Söhnen", die Theorie der Vater-Sohn-Beziehung und Freuds psychische Selbstgestaltung waren bestimmten Veränderungen unterworfen. Diese werden nun detailiert dargelegt.

1. Soziale Konstituierung: Gruppeninterne Orientierung an "Vater Freud"

1.1. Das "geheime Komitee"

Im Frühjahr des Jahres 1912 berichtete Freud seinen engsten Vertrauten von den Unstimmigkeiten mit Jung. Jones und Ferenczi kamen daraufhin auf die Idee, eine Art "alte Garde"[2] um Freud herum zu bilden, die vor den anderen Analytikern geheim bleiben sollte. Für diesen Plan fand Jones folgende Worte:

1 Sándor Ferenczi, in: Freud/Ferenczi 1993a, S. 144

2 Jones 1962, Bd. 2, S. 186

> Die Idee einer vereinigten kleinen Gruppe mit der Aufgabe wie die Paladine Karls des Großen das Reich und die Politik ihres Herrn zu hüten, war ein Produkt meiner eigenen Romantik.[3]

Die Aufgaben der zuverlässigsten "Söhne" sollten darin bestehen, Freud vor Angriffen zu schützen, für ihn zu arbeiten sowie die "Grundlehren der psychoanalytischen Theorie"[4] zu verteidigen. Dem "geheimen Komitee" gehörten Jones, Ferenczi, Rank, Sachs, Abraham und etwa ab 1918 Eitingon an.

Von dieser Idee war Freud so begeistert, daß er meinte, sie "könnte meine eigene sein, geformt in besseren Zeiten, als ich hoffte, Jung werde einen solchen Kreis um sich versammeln"[5]. So müsse das Komitee ohne den Präsidenten gebildet werden. Weiter schrieb er:

> Ich möchte sagen, es würde mir das Leben und Sterben leichter machen, wenn ich wüßte, daß eine solche Gemeinschaft zum Schutz meiner Schöpfung existiert.[6]

Sodann drückte Freud seine Hoffnung aus, daß aus diesem Kreis der zukünftige Obmann der psychoanalytischen Bewegung kommen könnte.[7] Im Sommer 1913 fand ein Treffen der Mitglieder des Komitees statt. Aus seiner Sammlung schenkte Freud jedem eine antike Gemme, die alle in einen goldenen Ring fassen ließen. Über Freuds Motivation, dieser geheimen Gruppierung zuzustimmen, soll nun nachgedacht werden.

Wir wissen, daß Freud seine ganze Kraft aufwandte, um der psychoanalytischen Lehre einen dauerhaften Bestand zu sichern. Seine Schüler sollten ihm schon zu Lebzeiten diese Art von Unsterblichkeit garantieren. Die "Abfallsbewegungen"[8] der "Söhne" und die Dissonanzen in der Vereinigung enttäuschten ihn und zerstörten seine hochfliegenden Pläne. Er räumte zwar ein, daß Differenzen bei der Entstehung einer Lehre unvermeidlich und Irrtümer sogar förderlich seien, aber

> daß solche Abweichungen und Neuerungen theoretischer Natur mit soviel Verletzung berechtigter persönlicher Gefühle auftreten müssen, macht der menschlichen Natur allerdings wenig Ehre.[9]

---

3 in: Gay 1989, S. 263

4 Jones 1962, Bd. 2, S. 186

5 in: Gay 1989, S. 262

6 Jones 1962, Bd. 2, S. 187

7 ebenda, S. 188

8 Freud 1914d, S. 184

9 Freud 1960a, S. 312

Die traumatischen Erlebnisse hatten Freud tief verletzt und verunsichert. Vor allem auf Jung bezogen durchlebte er "wilde Affekte" und agierte diese offen bei seinen Mitarbeitern aus. So nannte er ihn "brutal, unaufrichtig und manchmal unehrlich"[10], und seine "Söhne" stimmten in diesen Tenor mit ein.[11] In einem Brief vom März 1913 gewährte er seinem Schüler Binswanger Einblick in seinen Seelenzustand:

> Ich habe in der Zwischenzeit soviel äußerlich und innerlich erlebt, daß Sie sich's leicht erklären werden, mich gealtert zu finden. Der Kern ist, glaube ich manchmal, noch gut; andere Male zweifle ich auch daran. Die Verzerrungen meiner Psychoanalyse sind mir natürlich nicht gleichgiltig. Ich sage mir dann, daß ich mich für ihre weiteren Schicksale nicht verantwortlich halten kann und daß es den vielen Feinden unter den "Anhängern" vielleicht doch nicht gelingen wird, sie ganz ad absurdum zu führen.[12]

Noch im November des gleichen Jahres gestand er Abraham, daß "mein Zutrauen in meine politischen Einsichten seit meiner Täuschung durch Jung sehr gesunken"[13] ist. Die Gründung des Komitees gab ihm schließlich die notwendige emotionale Sicherheit zurück. In den Metaphern, die seiner Vaterorientierung entspringen, teilte er Ferenczi seine Gedanken mit:

> Jenes Gefühl, daß die Kinder versorgt sind, dessen ein jüdischer Vater zum Leben wie zum Sterben dringend bedarf, wollte ich Jung verdanken; ich bin jetzt froh, daß Sie und die Freunde es mir geben.[14]

Schon bald nach der Gründung des "geheimen Komitees" äußerte sich Freud zufrieden über die Zusammenarbeit.[15] Als sich die Internationale Psychoanalytische Vereinigung auch formell von Jung getrennt hatte, bekannte er Abraham:

> Mein ganzes Leben über bin ich auf der Suche nach Freunden, die mich nicht ausbeuten und dann verraten, und hoffentlich habe ich sie jetzt, nicht mehr weit vom natürlichen Ende desselben, gefunden.[16]

---

10 in: Gay 1989, S. 274

11 siehe: ebenda, S. 274

12 Freud/Binswanger 1992, S. 128

13 Freud/Abraham 1965a, S. 155

14 Freud/Ferenczi 1993a, S. 236

15 siehe: Freud/Abraham 1965a, S. 164 und 173

16 ebenda, S. 180

Welche Bedeutung kam dem "geheimen Kommitee" für die psychoanalytische Bewegung bezüglich der Vater-Thematik zu? Nachdem erhebliche Angst- und Wutaffekte bei allen Beteiligten aufgrund der traumatischen Erlebnisse aufgetreten waren, entstand bei Freud und seinen vertrautesten "Söhnen" das Bedürfnis, sich vor weiteren Verletzungen zu schützen. Da psychische Abwehrmaßnahmen in der Regel Überreaktionen zur Folge haben, organisierte sich das Komitee, verstärkt durch Freuds Vaterorientierung, in einer ganz bestimmten Art und Weise:

a) Offenbar schwebte Freud als Vorbild für das Komitee die "Platonische(n) Philosophenherrschaft"[17] vor, in der eine "geistige Elite"[18] alle Vorgänge dirigieren und überwachen soll. In der Tat kann man sagen, daß die Mitglieder sich als "Machtzentrale"[19] der psychoanalytischen Bewegung verstanden.

b) Innerhalb dieser Elite war Freud eindeutig das "Oberhaupt"[20]. Erfüllte das Komitee für seine Führungsansprüche lediglich eine soziale Alibifunktion? Wittenberger meint:

> Man könnte annehmen, daß ***nur Freud*** () eine auf sich selbst oder auf die "Sache" bezogene Vereinspolitik () betrieb ().[21]

Für Freud war die Hierarchie im Komitee von vornherein festgelegt. Das wird aus einem Brief an Abraham deutlich, in dem er seine Genugtuung über "das Zusammenwirken von 5 solchen Leuten in meinem Sinne"[22] ausdrückte. Er ließ demnach keinen Zweifel daran, wer der Leiter der Gruppe war: Seine fünf "Söhne" sollten der Vaterfigur zuarbeiten.

c) Darüber hinaus kann das "geheime Komitee" als ein "Steuerungs-organ"[23] der gesamten psychoanalytischen Bewegung bezeichnet werden, das in verschiedene Richtungen wirksam wurde:

- Aufgrund der traumatischen Erlebnisse innerhalb der Bewegung trafen die Ausgrenzungsbestrebungen die eigenen Mitglieder. Adler und Jung wurden fortan als Gegner betrachtet, die ebenso widerlegt werden mußten, wie die "alten" Antagonisten der Analyse. In diesem Kampf wur-

17 Freud/Ferenczi 1993, S. 208
18 ebenda, S. 205
19 Wittenberger 1990, S. 79
20 Freud 1914d, S. 178
21 Wittenberger 1990, S. 84
22 Freud/Abraham 1965a, S. 157
23 Wittenberger 1992, S. 57

de die Psychoanalyse zu "einem fast geschlossenen System, das sich teilweise elitär, teilweise gekränkt abgrenzte"[24].

- Nach Wittenberger bekam das Komitee ab 1918 eine "nach innen gerichtete Funktion"[25], worin Ausbildungsfragen und Probleme der Mitgliedschaft im Vordergrund standen. Doch dabei blieb es nicht. Der wissenschaftliche Diskurs wurde im Komitee nach dem Ersten Weltkrieg vernachlässigt, und es entwickelten sich die für autoritär geführte Gruppen typischen Zwistigkeiten.

> Es sind die allgemeinen, wohlbekannten menschlichen Leidenschaften wie Herrschsucht, Wunsch, der Erste zu sein, sich nicht ein- oder unterordnen können, den anderen übertreffen, entthronen müssen etc., die in diesen Situationen der Vernunft den Garaus machen.[26]

- Ebenso wie die persönlichen Kontakte wollten die Komitee-Mitglieder auch die wissenschaftliche Entwicklung überprüfen und steuern. Bereits 1910 hatte Ferenczi auf dem Nürnberger Kongreß "ein gewisses Maß von gegenseitiger Kontrolle auch auf wissenschaftlichem Gebiete"[27] angeregt, was bekanntlich zu einem Eklat führte. Nun wurde diese Idee in die Tat umgesetzt.[28]

Zusammenfassend muß festgestellt werden, daß das "geheime Komitee" seinen Mitgliedern als autoritäres Steuerungsorgan diente.

d) Da Freud die neuen Theorien von Adler und Jung als "Verfälschungen" seiner Psychoanalyse ansah, wurden die Inhalte der psychoanalytischen Lehre nun streng überwacht. Freud legte die "offiziellen" Begriffe fest, während neue Gedanken einer eingehenden Überprüfung standhalten mußten. Damit sicherte das Komitee die "Dogmen" der Psychoanalyse ab.[29]

Mit der Formierung des "geheimen Komitees" entwickelte sich die psychoanalytische Bewegung zu einer Organisation mit autoritären Ordnungsstrukturen. Im engsten Umfeld von "Vater Freud" wurde ein soziales Netz von rigider Kommunikation und Interaktion geschaffen. Diese soziale Konstituierung der "Vatermacht" veränderte die psychoanalytische Vereinigung grundlegend.

---

24 Tömmel 1985, S. 245

25 Wittenberger 1990, S. 79

26 Cremerius 1990, S. 374

27 Ferenczi 1910, S. 143

28 siehe z.B.: Freud/Ferenczi 1993a, S. 143, S. 307, S. 312 und siehe: Wittenberger 1990, S. 82

29 siehe: Cremerius 1986, S. 1067-1070 und Rohde-Dachser 1992, S. 3

Wie wirkte sich das veränderte Verständnis von Freuds Vaterrolle in der Mittwoch-Gesellschaft ab Oktober 1912 aus?

1.2. Der führende "Vater"

Schon bald nach der Sommerpause ergriff Freud das Wort und hielt einen Vortrag mit der Ankündigung: "Eine kasuistische Mitteilung mit polemischen Bemerkungen"[30]. Er berichtete von einer jungen Frau, die an Erregungszuständen und Depressionen litt. Doch diese Fallbetrachtung diente ihm nur als Mittel zu dem Zweck, Adlers Theorien zu widerlegen. Der Individualpsychologe hatte die Gruppe bekanntlich im Mai 1911 verlassen. In seinem Referat wies Freud dessen Ansichten über den "männlichen Protest" und das "Minderwertigkeitsgefühl" zurück und betonte stattdessen seine Auffassungen vom "Kastrationskomplex" und "Penisneid". Immer wenn in der Folge über Adler diskutiert[31] wurde, reagierte er heftig und versuchte, die Gedanken seines ehemaligen Mitarbeiters zu widerlegen. Aber bezog sich Freud mit seiner Polemik ausschließlich auf Adler? Meines Erachtens ist in seinen Ausführungen auch Kritik an Jung enthalten. Der Konflikt mit seinem vermeintlichen "Erbe" nahm zu diesem Zeitpunkt bedrohliche Formen an. In seiner "kasuistischen Mitteilung" erklärte Freud, daß die junge Frau einen Traum hatte, der die Neurose im Wesentlichen erhelle,

> wenn man ihn nicht bloß symbolisch zu deuten versuchte, sondern die Einfälle der Patientin zu Hilfe nahm.[32]

Als es später zur Trennung kam, kritisierte Freud, daß Jung wesentliche Begriffe nur noch "symbolisch"[33] auffasse. Im Oktober 1912 belastete die "Geste von Kreuzlingen" die Beziehung der beiden Männer. Freud war zu diesem Zeitpunkt von seinem "Nachfolger" tief enttäuscht und begann, sich innerlich von ihm zu distanzieren.

Das nächste Protokoll enthält die kurze Notiz: "Stekel ausgetreten."[34] An diesem Konflikt mit Stekel zeigt sich Freuds veränderte Haltung zu mehr Führung überaus deutlich. Der Streit mit ihm eskalierte im Oktober 1912. Stekel war Redakteur des "Zentralblattes" und wollte durch undurchsichtige Manöver Eigentümerrechte gegenüber Freud geltend machen, der die Zeitschrift

---

30 Protokolle 1981, Bd. IV, S. 104

31 siehe unter anderem: ebenda, S. 123 und S. 173

32 ebenda, S. 104

33 Freud 1914d, S. 197

34 Protokolle 1981, Bd. IV, S. 108

herausgab. Als er aus persönlichen Gründen die Annahme eines Artikels von Tausk verweigerte, handelte Freud unverzüglich. Er verlangte "den sofortigen Austritt Stekels aus dem Verein"[35]. Auch als dieser sich später entschuldigte und der Gesellschaft wieder beitreten wollte, lehnte Freud kategorisch ab. Freud ließ das "Zentralblatt" fallen und gründete ein neues Organ: Die "Internationale Zeitschrift für Psychoanalyse". An Abraham schrieb er:

> () jedenfalls bedeutet eine solche Zeitschrift in einer Zeit, da der Psychoanalyse Zersplitterung droht und zum Kampf gegen die Fremden die Diskussion mit den Anhängern selbst hinzukommt, sehr viel für mich, und die Abstoßung einer so zweifelhaften Persönlichkeit wie Stekel bleibt ein Segen.[36]

Freud sah die Gefahren, die der Psychoanalyse drohten und übte sich in Selbstbehauptung. Die "Söhne" der Mittwoch-Gesellschaft stellten sich darauf ein und unterstützten den "Vater" in der Fundierung seiner Theorie, indem sie seine Thesen mit Beispielen belegten.[37] Charakteristisch für diese Grundstimmung ist ein Satz, den Freud in der Diskussion um die Projektionen der Libidovorgänge aussprach. Dabei wies er auf die Bedeutung des Vaters für die Religion hin und meinte: "Gesetz ist was der Vater macht, Religion, was der Sohn hat."[38] Es fällt auf, daß er die Diskussionen in der Mittwoch-Gesellschaft ab Mitte 1912 entschieden leitete. Er gab eindeutige Stellungnahmen ab, sprach die Redner direkt an und beabsichtigte offenbar, Psychoanalyse zu lehren. Über die Jahre zuvor sagte er, daß er nicht gewagt habe,

> eine noch unfertige Technik und eine im steten Fluß begriffene Theorie mit jener Autorität vorzutragen, die den anderen wahrscheinlich manche Irrwege und endliche (etliche? - G.W.) Entgleisungen erspart hätte.[39]

Auch in Freuds Art der Intervention zeigte sich eine Veränderung. Überwiegend kritisierte er die Vortragenden nicht mehr im Hinblick auf ihre persönlichen Eigenarten, sondern wegen methodischer und inhaltlicher Fehler. Damit strebte er ohne Zweifel ein höheres wissenschaftliches Niveau an. Zu Sadger meinte er, am "Vortrag selbst vermisse man Gliederung und Aufbau"[40]. Zu einem Referat von Lorenz sagte er, "daß man derartige Untersuchungen an-

---

35 ebenda: S. 109 Fußnote

36 Freud/Abraham 1965a, S. 127

37 siehe: Protokolle 1981, Bd. IV, S. 121 bis 125

38 ebenda, S. 128

39 Freud 1914d, S. 161

40 Protokolle 1981, Bd. IV, S. 110

ders machen müsse"[41]. Weiß schlug er vor, "bei einer eventuellen Publikation die Anordnung der Arbeit umzukehren"[42]. Als Tausk unter dem Oberthema "Gesellschaft und Neurose" das Vaterproblem behandelte, war Freud mit dem Resultat nicht zufrieden. Untersucht werden sollte,

> wie die Neurose auf dem Vaterkomplex beruht und wie die so entstandene Neurose dann auf die Gesellschaft wirkt.[43]

Kein Zweifel: Freuds Anforderungen an seine "Söhne" waren gestiegen. Wer mit dem "Gruppen-Vater" Schritt halten wollte, mußte die kompakte psychoanalytische Theorie durch ein intensives Studium erlernen.

Im Februar 1914 begann eine "Diskussion über den kindlichen Ödipuskomplex"[44], die sich über vier Abende hinstreckte. Im Einleitungsreferat erläuterte Freud sein Anliegen bezüglich dieses Themas. Es solle der Nachweis erbracht werden, daß der Ödipuskomplex beim Kind vorhanden sei. Da dieser Komplex in der Kinderzeit eindeutig erkannt werde, ergebe sich daraus seine Bedeutung für die Neurose des Erwachsenen. Die Schwierigkeit sei, daß der Ödipuskomplex zwar als universell angesehen werden könne, aber auch in verdrängter und umgebildeter Form auftrete. Bei der Erforschung sollten verschiedene Quellen ausgeschöpft werden: direkte Beobachtung, schon veröffentlichtes Material und Biographien. Freud beabsichtigte, die Ausarbeitungen zu veröffentlichen und stellte deshalb die Aufgabe,

> die Beiträge kritisch zu betrachten, insbesondere daraufhin, ob man die Tatsachen nach Adler aus dem Machtstreben erklären könne oder ob sich nach der Züricher Auffassung das nicht mehr sexuelle Verhältnis darin darstelle.[45]

Die anschließenden Gespräche zeigten, wie diese Aufforderung gemeint war: Alle "Söhne" sollten die Auffassungen von Adler und Jung widerlegen. Dennoch können die von Rank protokollierten Diskussionen als Beispiel für einen lebendigen wissenschaftlichen Diskurs angesehen werden. Die Mitglieder der Gesellschaft lieferten eine Fülle von Beispielen und Berichten über die ödipale Situation. Insbesondere die Beziehung des Kindes zum Vater wurde eindrücklich beschrieben. Freud schrieb an Abraham: "Die erste Sitzung verlief

41 ebenda, S. 143
42 ebenda, S. 155
43 ebenda, S. 168
44 ebenda, S. 225
45 ebenda, S. 226

sehr schön."[46] Inhaltlich werden die Gespräche in Kapitel VI.2.2. berücksichtigt.

Festgehalten werden muß, daß sich Freuds Verhalten in der Mittwoch-Gesellschaft nach der Trennung von Adler und den ersten Dissonanzen mit Jung verändert hat. Er war auffallend aktiv, ergriff häufig das Wort und lenkte die Debatten in seinem Sinn. Die "Söhne" orientierten sich nun intellektuell und emotional an den Werten der Vaterfigur. Durch seine neu erarbeitete "Vater-Position" im sozialen Kontext schaffte es Freud, eine "Vatermacht" zu konstituieren, die das Fundament zu einem festgefügten Ordnungsdenken in der Psychoanalyse darstellte. Die Konsequenzen dieser Struktur für die Theorie werden im folgenden Kapitel aufgezeigt.

2. Theoretische Konstituierung: Die Festschreibung der Theorie der Vater-Sohn-Beziehung

Das Aufkommen neuer Kommunikations- und Interaktionsformen in der psychoanalytischen Bewegung stand im unmittelbaren Zusammenhang mit Veränderungen des Lehrgebäudes. Vor allem am Beispiel der Theorie der Vater-Sohn-Beziehung können diese sichtbar gemacht werden. Dafür werden nun Freuds anthropologische Grundannahmen, seine Diskussionensbeiträge in der Mittwoch-Gesellschaft, der Fallbericht über den "Wolfsmann" sowie verschiedene Aufsätze herangezogen.

2.1. Anthropologische Festlegung: Der Urvater und seine Söhne

In der Schrift "Totem und Tabu"[47] legte Freud als "Ursituation" der menschlichen Entwicklung eine tyrannische Bindung zwischen dem Urvater und seinen Söhnen zugrunde. Damit wird einmal mehr deutlich, daß er eine Psychologie "vom Vater her" geschaffen hat. Er dachte in Vater-Sohn-Kategorien und leitete seine theoretischen Annahmen aus konkreten Beziehungen her. Für mein Thema ist Freuds Theorie vom "Urvatermord" von weitreichender Bedeutung, sah er doch in diesem Geschehen das "Urdatum" für jede gegenwärtige Vater-Sohn-Beziehung.

Bei der Frage, wie die Menschen in ihrem Urzustand gelebt haben, schloß sich Freud der Hypothese von Darwin an, der die Lebensgewohnheiten von

46 Freud/Abraham 1965a, S. 162

47 Freud 1912-13a

höheren Affen auf den Beginn der Menschheitsentwicklung übertragen hatte. Der Mensch habe ursprünglich in kleinen Horden gelebt, in denen jeder Mann mehrere Frauen besessen und gegen andere Männer verteidigt habe. Freud vertrat die Auffassung, daß in diesen primitiven Völkern der Totemismus die Stelle einer Religion einnahm und die Grundlage der sozialen Organisation bildete. Das Totem sei meist ein Tier gewesen, das nicht getötet und verspeist werden durfte. Den Mitgliedern eines Totemverbandes sei der Sexualverkehr untereinander verboten gewesen, so daß sie zur Exogamie gezwungen waren. Sie nahmen an, so vermutete Freud, von ihrem Totem abzustammen. Bei feierlichen Gelegenheiten sei diese Identifizierung dadurch zum Ausdruck gekommen, daß sie sich einerseits wie ihr Totem gebärdet, andererseits es in bestimmten Zeitabständen getötet und verspeist hätten.

Aufgrund seiner psychoanalytischen Erfahrungen erkannte Freud Parallelen zwischen dem Totemismus und der Kinderseele, und zwar

> die volle Identifizierung mit dem Totemtier und die ambivalente Gefühlseinstellung gegen dasselbe. Wir halten uns nach diesen Beobachtungen für berechtigt, in die Formel des Totemismus - für den Mann - den Vater an Stelle des Totemtieres einzusetzen.[48]

Als Beispiel dafür erwähnte Freud den "kleinen Hans", der seine Identifizierung und Ambivalenz vom Vater auf die Pferde übertragen hat. Vom Totemismus und der Kinderpsychologie stellte Freud dann eine Verbindung zur griechischen Mythologie her. Wenn das Totemtier mit dem Vater identisch sei, dann erkenne man in den beiden Tabuvorschriften des Totemismus, das Totem nicht zu töten und als Mann die Frauen des eigenen Totemverbandes nicht sexuell zu begehren, die Verbrechen des Ödipus. Diese beiden Motive sah Freud als "Urkonstanten" des Seelenlebens an. Inzest und Vatermord würden als Urwünsche in jeder Kinderphantasie wiederkehren. Somit komme das phylogenetische Erbe in der ontogenetischen Entwicklung zum Ausdruck. Diese ungebändigten Impulse könnten als Kern aller Neurosen angesehen werden. Alles Zwischenmenschliche sei somit von ödipalen Erlebnissen geprägt, die in der Urhorde stattgefunden hätten. Nach Freud muß sich das konkrete Geschehen wie folgt ereignet haben: Ein "gewalttätiger, eifersüchtiger Vater"[49] habe alle Frauen für sich in Anspruch genommen und die Söhne vertrieben.

---

48 ebenda, S. 416

49 ebenda, S. 425

> Eines Tages taten sich die ausgetriebenen Brüder zusammen, erschlugen und verzehrten den Vater und machten so der Vaterhorde ein Ende.[50]

Durch das Verspeisen des Vaters habe eine Identifizierung stattgefunden, weil sie geglaubt hätten, sich dadurch seine Kräfte anzueignen. Doch bald habe sich die andere Seite der Ambivalenz, die zärtlichen Gefühle, bei der Brüderschar geregt.

> Sie haßten den Vater, der ihrem Machtbedürfnis und ihren sexuellen Ansprüchen so mächtig im Wege stand, aber sie liebten und bewunderten ihn auch. Nachdem sie ihn beseitigt, ihren Haß befriedigt und ihren Wunsch nach Identifizierung mit ihm durchgesetzt hatten, mußten sich die dabei überwältigten zärtlichen Regungen zur Geltung bringen.[51]

Freud nahm an, daß sie bald ihre Tat bereuten und massive Schuldgefühle bekamen. Schließlich sei der Vater stärker als zu Lebzeiten geworden und habe als Toter die Fügsamkeit seiner Söhne erzwungen. Dieser "nachträgliche(n) Gehorsam"[52] habe bewirkt, daß sie die Tötung des Vaterersatzes, des Totem, verboten und auf die Frauen der eigenen Horde verzichtet hätten. Doch bald nach der Beseitigung des Vaters habe sich eine "Vatersehnsucht"[53] eingestellt und die Phase des Bruderclans nahm ein Ende. Freud folgerte, daß im Laufe der Zeit einzelne Männer verehrt wurden, die sich durch besondere Leistungen hervorgetan hatten. Das alte Vaterideal sei wiederbelebt worden und nach und nach in die Verehrung eines allmächtigen Gottes eingemündet. Aus der vaterlosen Gesellschaft sei wieder eine patriarchalische geworden und das Familienoberhaupt, der Vater, habe einige seiner früheren Rechte zurückerhalten.

Phylogenetisch steht für Freud der Urvatermord, das darauffolgende Schuldbewußtsein und der Verzicht am Anfang von Religion, Gesellschaft, Sittlichkeit und Kunst.

> Die Gesellschaft ruht jetzt auf der Mitschuld an dem gemeinsam verübten Verbrechen, die Religion auf dem Schuldbewußtsein und der Reue darüber, die Sittlichkeit teils auf den Notwendigkeiten dieser Gesellschaft, zum anderen Teil auf den vom Schuldbewußtsein geforderten Bußen.[54]

---

50 ebenda, S. 426

51 ebenda, S. 427

52 ebenda, S. 428

53 ebenda, S. 431

54 ebenda, S. 430

Ontogenetisch durchlebt nach Freud jeder Sohn das Schicksal der Ursöhne, das sich gleichsam in die biologische Substanz eingeschrieben hat. Die bewußte Wahrnehmung dieser wiederbelebten "Tatsachen" und der Verzicht auf die Triebbefriedigung bringe erst Kulturleistungen hervor. Der "Preis" dafür sei nicht selten die psychische Erkrankung. Im Kern aller Neurosen finde man deshalb regelmäßig den Vater- bzw. Ödipuskomplex.

Auf den Wahrheitsgehalt dieser phylogenetischen Annahmen gehe ich hier nicht ein.[55] Vielmehr soll die Bedeutung dieser Aussagen im Hinblick auf Veränderungen der Theorie der Vater-Sohn-Beziehung, der psychoanalytischen Gruppe und Freud selbst herausgearbeitet werden. Zunächst sei daran erinnert, daß Freud im Jahre 1897 seine mechanische Verursachungstheorie für die Entstehung von psychischen Leiden revidiert und das Phantasieleben des einzelnen zur Erklärung mit herangezogen hatte. In seinen Schriften, Fallberichten und Beiträgen in der Mittwoch-Gesellschaft vernachlässigte er allerdings die "Sozialisationsbedingungen" nicht. Im Jahre 1913 kehrte er jedoch zu einer ausschließlich externen Verursachungstheorie zurück, um die Grundvoraussetzungen darzulegen, die zu seelischen Erkrankungen führen. An Jones schrieb er: "Jede *innere* Verdrängungsschranke ist der historische Erfolg eines *äußeren* Hindernisses."[56] Wollte Freud seine ehemalige "Traumatheorie" neu beleben? Sicherlich war er als Naturwissenschaftler darauf aus, Tatsachen zu erforschen. Die Frage "Was geschah wirklich?" hat ihn fortwährend beschäftigt. Vor allem die Konfrontation mit perversen und brutalen Vätern, die ihre Kinder grausam mißhandeln, haben ihm in den 90er Jahren gezeigt, wie wichtig die Beachtung der tatsächlichen Erlebnisse der Erkrankten sein kann. Ab 1897 veränderte sich sein Forschungsinteresse: Er wollte die unbewußten Vorgänge untersuchen und offenlegen. Aber welche wirklichen Erfahrungen liegen diesen zugrunde?

Die Theorie vom Urvater und seiner Ermordung wird meines Erachtens von zwei Strebungen aus Freuds psychischer Entwicklung und den Ereignissen in der psychoanalytischen Gruppe beeinflußt. Ich habe herausgearbeitet, daß sich Freud an autoritären Vaterfiguren orientierte und daß bei ihm ein Fesseln sprengendes, freiheitliches Denken zu beobachten war. Durch die "Traumen" in der psychoanalytischen Bewegung gewinnt das Autoritäre jedoch an Übermacht. Die angenommene Kraft des destruktiven, egoistischen Urvaters setzte sich in Freuds Gedankenwelt durch und wurde zum Kristallisationspunkt für seine Theorie. Die traumatischen Einflüsse aktueller Vater-Sohn-Beziehungen hat er in den "phylogenetischen Hintergrund" gerückt und seine "Sozialisationstheorie" aufgegeben. Der Sohn wird nunmehr von einer

55 siehe: Jones 1962, Bd. 3, S. 386-389, Gay 1989, S. 367-379

56 in: Gay 1989, S. 368

vaterbedingten phylogenetischen Erbschaft gelenkt. Auf diese Weise schrieb Freud die Gestaltung von Vater-Sohn-Beziehungen im Biologischen fest. Beide Protagonisten absolvieren "eingravierte" Muster, die als "Triebschicksale" das Beziehungsgeschehen bestimmen. Was anfänglich wie eine Neubelebung der Traumatheorie aussah, hat sich als das Gegenteil erwiesen: Freud glaubte, für bestimmte psychische Phänomene, feststehende anthropologische Ursachen gefunden zu haben.

Lorenzer hat den Versuch unternommen, den Urvater-Mythos zu korrigieren und den darin enthaltenen Erfahrungswert zu bewahren:

> In Wirklichkeit verhält es sich so: der Mythos vom Urvater und seiner Urhorde ist die Projektion der aktuellen kindlichen Erfahrungssituation in die Prähistorie; der Vater der individuellen Lebensgeschichte bietet die Züge des brutalen Urvaters im kindlichen Erleben. Der blutige Schrecken des vorgeschichtlichen Gemäldes ist nichts anderes als das Abbild des gegenwärtigen familialen Terrorsystems.[57]

Damit drückt Lorenzer aus, daß Freud die Vergangenheit im Lichte der Gegenwart gedeutet hat. Er lenkt zurecht den Blick auf die gesellschaftliche und familiäre Gegenwartssituation, vernachlässigt aber die soziale und psychische Realität. Um die beiden letztgenannten Dimensionen zu bestimmen, muß zuerst gefragt werden: Auf welchem sozialen Hintergrund ist bei Freud die Phantasie vom Urvatermord entstanden und wie wirkte sie auf das Soziale zurück? Wie schon weiter oben erwähnt, muß von einer traumatischen Situation gesprochen werden, die der Konflikt zwischen Freud und Jung weiter radikalisierte. Auf Anregung von Jung begann Freud, sich mit Religionspsychologie zu beschäftigen.[58] Doch sowohl der "Vater" als auch der "Sohn" empfanden sich gegenseitig als Konkurrenten.[59] Von Freud aus gedeutet erkennt Gay in diesen Regungen die ödipalen Kämpfe des Älteren, die allgemein zu wenig beachtet werden: Die "Bemühungen des Vaters, den Sohn zu übertreffen"[60]. Als sich die Beziehung der beiden Männer abkühlte, steigerten sich diese Affekte. Die Abhandlungen von "Totem und Tabu" wurden zu "Waffen in Freuds Wettstreit mit Jung"[61]. Schließlich bestand sein Wunsch darin, "alles was arisch-religiös ist, reinlich abzuschneiden"[62]. Freud mußte die Idealgestalt zerstören, die er in Jungs Persönlichkeit imaginiert und in sich aufgebaut hat-

---

57 Lorenzer 1979, S. 31

58 Freud 1925d, S. 92

59 siehe: Freud/Jung 1974a, Brief 280 F und 282 J

60 ebenda, S. 369

61 Gay 1989, S. 369

62 Freud/Abraham 1965a, S. 139

te. Er begann nun, die Kraft auf sich zurücknehmen, die er zuvor beim "Sohn" vermutete.

Gay vertritt die Ansicht, daß Freud in "Totem und Tabu" "seine intimsten Konflikte und seine privatesten Händel produktiv in Material für die wissenschaftliche Forschung"[63] übersetzte. Wenn das so ist, dann sind darin Angriffe, Projektionen, "Mitteilungen" usw. enthalten, die die treuen "Söhne" gewiß richtig übersetzt haben. Deutlich kann die Warnung vernommen werden: "Hütet Euch vor Euren Vatermord-Affekten!" Auch eine Drohung kann man mit etwas Phantasie herauslesen: "Wer dem 'Vater' nicht gehorcht, dem ergeht es wie Adler und Jung!" Im Sinne einer Selbstsuggestion hat er sich selbst bestärkt: "Ich muß mich vor den mörderischen Impulsen meiner 'Söhne' schützen!" Mit dem Gedanken vom Urvatermord hat Freud seine "Vatermacht" in der psychoanalytischen Gruppe begründet und demonstriert.

Als Freud im Juni 1913 Ferenczi den letzten Teil von "Totem und Tabu" zusandte, schrieb er: "Ich bin von meiner anfänglichen Hochschätzung der Arbeit sehr zurückgekommen und im ganzen bedenklich."[64] Mit der Antwort seines "Sohnes" kann die zweite Dimension bestimmt werden. Die Frage lautet: Auf welchem psychischen Hintergrund ist Freuds Phantasie vom Urvatermord entstanden und wie hat sie ihn selbst verändert? Ferenczi deutete Freuds

> nachträgliche Schwankung (als) verschobener nachträglicher Gehorsam (), den Vätern (und Ihrem eigenen Vater) gegenüber, die Sie in dieser Arbeit um die letzten Reste ihrer Macht über die Menschenseelen bringen.[65]

Weiter meinte Ferenczi, daß das Werk auch eine Totemmahlzeit sei. Als Mithras-Priester töte Freud eigenhändig den Vater, während die Schüler Zuschauer bei dieser heiligen Handlung seien. In der "Traumdeutung" habe Freud den Kampf gegen den eigenen Vater geführt, "in der Totemarbeit gegen die gespenstischen religiösen Vater-Imagines"[66]. Diese Deutung lag sicherlich ganz auf der Linie von Freuds Absicht, als geistiger Revolutionär angesehen zu werden. Um den Unterschied zur "Traumdeutung" deutlich zu machen, sagte er zu Jones:

---

63 Gay 1989, S. 379

64 Freud/Ferenczi 1993a, S. 226

65 ebenda, S. 229

66 ebenda, S. 229

> Damals beschrieb ich den Wunsch, den Vater zu töten, jetzt habe ich das wirkliche Töten beschrieben; es ist immerhin ein großer Schritt vom Wunsch zur Tat.[67]

Ferenczis Interpretation war die eines "treuen Sohnes". Er sah in Freud einen "Aufklärer", der in dieser Schrift die Herrschaftsattitüden aller Väter und Autoritäten durchschaute. Selbst die vergötterten Führer, selbstgefällig und machthungrig, müssen inneren Gesetzen gehorchen, die sie zudem nicht einmal kennen. Diese Gesetzmäßigkeiten des Seelenlebens hat Freud erkannt und deshalb muß sein Werk, nach Ferenczi, als "Totemmahlzeit" bezeichnet werden. Der Schüler sah in Freud eine fördernde Vaterfigur für die Menschheit und drückte seine Empfindungen aus. Bedingt durch die gefühlsmäßige Beziehung der beiden Männer konnte er jedoch nur die halbe Wahrheit erkennen. Durch seine anthropologischen Thesen hat Freud, und das ist die andere Hälfte, die Macht der despotischen Väter bekräftigt. Die grausamen Handlungen des Urvaters und die Reaktionen der Söhne in der Prähistorie werden bis in die Gegenwart und in alle Ewigkeit konserviert. Der Urvater wird folglich ein "Herrscher aus dem Hintergrund". Damit hat Freud der äußeren "Vatermacht" eine unabänderliche Herrschaftsausübung und -bestätigung zugeschrieben.

Nach Gay stellt die Schrift "Totem und Tabu" eine neue Partie in Freuds nie endendem "Ringkampf mit Jakob Freud dar"[68]. In seinen Gedanken erkennt Gay eine Distanzierung zu den eigenen ödipalen Kämpfen mit seinem Vater. Durch die Darstellung des Urvatermordes als einmaliges Verbrechen und nicht als eine menschliche, allzumenschliche Phantasie, die in der Begegnung mit allen tyrannischen Vätern und Vaterfiguren auftauchen kann, nehme Freud von seinen eigenen mörderischen Phantasien Abstand. Da Freuds Gedanken inzwischen in die Kultur eingegangen sind, muß Gays Analyse auch auf diese übertragen werden. Meines Erachtens lädt Freuds Betrachtungsweise dazu ein, die eigenen Impulse, Gefühle, Gedanken und Handlungsweisen nicht mehr als "Akteur" zu erleben: Diese Regungen kommen eben aus der Prähistorie. Die Passivität und Hilflosigkeit des Menschen in der Kultur wird verstärkt, was zur Schicksalsgläubigkeit, Resignation, konservativen Einstellung bezüglich der aktuellen gesellschaftlichen Ereignisse und letztlich zu gesteigerter Autoritätshörigkeit führen kann.

Auf die Theorie des Ödipuskomplexes bezogen, meinte der "Sohn" Hanns Sachs, daß es Freud als Voraussetzung für jede große Leistung ansah, "unter

---

67 Jones 1962, Bd. 2, S. 418

68 Gay 1989, S. 379

der ausschließlichen Herrschaft einer tyrannischen Idee zu stehen"[69]. Doch wird nicht aus einer Idee schnell eine wirkliche Tyrannei, wenn sich ein bedeutender Wissenschaftler in Spekulationen versteigt und unbeirrbar daran festhält? Mit seiner anthropologischen Untersuchung, die in der Theorie von der Urhorde kulminiert, hat Freud die autoritär traditionelle Einstellung, die bezüglich der Beziehung zwischen Vater und Sohn herrscht, nicht überwinden können. Der Leser wird unwillkürlich an die christliche "Lehre" von der Erbsünde[70] erinnert, die Vätern und Vaterfiguren seit Jahrhunderten als "Argumentationshilfe" für eine gewalttätige Erziehung diente. Die herrische "Vatermacht" wurde und wird auf diese Weise legitimiert.

2.2. Theoretische Ausdifferenzierung und praktische Beweisführung der Festschreibung

Nach der Veröffentlichung von "Totem und Tabu" begann Freud, seine phylogenetischen Annahmen auf den einzelnen Menschen zu beziehen und weiter auszuarbeiten. Folgende Schriften werden nun daraufhin untersucht: "Zur Einführung des Narzißmus"[71], "Zur Psychologie des Gymnasiasten"[72], die Protokolle[73] der Mittwoch-Gesellschaft ab Oktober 1912, der Fallbericht über den "Wolfsmann" mit dem Titel "Aus der Geschichte einer infantilen Neurose"[74] und das Manuskript "Übersicht der Übertragungsneurosen"[75].

In der Schrift "Zur Einführung des Narzißmus"[76] führte Freud eine Erweiterung seiner Triebtheorie durch. Hatte er vorher die Quellen der Triebenergie mit Sexual- und Ichtrieben benannt, so gab er nun die Ziele der Libido im eigenen "Seelenhaushalt" an: Ich- und Objektlibido. Damit hat sich Freud die Voraussetzungen geschaffen, Beziehungsvorgänge als intrapsychische Prozesse zu beschreiben. Der narzißtische Modus sei im "primären Narzißmus" des Kindes begründet, eine von Freud angenommene Periode in der frühkindlichen Entwicklung. Diesen könne man an der Einstellung der Eltern zu ihren Kindern ablesen. Er bewirke bei den Eltern das "Wiederaufleben () des eige-

69 Sachs 1944, S. 64
70 siehe: Gay 1989, S. 377
71 Freud 1914c
72 Freud 1914f
73 Protokolle 1981, Bd. IV
74 Freud 1918b
75 Freud 1985a
76 Freud 1914c

nen, längst aufgegebenen Narzißmus"[77]. Dadurch würde sich eine gefühlsmäßige Überschätzung dem Kind gegenüber einstellen.

> Krankheit, Tod, Verzicht auf Genuß, Einschränkung des eigenen Willens sollen für das Kind nicht gelten, die Gesetze der Natur wie der Gesellschaft vor ihm haltmachen, es soll wirklich wieder Mittelpunkt und Kern der Schöpfung sein. *His Majesty the Baby*, wie man sich einst selbst dünkte. Es soll die unausgeführten Wunschträume der Eltern erfüllen, ein großer Mann und Held werden an Stelle des Vaters, einen Prinzen zum Gemahl bekommen zur späten Entschädigung der Mutter.[78]

Die Gedanken vom narzißtischen Beziehungsmodus verknüpfte Freud mit dem Vorgang der "Idealbildung"[79]. Da der Mensch auf seine narzißtische Vollkommenheit der Kindheit nicht verzichten wolle, "sucht er sie in der neuen Form des Ichideals wiederzugewinnen"[80]. Er strebe diesen Idealen nach, in der Hoffnung, den ursprünglichen Glückszustand wieder herzustellen. An der Bildung des Ichideals sei vorrangig der kritische Einfluß der Eltern, später der Erzieher, Lehrer, weiterer Personen des Milieus, die öffentliche Meinung usw. beteiligt. Wird der Mensch seinem Ideal nicht gerecht, würden sich Schuldgefühle und soziale Angst bemerkbar machen.

> Das Schuldbewußtsein war ursprünglich Angst vor der Strafe der Eltern, richtiger gesagt: vor dem Liebesverlust bei ihnen; an Stelle der Eltern ist später die unbestimmte Menge der Genossen getreten.[81]

Aber welche psychische Instanz überwacht die Sicherung der narzißtischen Befriedigung aus dem Ichideal, beobachtet das reale Ich und mißt es am Ideal? Diese Aufgaben würde das Gewissen übernehmen. Es ist unverkennbar, daß Freud in "Totem und Tabu" gedankliche Vorarbeit für diese neuen Theorien geleistet hatte. Nach dem von ihm postulierten Urvatermord mußte sich bei den Ursöhnen eine Instanz ausbilden, die sie zum "nachträglichen Gehorsam" zwang. Erst Anfang der 20er Jahre fand Freud dafür einen Namen: Das Über-Ich.

Den Aufsatz "Zur Psychologie des Gymnasiasten"[82] schrieb Freud zur Feier des 50jährigen Bestehens des Gymnasiums, das er als Jugendlicher be-

---

77 ebenda, S. 57

78 ebenda, S. 57

79 ebenda, S. 60

80 ebenda, S. 61

81 ebenda, S. 68

82 Freud 1914f

sucht hatte. Sein eigenes Erleben reflektierend, vertrat er die Ansicht, daß das Gefühlsleben der Schüler von einer eigentümlichen Ambivalenz den Lehrern gegenüber bestimmt sei. Auf der einen Seite würden sie Sympathie, Liebe, Verehrung und stolz auf die Vorzüge der Lehrer, auf der anderen Seite jedoch Antipathie, Regungen der Auflehnung und Haß empfinden. Welche Erklärung kann dafür gefunden werden? Die Affekteinstellungen gegenüber den Menschen würden in den ersten sechs Kinderjahren eingeübt. Das Kind bilde sich "Imagines"[83] von Vater, Mutter und Geschwistern, so daß alle Mitmenschen im Leben des Erwachsenen zu "Ersatzpersonen dieser ersten Gefühlsobjekte"[84] würden und eine Gefühlserbschaft übernehmen müßten. Für den Mann seien die Imagines von seinem Vater am bedeutungsvollsten. Die darin sichtbar werdende Gefühlsambivalenz komme im Mythos vom König Ödipus anschaulich zum Ausdruck. Einerseits liebe und bewundere der kleine Junge seinen Vater, der für ihn der stärkste, gütigste und weiseste Mann überhaupt sei, andererseits sei dieser für ihn "der übermächtige Störer"[85] seines Trieblebens. In der Phantasie wolle er ihn beseitigen und an seine Stelle treten. Zärtlichkeit und Feindseligkeit gegen den Vater seien nun Bestandteile seines Gefühlslebens und wirkten nebeneinander fort. Analog zur ersten Auffassung stelle Gott für den erwachsenen Menschen eine Erhöhung dieses kindlichen Ideals dar. In der zweiten Hälfte der Kindheit vollziehe sich jedoch eine entscheidende Veränderung im Leben des Jungen. Wenn er die reale Welt etwas kennengelernt habe und den Vater mit anderen Vätern vergleichen könne, bemerke er, daß dieser nicht der mächtigste und weiseste Mann sei. Unzufrieden mit ihm, würde er seine Enttäuschung drastisch durch Kritik zum Ausdruck bringen. Der Junge könne sich nun von seinem ersten Ideal, dem Vater, ablösen. In diesem Alter träfe er mit einigen Gymnasialprofessoren zusammen, die zu seinem "Vaterersatz"[86] würden. Zuerst behandle er diese Männer mit Respekt und den "Erwartungen von dem allwissenden Vater"[87] der frühen Kinderjahre. Dann mache sich jedoch Enttäuschung und Kritik bemerkbar, und die gleiche Gefühlsambivalenz, die er dem Vater entgegengebracht habe, übertrage er nun auf die Lehrer. Auf dem Hintergrund der Ambivalenz ringe der Schüler mit seinen Lehrern, so wie er mit seinem Vater gerungen habe.

Auch in dieser Schrift sind die Verbindungslinien zur Totemarbeit auffällig. Freud spricht von "Gefühlserbschaft", "Erinnerungsspuren" und trifft die Aussage: "Organische Notwendigkeit hat in dies Verhältnis eine Gefühlsam-

---

83 ebenda, S. 239

84 ebenda, S. 239

85 ebenda, S. 239

86 ebenda, S. 240

87 ebenda, S. 240

bivalenz eingeführt"[88]. Obwohl bei der Thematisierung der Lehrer-Schüler-Beziehung die Beschreibung der interpersonalen Dynamik, der Vorbildfunktion der Lehrer, des Lernverhaltens der Schüler, der Machtstruktur usw. naheliegen würde, stellte Freud triebtheoretische Erklärungen an. Er wollte anscheinend alle zwischenmenschlichen Beziehungen mit seinen anthropologischen Vermutungen in Verbindung bringen. Dadurch erhalten diese lebendigen Beziehungen etwas Statisches und Unabänderliches.

In den theoretischen Diskussionen der Mittwoch-Gesellschaft ab Oktober 1912 wurde das Vaterthema immer wieder berührt. Auffällig ist, daß die "Söhne" überwiegend das interpersonale Beziehungsgeschehen von Vater und Sohn betrachteten. Als Rosenstein einmal fragte, warum beim Minderwertigkeitsgefühl nur der Penismangel in Betracht komme und "nicht auch alle andern (sozialen) Bevorzugungen, die Knaben zuteil werden"[89], antwortete Freud lapidar: Das "Soziale finde sich einfach beim Kinde nicht, diese Momente kommen später hinzu"[90]. Dann bestritt er vehement die Bedeutung des Minderwertigkeitsgefühls für die Entstehung der Neurosen. Etwas später hielt Tausk einen Vortrag über das "Vaterproblem"[91], der von allen kritisiert wurde. Freud machte deutlich, was erforscht werden müsse: wie die Neurose aus dem Vaterkomplex entstehe und wie sie dann auf die Gesellschaft einwirke.[92] Anfang 1914 wurde an vier Abenden über den kindlichen Ödipuskomplex[93] gesprochen. Auf dem Hintergrund seiner phylogenetischen Annahmen wollte Freud den Nachweis seiner Theorie für die Ontogenese erbringen. Auch hier fällt wieder auf, daß die Mitglieder der Gruppe sehr einfühlsam soziale Phänomene beschrieben und eine Art Phänomenologie des Vaterproblems erstellt haben. Selbst Freud wurde davon hin und wieder "angesteckt". Hier einige Beispiele aus der Diskussion: Federn betonte, daß das Entgegenkommen der Eltern für den Ödipuskomplex bedeutsam sei. "Es ist ein direkter Weg zur Homosexualität, wenn eine große Differenz zwischen der Liebeswärme von Vater und Mutter besteht."[94] Später berichtete er von einem Knaben, der den Vater lieber hatte, "weil ihn dieser viel herumtrug; diese Vorliebe hörte auf, als der Vater zu erziehen begann"[95]. Das Verhalten der Eltern müsse berück-

88 ebenda, S. 239
89 Protokolle 1981, Bd. IV, S. 122
90 ebenda, S. 123
91 ebenda, S. 165
92 siehe: ebenda, S. 168
93 ebenda, S. 225
94 ebenda, S. 228
95 ebenda, S. 243

sichtigt werden, da immerhin Laios seinen Sohn Ödipus ausgesetzt hat.[96] Jekels meinte, daß nicht nur Haß, sondern auch Liebe zum Vater zu beobachten sei. Aufgrund dieser Identifizierung wolle das Kind groß werden.[97] Freud äußerte den Gedanken, daß "die Bedingungen der Verführung nicht immer gleichmäßig seien. Die Erwachsenen nötigen dem Kind die Geschlechtsrolle auf."[98] Anfang 1915 kam es zu einer Diskussion über Urphantasien, nachdem Freud eine Krankengeschichte[99] vorgestellt hatte. Tausk meinte, daß komplexe Phantasien nicht vererbt werden könnten. Man solle sich um ihr Verständnis in der Ontogenese bemühen. Rank erwiderte, daß die Ontogenese nur den Mechanismus der Phantasiebildung, die Phylogenese jedoch "die Herkunft des wesentlichen Inhalts, der immer konstant bleibt"[100] erkläre. Freud fügte an, nie behauptet zu haben, daß eine Phantasie als Komplex vererbt werde. Vielmehr müsse über die Symbolik ihr Rätsel gelöst werden. "Im allgemeinen kann man sagen, daß die Phantasie mehr Bedeutung für die Entstehung der Neurose () habe als das Erlebnis."[101] Damit bekräftigte er die Bedeutung seiner anthropologischen Erkenntisse. In den Gesprächen der Mittwoch-Gesellschaft erprobte Freud seine eigenständigen Ideen. Es wird deutlich, daß er auf interpersonale Erklärungsmuster verzichten wollte.

Im Winter 1914/15 beendete Freud den Fallbericht "Aus der Geschichte einer infantilen Neurose"[102]. Bedingt durch den Ersten Weltkrieg wurde er erst 1918 veröffentlicht. Auch in dieser Arbeit grenzte sich Freud von Adlers und Jungs Theorien ab. Er war der Überzeugung, daß ihm sein Patient analytisches Material geliefert hatte, das die Gültigkeit der kindlichen Sexualität belegen würde. Darüber hinaus beschäftigte er sich mit der Frage, auf welche Weise die Erlebnisse der Menschen in der Urhorde gegenwärtig im individuellen Leben sichtbar werden. Am konkreten Beispiel einer Vater-Sohn-Beziehung wollte er die fortwährende Wirkung der Ereignisse aus der Urzeit aufzeigen. Für diesen Plan radikalisierte Freud die Darstellungsweise seines Fallberichtes. Er konzentrierte sich ganz auf die Beschreibung der Kindheit des Patienten und vernachlässigte die aktuellen Konflikte. Sein erklärtes Ziel bestand darin, "das Kind durch das Medium des Erwachsenen zu studieren"[103]. Zu welchen Aussagen kommt Freud bei dieser Frage?

---

96 siehe: ebenda, S. 247

97 siehe: ebenda, S. 246

98 ebenda, S. 252

99 siehe: ebenda, S. 275

100 ebenda, S. 276

101 ebenda, S. 277

102 Freud 1918b

103 ebenda, S. 216

Im Mittelpunkt dieses Berichts steht ein Traum des Patienten, den er mit vier Jahren geträumt hatte: Er liegt nachts im Bett, als plötzlich das Fenster aufgeht und er auf dem Nußbaum vor dem Fenster sechs oder sieben weiße Wölfe mit großen Schwänzen sitzen sieht. Aus Angst, von den Wölfen gefressen zu werden, schreit er auf und erwacht. Daraus konstruierte Freud die "Urszene" des Patienten. Im Alter von 1,5 Jahren habe der Junge den Koitus der Eltern beobachtet und die Geschlechtsteile von beiden gesehen. Die Vagina der Mutter habe er als Wunde einer Kastration erkannt, die ihm oftmals angedroht worden sei. Seine narzißtische Männlichkeit habe gegen die Kastration protestiert. In der Folge hätten ihn zwei entgegengesetzte Regungen beherrscht: Einerseits habe er die Kastration verabscheut und sich vor dem Vater gefürchtet, andererseits die Kastration hingenommen und sich mit der Weiblichkeit trösten wollen. Da nach Freud die letztere Strebung dominierte, rivalisierte er mit der Mutter und wollte sie ersetzen, um vom Vater befriedigt zu werden.

Freud betonte, daß der Knabe ein "phylogenetisches Schema"[104] zu erfüllen habe, das die persönlichen Erlebnisse überlagern würde. Auch wenn die Kastrationsdrohung von einer Frau ausgesprochen wurde, habe es das "Endergebnis" nicht lange aufhalten können.

> Am Ende wurde es doch der Vater, von dem er die Kastration fürchtete. In diesem Punkte siegte die Heredität über das akzidentelle Erleben; in der Vorgeschichte der Menschheit ist es gewiß der Vater gewesen, der die Kastration als Strafe übte und sie dann zur Beschneidung ermäßigte.[105]

Diese "phylogenetisch mitgebrachten Schemata"[106] würden dafür sorgen, daß die Lebenseindrücke in vorbestimmte Bahnen gelenkt werden. Wenn sich die Erlebnisse dem hereditären Schema nicht fügten, dann komme es zu einer Umarbeitung in der Phantasie. Freud meinte, daß man oft bemerken könne, daß das Schema über das individuelle Erleben siege. Dafür sei der "Wolfsmann" ein Beispiel, bei dem ein umgekehrter Ödipuskomplex vorgelegen und der trotzdem den Vater als Kastrator gefürchtet hätte. Doch Freud ging noch einen Schritt weiter. Er legte dem kindlichen Erleben der Urszene "eine Art von schwer bestimmbarem Wissen, etwas wie eine Vorbereitung zum Verständnis"[107] zugrunde. Die passende Analogie dazu fand er im in-

104 ebenda, S. 200

105 ebenda, S. 200/201

106 ebenda, S. 229

107 ebenda, S. 230

stinktiven Wissen der Tiere. Wenn es einen solchen "instinktiven Besitz"[108] beim Menschen gäbe, dann wäre vor allem das Sexualleben davon betroffen.

> Dieses Instinktive wäre der Kern des Unbewußten, eine primitive Geistestätigkeit, die später durch die zu erwerbende Menschheitsvernunft entthront und überlagert wird, aber so oft, vielleicht bei allen, die Kraft behält, höhere seelische Vorgänge zu sich herabzuziehen.[109]

Zum Abschluß dieses Aufsatzes grenzte er sich ausdrücklich von Jung ab, der schnell bereit war, phylogenetisch erworbene Inhalte im Seelenleben des einzelnen aufzuspüren. Man solle erst dann vom Ererbten sprechen, nachdem man "durch die Schichtung des individuell Erworbenen hindurchgedrungen ist"[110].

In dieser Fallbeschreibung legte Freud die Begründung dafür vor, daß jede Vater-Sohn-Beziehung auf vorbestimmte Konflikte festgelegt ist. Für ihn determinieren der Urvatermord und die Reaktionen der Söhne in der Urhorde jede Vater-Sohn-Beziehung.

In der Mitte des Jahres 1915 sandte Freud ein Manuskript an Ferenczi, das er ursprünglich als zwölfte metapsychologische Abhandlung veröffentlichen wollte. Dieser Text wurde 1983 im Nachlaß von Ferenczi gefunden und bald darauf publiziert. Freud gab diesen Aufzeichnungen den Titel "Übersicht der Übertragungsneurosen"[111]. Den zweiten Teil bezeichnete er als seine "phylogenetische Phantasie"[112]. Er unternahm darin den Versuch, die verschiedenen Neuroseformen stammesgeschichtlichen Phasen zuzuordnen. Zuerst überlegte er, zu welchem Zeitpunkt die Erkrankungen im individuellen Leben auftreten und stellte folgende Reihe auf:

1. Die Angstneurose ist die früheste psychische Erkrankung.
2. Vom vierten Lebensjahr schließt sich die Konversionshysterie an.
3. In der Vorpubertät (9. bis 10. Lebensjahr) tritt die Zwangsneurose auf.
4. Dann folgen die narzißtischen Neurosen: Dementia praecox ist eine Erkrankung der Pubertätsjahre.
5. Die Paranoia zeigt sich in den Jahren der Reife.

---

108 ebenda, S. 230
109 ebenda, S. 230
110 ebenda, S. 230
111 Freud 1985a
112 in: Grubrich-Simitis 1987, S. 993

6. Melancholische und manische Zustände sind ebenfalls Erscheinungen des Erwachsenenalters.[113]

Nun ging Freud daran, eine Reihe aufzustellen, in der die Merkmale der Neurosen in verschiedenen Perioden der Geschichte allgemein vorherrschten. "Was jetzt Neurosen sind, waren Zustandsphasen der Menschheit"[114], schrieb er an Ferenczi.

1. Unter den Entbehrungen der einbrechenden Eiszeit sind die Menschen ängstlich geworden. Angesichts der Bedrohung hat sich die Libido in Angst verwandelt.
2. Im Konflikt zwischen Selbsterhaltung und Fortpflanzungslust haben die Urmenschen ihre Sexualität eingeschränkt, so daß sich das Symptom der Hysterie ergeben hat.
3. Danach bildete sich die Urhorde mit den zwei Verboten des Urvaters heraus. Einerseits wurde die Sexualität unterdrückt, andererseits das Denken überbetont. Durch die Abwehr der Triebimpulse ist die Zwangsneurose entstanden.
4. Die folgenden Neurosen sind von den Söhnen erworben worden. Durch die Macht des Urvaters oder durch Kastration mußten sie das Liebesobjekt aufgeben, was die Erkrankung der Dementia praecox zur Folge hatte.
5. Nachdem die Söhne den Urvater ermordet hatten, organisierten sie sich auf homosexueller Grundlage. Die Abwehr dieser Impulse brachte eine Paranoia hervor.
6. Sie triumphierten über den Vater und betrauerten ihn gleichzeitig, was dem Zustand der Manie-Melancholie gleichkam.[115]

   Freud faßte seine Erkenntnisse zusammen:

> Wenn die Dispositionen zu den drei Übertragungsneurosen im Kampf mit der Not der Eiszeiten erworben wurden, so stammen die Fixierungen, welche den narzißtischen Neurosen zugrunde liegen, aus der Bedrängung durch den Vater, welcher nach Ablauf der Eiszeit gleichsam deren Rolle gegen die zweite Generation übernimmt, fortsetzt. Wie der erste Kampf zur patriarchalischen Kulturstufe führt, so der zweite zur sozialen, aber aus beiden ergeben sich die Fixierungen, die in ihrer

---

113 Freud 1985a, S. 642

114 in: Jones 1962, Bd. 3, S. 386

115 siehe: Freud 1985a, S. 644-649

> Wiederkehr nach Jahrtausenden zur Disposition der zwei Gruppen von Neurosen werden.[116]

Seitdem Freud begann, in psychologischen Kategorien zu denken, suchte er nach dem "Schlüssel, der alles erschließt, die ätiologische Formel"[117], wie er Fließ im Jahre 1893 schrieb. Dabei ging er davon aus, daß sich in der individuellen Entwicklung des Kindes in einem Beziehungsgeschehen Traumata ereignen, hauptsächlich vom Vater initiiert, die zur Neurose führen. Die Erforschungen der vielfältigen psychischen Prozesse im Menschen veranlaßten ihn zur Aufgabe der "Verführungstheorie". Er erkannte nun, daß häufig wiederkehrende Phantasien Neurosen auslösen können. Erst damit schaffte er die Voraussetzungen für seine phylogenetischen Annahmen. Nach Freud sind die Phantasien nicht "frei", sondern folgen als Urphantasien bestimmten Schemata, die als Erlebnisse in der Urhorde vorgefallen sind und seitdem vererbt werden.

> Das Individuum greift in ihnen (den Urphantasien - G.W.) über sein eigenes Erleben hinaus in das Erleben der Vorzeit, wo sein eigenes Erleben allzu rudimentär geworden ist. Es scheint mir sehr wohl möglich, daß alles, was uns heute in der Analyse als Phantasie erzählt wird, die Kinderverführung, die Entzündung der Sexualerregung an der Beobachtung des elterlichen Verkehrs, die Kastrationsdrohung - oder vielmehr die Kastration, - in den Urzeiten der menschlichen Familie einmal Realität war ().[118]

Auf diese Weise hat Freud das Beziehungsgeschehen, das seinem Trauma-Modell zugrunde liegt, in die Urhorde zurückverlegt. Er determinierte auf diese Weise alle gegenwärtigen Vater-Sohn-Beziehungen entsprechend seinen "Vater-Phantasien", die er in der Totemarbeit niedergelegt hatte. Für ihn wurden zwischenmenschliche Beziehungen und die Traumen in der Ontogenese sekundär. Natürlich hat er auf "gewisse(r) Anstöße im individuellen Leben"[119] nicht ganz verzichtet und auch im Fallbericht vom "Wolfsmann" kam die "alte Traumatheorie () mit einem Male wieder zur Geltung"[120]. Den exogenen Faktor aber schwächte er weitgehend durch die Betonung ab, daß die Urszene auf ein "phylogenetisches Schema"[121] zurückzuführen sei. Grubrich-

116 ebenda, S. 649/650

117 Freud 1985c, S. 35

118 Freud 1916-17a, S. 362

119 Freud 1912-13a, 441

120 Freud 1918b, S. 208

121 Freud 1918b, S. 200

Simitis meint, daß Freud versucht hat, "sein Trieb-Modell mit Elementen des Trauma-Modells zu untermauern"[122].

Nach der Veröffentlichung der Totemarbeit ging Freud daran, die Festschreibung der Theorie der Vater-Sohn-Beziehung theoretisch zu differenzieren und praktisch zu belegen. Durch die Rückverlagerung des Beziehungsgeschehens in die Phylogenese bekräftigte er seine Triebtheorie und die monokausale Herleitung von Neurosen. Die "letzte Wahrheit" der psychoanalytischen Theorie begründete sich somit auf Freuds vaterorientierten Phantasien. Da diese "unfaßbar", nicht zu erforschen und zu beweisen waren, mußten die "Söhne" diese als willkürliche und dogmatische Lehrsätze auffassen, auf die sie keinen Einfluß mehr hatten. Stellte ein "Sohn" Freuds Theorien doch in Frage, dann wandte er sich eigentlich gegen den Gründer der Psychoanalyse. Die innige Verwobenheit von Freuds vaterorientierten Phantasien und seinen theoretischen Überlegungen führten zu diesen Komplikationen.

3. Psychische Konstituierung: Freuds Selbstgestaltung zur Vaterfigur und "Vatermacht"

Die Veränderungen in der psychoanalytischen Gruppe und der Theorie der Vater-Sohn-Beziehung können nur im unmittelbaren Zusammenhang mit Freuds psychischer Entwicklung verstanden werden. Diese zeigte sich in seiner Studie über Moses und in seinem Versuch, die Geschichte der psychoanalytischen Bewegung zu schreiben und damit die Trennungen von Adler und Jung zu verarbeiten.

3.1. Moses als Vorbild

Im Oktober 1912 faßte Freud seinen Gemütszustand in seinem Brief an Ferenczi so zusammen: "Der Stimmung nach vergleiche ich mich eher mit dem historischen als dem von mir gedeuteten Michelangeloschen Moses."[123] Damit meinte Freud, daß er so wütend ist, wie es der biblische Moses gewesen sein muß, als er die Israeliten um das Goldene Kalb tanzen sah. In seiner Schrift "Der Moses des Michelangelo"[124] äußerte er hingegen die Ansicht, der Künstler habe mit der Statue den Moment dargestellt, in dem der Religions-

---

122 Grubrich-Simitis 1987, S. 1007

123 Freud/Ferenczi 1993a, S. 132

124 Freud 1914b

stifter angesichts der abtrünnigen Gefolgschaft seine Wut beherrscht. Man sehe nicht den Beginn einer Gewaltszene, sondern den Abschluß einer Bewegung.

> Er wollte es in einem Anfall von Zorn, aufspringen, Rache nehmen, an die Tafeln vergessen, aber er hat die Versuchung überwunden, er wird jetzt so sitzen bleiben in gebändigter Wut, in mit Verachtung gemischtem Schmerz.[125]

Warum konnte Moses auf die Befriedigung seines Affekts verzichten? Weil er, so deutete Freud, eine Mission zu erfüllen hatte.

Viele Autoren sind zu Recht der Ansicht, daß diese Schrift viel mit Freuds Persönlichkeit und mit der beginnenden Bewältigung der damaligen traumatischen Periode in der psychoanalytischen Bewegung zu tun hat. Jones fragt: "Stellte Moses die mächtige Vater-Imago dar, oder identifizierte sich Freud selbst mit ihm?"[126] Er antwortet, daß beides zutrifft, nur in verschiedenen Entwicklungsperioden. Freud lernte die Statue im Jahre 1901 kennen und suchte sie bei jedem weiteren Romaufenthalt sofort wieder auf. "Denn ich habe von keinem Bildwerk je eine stärkere Wirkung erfahren."[127] So verwundert es nicht, daß er sich in dieser Zeit, als er einerseits den Tod seines Vaters verarbeitete und andererseits das Fundament für die psychoanalytische Bewegung legte, dem Moses gegenüber in der Position des "Sohnes" fühlte. Oftmals habe er versucht, "dem verächtlich-zürnenden Blick des Heros standzuhalten"[128]. Manchmal sei er jedoch davongeschlichen, als gehöre er selbst zum ungehorsamen Volk der Israeliten. Die Ereignisse ab 1910 veränderten Freuds Einstellung zu Moses. Die Angriffe der "Fachwelt", die krisenhaft verlaufene Gründung der Vereinigung, der Weggang von Adler, der Zank mit Stekel und das sich abzeichnende Zerwürfnis mit Jung führten bei ihm schließlich zu einer psychischen Entwicklung mit dem Impetus, die psychoanalytische Bewegung stärker zu führen. Ab Mitte 1912 zeichnete sich eine Klärung seiner inneren Haltung ab. Da er gedanklich intensiv mit Moses beschäftigt war, schrieb er im September 1912 an seine Frau, er besuche "täglich den Moses in S. Pietro in Vincoli, über den ich vielleicht einige Worte schreiben werde"[129].

In bezug auf Michelangelos Moses können bei Freud psychische Prozesse beschrieben werden, die die Voraussetzung für die Bearbeitung der Traumen

125 ebenda, S. 214

126 Jones 1962, Bd. 2, S. 430

127 Freud 1914b, S. 199

128 ebenda, S. 199

129 Freud 1960a, S. 308

der psychoanalytischen Bewegung darstellen. Wie schon erwähnt, empfand Freud gegenüber Moses eine ängstliche Bewunderung. So wie der "ödipale Knabe" dem Vater, so sprach er Moses Eigenschaften zu, die man mit Führung, Macht, Beherrschung, Heldentum benennen kann. Auch bei Freud zeigte sich dann die gleiche Entwicklung, die sich beim Jungen nach dem Untergang des Ödipuskomplexes vollzieht. Die gelungene Identifizierung des Sohnes mit dem Vater führt zur inneren Aufrichtung des Vaterbildes. Freud nahm Moses mit allen seinen Eigenschaften in seine Person hinein und damit zum Vorbild. Es spricht für Freuds Schöpfertum, daß er sich seine Idealgestalt selbst geschaffen hat, um sich dann mit ihr zu identifizieren. Die Eigenschaften des Moses benötigte er zur Überwindung der Krise in der Bewegung.

Erst im Winter 1913/14 schrieb Freud seine Gedanken nieder, nachdem der Münchener Kongreß unter der Leitung von Jung in feindseliger Atmosphäre stattgefunden hatte. Darin wird deutlich, daß er genau wie Moses sein Lebenswerk retten wollte. Dazu mußte er sich auf seine eigenen Kräfte verlassen und die psychoanalytische Bewegung entschieden und bewußt leiten. Freud erkannte, daß Wut, Haß, Zorn und andere Leidenschaften diesen Anstrengungen entgegenstehen und ihn schwächen würden. Seine psychische Selbstgestaltung kam dadurch zum Ausdruck, daß er sich "seinen" Moses schuf und ihm einen gelungenen Kampf um Selbstbeherrschung unterstellte. Diese Schrift kann wie eine Beschwörung an die eigene Person, "sich selbst die Tugend zu lehren"[130], gelesen werden. Dadurch begann Freud, den Führungsaspekt in sein Seelenleben zu integrieren und seine Persönlichkeit zu formen. Der Moses des Michelangelo, so meinte er, sei dem historischen Moses überlegen. Es klingt wie eine Selbstsuggestion, wenn Freud über den Renaissancekünstler schreibt:

> Damit hat er etwas Neues, Übermenschliches in die Figur des Moses gelegt, und die gewaltige Körpermasse und kraftstrotzende Muskulatur der Gestalt wird nur zum leiblichen Ausdrucksmittel für die höchste psychische Leistung, die einem Menschen möglich ist, für das Niederringen der eigenen Leidenschaft zugunsten und im Auftrage einer Bestimmung, der man sich geweiht hat.[131]

Den Zusammenhang von der Moses-Figur zu seiner Person, den wir heute herstellen können, hat Freud wahrscheinlich kaum bewußt wahrgenommen. In der Tat zeigt sich in dieser Schrift sein Versuch der psychischen Selbstgestaltung noch indirekt. In der Ausarbeitung der Geschichte der psychoanalyti-

---

130 Gay 1989, S. 359

131 Freud 1914b, S. 217

schen Bewegung brachte er hingegen diese Intention offen und bewußt zum Ausdruck.

3.2. *Öffentliche Postulate der Vaterfigur*

Ende des Jahres 1913 deutete Freud sein Vorhaben an, eine Geschichte der psychoanalytischen Bewegung "mit freimütiger Kritik"[132] an Adler und Jung zu schreiben. "Ich schreibe wütend an der 'Geschichte'"[133] und: "Das wird ganz energisch und ungeschminkt werden"[134], teilte er seinen Briefpartnern mit. Mitte 1914 wurde die "Bombe"[135], wie er den Aufsatz nannte, publiziert und erfüllte den beabsichtigten Zweck: Die Züricher trennten sich formell von der Internationalen Psychoanalytischen Vereinigung. Man kann sagen, daß Freud mit dieser Schrift öffentlich "verkündete", der "Vater" der Psychoanalyse zu sein und die entsprechende Position in der psychoanalytischen Bewegung zu beanspruchen.

Gleich zu Anfang des Artikels machte Freud deutlich, wie der Leser die nachfolgenden Abschnitte auffassen soll. Er betonte, daß die Psychoanalyse seine "Schöpfung"[136] sei, weshalb er die Führungsposition in der Bewegung beanspruche. Über zehn Jahre sei er der einzige gewesen, der sich mit dieser neuen Wissenschaft beschäftigt habe. Auch wenn es heute schon viele Psychoanalytiker gebe, so müsse beachtet werden, daß

> keiner besser als ich wissen kann, was die Psychoanalyse ist, wodurch sie sich von anderen Weisen, das Seelenleben zu erforschen, unterscheidet und was mit ihrem Namen belegt werden soll oder besser anders zu benennen ist.[137]

Freud wollte jedoch nicht nur seine "Vaterschaft" in der Gegenwart hervorheben, sondern auch über die Ursprünge der Psychoanalyse Klarheit schaffen. In seinen Vorträgen an einer amerikanischen Universität im Jahre 1909 habe er erklärt, daß nicht er die Psychoanalyse ins Leben gerufen habe, sondern Josef Breuer. Wohlmeinende Freunde hätten ihm jedoch nahegelegt, diese Aussage zu korrigieren. Da die Erkenntnisse der Psychoanalyse viele Menschen erzür-

132 Freud/Ferenczi 1993a, S. 261

133 in: Gay 1989, S. 274

134 Freud/Abraham 1965a, S. 159

135 ebenda, S. 175 und 177

136 Freud 1914d, S. 143

137 ebenda, S. 143

nen und zum Widerspruch reizen würden, Breuer aber von diesem "Schimpf und Tadel"[138] verschont geblieben sei,

> so habe ich für mich den Schluß gezogen, ich müßte doch von allem, was sie auszeichnet, der richtige Urheber sein.[139]

Daran anschließend ging Freud dazu über, seine Sichtweise über das Verhältnis der Fachwelt zur Psychoanalyse zu beschreiben. Er habe herausgefunden, daß sowohl der kranke als auch der gesunde Mensch die für ihn unangenehmen Sachverhalte dem Bewußtsein durch affektive Widerstände fernhält. Lese zum Beispiel ein Kollege von bestimmen Verdrängungen, so könne sich bei ihm ein Widerstand bemerkbar machen, der etwa in intellektueller Form zum Ausdruck komme. Während der Kranke den Widerstand durch die Analyse einsehe, habe man beim "angeblich Gesunden"[140] keine Möglichkeiten zur Intervention.

> Auf welche Weise man diese Gesunden zu einer kühlen, wissenschaftlich objektiven Überprüfung drängen könne, war ein ungelöstes Problem, dessen Erledigung am besten der Zeit vorbehalten blieb.[141]

In den weiteren Ausführungen beleuchte Freud die Schwierigkeiten "im eigenen Haus". Er selbst habe sich innerlich von der Vereinigung entfremdet. Dafür seien ein mangelndes freundschaftliches Verhältnis unter den Mitgliedern und Prioritätsstreitigkeiten ausschlaggebend gewesen. Ein weiteres Problem habe darin bestanden, die psychoanalytische Theorie in geeigneter Weise weiterzugeben. Von seiner Seite aus habe er eine unfertige Theorie nicht mit Autorität vortragen wollen. Seine Schüler sollten sich ihre Unabhängigkeit bewahren, um selbständig zur Wahrheit vorzudringen. Ein wissenschaftlicher Gewinn sei allerdings nur dann zu verzeichnen, wenn die "Söhne" gewisse persönliche Bedingungen erfüllen würden.

> Gerade die Psychoanalyse hätte eine lange und strenge Zucht und Erziehung zur Selbstzucht gefordert.[142]

Freud äußerte sich jedoch auch zufrieden mit den erreichten Erfolgen. In vielen Ländern seien psychoanalytische Vereinigungen gegründet worden. Auch würden mehr und mehr die psychoanalytischen Erkenntnisse auf andere Wissensgebiete übertragen. Doch dann kehrte er erneut zum Thema "Widerstand"

---

138 ebenda, S. 144

139 ebenda, S. 145

140 ebenda, S. 159

141 ebenda, S. 159

142 ebenda, S. 161

zurück. Die Unsachlichkeit seiner Gegner habe ihn nicht dazu verleitet, mit gleicher Münze zurückzuzahlen. Er habe sie nie verunglimpft oder beschimpft, nur weil sie nicht mit ihm übereinstimmten. Dieses Verhalten seinerseits sei fälschlich als Gutmütigkeit aufgefaßt worden. In Wirklichkeit könne er schimpfen und wüten wie andere Menschen auch. Er frage sich deshalb, ob er nicht den Leidenschaften öffentlich hätte freien Lauf lassen sollen.

Nachdem Freud die Zeit bis zum Kongreß in München 1913 nachgezeichnet hatte, wandte er sich den beiden "Abfallsbewegungen"[143] von Adler und Jung zu. Bei den "Abtrünnigen" seien ähnliche Prozesse vor sich gegangen wie bei den Kranken in der Analyse. Die "Wahrheit" habe ihren "Widerstand" geweckt und sie zu Simplifizierungen der analytischen Grundsätze verleitet. Freud nimmt in den folgenden Abschnitten die Rolle des autoritären "Vaters" ein, der lange geschwiegen hat und nun endlich "durchgreift": Er spricht nun das "Urteil". Man merkt, daß er seine Position stärken und die Vereinigung unter neuen Vorzeichen anführen will. Die Konflikte mit Adler und Jung, die weitreichende Schwächen des "Vaters" erkennen ließen, sollen nun endgültig überwunden werden.

Seinen Aufsatz beendete Freud mit einem selbstbewußten Blick nach vorn. Die Menschen seien stark, wenn sie eine starke Idee in sich tragen. Widersetzten sie sich jedoch dieser Idee, so werden sie ohnmächtig. Auf die "Ohnmächtigen" bezogen führte er aus:

> Die Psychoanalyse wird diesen Verlust ertragen und für diese Anhänger andere gewinnen. Ich kann nur mit dem Wunsche schließen, daß das Schicksal allen eine bequeme Auffahrt bescheren möge, denen der Aufenthalt in der Unterwelt der Psychoanalyse unbehaglich geworden ist. Den anderen möge es gestattet sein, ihre Arbeiten in der Tiefe unbelästigt zu Ende zu führen.[144]

Die letzten Sätzen zeigen, daß Freud in Zukunkt eine scharfe Trennung vornehmen wollte. Diese ausgrenzende Haltung ermöglichte ihm, die "Vaterposition" in der psychoanalytischen Bewegung wieder einzunehmen und sich damit als "Vatermacht" zu konstituieren.

Freuds Schrift "Zur Geschichte der psychoanalytischen Bewegung" hat viele Fragen aufgeworfen. Jones gesteht, daß man wenig Sicheres davon wisse, "was damals in Freuds Unbewußtem vor sich ging"[145]. So rekapituliert er nur die äußeren Ereignisse, ohne Freuds Innenleben tiefer zu verstehen. Gay

---

143 ebenda, S. 184

144 ebenda, S. 201

145 Jones 1962, Bd. 2, S. 426

beurteilt die Schrift als "Kriegserklärung"[146] vornehmlich an Jungs Adresse. Auf die Funktion der "Inthronisierung", die der Aufsatz für Freud hatte, geht er nicht ein. Roazen meint zurecht, daß Freud erst nach dem Bruch mit Jung "den Platz im Mittelpunkt der Bühne" einnahm und "seiner Identität ganz sicher"[147] war. Er schreibt jedoch nichts über den Gehalt dieser Identität. Meines Erachtens hat sich Freud eine vaterorientierte Identität geschaffen, die er sich immer wieder bestätigen mußte. So meinte er zum Beispiel zu Binswanger und Häberlin im April 1913 auf die Frage, warum sich gerade seine begabtesten Schüler von ihm getrennt hätten: "Sie wollten eben auch einmal Papst werden!"[148] Auch der Glaube, die absolute Wahrheit zu besitzen, verweist auf Freuds patriarchalisches Denken. Damit einher geht seine Strategie, die Zweifelnden und Andersdenkenden mit dem Etikett "Widerstand" zu belegen.

Welche Früchte trug der Versuch, das Selbst neu zu gestalten? Auf drei Punkte soll hingewiesen werden, die charakteristisch für Freuds veränderte Haltung in diesem Zeitraum sind.

a) Als Abraham im Mai 1914 Freud den Vorschlag unterbreitete, er solle in der Vereinigung nach Jungs Ausscheiden das "ständige Ehrenpräsidium"[149] übernehmen, äußerte sich dieser ablehnend. Dieser Vorschlag habe erstens etwas,

> was nach a. D. schmeckt, und zweitens scheint mir die gegenwärtige schlechte und krisenhafte Zeit nicht für eine Ehrung geeignet.[150]

Freuds entschiedene Haltung ließ für ihn keine Randposition in der Vereinigung zu. Auch wollte er offenbar nicht die krisenhafte Zeit durch Ehrungen verschleiern.

b) In einem Brief an Lou Andreas-Salomé vom Juni 1914 offenbarte Freud seine Stimmung beim Abfassen der Schrift "Zur Geschichte der psychoanalytischen Bewegung". Zunächst stellte er fest, daß "Anklagen und Denunzieren, Entlarven und Zurechtweisen"[151] für ihn keine angenehme Sache sei. Im Leben werde man aber gerade zu dem genötigt, was man am meisten verabscheut. Die Aufgabe, die "Geschichte" zu Papier zu bringen,

146 Gay 1989, S. 274

147 Roazen 1976, S. 285

148 Binswanger 1956, S. 20

149 Freud/Abraham 1965a, S. 171

150 ebenda, S. 172

151 Freud/Andreas-Salomé 1966a, S. 19

sei nur durch die Vorstellung gelungen, für sich "als einzige Instanz"[152] zu schreiben. Dann räumte er ein,

> daß die Widersacher, Verwässerer und Umdeuter auch eine wichtige Mission erfüllen, indem sie die sonst ungenießbare Sache für die Verdauungswerkzeuge der Menge zubereiten.[153]

Das dürfe man jedoch nicht laut aussprechen. Er würde nur die richtige Erfüllung der Mission unterstützen und über die Verschmutzung schimpfen, "welche das reine Ding durch diese Prozedur erleidet"[154].

Diese Sätze müssen als Ergebnis seiner psychischen Entwicklung gesehen werden. Eine solche besonnene Denkweise wäre für ihn vor wenigen Monaten nicht möglich gewesen.

c) Wieder einen Monat später, Ende Juli 1914 nach der Kriegserklärung Österreich-Ungarns an Serbien, schrieb Freud an Abraham, daß Eitingon ihn nicht besucht habe, da der große Kampf des Weltkriegs alles Interesse an dem kleinen ersticken würde, "den wir jetzt glücklich beendet haben"[155]. Weiterhin äußerte er seine Befriedigung über die Fertigstellung von zwei Aufsätzen:

> Ich glaube, meine Darstellung hat sich geändert, ich bin aufrichtiger, kühner und rücksichtsloser geworden seit der Abrechnung.[156]

Freuds psychische Selbstgestaltung kam also im tatkräftigen Handeln, in einer gewissen Toleranz und in den von ihm genannten Eigenschaften (aufrichtig, kühn, rücksichtslos) zum Ausdruck. Diese innere Stärke befähigte ihn dazu, die Führung der gesamten Bewegung zu übernehmen. Die "dunkle Seite" dieses umfänglichen Prozesses wurde maßgeblich von Freuds patriarchalischer Identität bestimmt. Sie trug dazu bei, eine Struktur zu entwickeln, die teilweise an eine Sekte erinnert. Dazu gehörte die autoritäre Organisation der Gruppe durch das Komitee und die eigenwillige Theorie des Urvatermordes. Die Psychoanalyse wurde damit als "Vatermacht" festgeschrieben.

Hat Freud seine tyrannische Seite durch die Beschäftigung mit Moses gezähmt? Teilweise hat er sicherlich diese innere Wandlung vollzogen. Es muß einer weiteren Untersuchung vorbehalten bleiben, ob auch die "Söhne" und "Töchter" diese Entwicklungsschritte geleistet haben.

---

152 ebenda, S. 19

153 ebenda, S. 19

154 ebenda, S. 19

155 Freud/Abraham 1965a, S. 181

156 ebenda, S. 181

4. Die veränderte Psychoanalyse

Das Wechselspiel vom Gruppenleben der Psychoanalytiker, von der Theorie der Vater-Sohn-Beziehung und von Freuds psychischer Selbstgestaltung erzeugte neue Definitionen, Positionen, Merkmale und Eigenschaften. Diesen Prozeß habe ich Konstituierung genannt. Er brachte ab 1913 eine veränderte Psychoanalyse hervor.

Als Ferenczi auf dem Nürnberger Kongreß im Jahre 1910 seine Vorschläge zum Aufbau einer psychoanalytischen Organisation vorlegte, unterschied er drei Abschnitte der bisherigen Entwicklung der Bewegung. In der "heroischen Periode" habe Freud allein und isoliert die Grundlagen der Psychoanalyse erarbeitet. Dann habe der Kampf gegen die Widersacher im Vordergrund gestanden. Diese Phase könne als "Guerillakrieg" bezeichnet werden. Für die gegenwärtige Periode empfehle sich der Name "Organisation". Es sei nun an der Zeit, sich zu organisieren, um effektiv arbeiten zu können und die Bewegung zweckmäßig zu steuern.[157] Die Teilnehmer diskutierten diese Ausführungen und warnten davor, aus der psychoanalytischen Bewegung eine "Kampforganisation"[158] zu machen.

Meine Ausführungen legen den Schluß nahe, daß durch die einseitige Bewertung der Traumata ab 1913 die Weichen für eine autoritäre Organisation gestellt wurden. Diese gebärdete sich nicht nur nach außen als "Kampforganisation" - was noch verständlich wäre - sondern vor allem nach innen. Das Gruppenleben, die Theorien und Freuds psychische Entwicklung waren entscheidende Einflußgrößen bzw. wurden davon erfaßt. Wenn Cremerius schreibt, daß die psychoanalytische Bewegung nach dem Kriege immer deutlicher "Züge einer Glaubensbewegung"[159] annahm und Erdheim von "bürokratischen Strukturen"[160] spricht, dann sind die Wurzeln dafür in diesem Zeitraum zu suchen. Es ist eine machtpolitische Organisation entstanden, in der das teilweise revolutionäre Gedankengut Freuds eingeebnet und banalisiert wurde.[161] Der Gründer der Psychoanalyse war an diesem Prozeß beteiligt und hat maßgeblich dazu beigetragen, eine "Anpassungsideologie"[162] zu schaffen. Trotz gegenteiliger Ambitionen und immanenter Kulturkritik konn-

157 siehe: Freud/Bleuler 1910, S. 741

158 ebenda, S. 742

159 Cremerius 1986, S. 1068

160 Erdheim 1986, S. 1102

161 siehe: Cremerius 1986, S. 1088

162 Dittrich 1988, S. 39

ten Freud und seine "Söhne" dieses Dilemma nicht überwinden. Auch Fromm hat die psychoanalytische Gruppe heftig kritisiert. Aus ihr sei eine "quasireligiöse Bewegung"[163] geworden. Wesentlich dazu beigetragen habe der Umstand, daß die Mitglieder ihre Ehrgeizziele verdrängt hätten, "die Welt mit ihrem messianischen Erlösungsideal zu erobern"[164]. So habe sich eine Vereinigung mit einem "autoritären und fanatischen Charakter"[165] gebildet.

Wie haben sich die "Söhne" und "Töchter" auf diese autoritären Strukturen eingestellt? Balint hat im Jahre 1947 die Situation so zusammengefaßt:

> Auf seiten der Unterrichtsausschüsse und der Lehranalytiker beobachten wir Geheimhaltung ihres esoterischen Wissens, dogmatische Verkündigung unserer Forderungen und autoritäre Techniken. Auf seiten der Kandidaten () beobachten wir willige Annahme der esoterischen Legenden, Unterwerfung unter die dogmatische und autoritative Behandlung ohne viel Protest.[166]

Cremerius[167] stellt fest, daß heutzutage die Ausbildungskandidaten in der Regel gläubige Anhänger der Psychoanalyse werden. Mitscherlich-Nielsen analysiert, daß durch das hierarchische System, dem sich die Schüler bereitwillig und gehorsam unterwerfen, die Psychoanalyse erneut Einengung statt Befreiung erzeugt. Gegen ihre bewußten Intentionen ordnet sie sich "in die Reihe der Institutionen vom Typus Kirche und Heer ein"[168]. Sie resümiert:

> Unter Psychoanalytikern nehmen eher perfektionistische Forderungen zu, Herrschaftsgebaren und grobe, aggressive Umgangsformen mit den als "Feinden" erlebten Andersdenkenden sind zu beobachten, Spontaneität ist erwünscht, doch nur in vorgeschriebenen Bahnen erlaubt und nimmt dann eher läppische Formen an. Paranoide Feindsuche auf der einen Seite, sektenhafte und zähe Identifikationen auf der anderen fallen auf; das gemeinsame Ideal, das die Identifikationen vermittelt, wird aus den Augen verloren.[169]

In diesem Kontext kann von einer Klerikalisierung der Psychoanalyse gesprochen werden. Entwickelt eine Organisation solche Strukturen, dann agiert sic unpersönlich im Auftrag eines unsichtbaren "Vaters" und löst bei den Mitglie-

---

163 Fromm 1959a, S. 194

164 ebenda, S. 194

165 ebenda, S. 194

166 Balint 1947, S. 317

167 Cremerius 1986, S. 1079

168 Mitscherlich-Nielsen 1986, S. 1107

169 ebenda, S. 1106

dern Ängste, Wut und Ohnmachtsgefühle aus. Auch Freud wollte ab 1910 die Bewegung aus dem Hintergrund lenken. Nach der Trennung von Jung trat er jedoch wieder in den Vordergrund und leitete die psychoanalytische Vereinigung teilweise im Sinne der traditionellen "Vatermacht".

Die Veränderungen der Theorie zeigten sich ab 1912/13 besonders deutlich in Freuds Auffassung der Vater-Sohn-Beziehung. Auf dem Hintergrund seiner Vaterorientierung stellte er den Vater als machthungrige und egoistische Urgestalt an den Anfang der menschlichen Geschichte. Die kulturellen Errungenschaften leitete er aus dem Schuldbewußtsein der Ursöhne ab, das entstanden sei, als sie den Urvater ermordet hatten. Im Laufe der Zeit habe sich jedoch eine "Vatersehnsucht"[170] eingestellt und die autoritären Merkmale des Urvaters kehrten im Seelenleben der Söhne wieder. Freud schuf sich damit die Voraussetzungen, Beziehungsvorgänge als intrapsychische Dynamik zu beschreiben. Auf diese Weise hat er einerseits seine Triebtheorie bestätigt und andererseits die zerstörerischen Affektregungen wie Wut, Haß, Rivalität, Mordphantasien usw. zwischen Vater und Sohn der "Normalität" zugerechnet.[171] Diese "anthropologische" Festlegung stand in einer Entwicklung, in der Freud "Hypothesen als Dogmen"[172] formulierte: die Trennung von Bewußtem und Unbewußtem, die Traumtheorie, der Ödipuskomplex, die Behandlungstechnik wurde monopolisiert, die Grundregel zur "heiligen Regel" und die Freilegung der "Urszene" obligatorisch.[173] Cremerius stellt fest:

> Auf diese Schibboleths müssen sich die Schüler vereidigen lassen. Gehorsam und Treue werden zur Grundlage der Glaubensgemeinschaft.[174]

Rohde-Dachser ist der Ansicht, daß seit dieser Zeit "auf der Geschichte der Psychoanalyse, und damit auch auf der Geschichte ihrer Theoriebildung, ein Tabu"[175] lastet. Das "väterliche Verbot"[176] würde sich auf das kritische Hinterfragen der Theorie des Ödipuskomplexes erstrecken und die Teilbereiche kindliche Entwicklung, Kernkomplex der Neurosen und Stellung der Frau betreffen. Ein weiteres Tabu kann hinzugefügt werden: Die Theorie vom Urvatermord, mit der Freud alle Beziehungen von Vater und Sohn, Lehrer und Schüler sowie Vaterfigur und "Söhnen" festlegte. Rohde-Dachser resümiert:

---

170 Freud 1912-13a, S. 431

171 siehe: Rohde-Dachser 1991, S. 3

172 Cremerius 1986, S. 1069

173 siehe: ebenda, S. 1069

174 ebenda, S. 1069

175 Rohde-Dachser 1991, S. 3

176 ebenda, S. 3

> Das väterliche Dogma () ist tief in die psychoanalytische Theoriebildung eingeschrieben ().[177]

Mitscherlich-Nielsen konstatiert, daß sich die psychoanalytische "Theorie in der Krise"[178] befindet. Diese sei eng verbunden mit der Krise der institutionalisierten Psychoanalyse und dem "Urheber" dieser Lehre. Die Autorin hebt zwei Seiten von Freuds Persönlichkeit hervor: die fördernde und die autoritäre. Auf letztere Bezug nehmend fragt sie:

> Sind wir als Institution Opfer des anderen, des autoritären Freud geworden, der sich "im Besitz der Wahrheit" glaubte, und für den es nur *eine* Behandlungstechnik gab, die allein sich bewährt hätte? Ist gerade diese Seite Freuds zum Vorbild für Lehranalytiker und Funktionäre geworden, wenn sie sich () mit der hierarchischen und schulisch ausgerichteten institutionellen Ausbildung identifizieren?[179]

Durch seinen abgrenzenden Umgang mit nicht-psychoanalytischen Theorien und Kritikern aus dem eigenen Lager hat Freud vor allem in den Jahren von 1910 bis 1913, aber auch danach, ein Verhaltens-Muster geschaffen, mit dem sich seitdem mancher Psychoanalytiker identifiziert. "Die Rigidität der Identifikationen entspricht dann der Enge seines Welt- und Menschenbildes."[180] Darüber hinaus verleitet anscheinend das psychoanalytische Paradigma dazu, "alle seelischen Vorgänge *einer* Theorie zu subsumieren"[181]. Auch hier kann Freud als Vorbild gelten, obwohl er die Beschäftigung mit den angrenzenden Wissenschaften empfohlen hat. Tömmel meint, daß die frühen Psychoanalytiker keinen wissenschaftlichen Austausch gepflegt haben. Es sei ein fast geschlossenes System entstanden, "ein Hort für Eingeweihte, deren 'geheiligtes Wissen' erst durch den Eintritt in die Gemeinschaft der Psychoanalytiker () erreicht werden konnte"[182].

Nach seiner systematischen Selbstanalyse vor der Jahrhundertwende wurde Freud durch die Gründung der Mittwoch-Gesellschaft mit vielfältigen zwischenmenschlichen Konflikten konfrontiert, bei denen er als Vaterfigur nicht selten im Brennpunkt stand. Vor allem aus seinen Briefen an Ferenczi wird ersichtlich, daß er sich um das Verstehen von zwischenmenschlichen Bezie-

---

177 ebenda, S. 4

178 Mitscherlich-Nielsen 1987

179 ebenda, S. 961

180 ebenda, S. 967

181 ebenda, S. 964

182 Tommel 1985, S. 245

hungen bemühte.[183] Allgemein kann gesagt werden, daß diese beiden Ebenen von Selbsterkenntnis und Menschenkenntnis eine Einheit bilden und sich gegenseitig ergänzen. An der Art der Bewältigung von zwischenmenschlichen Konflikten kann das Niveau der Selbstanalyse und am Ausmaß der Selbsterkenntnis die Geschicklichkeit im Umgang mit äußeren Konflikten abgelesen werden. In der Sphäre der zwischenmenschlichen Konflikte erreichte Freud jedoch schnell die Grenzen seiner Belastbarkeit. An Pfister schrieb er im Jahre 1920:

> Was man von persönlicher Befriedigung aus der Analyse schöpfen kann, habe ich schon zur Zeit, da ich allein war, genossen, und seit der Anschluß Anderer gekommen ist, mich mehr geärgert als gefreut. Die Art wie die Menschen es annehmen und verarbeiten, hat mir keine andere Meinung von ihnen beigebracht als ihr früheres Benehmen, da sie es verständnislos ablehnten. Es muß doch zu jener Zeit ein unheilbarer Riß zwischen mir und den Anderen entstanden sein.[184]

So verwundert es nicht, daß Freud versuchte, die Traumata in der psychoanalytischen Bewegung durch eine erneute Besinnung auf sein Selbst zu bewältigen. In dieser "zweiten Selbstanalyse" stellte er hingegen seine Person in den Kontext der psychoanalytischen Bewegung. Dadurch hat er sich einerseits wieder als Vaterfigur aufgebaut, andererseits aber Züge der traditionellen "Vatermacht" in die Bewegung eingebracht.

Fromm anerkennt, daß Freud danach strebte, mit der Gründung der Bewegung zur sittlichen Befreiung der Menschen beizutragen. Entstanden sei jedoch eine "säkulare und zugleich wissenschaftliche Religion für eine Elite, die die Menschheit führen sollte"[185]. Ab 1913 mußte sich Freud zunächst jedoch die Führungsposition in der eigenen Gruppe erkämpfen: Der "Vater" wurde wieder Gesetzgeber! Auch die "Söhne" begrüßten diesen absoluten Führungsanspruch. Sie orientierten sich an Freud und idealisierten ihn.

Kohut hat auf die subtile Dynamik in Gruppen unter dem Blickwinkel des Narzißmus hingewiesen. Aufgrund einer angemessenen Idealisierung des Gruppenleiters würden die Schüler bedeutende und sinnerfüllte Ideale entwikkeln. Diese seien die Gewähr für ein seelisches Gleichgewicht, das sie vor narzißtischen Erschütterungen weitgehend schütze. Darüber hinaus ergebe sich durch die gemeinsame Bewunderung eine starke gefühlsmäßige Bindung

183 siehe: Freud/Ferenczi 1993, zum Beispiel· S. 190 (Jones), S. 213 und S. 223 (Jung), S. 234 (Ferenczi) usw.

184 Freud/Pfister 1963a, S. 81-82

185 Fromm 1959a, S. 190

untereinander. Es würde ein stabiles "Gruppen-Selbst"[186] entstehen, daß die Voraussetzung für Produktivität und Zusammenhalt darstelle. Zwei Fehlentwicklungen könnten auftreten, wenn der Schüler starr an den idealisierenden Bindungen seines Freud-Bildes festhält. Die erste liege im Konformismus und äußere sich als Angst und Mißtrauen, wenn neue Gedanken und Ideen geäußert werden. Die zweite trete auf, wenn die kreativen Strebungen der Schüler "in zu starkem Maße an idealisierte Ziele gekettet"[187] seien. Das "Gruppenich-Ideal"[188] hemme somit seine Entwicklung. Kohut hat damit auf zwei für die "Söhne" maßgeblichen Faktoren aufmerksam gemacht, die die psychoanalytische Bewegung stark beeinflußt haben: auf den Konformismus innerhalb der Bewegung und auf die Unterdrückung der kreativen Kräfte durch starre Gruppen-Ziele. Weiterhin macht der Autor darauf aufmerksam, daß die Ausbildungskandidaten "die große Vaterfigur"[189] und den großen Lehrer Freud in der Regel gründlich studieren. Dieses Studium sei das erste grundlegende Identifizierungserlebnis mit dem Unbewußten eines anderen Menschen. Dadurch würden sich die jungen Analytiker neben den libidinösen Strebungen "auch Freuds Widerstände, Konflikte und Ängste"[190] zu eigen machen. Da Identifizierung immer bedeutet, so zu denken, zu fühlen, zu werten usw. wie die andere Person, durchleben die Ausbildungskandidaten die Traumata der Bewegung noch einmal. Bezogen auf die Jahre zwischen 1910 und 1913 nehmen sie Freuds scharfe Analysen, Verdrängungen, emotionale Ausbrüche, apodiktische Stellungnahmen usw. in sich auf und aktualisieren die ehemaligen "Wunden" auf diese Weise. Sie stehen demnach heute, genauso wie Freud damals, vor der Aufgabe, die durch die Traumata abgespaltenen Bereiche zu analysieren, zu verstehen und zu integrieren. Unternehmen sie diese Anstrengung nicht, so verharren sie, Träger der Psychoanalyse, auf einer Entwicklungsstufe, von der aus die "Vatergeneration" in psychischer und weltanschaulicher Hinsicht nicht überwunden werden kann. Die Gefahr liegt auf der Hand, daß die junge psychoanalytische Generation Freuds "Vatermacht"-Impulse idealisiert und damit das "patriarchalische(n) Fundament der Psychoanalyse"[191] tradiert.

Wir wissen, daß Freud auf Kränkungen mit heftigen Aggressionen reagiert hat. Aus seinen Briefen geht hervor, daß er oftmals den Impuls hatte, einige "Söhne" loszuwerden. Da er jede Vater-Sohn-Beziehung aber mit dem Urva-

186 Kohut 1975, S. 125

187 ebenda, S. 98

188 ebenda, S. 98

189 ebenda, S. 95

190 ebenda, S. 95

191 Rohde-Dachser 1992, S. 4

termord, mit Ödipus- und Vaterkomplex in Zusammenhang brachte, wird er immer mit seiner "Ermordung" gerechnet haben. Eine solche Erwartung bewirkt, daß man sich als Opfer fühlt und dabei die Genugtuung der moralischen Erhöhung empfindet: Sie rechtfertigt also die eigenen Agressionen. Psychoanalytisch gesprochen liegt dann eine Reaktionsbildung der Aggressionen vor. Mit der Schrift "Zur Geschichte der psychoanalytischen Bewegung" wird andererseits deutlich, daß Freud die Fähigkeit besaß, seine aggressiven Regungen in den Dienst der Bewegung zu stellen und sie damit zu sublimieren.

Um den Rahmen dieser Untersuchung nicht zu sprengen, bin ich auf die Festschreibung der psychoanalytischen Technik nicht eingegangen. Sie soll hier lediglich erwähnt werden. Freud hat zwischen 1912 und 1914 in einer Reihe von Schriften zur Behandlungstechnik definiert, wie die psychoanalytische Therapie vonstatten gehen soll. Cremerius faßt diese Regeln mit "Spiegel,- Chirurgen-, Passivitäts-, Neutralitäts- und Abstinenzhaltung"[192] zusammen. Noch heute würden sie vielen Analytikern als unumstößliche Prinzipien gelten. Wie wir aus seinem Briefwechsel und den Berichten seiner Patienten wissen, hielt sich der Praktiker Freud jedoch nicht an seine eigenen Vorschriften. Cremerius zählt Freuds "Verstöße" auf wie Manipulation, Provokation, symbolische Wunscherfüllung und Reparationsleistung, Suggestion, Erziehung, Ratschläge, Tröstungen, Einsatz seiner Persönlichkeit und subjektiven Wertvorstellungen und plädiert damit für mehr Menschlichkeit in der psychoanalytischen Therapie.[193] Warum hat er dennoch die behandlungstechnischen Vorschriften in dieser Art geschrieben und veröffentlicht?[194] Ich meine, daß die apodiktische Haltung dieser Aufsätze im Zusammenhang mit den "Traumen" in der Bewegung und ihren Folgeerscheinungen gedeutet werden muß. Freud wollte den "Söhnen" und der Fachwelt seine "Vatermacht" demonstrieren. Obwohl er in den Analysen den Patienten gegenüber überwiegend "warmherzig, freundlich, hilfsbereit"[195] war, trat er in dieser Phase der psychoanalytischen Bewegung als strenger "Vater" auf, der die "Gesetze" verkündete. Damit wird deutlich, daß das mangelnde Verstehen dieser Zusammenhänge zu falschen Schlüssen führt. Die Nachfolger von Freud haben diese Schriften gelesen wie die Gläubigen die Bibel. Sie konnten nicht die Gesamtheit der Ereignisse erkennen, aus der heraus man Aufsätze, Reden, Konflikte, Begebenheiten usw. werten muß.

---

192 Cremerius 1990, S. 387

193 siehe: ebenda, S. 381

194 siehe zu dieser Frage: ebenda, S. 386-397

195 ebenda, S. 386

Wir sind im Besitz der Wahrheit; ich bin so sicher wie vor fünfzehn Jahren.[1]

VII. Abschließende Gedanken

Freuds psychisch-geistige Fähigkeiten und seine weltanschaulichen Einstellungen sind im Wechselspiel mit den Einflüssen der vergangenen Kultur, dem Zeitgeist, dem Lebensschicksal seiner Eltern, den Erziehungsbedingungen in der Familie, seiner Lern- und Studiensituation sowie seinen eigenständigen Antworten darauf entstanden. Den Kristallisationspunkt seines Denkens und Fühlens stellte das "Vaterthema" in allen Schattierungen dar. Die patriarchalischen Strukturen, die er in sich aufgenommen hatte, erzeugten ein immenses Leistungsstreben, "bürgerliche Gewohnheiten", Herrschaftsambitionen und eine Anlehnungsbereitschaft an Autoritäten im beruflichen Bereich. Darüber hinaus war Freud von den antiautoritären Idealen des 19. Jahrhunderts beeinflußt. Sein Unabhängigkeitsstreben, sein freiheitliches Denken und sein leidenschaftliches Vorstürmen zu neuen Ufern haben ihre Wurzeln in dieser jungen Tradition. Aus diesen vaterbezogenen antagonistischen Einstellungen ist das entstanden, was ich Freuds Vaterorientierung genannt habe. Diese innere Haltung bewirkte wiederum, daß seine Aufmerksamkeit auf "Vaterthemen" gelenkt wurde.

Welche Besonderheiten zeichnen den Führungsstil von "Vater Freud" bezüglich der psychoanalytischen Bewegung aus? In der psychologischen Literatur werden bei der Problemstellung der Anleitung und Belehrung von Menschen in der Regel die Begriffe "Führer" und "Autorität" verwendet.[2] Der Führungsstil einer Vaterfigur hebt sich jedoch qualitativ von diesen Formen ab. Raschkes Unterscheidung des "sachlichen", "charismatischen" und "demokratischen" Führungsstiles kann die besondere Eigenart von Freuds Leitungsfunktion in der psychoanalytischen Gruppe nicht beschreiben. Auch

1 Sigmund Freud, am 8. Mai 1913, in: Freud/Ferenczi 1993a, S. 216

2 siehe: Rosenbaum 1984 und Caruso/Englert 1984

die Behauptung von Jones ist irreführend, in der Vereinigung hätten die rein wissenschaftlichen Tätigkeiten im Vordergrund gestanden. Meine Untersuchung läßt klar erkennen, daß sich Freud explizit als Vaterfigur zu seinen "Söhnen" eingestellt hat. Daraus ergaben sich oftmals innige Vertrauensbeziehungen, die jeweils individuell gefärbt waren. Zwischen Freud und seinen engsten Vertrauten entstand ein gemeinsames Band und eine Atmosphäre, die "Lebensschule" genannt werden kann. Entsprechend selbstverständlich übernahm Freud "Erziehungsaufgaben" und bemühte sich, das gemeinschaftliche Miteinander, das Persönlichkeitsniveau und das wissenschaftliche Denken seiner "Söhne" zu verbessern.

Wie haben sich Freuds patriarchalische Prägungen im Gruppenleben der Psychoanalytiker ausgewirkt? Sennett[3] bezeichnet die in der westlichen Welt vorherrschende Gesellschaftsformation als paternalistisch. Die Herrschaft der Männer bestehe in der konkreten oder symbolischen Ausübung ihrer Vaterrollen. Dabei sei es üblich, daß die "Väter" für ihre Untergebenen nur insoweit sorgen, wie es ihren eigenen Interessen nützt. Deshalb würden paternalistische Autoritäten "eine falsche Liebe"[4] anbieten, in der die "Söhne" in dankbarer Passivität ausharren müßten.

> Paternalistische Ideologien versprechen Obhut und Förderung, zugleich jedoch verneinen sie das Wesentliche jeder fördernden Obhut: daß sie den anderen stärker macht.[5]

Bei der konkreten Analyse von Freuds Persönlichkeit kommt Fromm zu einem ähnlichen Ergebnis:

> Freud war kein Mensch, der liebte. Er war egozentrisch, von der Idee seiner Mission besessen und darauf aus, daß andere ihm folgten, ihm dienten, ihm Unabhängigkeit und intellektuelle Freiheit opferten.[6]

Diese Aussagen kennzeichnen Freuds Haltung in meinem Untersuchungszeitraum ab 1910 treffend. In der Krisenzeit der psychoanalytischen Bewegung verlor Freud seine liberale Gesinnung und geistige Freiheit: Er diffamierte seine "Wiener" Kollegen, setzte Jung diktatorisch zum Präsidenten ein, grenzte Adler bedenkenlos aus, reagierte infolge von Jungs "Abfall" heftig und aggressiv usw.

Fromms Analyse weist jedoch einen gravierenden Mangel auf: Bei der Bewertung von Freud und der psychoanalytischen Bewegung legt er die

---

3 Sennett 1985

4 ebenda, S. 101

5 ebenda, S. 102

6 Fromm 1959, S. 207

"autoritäre Phase" zugrunde und unterschlägt uns den "anderen Freud". Meine Ausführungen machen deutlich, daß Freud in den Jahren bis 1910 in der Gruppe ein Klima des Lernens und der persönlichen Entwicklung geschaffen hat. Der Aufklärer und Pionier der Tiefenpsychologie setzte seine Kraft für die Vermittlung von psychologischem Wissen, die Enthüllung der unbewußten Mechanismen und die Beschäftigung mit der Kultur ein. Darüber hinaus suchten und fanden seine "Söhne" bei ihm nicht selten Schutz, Fürsorge, emotionale Wärme, aber auch Korrekturen bezüglich ihrer neurotischen Eigenarten. Freud stand damit in der Tradition der Philosophenschulen der griechisch-römischen Antike.[7] Er ging mit seiner Bewegung über sie hinaus, indem er das "Wesen Mensch" mit wissenschaftlichen Methoden erforscht, menschliche Fehlentwicklungen behandelt, ein theoretisches Lehrgebäude errichtet und der eigenen Person zum psychisch-geistigen Wachstum verholfen hat. Aufgrund seiner Kenntnisse der antiautoritären Strömungen wußte Freud, daß eine solche "Lebensschule" nur mit größtmöglicher Liberalität geführt werden kann. In der Mittwoch-Gesellschaft stellte er durch seine Vorgaben eine freiheitlich geprägte Gesprächsatmosphäre her. Offensichtlich plante er von Anfang an eine über viele Jahre dauernde Verbindung mit seinen Schülern, in der alle Beteiligten in seinem Sinne "erzogen" werden sollten. Seine Bemühung, die autoritäre Vater-Sohn-Relation zu überwinden, kommt darin zum Ausdruck, daß er bei seinen "Söhnen" bald nach dem Kennenlernen eine Analyse ihres "Vaterkomplexes" vornahm. Er kannte die zerstörerischen Regungen dieses unbewußten Komplexes und wollte produktive "Vater-Sohn-Beziehungen" heranbilden, die von trennenden Affekten frei sind.

Freuds persönlicher Umgang mit seinen "Söhnen", der ihn vor die Aufgabe stellte, einerseits seinen Führungsstil zu vertreten und neue Werte und Ziele zu vermitteln, andererseits die Belange seiner Schüler wahrzunehmen, Konflikte auszutragen usw., war immer eine Gratwanderung. Ab 1910 geriet dieser Balanceakt aus dem Gleichgewicht. Viele "Söhne" empfanden Freuds Interventionen als Bevormundung, seine Kritik ungerechtfertigt und seine Handlungen überzogen, während Freud mit ihrer Uneinsichtigkeit haderte. Andererseits wünschten sie sich eine spürbare Orientierung und ausdrückliche Anleitung, während Freud sich selbstbewußte "Söhne" herbeisehnte.

Durch eine spezifische Ausrichtung seiner Persönlichkeit hat Freud wesentlich zur krisenhaften Zuspitzung in der psychoanalytischen Bewegung beigetragen: Der Gründer der Psychoanalyse hat das "Modell" der bürgerlichen Familie absolut auf seine Gruppe übertragen. Somit stand Freud, ausgestattet mit "Vater-Vollmachten", im Schnittpunkt der Aufmerksamkeit, und

---

7 siehe: Ellenberger 1985, S. 765

die "Söhne" haben an ihm ihre nicht selten neurotischen "Vater-Affekte" ausagiert. Es kam zu einem kaum durchschaubaren Geflecht von grenzenlosen Wünschen und Ansprüchen, Kränkungen, Wut, Neid, Rivalität usw. Daraufhin ergab sich in der Gruppe eine teils latente, teils offene Affektstimmung. Neben der Wechselwirkung von Freuds vaterorientierter Einstellung und dem Geschehen in der psychoanalytischen Bewegung übte seine Theorie auf das Gruppenleben und wiederum auf ihn selbst einen deutlichen Einfluß aus: Die intrapsychischen und interpersonalen Konflikte sollten mit der eigenen Theorie der Vater-Sohn-Beziehung bzw. des Ödipuskomplexes aufgedeckt und gelöst werden. Da diese theoretischen Gedanken jedoch aus Freuds Vaterorientierung und teilweise aus seinen Erfahrungen mit den Mitgliedern der Bewegung entstanden waren, ergab sich aus dem Ineinandergreifen dieser drei Faktoren ein Circulus vitiosus, aber kein Erkenntnisgewinn. Die tiefgreifenden Krisen in der Bewegung, die Vorfälle auf dem Nürnberger Kongreß sowie Adlers und Jungs Trennung, konnten folglich nicht erfaßt und geklärt werden. Ich habe sie deshalb als Traumata bezeichnet, an denen Freuds traditionelle Einstellung zur Vater-Sohn-Beziehung und damit seine autoritären Regungen aktiviert wurden. Die heftige Kampfstimmung in der psychoanalytischen Gruppe verkehrte die Arbeit an der Aufklärung der Menschen, an psychologischen Erkenntnissen und persönlicher Weiterentwicklung in das Gegenteil. Anstatt sich gegenseitig auf Einseitigkeiten und Mängel aufmerksam zu machen, phantasierten die frühen Psychoanalytiker von Vatermord, Inzest, Macht, Gehorsam, Rebellion und der Paranoia der "Abweichler". Daraus entstand nach Johnston ein "Dogmatismus", in dem sich "Freuds Autorität als Vaterfigur in einer dem Patriarchen hörigen Gesellschaft"[8] spiegelte. Die "Konstituierung der Vatermacht" bewirkte Veränderungen im Gefüge der Bewegung, in der Theorie der Vater-Sohn-Beziehung und in Freuds Persönlichkeit.

Ebenso wie ein Trauma im individuellen Leben, übten auch die von mir beschriebenen Traumata in der psychoanalytischen Gruppe eine "dämonische Macht" aus. Die Abwehrvorgänge der Verleugnung, Verdrängung, Reaktionsbildung und des Vergessens verschlingen viel Kraft und verhindern ein tiefgreifendes Verstehen und Einordnen sowie das emotionale und geistige Durchdringen dieser Wunden. Dadurch erzwingt diese "dämonische Macht" eine ständige Wiederholung der schmerzhaften Erlebnisse und ihrer Abwehrvorgänge. Kritiker[9] der Psychoanalyse stellen fest, daß bis in die heutige Zeit eine deutliche Tendenz zu autoritären Strukturen vor allem in den psychoanalytischen Ausbildungsinstituten zu beobachten ist, die sich in einseitigen Be-

---

8 Johnston 1974, S. 258

9 zum Beispiel: Cremerius 1986, Lohmann 1986, Mitscherlich-Nielsen 1987

hauptungen theoretischer und therapeutischer Art bekunden. Cooper vertritt hingegen die Auffassung, daß "das Ende unserer psychoanalytischen Kindheit"[10] eingeleitet und die Bewegung zu den "Anfängen professioneller Reife"[11] angelangt sei. Kann dem zugestimmt werden? Meines Erachtens müssen bedeutsame Aufgaben erfüllt werden, um den von Cooper bezeichneten Zustand zu erreichen. Noch halten die Traumata der Bewegung die Psychoanalyse in ihrem patriarchalischen Paradigma gefangen. Durch die Aufarbeitung und detaillierte Beschäftigung mit dem Nürnberger Kongreß, mit Adler und Jung und ihren Theorien würde ein heutiger Psychoanalytiker das "väterliche Dogma" in Frage stellen, die einseitigen Bewertungen der Ereignisse von 1910 bis 1913 von Freud und seinen Schülern aufheben und eine unerläßliche Integration dieser Personen und ihrer Lehren einleiten. Wenn diese geschichtlichen Vorgänge in ihrer Bedeutung für die gegenwärtige Psychoanalyse verstanden werden, dann würden die wichtigen Ansätze von Adler und Jung und darüber hinaus von Rank und Boss, von Binswanger und Sartre, von Horney und Fromm, von Dreikurs und May usw. assimiliert werden und in die Praxis einfließen. Erst dann könnte sie als "erwachsen" bezeichnet werden.

In Freuds Theoriegebäude wird an vielen Stellen spürbar, daß er nur sehr eingeschränkt in sozialen Kategorien dachte. Wenn er sie in sein Denken einbezog, dann beschäftigte er sich vorwiegend mit Vater-Sohn-Beziehungen, um die Ursachen für Fehlentwicklungen aufzuzeigen. Als Ursprung für Freuds geringes soziales Interesse nennt Schorske seine unpolitische Gesinnung, die in eine ahistorische Theorie einmünden mußte. Durch "den Vorrang der frühkindlichen Erfahrung als Determinante menschlichen Verhaltens"[12] reduzierte er "alle Politik auf den ursprünglichen Konflikt zwischen Vater und Sohn"[13]. Zusammenfassend meint Schorske:

> Dadurch, daß er seine eigene politische Vergangenheit und Gegenwart zu einer Nebenerscheinung des Urkonflikts zwischen Vater und Sohn reduzierte, schenkte er seinen liberalen Zeitgenossen eine ahistorische Theorie von Mensch und Gesellschaft, die eine aus den Fugen und aus der Kontrolle geratene politische Welt leichter zu ertragen erlaubte.[14]

Bei der Ursachenerforschung der Neurosen schwankte Freud zwischen den Polen Realität und Phantasie bzw. Trauma und Trieb. In den Jahren 1912 bis 1914 schränkte er das Beziehungsgeschehen für die Ontogenese weitgehend

10 Cooper 1988, S. 54
11 ebenda, S. 54
12 Schorske 1982, S. 185
13 ebenda, S. 184
14 ebenda, S. 190

ein und entschied sich gegen eine "soziale Verursachung" von seelischen Erkrankungen. Entscheidend für Neurosenentstehung und Persönlichkeitsentwicklung seien Triebvorgänge, in denen Phantasien phylogenetischen Ursprungs eine entscheidende Rolle spielen würden. Der Maßstab seiner Theorie wurde damit der menschliche "Urzustand", den er zu kennen glaubte, sowie das Entwicklungsniveau des gegenwärtigen Menschen, das er für unveränderlich hielt. Entsprechend seinem naturwissenschaftlich-kausalen Denken anthropologisierte er das von ihm aufgestellte "Urtrauma" und den Status quo der Menschen. Mit dieser Geringschätzung des sozialen Kontextes wurde Freud der komplexen menschlichen Situation in der Welt nicht gerecht. Er wollte und konnte zwei Faktoren nicht anerkennen:

1. Der Mensch kann seine "phylogenetische Kindheit" in einem ihm gemäßen psychosozialen Umfeld vollständig überwachsen.
2. Der gegenwärtige Mensch ist sowohl das Produkt von geschichtlichen Prozessen und sozialen Verhältnissen als auch bestimmt von seinen antizipierten Vorstellungen, den Inhalten seiner Utopien und seinen Hoffnungen bzw. Hoffnungslosigkeiten.

Vor allem Alfred Adler hat Freud entscheidend korrigiert. Er wollte in seiner Lehre auch die Entwicklungsmöglichkeiten des Menschen erfassen und richtete den Blick auf die zukünftige Sozialität und Individualität, in der mehr Gesundheit, Beziehungsfähigkeit, Kreativität und Leistungsfähigkeit möglich ist. Damit entfernte er sich bewußt von der reinen und überprüfbaren Empirie und bediente sich wichtiger Gedanken aus der Lebensphilosophie (Dilthey, Nietzsche, Bergson). Adler behielt zwei Dimensionen bei der Betrachtung des Menschen im Auge: Durch das Formulieren humaner und prospektiver Ziele müssen die Tatsachen des Lebens überschritten und die philosophischen Ideen immerfort mit der menschlichen Realität konfrontiert werden.[15] Freud konnte diesen Wechselprozeß nicht durchführen. Mit seinem festgefügten Bild von der "Natur" der Gattung Homo, das er sich immer wieder in der Praxis bestätigte, und der Ablehnung der Philosophie hat er keine Korrekturen seiner theoretischen Annahmen vornehmen können. Sein theoretischer Dogmatismus gipfelte in dem Satz: "Wir sind im Besitz der Wahrheit; ich bin so sicher wie vor fünfzehn Jahren."[16]

Durch das Aufkommen autoritärer "Vater-Strukturen" im Gruppenleben und ihre Festschreibung in der Theorie hat sich die Psychoanalyse an die patriarchalischen Verhältnisse angepaßt. Oder anders formuliert: Die herrschenden autoritären Strukturen in der patriarchalischen Gesellschaft haben die

15 siehe: Adler 1933, S. 162-172

16 Freud/Ferenczi 1993a, S. 216

emanzipatorischen Ideen der frühen Bewegung zerstört und sich in Freuds Theorien und seinem Führungsstil in der Bewegung festgesetzt. Im Zuge des Institutionalisierungsprozesses entwickelten sich Kräfte, die gegen die ehemalige aufklärerische Substanz gerichtet waren. Diese Selbstdestruktion ging mit einer Anpassungsbereitschaft an die autoritäre Kultur einher. Fromm analysiert:

> So wurde die Psychoanalyse zum Ersatz für ein radikales philosophisches und politisches Interesse, ein neuer Glaube, der von seinen Anhängern wenig mehr verlangte, als daß sie die Terminologie erlernten.[17]

Auf dem Hintergrund dieser autoritären Strukturen verwundert es nicht, daß in der psychoanalytischen Theorie ein immanentes Merkmal des traditionellen Patriarchats in der Zeit nach 1910 hervorgehoben wurde: die Aggressionen. Von der Theorie des Urvatermordes, in der Freud den Aggressionen eine anthropologische Basis schaffte, über seinen Satz aus "Zeitgemäßes über Krieg und Tod": "das primitive Seelische ist im vollsten Sinne unvergänglich"[18], war es nur noch ein kleiner Schritt zur Theorie des Destruktions- bzw. Aggressionstriebes.[19] Hier vertrat er die Ansicht, Aggressionen seien in ihrer zerstörerischen Form unauslöschlich mit dem Wesen des Menschen verbunden. Für die gesamte Kultur und alle zwischenmenschlichen Beziehungen ist die Postulierung eines solchen Triebes von großer Tragweite. Die Meinung der Menschen über die Menschen entsteht langfristig durch wissenschaftliche Theorien und bestimmt maßgeblich ihr Verhalten. Untersuchungen haben gezeigt, daß "normale" Menschen in unserer Gesellschaft die Ansicht vom Destruktionstrieb teilen und reaktionäre und präfaschistische Individuen dazu neigen, Gewalt und Kriege für unausweichliche Tatsachen zu halten. Die Auswirkungen dieser Ansichten sind fatal: Diese Menschen leben in einer ständigen Spannung von Angst und Aggressionsbereitschaft.[20] Daraus kann man folgern, daß solche "Urteile" über Aggressionen mitverantwortlich sind für wirkliche Tätlichkeiten, Wut, Haß, Prügel in der Kinderstube, Vorurteile, Kriege, aber auch für feigen Gehorsam, unterwürfiges Verhalten und Gleichgültigkeit. Ein Wissenschaftler, der eine neue Theorie über den Menschen aufstellt, trägt demnach eine große Verantwortung. Freud, als Pionier einer neuen Disziplin, konnte diese Zusammenhänge jedoch nicht erkennen. Erst

---

17 Fromm 1958, S. 203

18 Freud 1915b, S. 45

19 siehe: Freud 1920g

20 siehe: Horkheimer/Flowerman 1950 und Rattner 1970, S. 250/251

die zweite oder dritte Analytiker-Generation könnte dazu fähig sein, Korrekturen vorzunehmen.

Freud hat das neue Experiment gewagt, in einer "Lebensschule" interessierte Menschen zu unterrichten, sie zu "erziehen", psychotherapeutisch zu formen und allgemein zu bilden. Bis zum Jahre 1910 kann die psychoanalytische Gruppe in die Reihe der antiautoritären Bewegungen eingeordnet werden, was als großartige Leistung Freuds gewürdigt werden muß. Sein Beispiel zeigt aber auch, daß eine solche Bewegung sich über die Jahre die Frage stellen muß, ob ihre ursprünglichen Intentionen noch vorhanden sind bzw. wie sie sich verändert haben. Es besteht immer die Gefahr, daß Vaterfiguren aufgrund psychischer Prozesse oder äußerer Einflüsse und Erlebnisse dem Gift herrschsüchtiger Regungen erliegen. In der patriarchalischen Gesellschaft ist jede freiheitlich orientierte Bewegung davon bedroht, dem Anpassungsdruck der allgemein nivellierenden Einwirkungen nachzugeben.

Literaturverzeichnis

Abraham, Hilda (1976): Karl Abraham, München

Adler, Alfred (1914): Zur Kritik der Freudschen Sexualtheorie des Seelenlebens, in: Alfred Adler/Carl Furtmüller (Hrsg.): Heilen und Bilden, Frankfurt am Main 1973

Adler, Alfred (1933): Der Sinn des Lebens, Frankfurt am Main 1980

Alberti, Leon Battista (1441): Vom Hauswesen, München 1986

Andreas-Salomé, Lou (1958): In der Schule bei Freud. Tagebuch eines Jahres 1912/13, Frankfurt/M. - Berlin - Wien 1983

Anzieu, Didier (1990): Freuds Selbstanalyse, Bd. 1 und 2, München; Wien

Ariès, Philippe (1978): Geschichte der Kindheit, München

Assmann, Aleida (1978): Wordsworth und die romantische Krise: Das Kind als Vater, in: Hubertus Tellenbach (Hrsg.): Das Vaterbild im Abendland II, Stuttgart

Assmann, Jan (1976): Das Bild des Vaters im Alten Ägypten, in: Hubertus Tellenbach (Hrsg.): Das Vaterbild in Mythos und Geschichte, Stuttgart

Bakunin, Michail (1871): Gott und der Staat, hrsg. von S. Hillmann, Reinbek bei Hamburg 1969

Balint, Michael (1947): Über das psychoanalytische Ausbildungssystem, in: Michael Balint: Die Urformen der Liebe und die Technik der Psychoanalyse, Bern, Stuttgart 1966

Bauriedl, Thea (1984): Beziehungsanalyse, Frankfurt am Main

Beauvoir, Simone de (1949): Das andere Geschlecht, Reinbek bei Hamburg 1968

Berlin, Isaiah (1978): Russische Denker, hrsg. von H. Hardy und A. Kelly, Frankfurt am Main 1981

Bernays Heller, Judith (1956): Freuds Mutter und Vater, in: Luzifer-Amor, Zeitschrift zur Geschichte der Psychoanalyse, 2. Jahrgang, Heft 3, Tübingen 1989

Bernfeld, Siegfried/Cassirer-Bernfeld, Suzanne (1988): Bausteine der Freud-Biographik, hrsg. von I. Grubrich-Simitis, Frankfurt am Main

Binswanger, Ludwig (1956): Erinnerungen an Sigmund Freud, Bern

Bittner, Günther (1974): Das andere Ich. Rekonstruktionen zu Freud, München

Bittner, Günther (1989): Vater Freuds unordentliche Kinder. Die Chancen post-orthodoxer Psychoanalyse, Würzburg

Blos, Peter (1990): Sohn und Vater. Diesseits und jenseits des Ödipuskomplexes, Stuttgart

Bodenheimer, Aron R. (1984): Warum? Von der Obszönität des Fragens, Stuttgart

Borchardt, Georg (1986): Percy Bysshe Shelley, in: Karlheinz Deschner (Hrsg.): Das Christentum im Urteil seiner Gegner, Ismaning bei München

Bräutigam, Walter (1983): Beziehung und Übertragung in Freuds Behandlungen und Schriften, in: Psyche, 37. Jahrgang, S. 116-129, Stuttgart

Braunmühl, E. von (1975): Antipädagogik, Weinheim, Basel

Brückner, Peter (1975): Sigmund Freuds Privatlektüre, Köln

Calogeras, Roy C./Alston, Toni E./Schupper, Fabian X. (1976): Der Ödipuskomplex in der heutigen psychoanalytischen Theorie, in: Psyche, 30. Jahrgang, S. 201-216, Stuttgart

Caruso, Igor A./Englert, Ewald H. (1984): Autoritäts- und Machtausübung, in: Annelise Heigl-Evers (Hrsg.): Die Erforschung der zwischenmenschlichen Beziehungen, Bd. 1, Weinheim, Basel

Clark, Ronald W. (1985): Sigmund Freud - Leben und Werk, Frankfurt am Main

Cooper, Arnold M. (1988): Hundert Jahre Psychoanalyse: Beginn der Reife, in: Psyche, 42. Jahrgang, S. 53-74, Stuttgart

Cremerius, Johannes (1986): Spurensicherung. Die "Psychoanalytische Bewegung" und das Elend der psychoanalytischen Institution, in: Psyche, 40. Jahrgang, S. 1063-1091, Stuttgart

Cremerius, Johannes (1990): Vom Handwerk des Psychoanalytikers: Das Werkzeug der psychoanalytischen Technik, Bd. 1 und 2, Stuttgart-Bad Cannstatt

Danner, Helmut (1979): Methoden geisteswissenschaftlicher Pädagogik, München, Basel

Darwin, Charles (1876): Mein Leben, hrsg. von Nora Barlow, Frankfurt am Main und Leipzig 1993

Dilthey, Wilhelm (1900): Die Entstehung der Hermeneutik, in: Gesammelte Schriften, Bd. 5, Stuttgart 1964
Dittrich, Karin A. (1988): Freud und Jung. Beziehungsdynamik und Bruch in ihrer Bedeutung für die psychoanalytische Bewegung und eine institutionalisierte Psychoanalyse, in: Psyche, 42. Jahrgang, S. 20-43, Stuttgart
Drews, Sibylle/Brecht, Karen (1982): Psychoanalytische Ich-Psychologie, Frankfurt am Main

Eissler, Kurt R. (1966): Sigmund Freud und die Wiener Universität, Bern
Eissler, Kurt R. (1974): Über Freuds Freundschaft mit Wilhelm Fließ nebst einem Anhang über Freuds Adoleszenz und einer historischen Bemerkung über Freuds Jugendstil, in: Jahrbuch der Psychoanalyse, Beiheft 2, Bern
Eissler, Kurt R. (1982): Psychologische Aspekte des Briefwechsels zwischen Freud und Jung, in: Jahrbuch der Psychoanalyse, Beiheft 7, Stuttgart - Bad Cannstatt
Eissler, Kurt R. (1989): Eine biographische Skizze, in: Freud - Sein Leben in Bildern und Texten, hrsg. von E. Freud, L. Freud, I. Grubrich-Simitis, Frankfurt am Main
Ellenberger, Henry F. (1985): Die Entdeckung des Unbewußten, Zürich
Erdheim, Mario (1986): Das Verenden einer Institution, in: Psyche, 40. Jahrgang, S. 1092-1104, Stuttgart
Erikson, Erik H. (1954): Das Traummuster der Psychoanalyse, in: Jürgen vom Scheidt (Hrsg.): Der unbekannte Freud, Frankfurt am Main 1987
Eschenburg, Theodor (1976): Über Autorität, Frankfurt am Main
Eschenröder, Christof T. (1986): Hier irrte Freud, München - Weinheim
Federn, Ernst (1986): Der Gruppenwiderstand gegen die Veröffentlichung der "Protokolle der Wiener Psychoanalytischen Vereinigung 1906-1918", in: Hans-Martin Lohmann (Hrsg.): Die Psychoanalyse auf der Couch, Frankfurt am Main
Federn, Ernst (1988): Einleitende Bemerkungen zu Paul Federns Aufsatz: "Zur Psychologie der Revolution. Die vaterlose Gesellschaft", in: Luzifer-Amor, Zeitschrift zur Geschichte der Psychoanalyse, 1. Jahrgang, Heft 2, Tübingen
Federn, Ernst (1989): Die "liebe Not" des Historikers mit der Persönlichkeit Freuds, in: Luzifer-Amor, Zeitschrift zur Geschichte der Psychoanalyse, 2. Jahrgang, Heft 3, Tübingen
Ferenczi, Sándor (1910): Zur Organisation der psychoanalytischen Bewegung, in: S. Ferenczi: Zur Erkenntnis des Unbewußten, hrsg. von H. Dahmer, Frankfurt am Main 1989

Freud Bernays, Anna (1940): Mein Bruder Sigmund Freud, in: Luzifer-Amor, Zeitschrift zur Geschichte der Psychoanalyse, 2. Jahrgang, Heft 3, Tübingen 1989
Freud, Anna (1968): Schwierigkeiten der Psychoanalyse in Vergangenheit und Gegenwart, in: Die Schriften der Anna Freud, Bd. IX, Frankfurt am Main
Freud, Martin (1957): Glory Reflected. Sigmund Freud - Man and Father, London
Freud, Sigmund [Sta.= Studienausgabe, G.W.= Gesammelte Werke] (1896a): L'hérédité et l'étiologie des névroses, Frankfurt am Main 1960, G.W. Bd. 1
Freud, Sigmund (1896c): Zur Ätiologie der Hysterie, Frankfurt am Main 1971, Sta. VI
Freud, Sigmund (1899a): Über Deckerinnerungen, Frankfurt am Main 1960, G.W. Bd. 1
Freud, Sigmund (1900a): Die Traumdeutung, Frankfurt am Main 1972, Sta. II
Freud, Sigmund (1905a): Über Psychotherapie, Frankfurt am Main 1975, Sta. Erg.
Freud, Sigmund (1905d): Drei Abhandlungen zur Sexualtheorie, Frankfurt am Main 1972, Sta. V
Freud, Sigmund (1905e): Bruchstücke einer Hysterie-Analyse, Frankfurt am Main 1971, Sta. VI
Freud, Sigmund (1906a): Meine Ansichten über die Rolle der Sexualität in der Ätiologie der Neurosen, Frankfurt am Main 1972, Sta. V
Freud, Sigmund (1907c): Zur sexuellen Aufklärung der Kinder, Frankfurt am Main 1972, Sta. V
Freud, Sigmund (1908c): Über infantile Sexualtheorien, Frankfurt am Main 1972, Sta. V
Freud, Sigmund (1908d): Die "kulturelle" Sexualmoral und die moderne Nervosität, Frankfurt am Main 1974, Sta. IX
Freud, Sigmund (1909b): Analyse der Phobie eines fünfjährigen Knaben, Frankfurt am Main 1969, Sta. VIII
Freud, Sigmund (1909c): Der Familienroman der Neurotiker, Frankfurt am Main 1970, Sta. IV
Freud, Sigmund (1909d): Bemerkungen über einen Fall von Zwangsneurose, Frankfurt am Main 1973, Sta. VII
Freud, Sigmund (1910c): Eine Kindheitserinnerung des Leonardo da Vinci, Frankfurt am Main 1969, Sta. X
Freud, Sigmund (1910d): Die zukünftigen Chancen der psychoanalytischen Therapie, Frankfurt am Main 1975, Sta. Erg.

Freud, Sigmund (1910h): Über einen besonderen Typus der Objektwahl beim Manne, Frankfurt am Main 1972, Sta. V
Freud, Sigmund (1911c): Psychoanalytische Bemerkungen über einen autobiographischen Fall von Paranoia (Dementia paranoides), Frankfurt am Main 1973, Sta. VII
Freud, Sigmund (1912e): Ratschläge für den Arzt bei der psychoanalytischen Behandlung, Frankfurt am Main 1975, Sta. Erg.
Freud, Sigmund (1912-13a): Totem und Tabu, Frankfurt am Main 1974, Sta. IX
Freud, Sigmund (1914b): Der Moses des Michelangelo, Frankfurt am Main 1969, Sta. X
Freud, Sigmund (1914c): Zur Einführung des Narzißmus, Frankfurt am Main 1975, Sta. III
Freud, Sigmund (1914d): Zur Geschichte der psychoanalytischen Bewegung, in: "Selbstdarstellung", hrsg. von I. Grubrich-Simitis, Frankfurt am Main 1971, Fischer TB
Freud, Sigmund (1914f): Zur Psychologie des Gymnasiasten, Frankfurt am Main 1970, Sta. IV
Freud, Sigmund (1915b): Zeitgemäßes über Krieg und Tod, Frankfurt am Main 1974, Sta. IX
Freud, Sigmund (1916-17a): Vorlesungen zur Einführung in die Psychoanalyse, Frankfurt am Main 1969, Sta. I
Freud, Sigmund (1917b): Eine Kindheitserinnerung aus Dichtung und Wahrheit, Frankfurt am Main 1969, Sta. X
Freud, Sigmund (1918b): Aus der Geschichte einer infantilen Neurose, Frankfurt am Main 1969, Sta. VIII
Freud, Sigmund (1919a): Wege der psychoanalytischen Therapie, Frankfurt am Main 1975, Sta. Erg.B.
Freud, Sigmund (1920g): Jenseits des Lustprinzips, Frankfurt am Main 1975, Sta. III
Freud, Sigmund (1921c): Massenpsychologie und Ich-Analyse, Frankfurt am Main 1974, Sta. IX
Freud, Sigmund (1923b): Das Ich und das Es, Frankfurt am Main 1975, Sta. III
Freud, Sigmund (1925d): Selbstdarstellung, Frankfurt am Main 1971, Fischer TB
Freud, Sigmund (1927a): Nachwort zur "Frage der Laienanalyse", Frankfurt am Main 1975, Sta. Erg.B.
Freud, Sigmund (1930a): Das Unbehagen in der Kultur, Frankfurt am Main 1974, Sta. IX

Freud, Sigmund (1933a): Neue Folge der Vorlesungen zur Einführung in die Psychoanalyse, Frankfurt am Main 1969, Sta. I
Freud, Sigmund (1936a): Brief an Romain Rolland: Eine Erinnerungstörung auf der Akropolis, Frankfurt am Main 1970, Sta. IV
Freud, Sigmund (1940a): Abriß der Psychoanalyse, Frankfurt am Main 1972, Fischer TB
Freud, Sigmund (1960a): Briefe 1873 - 1939, hrsg. von: E. und L. Freud, Frankfurt am Main 1980
Freud, Sigmund (1969a): Sieben Briefe und zwei Postkarten an Emil Fluß, in: "Selbstdarstellung", hrsg. von I. Grubrich-Simitis, Frankfurt am Main 1971, Fischer TB
Freud, Sigmund (1985a): Übersicht der Übertragungsneurosen. Ein bisher unbekanntes Manuskript, (1915), Frankfurt am Main 1987, G.W. Nachtr.
Freud, Sigmund (1985c): Briefe an Wilhelm Fließ, hrsg. von: J. M. Masson, Frankfurt am Main 1986
Freud, Sigmund (1988): Brautbriefe, hrsg. von: Ernst L. Freud, Frankfurt am Main 1988, Fischer TB
Freud, Sigmund (1989a): Jugendbriefe an Eduard Silberstein 1871 - 1881, hrsg. von: W. Boehlich, Frankfurt am Main 1989
Freud, Sigmund und Bleuler, Eugen (Hrsg.) (1910): Jahrbuch für psychoanalytische und psychopathologische Forschungen, II. Band, Leipzig, Wien
Freud, Sigmund/Abraham, Karl (1965a): Briefe 1907 - 1926, hrsg. von: H. C. Abraham und E. L. Freud, Frankfurt am Main 1980
Freud, Sigmund/Andreas-Salomé, Lou (1966a): Briefwechsel, hrsg. von: E. Pfeiffer, Frankfurt am Main 1980
Freud, Sigmund/Binswanger, Ludwig (1992): Briefwechsel 1908 - 1938, hrsg. von G. Fichtner, Frankfurt am Main
Freud, Sigmund/Breuer, Josef (1895d): Studien über Hysterie, Frankfurt am Main 1970, Fischer TB
Freud, Sigmund/Ferenczi, Sándor (1993): Briefwechsel - 1908-1911, Band I/1, hrsg. von E. Brabant, E. Falzeder und P. Giampieri-Deutsch, Wien; Köln; Weimar
Freud, Sigmund/Ferenczi, Sándor (1993a): Briefwechsel - 1912-1914, Band I/2, hrsg. von: E. Brabant, E. Falzeder und P. Giampieri-Deutsch, Wien; Köln; Weimar
Freud, Sigmund/Jung, Carl Gustav (1974a): Briefwechsel, hrsg. von W. McGuire und W. Sauerländer, Frankfurt am Main [aufgrund von unterschiedlichen Ausgaben der Briefe werden in den Fußnoten nur die Briefnummern angegeben]

Freud, Sigmund/Pfister, Oskar (1963a): Briefe 1909 - 1939, hrsg. von: E. L. Freud und H. Meng, Frankfurt am Main 1980
Freud, Sigmund/Zweig, Arnold (1968a): Briefwechsel, Frankfurt am Main 1984
Friedell, Egon (1938): Kulturgeschichte Griechenlands, München 1981
Fromm, Erich (1958): Psychoanalyse - Wissenschaft oder Linientreue, in: Schriften über Sigmund Freud, hier mit der Überschrift: Vom Parteigeist der psychoanalytischen Bewegung und ihren Opfern, hrsg. von R. Funk, Stuttgart 1989
Fromm, Erich (1959): Sigmund Freud. Seine Persönlichkeit und seine Wirkung, in: Schriften über Sigmund Freud, hier mit der Überschrift: Der Mensch Freud, hrsg. von R. Funk, Stuttgart 1989
Fromm, Erich (1959a): Sigmund Freud. Seine Persönlichkeit und seine Wirkung, in: Schriften über Sigmund Freud, hier mit der Überschrift: Die psychoanalytische Bewegung, hrsg. von R. Funk, Stuttgart 1989
Fromm, Erich (1966): Der Ödipuskomplex. Bemerkungen zum "Fall des kleinen Hans", in: Schriften über Sigmund Freud, hier mit der Überschrift: "Der kleine Hans" - Fromms Neuinterpretation eines Freudschen Fallbeispiels, hrsg. von R. Funk, Stuttgart 1989
Fthenakis, Wassilios E. (1985): Väter, Bd. 1 und 2, München, Wien, Baltimore

Gadamer, Hans-Georg (1971): Replik zu "Hermeneutik und Ideologiekritik", in: Wahrheit und Methode. Ergänzungen, in: Gesammelte Werke, Band 2, Hermeneutik II, Tübingen 1993
Gadamer, Hans-Georg (1976): Das Vaterbild im griechischen Denken, in: Hubertus Tellenbach (Hrsg.): Das Vaterbild in Mythos und Geschichte, Stuttgart
Gay, Peter (1988): "Ein gottloser Jude", Frankfurt am Main
(1989): Freud - Eine Biographie für unsere Zeit, Frankfurt am Main
Gicklhorn, Renée (1969): The Freiberg Period of the Freud Family, in: Journal of thc History of Medicine, 24
Glaser, Hermann (1979): Sigmund Freuds zwanzigstes Jahrhundert, Frankfurt am Main
Görlich, Bernard; Lorenzer, Alfred; Schmidt, Alfred (1980): Der Stachel Freud, hrsg. von B. Görlich, Frankfurt am Main
Grotjahn, Martin (1976): Freuds Briefwechsel, in: Dieter Eicke (Hrsg.): Tiefenpsychologie, Bd. 1, (Kindlers "Psychologie des 20. Jahrhunderts"), Sigmund Freud - Leben und Werk, Weinheim; Basel 1982

Grubrich-Simitis, Ilse (1971): Sigmund Freuds Lebensgeschichte und die Anfänge der Psychoanalyse, in: Sigmund Freud: Selbstdarstellung, Frankfurt am Main, Fischer TB

Grubrich-Simitis, Ilse (1987): Trauma oder Trieb - Trieb und Trauma. Lektionen aus Sigmund Freuds phylogenetischer Phantasie von 1915, in: Psyche, 41. Jahrgang, S. 992-1023, Stuttgart

Grubrich-Simitis, Ilse (1988): Siegfried Bernfeld: Historiker der Psychoanalyse und Freud-Biograph, in: Siegfried Bernfeld; Suzanne Cassirer-Bernfeld: Bausteine der Freud-Biographik, hrsg. von I. Grubrich-Simitis, Frankfurt am Main

Habermas, Jürgen (1968): Erkenntnis und Interesse, Frankfurt am Main

Hall, Calvin S. und Domhoff, Bill (1987): Freud und Jung: Eine vergleichende quantitative Inhaltsanalyse ihrer Träume, in: Jürgen vom Scheidt (Hrsg.): Der unbekannte Freud, Frankfurt am Main

Handlbauer, Bernhard (1990): Die Adler-Freud-Kontroverse, Frankfurt am Main

Heenen-Wolff, Susann (1987): "Wenn ich Oberhuber hieße ..." Die Freudsche Psychoanalyse zwischen Assimilation und Antisemitismus, Frankfurt am Main

Heine, Heinrich (1828): Reise von München nach Genua, in: Heinrich Heine: Reisebilder, Frankfurt am Main 1980

Heitmann, Klaus (1978): Glanz und Elend des Vaters bei Balzac, in: Hubertus Tellenbach (Hrsg.): Das Vaterbild im Abendland II, Stuttgart

Hermanns, Ludger M./Schröter, Michael (1990): Felix Gattel (1870-1904) - Der erste Freudschüler, in: Luzifer-Amor, Zeitschrift zur Geschichte der Psychoanalyse, 3. Jahrgang, Heft 6, Tübingen

Horkheimer, Max und Flowerman, S. (1950): The Authoritarian Personality, New York

Israels, Han (1989): Schreber - Vater und Sohn. Eine Biographie, München/Wien

Israels, Han (1992): Freuds Phantasien über Leonardo da Vinci, in: Luzifer-Amor, Zeitschrift zur Geschichte der Psychoanalyse, 5. Jahrgang, Heft 10, Tübingen

Johnston, William M. (1974): Österreichische Kultur- und Geistesgeschichte. Gesellschaft und Ideen im Donauraum 1848 bis 1938, Graz

Jones, Ernest (1962): Sigmund Freud - Leben und Werk, Bd. 1-3, München 1984

Jung, Carl G. (1971): Erinnerungen, Träume, Gedanken, hrsg. von A. Jaffé, Olten

Kant, Immanuel (1793): Politische Schriften, hrsg. von O.v.d. Gablentz, Köln, Opladen 1965

Kimmerle, Gerd (1989): Vorwort, für: Freudbilder. Annäherungen an eine historische Gestalt, in: Luzifer-Amor, Zeitschrift zur Geschichte der Psychoanalyse, 2. Jahrgang, Heft 3, Tübingen

Kimmerle, Gerd (1992): Freuds Leonardo-Studie, in: Luzifer-Amor, Zeitschrift zur Geschichte der Psychoanalyse, 5. Jahrgang, Heft 10, Tübingen

Koebner, Thomas et al (Hrsg.) (1985): "Mit uns zieht die neue Zeit" - Der Mythos Jugend, Frankfurt am Main

Köhler, Thomas (1989): Abwege der Psychoanalyse-Kritik, Frankfurt am Main

Kohut, Heinz (1975): Kreativität, Charisma, Gruppenpsychologie. Gedanken zu Freuds Selbstanalyse, in: Heinz Kohut: Die Zukunft der Psychoanalyse, Frankfurt am Main

Kratz, Bernhard (1987): Freuds Ehrgeiz - seine Lehrer und Vorbilder, Essen

Kronberg, Hilde/Neiß, Roswitha (1983): Die fortgesetzte Selbstanalyse des Psychotherapeuten, Berlin

Krüll, Marianne (1979): Freud und sein Vater, München

Kutter, Peter (1986): Vater und Sohn, eine konfliktreiche Beziehung, in: Jochen Stork (Hrsg.): Das Vaterbild in Kontinuität und Wandlung, Stuttgart-Bad Cannstatt

Lagadec, Claude (1974): Die Gestalt des Herrn nach Hegel und Nietzsche, in: Jochen Stork (Hrsg.): Fragen nach dem Vater, Freiburg/München 1974

Leber, Aloys (1984): Sozialisation in der Gruppe um Freud, in: Gruppenpsychotherapie und Gruppendynamik, Bd. 20, Heft 2, Göttingen, Zürich

Lenzen, Dieter (1991): Vaterschaft. Vom Patriarchat zur Alimentation, Reinbek bei Hamburg

Leupold-Löwenthal, Harald (1981): Nachwort, in: Protokolle der Wiener Psychoanalytischen Vereinigung, Band IV, hrsg. von H. Nunberg und E. Federn, Frankfurt am Main

Lidz, Theodore et al (1955): Die Väter, in: Theodore Lidz; Stephen Fleck: Die Familienumwelt der Schizophrenen, Stuttgart 1979

Litt, Theodor (1927): Führen oder Wachsenlassen, Stuttgart 1967

Loewald, Hans W. (1981): Das Schwinden des Ödipuskomplexes, in: Jahrbuch der Psychoanalyse, Bd. 13, Stuttgart-Bad Cannstatt

Lohmann, Hans-Martin (1986): Die Psychoanalyse auf der Couch, hrsg. von Hans-Martin Lohmann, Frankfurt am Main
Lorenzer, Alfred (1979): Kindheit, in: Kindheit, Zeitschrift zur Erforschung der psychischen Entwicklung, 1. Jahrgang, Heft 1

Masson, Jeffrey M. (1986): Was hat man dir, du armes Kind, getan?, Reinbek bei Hamburg
Mause, Lloyd de (1979): Über die Geschichte der Kindheit, Frankfurt am Main
May-Tolzmann, Ulrike (1992): Sadgers Beitrag zu den Anfängen des Narzißmus, in: Ernst Federn/Gerhard Wittenberger (Hrsg.): Aus dem Kreis um Sigmund Freud, Frankfurt am Main
Meller, Horst (1978): Die Absetzung des Vaters: Blake, Shelley und der Traditionshintergrund romantischer Revolte, in: Hubertus Tellenbach (Hrsg.): Das Vaterbild im Abendland II, Stuttgart
Mertens, Wolfgang (1983): Objektbeziehungstheorie, in: Wolfgang Mertens (Hrsg.): Psychoanalyse. Ein Handbuch in Schlüsselbegriffen, München, Wien, Baltimore
Meyer-Palmedo, Ingeborg und Fichtner, Gerhard (1989): Freud-Bibliographie mit Werkkonkordanz, Frankfurt am Main
Middelhoff, Hans-Dieter (1963): Vaterbild und Autorität in der vorindustriellen Zeit, Dissertation, München
Miller, Alice (1983): Du sollst nicht merken, Frankfurt am Main
Mitscherlich, Alexander (1963): Auf dem Weg zur vaterlosen Gesellschaft, München 1973
Mitscherlich-Nielsen, Margarete (1986): Phantasie und Realität in psychoanalytischen Institutionen, in: Psyche, 40. Jahrgang, S. 1105-1108, Stuttgart
Mitscherlich-Nielsen, Margarete (1987): Theorie in der Krise, in: Psyche, 41. Jahrgang, S. 961-968, Stuttgart
Montaigne, Michel de (1580): Die Essais, Stuttgart 1980
Muck, Mario (1978): Psychoanalytische Überlegungen zur Struktur menschlicher Beziehungen, in: Psyche, 32. Jahrgang, S. 211-228, Stuttgart
Mühlleitner, Elke (1992): Biographisches Lexikon der Psychoanalyse, Tübingen
Münch, Paul (1989): "Vater Staat" - Staatsmänner als Vaterfiguren?, in: Werner Faulstich/Gunter E. Grimm (Hrsg.): Sturz der Götter? Vaterbilder im 20. Jahrhundert, Frankfurt am Main

Neill, Alexander S. (1969): Theorie und Praxis der antiautoritären Erziehung, Reinbek bei Hamburg
Nietzsche, Friedrich (1886): Menschliches, Allzumenschliches, Leipzig

Nitzschke, Bernd (1986): Von der frühen Anarchie zur Vereinsgründung: Die Protokolle der Wiener Psychoanalytischen Vereinigung, in: Psyche, 40. Jahrgang, S. 922-931, Stuttgart
Nitzschke, Bernd (1992): Wilhelm Stekel, ein Pionier der Psychoanalyse - Anmerkungen zu ausgewählten Aspekten seines Werkes, in: Ernst Federn/Gerhard Wittenberger (Hrsg.): Aus dem Kreis um Sigmund Freud, Frankfurt am Main

Perlitt, Lothar (1976): Der Vater im Alten Testament, in: Hubertus Tellenbach (Hrsg.): Das Vaterbild in Mythos und Geschichte, Stuttgart
Pontalis, Jean-Bernard (1984): Drehbuch Freud, Drehbuch Sartre, in: Jean-Paul Sartre: Freud. Das Drehbuch, Reinbek bei Hamburg 1993
Protokolle der Wiener Psychoanalytischen Vereinigung, hrsg. von H. Nunberg und E. Federn,
(1976): Frankfurt am Main, Band I, 1906-1908
(1977): Frankfurt am Main, Band II, 1908-1910
(1979): Frankfurt am Main, Band III, 1910-1911
(1981): Frankfurt am Main, Band IV, 1912-1918

Raschke, Joachim (1988): Soziale Bewegungen, Frankfurt/Main, New York
Rattner, Josef (1964): Kafka und das Vaterproblem, München, Basel
Rattner, Josef (1970): Aggression und menschliche Natur, Olten
Rattner, Josef (1981): Wilhelm Stekel, in: Josef Rattner (Hrsg.): Der Weg zum Menschen, Wien, München, Zürich
Roazen, Paul (1976): Sigmund Freud und sein Kreis, Bergisch Gladbach
Robert, Marthe (1977): Sigmund Freud - zwischen Moses und Ödipus, Frankfurt/M., Berlin, Wien
Rohde-Dachser, Christa (1992): Expedition in den dunklen Kontinent, Berlin, Heidelberg
Rosenbaum, Max (1984): Führungspositionen in Gruppen, in: Annelise Heigl-Evers (Hrsg.): Die Erforschung der zwischenmenschlichen Beziehungen, Bd. 1, Weinheim, Basel
Rosenkötter, Lutz (1987): Freud und Brücke: Neue Aspekte des Traumes "Non vixit", in: Jürgen vom Scheidt (Hrsg.): Der unbekannte Freud, Frankfurt am Main

Sachs, Hanns (1944): Freud - Meister und Freund, Frankfurt/M., Berlin, Wien 1982
Sandler, Joseph (1982): Unbewußte Wünsche und menschliche Beziehungen, in: Psyche, 36. Jahrgang, S. 59-74, Stuttgart
Sartre, Jean-Paul (1959): Freud. Das Drehbuch, Reinbek bei Hamburg 1993

Sartre, Jean-Paul (1964): Die Wörter, Reinbek bei Hamburg 1968
Schafer, Roy (1976): Eine neue Sprache für die Psychoanalyse, Stuttgart 1982
Schafer, Roy (1978): Die Handlungssprache - eine alternative zur Metapsychologie, in: Psyche, 39. Jahrgang, S. 961-980, Stuttgart 1985
Schatzman, Morton (1978): Die Angst vor dem Vater. Langzeitwirkungen einer Erziehungsmethode. Eine Analyse am Fall Schreber, Reinbek bei Hamburg
Schlegel, Leonhard (1978): Grundriß der Tiefenpsychologie Bd. 3, München
Schmidbauer, Wolfgang (1992): Freud, Leonardo, Michelangelo, in: Luzifer-Amor, Zeitschrift zur Geschichte der Psychoanalyse, 5. Jahrgang, Heft 10, Tübingen
Schorske, Carl E. (1982): Wien - Geist und Gesellschaft im Fin de Siècle, Frankfurt am Main
Schreber, Daniel Paul (1903): Denkwürdigkeiten eines Nervenkranken, hrsg. von P. Heiligenthal und R. Volk, Frankfurt am Main 1985
Schultz-Hencke, Harald (1947): Die psychoanalytische Begriffswelt, hrsg. von E. Jorswieck, Göttingen 1972
Schultz-Hencke, Harald (1951): Lehrbuch der analytischen Psychotherapie, Stuttgart 1970
Schur, Max (1973): Sigmund Freud - Leben und Sterben, Frankfurt am Main 1982
Schwägler, Georg (1978): Der Vater in soziologischer Sicht, in: Hubertus Tellenbach (Hrsg.): Das Vaterbild im Abendland I, Stuttgart
Seel, Otto (1953): Die Platonische Akademie, Stuttgart
Sennett, Richard (1985): Autorität, Frankfurt am Main
Spector, Jack J. (1972): Freud und die Ästhetik. Psychoanalyse, Literatur und Kunst, München
Sperber, Manès (1970): Alfred Adler oder das Elend der Psychologie, Wien
Staeuble, Irmingard (1991): Könnte Psychologie auch anders aussehen? Zur historischen Rekonstruktion von Alternativen, in: Helmut E. Lück, Rudolf Miller (Hrsg.): Theorien und Methoden psychologiegeschichtlicher Forschung, Göttingen
Sterba, Richard F. (1985): Erinnerungen eines Wiener Psychoanalytikers, Frankfurt am Main
Stern, Paul J. (1977): C.G. Jung, München
Stingelin, Martin (1989): Paul Emil Flechsig. Die Berechnung der menschlichen Seele, in: Katalog der Wiener Festwochen (Hrsg.), Leitung J. Clair, C. Pichler, W. Pircher: Wunderblock. Eine Geschichte der modernen Seele, Wien
Stork, Jochen (1974): Einleitung: Fragen nach dem Vater, in: Jochen Stork (Hrsg.): Fragen nach dem Vater, Freiburg/München

Stork, Jochen (1974a): Die Bedeutung des Vaterbildes in der frühkindlichen Entwicklung, in: Jochen Stork (Hrsg.): Fragen nach dem Vater, Freiburg/München
Stork, Jochen (1986): Der Vater - Störenfried oder Befreier?, in: Jochen Stork (Hrsg.): Das Vaterbild in Kontinuität und Wandlung, Stuttgart-Bad Cannstatt
Stroeken, Harry (1992): Freud und seine Patienten, Frankfurt am Main
Sühnel, Rudolf (1978): Von der patriarchalischen zur vaterlosen Gesellschaft: Der Abbau des Vaterbildes im englichen Roman von Scott über Dickens bis Joyce, in: Hubertus Tellenbach (Hrsg.): Das Vaterbild im Abendland II, Stuttgart
Sulloway, Frank J. (1982): Freud - Biologe der Seele, Köln-Lövenich

Tellenbach, Hubertus (1976): Einleitung: Suchen nach dem verlorenen Vater, in: Hubertus Tellenbach (Hrsg.): Das Vaterbild in Mythos und Geschichte, Stuttgart
Tögel, Christfried (1992): Freud, Leonardo und die Wissenschaftstheorie, in: Luzifer-Amor, Zeitschrift zur Geschichte der Psychoanalyse, 5. Jahrgang, Heft 10, Tübingen
Tömmel, Sieglinde Eva (1985): Die Evolution der Psychoanalyse, Frankfurt/Main, New York

Vogt, Rolf (1986): Psychoanalyse zwischen Mythos und Aufklärung, Frankfurt am Main, New York
Voolen, Edward von (1990): Bruderschaften im Judentum, in: G. Völger und K. v. Welck (Hrsg.): Männerbande - Männerbünde, Köln

Weber, Max (1921): Wirtschaft und Gesellschaft. Grundriß der verstehenden Soziologie, Tübingen 1972
Wehr, Gerhard (1985): Carl Gustav Jung, München
Wittels, Fritz (1924): Sigmund Freud, Wien
Wittenberger, Gerhard (1990): Zur 'Innenpolitik' der organisierten Psychoanalyse in der Zeit nach dem Bruch mit C. G. Jung, in: Luzifer-Amor, Zeitschrift zur Geschichte der Psychoanalyse, 3. Jahrgang, Heft 6, Tübingen
Wittenberger, Gerhard (1992): Die Rundbriefe des "Geheimen Komitees", in: Ernst Federn/Gerhard Wittenberger (Hrsg.): Aus dem Kreis um Sigmund Freud, Frankfurt am Main
Wlosok, Antonie (1978): Vater und Vatervorstellungen in der römischen Kultur, in: Hubertus Tellenbach (Hrsg.): Das Vaterbild im Abendland I, Stuttgart
Wollheim, Richard (1972): Sigmund Freud, München

Wolpe, J./Rachman, S. (1979): Psychoanalytischer "Beweis": Eine Kritik anhand von Freuds Fall des Kleinen Hans, in: H.J. Eysenck, G.D. Wilson (Hrsg.): Experimentelle Studien zur Psychoanalyse Sigmund Freuds, Wien
Zottl, Anton (1982): Otto Rank, München

GPSR Compliance

The European Union's (EU) General Product Safety Regulation (GPSR) is a set of rules that requires consumer products to be safe and our obligations to ensure this.

If you have any concerns about our products, you can contact us on ProductSafety@springernature.com

In case Publisher is established outside the EU, the EU authorized representative is:

Springer Nature Customer Service Center GmbH
Europaplatz 3
69115 Heidelberg, Germany

Batch number: 10809466

Printed by Printforce, the Netherlands